高等院校通识课教材

U0662849

普通话教程

主编◎蒋冰冰

华东师范大学出版社
·上海·

图书在版编目（CIP）数据

普通话教程/蒋冰冰主编. —上海：华东师范大学出版社，2025. —ISBN 978 - 7 - 5760 - 5718 - 8

Ⅰ. H102

中国国家版本馆 CIP 数据核字第 2025NB5336 号

普通话教程

主　　编　蒋冰冰
责任编辑　孔　凡
特约审读　胡　巧
责任校对　庄玉玲　时东明
装帧设计　俞　越

出版发行　华东师范大学出版社
社　　址　上海市中山北路 3663 号　邮编 200062
网　　址　www.ecnupress.com.cn
电　　话　021 - 60821666　行政传真 021 - 62572105
客服电话　021 - 62865537　门市（邮购）电话 021 - 62869887
地　　址　上海市中山北路 3663 号华东师范大学校内先锋路口
网　　店　http://hdsdcbs.tmall.com

印 刷 者　启东市人民印刷有限公司
开　　本　787 毫米 × 1092 毫米　1/16
印　　张　23
字　　数　497 千字
版　　次　2025 年 6 月第 1 版
印　　次　2025 年 6 月第 1 次
书　　号　ISBN 978 - 7 - 5760 - 5718 - 8
定　　价　49.00 元

出 版 人　王　焰

目 录

现代化发端于欧洲,从推动经济全球化开始,逐步延伸到其他领域,乃至成为世界范围内的普遍现象。横向看,人们的视野不断扩大,从乡村、城市、国家到世界,要实现全球化,把地球变成"村";纵向看,人们的视野不断加深,从过去、近代、当代到未来,要实现现代化,为发展谋求"路"。在这纵横交错的十字路口上,各个领域实现全球化、实现现代化迫在眉睫,语言文字领域也不例外。

学校的普通话教育是我国实现语文现代化的关键环节。学习普通话、学习汉字的重要工具是汉语拼音。《汉语拼音方案》的制定是我国文化建设中的一件大事。该方案于1958年颁布以后,不仅在国内得到了广泛的应用,而且还走上了国际舞台。从1958年秋季开始,汉语拼音成为中国大陆的小学必修课,小学生首先学习汉语拼音,再利用汉语拼音学习普通话,学习汉字。学校的普通话教育由此启动。随着国家推广普及普通话工作的持续发力,截至2020年,全国的普通话普及率已达80.72%。当前,以普通话为主的双言双语、多言多语社区在全国范围内正逐步扩大;与此同时,普通话的推广普及还有可拓展空间,公民提高自身普通话素养还有可开发潜力。

在全球化背景下,为了促进我们语文生活的现代化、提高公民的普通话素养,我们编写了本书。本书一共六章。

第一章是"普通话在我国语文现代化进程中的地位和作用"。该章介绍了普通话的由来,分析了普通话在国内外的语际地位。我国出台了一系列关于推广普及普通话的法律、国务院行政法规、中共中央和国务院文件、国务院部门规章以及相关文件,以促使"语同音"伟业尽早实现。

第二章是"《汉语拼音方案》"。该方案是理解并掌握普通话语音标准的纲领性文件。该章介绍了《汉语拼音方案》的基础知识及其主要作用,分析了普通话音节的基本概念,以深入理解《汉语拼音方案》中的原则,还介绍了《汉语拼音正词法基本规则》以规范汉语拼音的拼写。

第三章是"普通话声韵调及音变"。该章介绍了普通话声母、韵母和声调的性质,介绍了普通话中的五种常见音变规律。为了使学习者领悟普通话语音的规律与特点,该章根据普通话语音学习的重点和难点,结合语音学、实验语音学和认知心理学等方面的有关研究成果,建构了普通话正音框架模式。该模式有助于培养学习者建构普通话语音系统的自觉意识,从而自觉提高自身的普通话水平。

第四章是"普通话韵律"。每种语言都有其自身独特的韵律特征。非母语者学习目标语言时带有口音,往往是因为没有掌握目标语言的韵律。普通话有普通话的韵律特征。该章首先介绍了音质与非音质概念,然后依次介绍了停连、重音、句调、节奏的概念、性质以及类型,最后从发音响亮、旋律多样和韵律独特这三个方面分析了普通话语音的特点。

第五章是"普通话朗读"。朗读是运用有声语言对书面语言进行二次创作的活动。朗读的目标是字正腔圆、口齿清晰、得体恰当地传达作品的内涵。该章首先介绍了朗读的基本功——备稿能力、朗读能力和朗读技巧,随后介绍了作品的基调,再通过两篇散文作品对朗读作了指导分析,最后介绍了诗词吟唱原理及吟唱原则。朗读是把韵律知识内化为自身语言能力的唯一途径,因此,朗读训练是改善普通话语音面貌的重要环节。当前,这方面的训练尚显不够,因此,要重视培养朗读意识,加强朗读训练,提高朗读水平。

第六章是"普通话词汇与语法"。普通话不仅有语音标准,还有词汇、语法标准。该章首先比较了普通话与方言在词汇上的主要差异,说明了外来词、新词新语的使用规范问题,接着比较了普通话与方言在语法上的主要差异。

普通话是国家通用语言,我国宪法规定"国家推广全国通用的普通话"。普通话是中华民族共同体的通用语言,对中华民族共同体建设的价值不可估量。普通话教育是中华民族共同体建设的重要组成部分。本书以"铸牢中华民族共同体意识"的有关精神为指导,加强教材思政建设,具有以下三方面特色:

第一,指导性强。本书立足全球化视野,结合普通话在国内外的语际地位,了解我国语文生活所处的现代化进程,理解国家推广普及普通话的语言战略,明确个人提升自身普通话素养的使命。

第二,针对性强。本书立足普通话语音学习的重点和难点,结合汉语方言、少数民族语言的实例,提供有针对性的正音建议及训练内容,使学习者能更深入地了解普通话的规律与特点,更科学高效地掌握普通话。

第三,传承性强。本书立足传承并弘扬中华优秀传统文化,一方面精选我国优秀的文学作品作为训练材料,另一方面对诗词的吟诵加以指导。学习者通过朗读精品佳作、吟诵经典诗词,体悟普通话的韵律美,培养对祖国语言文字韵律美的感悟能力。

此外,本教程的语音练习,均配有音频资源,由本书作者朗读。如您在使用本书时有任何疑问,请联系出版社,本书作者将及时为您答疑解惑。

　　如今,国家对提高全国的普通话普及率提出了更高的要求,我国的语文现代化进程正处于关键时期,我们作为普通话的传承者,有责任传承高质量的普通话,以早日实现"语同音"的目标,实现语文的现代化。

　　感谢华东师范大学出版社精心策划并积极推出本书!感谢孔凡编辑在本书出版全程中所给予的宝贵意见与付出的辛勤汗水!

　　限于水平,本书或许存在不足与不妥之处,恳请各方批评指正!

蒋冰冰

2024 年 6 月 18 日

本书使用以下三类符号:

1. 朗诵谱号

⁓ :表示延长一拍。延长的节拍增加,则增加该符号。

⌣ :表示延长音段中的每个字音。

0 :表示停顿一拍。用于音步分析中。

/ :表示停顿,用于朗读文本分析,表示生理停顿。

// :更多的"/",表示强调停顿。

_ :标在标点符号之下,表示取消标点符号的停顿。

↗ :表示升调。

″ :表示略升。

↘ :表示降调。

↘↘ :表示略重地下降,有强调之意。

→ :表示平调。

∮ :表示曲调。

2. 声调符号

— :阴平。

/ :阳平。

∨ :上声。

\ :去声。

、:半上声。

0 :轻声。

3. 平仄符号

— :表示平声。

| :表示仄声。

! :表示入声。

第一章
普通话在我国语文现代化进程中的地位和作用

导言

　　十八世纪以来,现代化一直在全球范围内不断发展,波及文化、政治、经济等各个领域,影响到人们生活的方方面面。语文生活也要现代化。在我国语文现代化进程中,普通话具有极其重要的地位和作用。

　　本章包括以下三节:

　　第一节介绍普通话的由来。从对古代共同语到现代共同语的介绍,说明我国共同语的产生与发展源远流长,一脉相承。

　　第二节分析普通话的语际地位。从我国语言的语系分布情况、汉语七大方言的分区情况,了解我国语言资源的多样性以及语言现象的复杂性,理解推广普及普通话的重要意义;从语言功能的社会分工,认识到掌握普通话以成为优势语言使用者的现实意义;从地球村的视角,了解我国语文现代化进程所处的历史阶段以及当前的使命。

　　第三节指出掌握普通话是公民的基本语言素养。我国出台了一系列关于推广普及普通话的法律、国务院行政法规、中共中央和国务院文件、国务院部门规章以及相关文件,以促使"语同音"伟业尽早实现。为了有效提升人们的普通话水平,我国也颁布了有关普通话水平测试的等级标准,并开展了测试工作。本节还结合普通话水平测试评分标准,提供参加普通话水平测试的应试指导建议。

学习目标

　　1. 了解什么是共同语,掌握普通话定义。

　　2. 了解我国的语言国情,熟悉现代汉语七大方言的划分,理解成为优势语言使用者的意义,明确我国语文现代化进程的步伐及当前的历史使命。

　　3. 了解有关推广普及普通话的相关法律法规,提高自身的普通话水平。

第一节 普通话的由来

1. 选择题

(1)《中华人民共和国国家通用语言文字法》于（   ）1月1日起施行。

A. 2000   B. 2001年   C. 2010年   D. 2020年

(2) 普通话的内容包括（   ）。

A. 以北京语音为标准音   B. 以北方话为基础方言

C. 以典范的现代白话文著作为语法规范   D. 以文言文为古代的语法规范

(3) 狭义的现代汉语指（   ）。

A. 白话文   B. 文言文   C. 北京话   D. 普通话

2. 判断题

(1) 孔子对弟子讲学，说的是雅言。（   ）

(2) 秦始皇实行了"书同文"，也实行了"语同音"。（   ）

(3) "官话"这一名称是清末民初才出现的。（   ）

　　《中华人民共和国国家通用语言文字法》（下文简称《国家通用语言文字法》）规定普通话是国家通用语言。② 国家通用语言是指在全国范围内通行的语言。普通话作为国家通用语言，其地位的获得不是"无源之水，无本之木"。

一、古代的共同语

　　中国古代就有地域方言的差异。先秦时代，华夏语的地域方言差异最显著的是夏、楚、越、齐，这在先秦诸子著作的如下记载中可见一斑：③

　　《荀子·儒效》说："居楚而楚，居越而越，居夏而夏，非天性也，积靡使然也。"

　　《荀子·荣辱》说："越人安越，楚人安楚，君子安雅。"这里的"雅"是指"雅言"（即"夏言"），所以"越"和"楚"是指方言。

　　《孟子·万章》说："此非君子之言，齐东野人之语也。"

---

① "课前提问"答案，见书后"参考答案"。下文同此，不再说明。
② 《中华人民共和国国家通用语言文字法》于2000年10月31日由中华人民共和国第九届全国人民代表大会常务委员会第十八次会议通过，并已于2001年1月1日起施行。
③ 游汝杰.汉语方言学教程（第二版）[M].上海：上海教育出版社，2016：134.

"雅言"这一名称最早见于《论语》。《论语·述而》篇说:"子所雅言,《诗》、《书》、执礼皆雅言也。"这句话的意思是:孔子在读《诗》《书》以及作傧相赞礼的时候,都说的是雅正之言,也就是当时中夏区域的共同语。① "雅言是区域间的共同语,通行的地区广,有如说是广大地区的标准语。方言则不然,只流行在某一地区而已。因此'雅言'可以跟'方言'对称。"②

秦始皇兼并六国,以秦国文字统一六国文字,实行"书同文",秦代刻碑和器物上的铭文就是当时的书面共同语。③ 但各地仍存在方言分歧。西汉扬雄所著《辖轩使者绝代语释别国方言》(下文简称《方言》)记录了当时各地的方言词语。《方言》中所说的"通语""凡语""通名"这些名称,指的就是当时通行于各地的共同语。

历朝历代都很重视正音工作,颁布韵书,兴办儒学,促进了共同语的形成与发展。到了明代,出现了"官话"这一名称,明代张位在《问奇集》里说:"江南多患齿音不清,然此亦官话中乡音耳。"④明清两代,通用语言称为官话,由此名称可见,这是官吏使用的语言。⑤ 清政府为了让官员能说官话,还兴办了正音书院。雍正六年(1728年)下了一道谕旨,说:"每引见大小臣工,凡陈奏履历之时,惟有闽广两省之人仍系乡音不可通晓",认为这些官员"赴任他省,又安能宣读训谕,审断词讼,皆历历清楚,使小民共晓乎? 官民上下语言不通,必使胥吏从中代为传递,于是添设假借,百病丛生,而事理之贻误多矣"。因此,谕令"福建、广东两省督抚,转饬所属府州县有司及教官,遍为传示,多方训导,务使语言明白,使人通晓,不得仍前习为乡音"。于是两省所属府州县都设立了"正音书院",由当地驻防的旗人任教,招秀才举人学习京音(北京语音)。这种北京语音训练班到清代中叶逐渐停办。⑥

总之,我国的共同语源远流长,历代虽有变化,但基本上一脉相承。⑦

二、现代的共同语

现代的共同语,起初叫国语。"国语"这个名称,最早由当时被委任为京师大学堂总教习的桐城派古文名家吴汝纶提出。光绪二十八年(1902年),他去日本考察学政,看到日本成功推行了国语(东京话),回国后就写信给管理大学堂事务的大臣张百熙,主张在学校教学王照的官话合声字母,推行以"京话"(北京话)为标准的"国语"。这在当时是非常大胆的建议,因为清朝一直是把满语称为"国语"的。宣统元年(1909年),清政府资政院开会,议员江谦正式提出把"官话"正名为"国语",当时已处于崩溃前夕的清政府,采纳了这个建议。1911年,学部召开"中央教育会议",通过《统一国语办法案》,决议成立国语调查总会,各省设立分会,审

---

① 中国大百科全书总编辑委员会《语言文字》编辑委员会,中国大百科全书出版社编辑部编. 中国大百科全书·语言文字[M]. 北京:中国大百科全书出版社,1994:437.
② 同上:438.
③ 周有光. 普通话和现代化[J]. 语文建设,1998(10).
④ 林焘. 从官话、国语到普通话[J]. 语文建设,1998(10).
⑤ 周有光. 普通话和现代化[J]. 语文建设,1998(10).
⑥ 中国大百科全书总编辑委员会《语言文字》编辑委员会,中国大百科全书出版社编辑部编. 中国大百科全书·语言文字[M]. 北京:中国大百科全书出版社,1994:517.
⑦ 周有光. 普通话和现代化[J]. 语文建设,1998(10).

定"国语"标准,编辑国语课本、国语辞典和方言对照表等。这些决议还没有来得及实行,清政府就被推翻了。

1912年初,中华民国成立,当年7月召开了"临时教育会议",肯定了"国语"这个名称,决定在全国范围内推行国语。1913年由各省代表参加的"读音统一会"召开,议定了汉字的国定读音(即"国音")和拼切国音的字母"注音字母"(也叫"国音字母"),并且提出了"国音推行方法"。由于时局动荡,直到1918年,北洋政府教育部才正式公布了注音字母[①],并决定在全国高等师范附设"国语讲习科",专教注音字母和国语。

中华人民共和国成立后,于1955年召开了"全国文字改革会议"和"现代汉语规范问题学术会议",确定以"普通话"作为汉民族共同语的正式名称,代替过去通行的"国语",并给"普通话"作了界定,即"以北京语音为标准音,以北方话为基础方言,以典范的现代白话文著作为语法规范",还制定了推广普通话的具体措施。[②]

普通话是现代汉语的标准语。现代汉语有广义和狭义的区分。广义的现代汉语包括各地的现代汉语方言。狭义的现代汉语指普通话。

"普通话"这一名称,最早见于朱文熊的《江苏新字母》。《江苏新字母》出版于1906年,是清末五种拉丁字母切音字方案之一。他把汉语分为三类:"国文"(文言)、"普通话"(各省通行之话)、"俗语"(方言)。他给"普通话"下的定义就是"各省通行之话"。[③]

1931年,瞿秋白对"普通话"进一步作出了解释。他在《鬼门关以外的战争》中写道:"普通话不一定是完全的北京官话。……当然,更不是北京土话。现在一般社会生活发展的结果,所谓五方杂处的地方是'文化的政治的经济的中心',能够影响各地方的土话,自然而然的叫大家避开自己土话之中的特别说法和口音,逐渐形成一种普通话。"[④]

自从1955年从语音、词汇和语法上给"普通话"作出界定之后,普通话的教育与推广有了更为明确的目标。

小贴士

根据"普通话"的定义,普通话的语音"以北京语音为标准音"。这是指以北京音系为标准,不包括北京话的土音。什么叫北京音系?简单地说,《汉语拼音方案》就写出了北京音系。其中的声母、韵母、声调都是从北京语音的一般常用音节里分析出来的。它们与音节的构成都有明确的、固定的规律。这一套声母、韵母、声调、音节,都是普通话不可缺少的,不是可有可无,也不能用其他的来代替。北京音系是北京语音的基本体系,但在

---

① 注音字母自颁布之日起,一直到1958年《汉语拼音方案》颁布之前,在大陆通行了近四十年。
② 上述三段引自:(1)中国大百科全书总编辑委员会《语言文字》编辑委员会,中国大百科全书出版社编辑部编. 中国大百科全书·语言文字[M]. 北京:中国大百科全书出版社,1994:123.(2)林焘. 从官话、国语到普通话[J]. 语文建设,1998(10).
③ 倪海曙. 倪海曙语文论集[M]. 上海:上海教育出版社,1991:166.
④ 陈铁健编. 中国近代思想家文库·瞿秋白卷[M]. 北京:中国人民大学出版社,2014:319—320.

此体系之外还有些特殊的东西,这就是我们这里所认为的土音。北京话的特点中,容易被人注意的——比较显著的,是土词土语,不容易被人注意的是土音。北京话是在北京使用的一种方言,不等于普通话。①

还有一个跟北京话有关的概念——蓝青官话。它是夹杂别地口音的北京话的旧称。②

北京话和普通话在语音、词汇和语法方面存在不少差异,下面分别举几个例子。③

北京话的语音有以下现象:

第一,部分 u 开头的音节,例如"万(wàn)④、文(wén)、外(wài)、为(wéi)"等,开头的 w 在普通话中读[u]⑤,在北京话中读[v]或[ʋ]。不过,在北京话中"王(wáng)""五(wǔ)"等开头的 w 读[u]。

第二,有些音节是普通话没有的。"颣(chuà)其外"的意思是超越限度,例如"颣其外地花钱"。"俘(fú)"读 fóu,例如"小偷让人俘住了"。"gái 搂"的意思是贪馋地吞吃,例如"在外头胡 gái 搂什么了?"gái 有音无字,在此用拼音代替。

第三,有些词语的音变是普通话没有的。"言语(yányǔ)"读 yuányi⑥,"雪白(xuěbái)"的"雪"读 xuè,"跟前儿(gēnqiánr⑦)"的"前"读 qiǎn,"拐弯儿(guǎiwānr)"的"弯"读 wàn。

北京话的词汇有以下现象:

过去,北京东城的土语和西城的土语就不一样。例如根据记载,东城叫"水桶",西城就叫"水筲"。

本书第六章第一节从十六个方面列了北京话词语。另外,北京话还有一些固定表达,下面是三条歇后语的例子。

"好喜"的意思是自己愿意,高兴这么干。例如歇后语"老太太喝豆汁儿——好稀","好稀"谐音"好喜"。"豆汁儿"是北京特有的风味食物。

"过景"的意思是过时。例如歇后语"挑水的回头——过井了","井"谐音"景"。

"直棍儿"指正直无私、洁身自好的人。例如歇后语"长虫吃扁担——直棍儿一条"。

北京话的语法有以下现象:

第一,"不"字的虚用。"不"字在个别的表达中不起否定作用,实际上没有什么意义。例如"不非凡"即"非凡","不吃味儿"即"吃味儿","时不常儿"即"时常"。

第二,"们"偶用于单数。例如:

---

① 徐世荣.语文浅论集稿[M].合肥:安徽教育出版社,1984:71—72.
② 普通话·北方话·蓝青官话[J].教学参考,1979(01).
③ 徐世荣编.北京土语辞典[M].北京:北京出版社,1990:3—7、11、12.
④ 圆括号内是普通话的读音.
⑤ 方括号内是国际音标.下文同此,不再说明.
⑥ yi 读轻声,所以不标调号.下文同此,不再说明.
⑦ "前儿"读儿化音,汉语拼音是 qiánr.

"给我们(mme)①一张!"(多出自女孩子之口,是娇憨语气。)

"给您介绍介绍,这是我们(mme)家里的。"("家里的"称妻。)

"爷们儿,就您一个人儿呀?"("爷们儿"是男性长者的尊称,一个人也这样叫。)

第三,有些特别的词尾。

"伍的"同"等等",例如"还有什么花生、瓜子儿伍的",或说"嘛的"。

"劲儿的"用于形容词后,例如"讨厌劲儿的""和气劲儿的"。

"……巴"表示动作减量,例如"试巴试巴"是小试,"洗巴洗巴"是稍洗,"捆巴起来"是粗捆,"揉巴到一块儿"是草草揉和。"巴"是含有意义的特别动词词尾。

练一练

1. 在没有学习本节课之前,你是怎么理解"官话"和"普通话"的? 你的理解跟本节课上对"官话"和"普通话"的界定有什么异同?

2. 查阅文献,解释什么是切音字运动。

3. 查阅文献或进行实地调查,举例说明北京话和普通话在语音、词汇方面的差异。

第二节　普通话的语际地位

课前提问

1. 选择题

(1) 汉语属于(　　)语系。

A. 印欧语系　　　B. 汉藏语系　　　C. 南岛语系　　　D. 阿尔泰语系

(2) 联合国的六种工作语言包括(　　)、英语、法语、俄语和阿拉伯语。

A. 汉语　　　B. 日语　　　C. 西班牙语　　　D. 意大利语

(3) (　　)于1982年成为国际标准(ISO 7098)。

A. 汉语　　　　　　　　　B.《汉语拼音方案》

C. 普通话　　　　　　　　D. 汉字

---

① 在这里,两个例句中的"我们"都读 mme。

2. 判断题

(1) 我国有 56 个民族,有 56 种语言。(　　　)

(2) 双言双语、多言多语是当今社会才有的语言现象。(　　　)

(3) 高层语言就是高级的语言,低层语言就是低级的语言。(　　　)

语言是人与人之间最重要的交际工具。从交际场域来看,数以千计的语言形成了各种各样的"交际圈"。在这些语言交际圈中,各种语言都有各自的地位,即语际地位。每种语言的语际地位,是其自身历史发展与现实实际应用相互作用的结果,普通话也不例外。

一、普通话在国内的语际地位

普通话是在中国这片土地上孕育而生并不断发展演变的。俗话说,一方水土养一方人,普通话的语际地位与我国的时空环境密切相关。如果用四字短语来概括我国的时空环境,你会用哪些短语呢? 历史悠久、幅员辽阔、人口众多、民族多样……这些跟语言有什么关系呢? 其实,这些看似跟语言没有直接联系的短语,都涉及我国的语言国情。

(一) 语言国情

下面从四个方面对我国的语言国情加以概述。

1. 语言资源丰富

我国拥有着丰富的语言资源,这得益于民族的多样性。多样性中也反映了复杂性。

我国有 56 个民族。56 个民族,有多少种语言呢? 可能有人会说,汉族说汉语,藏族说藏语,苗族说苗语,维吾尔族说维吾尔语,蒙古族说蒙古语……以此类推,是不是有 56 种语言呢? 而实际情况要远比这复杂得多。运用现代语言学方法,对我国的语言情况开展调查,是从 20 世纪 20 年代开始的。我国的语言调查包括两大方面:汉语方言调查、少数民族语言调查。其中,对 55 个少数民族的语言情况,经过长期的调查、识别、鉴定,截至 1966 年,大体识别了 64 种少数民族语言;改革开放以来,又新发现了一批少数民族语言,经过反复的识别鉴定和科学研究,已经发现并确定了 130 种语言,其中大多数是少数民族使用的语言,也有少数是汉族使用的少数民族语言。[①] 我国 56 个民族,使用 131 种语言,语言数量超过了民族数量,这主要是因为有的民族使用两种或两种以上的语言。

那么这些语言是彼此无关的一盘散沙,还是彼此之间有什么联系呢? 语言不是一盘散沙,从不同的视角可以对语言进行不同的分类。对世界上的语言进行分类的方法有类型分

---

① 孙宏开,胡增益,黄行主编.中国的语言[M].北京:商务印书馆,2007:30.

类法、区域分类法(或称地理分类法)和谱系分类法(或称发生学分类法)。其中,谱系分类法是近代运用得最广泛的一种分类法。它主要根据某一共同母语在分化过程中保留下来的共同特征(语音、词汇、语法方面的共同成分)来划分语言。在人类最初的原始母语下,分出语系、语族、语支等。语系是有共同来源的诸语言的总称,语系之下可根据语言的亲疏程度再细分为语族、语支、语言。在同一个语支之内,越往下,其成员的亲属关系越密切。世界上的语言到底分为多少语系,对此还有不同看法。一种观点认为有 26 种语系。[①] 在各种划分中,比较一致的语系有印欧语系、汉藏语系(又称印支语系)、乌拉尔语系、阿尔泰语系、高加索语系、南亚语系(又称澳斯特罗-亚细亚语系)、南岛语系(又称马来-玻里尼西亚语系)、闪-含语系(又称阿非罗-亚细亚语系)等。

　　我国的 131 种语言涉及汉藏语系、阿尔泰语系、南亚语系、南岛语系和印欧语系等五个语系,其中,汉藏语系和阿尔泰语系的主体分布在我国。[②] 仅从表 1-1,就可见少数民族语言的复杂性。其中,汉藏语系的语言大部分是有声调的,阿尔泰语系、南亚语系(例如佤语)、南岛语系(例如阿美语)和印欧语系(例如塔吉克语)的语言大多是没有声调的。

表 1-1　汉藏语系和阿尔泰语系的语言举例表

语系	语族	语支	语言
汉藏语系	汉语族	汉语支	汉语
	侗台语族	台语支	壮语、傣语等
		侗水语支	侗语、水语等
		黎语支	黎语、村语等
		仡央语支	仡佬语、拉基语等
	苗瑶语族	苗语支	苗语、巴那语等
		瑶语支	勉语、布努语等
	藏缅语族	藏语支	藏语、门巴语等
		缅语支	阿昌语、载瓦语等
		彝语支	彝语、哈尼语等
		羌语支	羌语、普米语等
		景颇语支	景颇语、独龙语等
阿尔泰语系	突厥语族	比如东南语支	维吾尔语等
	蒙古语族	蒙古语支	蒙古语等
	满-通古斯语族	—	满语等

注:表中"—"表示没有。

[①] 中国大百科全书总编辑委员会《语言文字》编辑委员会,中国大百科全书出版社编辑部编.中国大百科全书·语言文字[M].北京:中国大百科全书出版社,1994:355、360.
[②] 孙宏开,胡增益,黄行主编.中国的语言[M].北京:商务印书馆,2007:44.

　　这张表还没完全体现出语言的复杂性,因为在语言之下,还存在方言的差异。例如现代彝语划分为北部、东部、南部、西部、东南部、中部等六个方言,共有 26 个土语。[①]

　　由于语言发展演变的复杂性,各个语言之下的具体层级划分又有所不同,例如汉语的层级,由大到小依次分为方言区、方言片、方言小片、方言点。现代汉语方言纷繁复杂[②],一般将其划分为七大方言区——北方方言区、吴方言区、湘方言区、赣方言区、客家方言区、闽方言区、粤方言区,具体分布如下:[③]

　　北方方言区:北方方言也称北方话。北方方言以北京话为中心,分布地域包括长江以北汉族居住的地区,长江以南的镇江以上及九江以下的沿江地带,湖北(东南一带除外)、四川、云南、贵州四省,还有湖南省西北一带。

　　吴方言区:吴方言也称吴语、江南话或江浙话。吴方言以上海话为代表,分布地域包括上海市、浙江省、江苏省南部、安徽省南部、江西省东北部以及福建省西北角,凡五省一市。

　　湘方言区:湘方言也称湖南话或湘语。湘方言以长沙话为代表,分布在湖南省大部分地区。

　　赣方言区:赣方言也称江西话或赣语。赣方言以南昌话为代表,主要分布在江西省(东北沿江地带和南部除外),还包括湖北省东南一带。

　　客家方言区:客家方言也称客家话或客话。客家方言以广东梅县话为代表,主要分布在广东、广西、福建、江西等省区。湖南、四川两省也有少数地区说客家方言。

　　闽方言区:闽方言也称闽语,分布在福建省,广东的东部潮州、汕头一带,海南岛和台湾的大部分地区。在福建省的闽方言内部分歧较大,可以分为五个片:一是闽南方言,以厦门话为代表;二是闽东方言,以福州话为代表;三是闽北方言,以建瓯话为代表;四是闽中方言,以永安话为代表;五是莆仙方言,以莆田话为代表。

　　粤方言区:粤方言也称广东话或粤语。粤方言以广州话为代表,分布在广东、广西两省区。

　　每个方言区下面又有进一步的划分。例如北方方言分为八个方言片:东北官话、北京官话、冀鲁官话、胶辽官话、中原官话、兰银官话、江淮官话、西南官话。

　　再以其中的冀鲁官话为例。根据《中国语言地图集》(第二版),冀鲁官话主要分布于北京东部的平谷区,天津市(除武清县外),河北的大部分地区(约占四分之三),山东省的中部、西北部、东南部(约占全省的二分之一)及山西省的广灵县。冀鲁官话包括保唐片、石济片、沧惠片这三个小片,保唐片又包括六个小片,石济片又包括三个小片,沧惠片又包括四个小

---

① 孙宏开,胡增益,黄行主编.中国的语言[M].北京:商务印书馆,2007:253.

② 关于汉语方言的划分,还有十大方言区的分法。根据《中国语言地图集》(朗文,1988 年版),汉语方言分区的第一个层次分为十大方言区,具体是:官话、晋语、吴语、湘语、闽语、粤语、赣语、客家话、徽语、平话。在此,对本书所提方言地名的名称说明如下:

新世纪以来,随着我国城镇化进程的不断加快,各地行政区划有所变更。本书所涉及的方言点行政区划名称仍沿用以下两类成果的叫法。一类是以我国方言研究的标志性成果之一《中国语言地图集》为代表的研究成果。该地图集于 1987 年、1989 年陆续出版,其中有关语言(方言)分区的研究成果也在当时陆续刊发,因此其中所列各方言点的行政区划是上世纪八十年代末的情况。另一类是新世纪前后的方言调查研究成果,具体时间参见书后所列参考文献。下文同此,不再赘述。

③ 胡裕树主编.现代汉语[M].上海:上海教育出版社,1997:6—7.

片,每个小片包括的具体方言点,请看表1-2。①

表1-2　冀鲁官话片的方言点分布表

方言片	方言小片	方言点	主要分布范围
保唐片	天津小片	天津市区内部方言很不一致,以旧城区为中心的老天津话分布的大致范围是:西边从曹庄子起,沿津浦线到东边的徐庄子、赵庄子,再向南经贵庄、芦庄子、南马集到南端的大韩庄,再向西北经大芦北口、卞庄、邢庄子回到曹庄子。	主要集中在河北省的部分地区,天津市的大部及北京市的平谷区。[共50个市县(区)]
	涞阜小片[5个县]	山西省:广灵县	
		河北省:阜平县、涞源县、曲阳县、蔚县	
	定霸小片[24个县市]	天津市:静海县	
		河北省:安国市、安新县、保定市、霸州市、博野县、大城县、定兴县、定州市、高碑店市、高阳县、涞水县、蠡县、满城县、清苑县、容城县、顺平县、唐县、望都县、文安县、雄县、徐水县、易县、永清县	
	蓟遵小片[12个市县(区)]	北京市:平谷区	
		天津市:宝坻区、蓟县、宁河县	
		河北省:宽城县、迁安市、迁西县、唐海县、唐山市、兴隆县、玉田县、遵化市	
	滦昌小片[4个县市]	河北省:昌黎县、乐亭县、滦县、滦南县	
	抚宁小片[4个县市]	河北省:抚宁县、卢龙县、青龙县、秦皇岛市	
石济片	赵深小片[19个县市]	河北省:安平县、藁城市、高邑县、井陉县、晋州市、栾城县、宁晋县、饶阳县、深泽县、深州市、石家庄市、无极县、武强县、武邑县、行唐县、辛集市、新乐市、赵县、正定县	主要分布在河北和山东省的部分地区。[共66个县市]
	邢衡小片[14个县市]	河北省:柏乡县、衡水市、冀州市、巨鹿县、临城县、隆尧县、南宫市、内丘县、平乡县、任县、邢台市、邢台县东部、新河县、枣强县	
	聊泰小片[33个县市]	河北省:广平县县城以东、广宗县、馆陶县、故城县、临西县、清河县、邱县、曲周县东里町以东、威县、吴桥县	
		山东省:茌平县、德州市、东阿县、肥城市、高唐县、冠县、济南市、莱芜市、聊城市、陵县、临清市、蒙阴县、平阴县、齐河县、莘县、泰安市、武城县、夏津县、新泰市、沂南县、沂源县、禹城市、淄博市	
沧惠片	黄乐小片[24个县市]	河北省:泊头市、沧县、沧州市、东光县、阜城县、海兴县、河间市、黄骅市、景县、孟村县、南皮县、青县、任丘市、肃宁县、献县、盐山县	主要分布在河北省的东部、山东省的北部及日照市、莒县和莒南县。[共43个县市]
		山东省:乐陵市、临邑县、宁津县、平原县、庆云县、商河县、无棣县、沾化县	

① 刘淑学.冀鲁官话的分区(稿)[J].方言,2006(04).

续　表

方言片	方言小片	方言点	主要分布范围
	阳寿小片 [12 个县市]	山东省:滨州市、博兴县、昌乐县、东营市、高青县、广饶县、惠民县、济阳县、垦利县、寿光市、潍坊市、阳信县	
	莒照小片 [3 个县市]	山东省:莒南县、莒县、日照市	
	章桓小片 [4 个县市]	山东省:桓台县、利津县、章丘市、邹平县	

我国语言(包括方言)资源的丰富性、复杂性由上可见一斑。

2. 语言活力十足

语言的活力在于使用。人口数量是保持语言活力的基本条件。根据第七次全国人口普查结果,截至 2020 年 11 月 1 日零时,我国总人口超过 14.4 亿。[①] 我国人口众多。汉语是世界上使用人口最多的语言之一,这在一定程度上反映了汉语的活力。

此外,汉语在海外的使用情况,也能够在一定程度上说明汉语的活力。

海外华人社团的历史大多不超过 100 年,只有少数超过 200 年,如印度和南非的华人社团。海外至少有一百多个华人社团使用各种汉语方言,具体如下:[②]

海外粤语主要分布在两个地区:一是前英国殖民地及其海外领地,包括澳大利亚、新西兰、巴布亚新几内亚、新加坡、马来西亚、缅甸、印度、南非和加勒比海上的岛国;二是美洲。目前海外粤语的使用人口约为 1 000 万至 1 200 万。

海外闽语,包括闽南话、琼文话、闽北话和闽东话,主要散布在东南亚,使用人口约 600 万至 1 000 万。

海外客家话主要散布在牙买加、夏威夷、毛里求斯、印度的加尔各答、南非和东南亚,使用人口约在 50 万至 100 万之间。

海外官话主要分布在东南亚、南北美洲、哈萨克斯坦、吉尔吉斯斯坦和乌兹别克斯坦。目前在海外使用官话(包括新加坡的华语和中国台湾移民在美国使用的"国语")的人口有 300 万至 400 万。

3. 语言分布复杂

我国幅员辽阔,陆地总面积居世界第三位,语言分布不均衡,情况十分复杂。

从汉语方言的分布情况来看,北方方言区跨度从东北的哈尔滨到西南的昆明,直线距离约有 3 200 公里,从东南的南京到西北的酒泉,直线距离约有 2 000 公里,其间各处的人通话

---

① http://www.gov.cn/guoqing/2021-05/13/content_5606149.htm.
② 游汝杰.汉语方言学教程(第二版)[M].上海:上海教育出版社,2016:20.

没有明显困难。使用北方方言的人口约有 7 亿。在这么广大的地域,这么多的人口的语言能够比较一致,这在世界上都是很少见的。① 相对而言,官话和非官话(即吴语、闽语、粤语、湘语、赣语、客家话)之间差异较大,而且吴语、闽语、粤语、湘语、赣语、客家话之间的差异也较大,一致性小,多集中在长江以南地区。②

从少数民族分布情况看,云南是我国民族种类最多的省份,有 51 个少数民族,其中有 25个世居少数民族。③ 云南的少数民族语言多种多样。在新疆维吾尔自治区境内,维吾尔族主要分布在塔里木盆地周围和天山南北等地,维吾尔语分布区域较广,分为和田、中心、罗布三个方言,而且三个方言之间的差别主要表现在语音上,因此新疆各地的维吾尔族在交际方面不存在什么困难。④

4. 语言历史悠久

中华文明源远流长,中国语言文字历史悠久。汉字的历史可以追溯到五六千年前,甲骨文作为现存最古老而自成体系的文字,距今已经三千多年了。⑤ 口头上的汉语,起源的历史则更早。

汉藏语系在距今 6 000 年前左右分化,同属汉藏语系的主要语言除了汉语外,还有藏语、缅甸语、苗瑶语等。⑥ 以汉语发展演变的历史为例,现代南方的吴语、湘语、粤语、闽语、赣语、客家话等,都是由北方的华夏族或后来的汉族人民向南方迁徙产生的,现概述如下:⑦

吴语的历史可以追溯到三千年前先周时代太伯、仲雍的南迁。据《史记·吴太伯世家》记载,周太王的长子太伯和次子仲雍为了让王位于季历,南奔到今江苏无锡、苏州一带。这说明当时有一批北方移民南徙到江南地区。他们所说的当时的北方话成为吴语的最初基础。原始吴语经过一千多年的发展,到了东晋时代,已经形成与当时中原地区的北方汉语很不相同的一种方言。吴语在今苏南无锡、苏州一带形成以后,逐渐扩散至浙北的杭嘉湖平原、宁绍平原,继而进入浙江中部、南部和西南部。

湘语的前身是古楚语,即古代楚人的方言。楚人也是来自中原的移民。楚语在先秦孟子时代就已经形成了。古湘语早在汉代就已大致扩散到今湘语区全境。古湘语的地盘,因受北方移民南下和江西移民西进的影响,逐渐缩小。经过东晋和中唐两次中原人民大南移,当时的北方话占据了今湖北和湖南的西北部。从唐末开始,至明代而大盛的江西移民又把赣语带进今湖南的东部。现代湘语的地理格局应该是明末清初最后奠定的。

秦始皇统一中国以后,开始南下岭南地区,并谪戍 50 万,设置南海郡、桂林郡和象郡。这

① 胡裕树主编. 现代汉语[M]. 上海:上海教育出版社,1997:6—7.
② 吴语、闽语、粤语、湘语、赣语、客家话,也统一称为南方方言。
③ 吴宝璋. 近代云南文化史[M]. 桂林:广西师范大学出版社,2020:7—8.
④ 孙宏开,胡增益,黄行主编. 中国的语言[M]. 北京:商务印书馆,2007:1633.
⑤ 胡裕树主编. 现代汉语[M]. 上海:上海教育出版社,1997:133、135.
⑥ 游汝杰,邹嘉彦. 社会语言学教程(第三版)[M]. 上海:复旦大学出版社,2016:116.
⑦ (1)游汝杰,邹嘉彦. 社会语言学教程(第三版)[M]. 上海:复旦大学出版社,2016:117—118. (2)游汝杰. 汉语方言学教程(第二版)[M]. 上海:上海教育出版社,2016:20—22、136、138.

50 万戍卒所说的北方汉语与当地语言相融合,演变成后来的粤语。后来北方汉人不断南下移居岭南,先后形成了三次移民大高潮。宋代的移民带来的北方方言最后奠定了现代粤语的基础。

闽语的形成比粤语更晚些。直到西汉后期,福建才有冶县(今福州)的设置,这似乎说明已有少量北来的汉人迁居于此。两汉间第一批入闽的汉人可能是从吴地去的。闽语的正式形成应后推至汉末三国晋初的百年之间。这一时期,来自江南浙北的移民分别从海路(在福州登陆)和陆路(经浦城)大批进入福建。从六朝到南宋,入闽移民大量增加。这些后来的移民的方言和先来的移民及土著的方言经过交融,形成闽语。到了唐宋时代,闽语作为一种具有明显特征的独立的大方言才最后明确起来。闽语扩展到今广东潮汕地区,也应始于宋代。

赣语和客家话的形成最晚。赣方言和客方言的核心地区在江西以及与之邻接的闽西和粤北。今江西地区古称吴头楚尾,应当是古吴语和古楚语的交会处。在赣语和客家话形成以前,古江西方言可能是一种兼有吴语和湘语特征的混合型方言。唐初大量北方移民进入赣北鄱阳湖平原。这些移民的方言和古江西方言接触形成最原始的赣语。中唐和晚唐陆续到来的北方移民,从赣北深入赣中和赣南,使赣语进一步得到发展。

北方来的客家人起初定居赣语区,于宋元之际西移至闽西和粤北。他们原来所使用的赣语与赣东南、闽西和粤北的土著方言相交融,于元明之际,形成客家方言。"客家"这个名词 17 世纪才出现。"客家"显然不是土著,他们是历代从北方南下的移民及其后裔。

总之,上述各大方言的地理分布的格局是在南宋初年奠定的。八九百年来,这些方言长期稳定,变化不大。从方言发生学的角度来看,吴、湘、粤、赣等是从北方汉语直接分化出来的,可以说是原生的,闽语、客家话则是次生的,即是由某一种南方方言派生出来的。与此同时,北方话作为一个大方言区的概念到唐宋时代逐渐明确。

(二) 推广普通话势在必行

民族之间的交往促进了语言的接触。语言接触,一方面会使语言的交际功能发生分化,另一方面会发生借用、融合等语言现象。在此,我们谈谈语言的交际功能分层现象。这与双言双语、多言多语有关。

双言双语、多言多语,自古以来就不是什么新鲜事。以 2 500 年前孔子生活的时代为例,孔子的三千弟子来自不同的地方,语言存在差异,孔子对弟子讲学,说的是什么语言呢? 孔子周游列国,向诸侯宣讲仁义,说的又是什么语言呢? 他不说本乡曲阜的方言,而是说当时的雅言。孔子的语言生活是双言,即雅言和方言。[1] 雅言是当时的共同语,是不同语言(包括方言)背景的人在一起交流时使用的语言。

其实,不论古今,不论中外,双言双语、多言多语都是十分常见的语言现象。当社会生活

---

① 周有光:从世界看中国(上)[M].北京:生活·读书·新知三联书店,2016:100—101.

中有两种或两种以上的语言(包括方言)时,它们自然会产生功能的分化。当论及人们在各种场合的语言(包括方言)能力时,把能够根据不同场合的需要使用普通话或方言的现象叫双层语言现象(简称"双言现象"),使用两种语言的现象叫双语现象,使用三种及其以上语言(包括方言)的现象叫多言多语现象。那么不同的语言(包括方言)又是如何分工的呢?

　　一般情况下,人们的语言交际活动分为公共场合和私人场合。从语言的工具性角度看,语言的使用功能是分层级的,包括顶层语言、高层语言和低层语言。比较而言,顶层语言是指在全国通行的语言;高层语言是指某一区域的通用语言(或方言),一般是该区域威望较高的语言(或方言);低层语言是指用于家庭生活或非正式场合的语言(或方言)[①]。越正式、越庄重的场合,人们越倾向于使用更高层级的语言(或方言)。

　　这里需要特别强调两点:其一,社会语言学从语言(或方言)的使用功能出发,将各种语言(或方言)分为顶层语言、高层语言和低层语言,这是就语言的社会功能(比如使用场合)所作出的划分,并无高低贵贱之分;其二,所谓高层语言和低层语言都是相对的,比如某小城市的方言相对于大城市的方言来说是低层语言,但是相对于其周边乡镇的方言来说在当地则是高层语言。

　　如今,我们就处于双言双语、多言多语环境下。以云南为例[②],直到20世纪50年代初,云南各少数民族分别处于原始社会后期、奴隶社会、封建社会初期、封建社会晚期等不同的社会发展阶段。各种社会形态的教育都有其自身的特征:原始社会形态的教育主要是融合在生产劳动和社会生活中来进行,没有文字、没有教师、没有学校,主要通过言传身教来传授生活生产经验和技能;奴隶社会,教育才从生产生活中分化出来,开始有文字、书典,并带有明显的阶级性,只有贵族学生才能入学接受教育;封建社会,学校体制才逐渐趋于完备,教育功能才逐渐扩展到政治、经济、社会、军事等各方面。云南解放后,当地少数民族直接过渡到社会主义社会。当时,云南的教育发展水平很低。全省人口85%是文盲,学龄儿童入学率仅占20%,各级各类在校学生仅占全省人口1595万的1.3%。一些民族没有自己的大学生、中学生,甚至没有小学生。此后,云南大力兴办教育,提高人们的文化素质。普通话作为教学语言,在提高人们文化素质方面发挥着十分重要的作用,因此,普通话的普及率可以作为当地教育水平状况的一项重要衡量指标。近年,"三区三州"[③]的普通话普及率为61.56%[④],其中包括云南怒江州。总体而言,云南大部分地区目前已形成了以"普通话+民族语言"或"普通话+汉语方言"或"普通话+汉语方言+民族语言"的双言双语、多言多语格局。

　　语言作为人们最重要的交际工具,是建立社区的主要手段。它既能像黏合剂一样把不同人群凝聚到一起,也能阻隔不同人群之间的互动交流,造成社会距离。语言的交际功能有

---

① 游汝杰,邹嘉彦.社会语言学教程[M].上海:复旦大学出版社,2016:75.
② 蔡寿福主编.云南教育史[M].昆明:云南教育出版社,2001:7、12、13.
③ 根据《关于支持深度贫困地区脱贫攻坚的实施意见》,"三区三州"是西藏、四省藏区、南疆四地州和四川凉山州、云南怒江州、甘肃临夏州的简称。
④ 《全国普通话普及率达80.72%》http://www.moe.gov.cn/jyb_xwfb/s5147/202009/t20200915_488008.html.

大有小。通用语言就像"通用货币"一样,成为不同群体之间共同的交际工具,成为公共场合的交际工具,在不同的群体间具有更高的威望。因此,语言不仅仅是一种交际工具,还具有社会价值。

语言是一种资源,具有文化资本。不过语言的文化资本却因"实用价值"的大小、"经济价值"的高低而具有不同的价值。例如普通话作为在全国范围内通行的语言,享有更高的威望。掌握了"普通话+某一汉语方言"或者"普通话+某一民族语言"等言语交际模式的人是"优势双言使用者"。此外,据调查,还有一种单语模式使用者,这里指只掌握了顶层语言——普通话的人。他们跟以某一种汉语方言或民族语言为母语的人相比,被称为无母语人。他们是"优势单语使用者"。不论是"优势单语使用者",还是"优势双言使用者",都属于"优势语言使用者"。① 优势语言使用者在公共场合没有言语交际的障碍,能更便捷地获取信息,更好地开展工作。普通话是建构双言双语、多言多语和谐生活的重要基石。

随着普通话的不断推广普及,越来越多的人能够在公共场合使用普通话进行交流。就全国的普通话普及率看,2020年已达80.72%。② 可见,以普通话为主的双言双语、多言多语社区在全国范围内正逐步扩大。同时,普通话的推广普及还有提升的空间。

二、汉语在全球的语际地位

全世界有名称的语言达5 000种到6 000种,目前实际使用的语言约有4 000种。③ 在国际交流中,各语言的地位有所不同。全球化时代需要国际共同语。由于语言文字是文化的重要载体,语言文字的国际传播关系到国家的软实力建设,因此,世界各国都很重视语言的国际传播工作。

(一)联合国工作语言

联合国有六种工作语言,分别是:汉语、英语、法语、俄语、西班牙语和阿拉伯语。

关于汉语在国际上的使用,必须提到《汉语拼音方案》。

"国际标准化组织"(ISO)给每一种非拉丁字母文字规定一种拉丁字母的标准转写法,作为文化交流的纽带。《汉语拼音方案》于1958年由全国人民代表大会通过并公布。它采用拉丁字母,1982年成为国际标准(ISO 7098),还是国际上唯一拼写中国人名及地名的系统,在联合国和世界各国得到普遍使用。在电脑上,汉语拼音自动变换汉字的输入法,已成为广泛应用的技术。④

2015年12月15日,国际标准化组织正式出版了《ISO 7098信息与文献——中文罗马字

① 蒋冰冰.移民与城市语言发展研究——以上海为例[M].上海:华东师范大学出版社,2014:147—149.
② 《全国普通话普及率达80.72%》http://www.moe.gov.cn/jyb_xwfb/s5147/202009/t20200915_488008.html.
③ 游汝杰,邹嘉彦.社会语言学教程(第三版)[M].上海:复旦大学出版社,2016:116.
④ 周有光.我的人生故事[M].北京:当代中国出版社,2017:255、284.

母拼写法》(《ISO 7098 Information and Documentation — Romanization of Chinese》)2015年修订本。修订本主要增加了汉语拼音分词连写的规则,在人名地名拼写、标调、标点符号转换等方面列出了更为具体的规则和说明,提出了汉字-拼音计算机自动转换的原则和方法,更新了包括《通用规范汉字表》在内的参考文献及普通话音节形式总表。修订本更加符合当前信息网络时代发展的需要,具有更强的科学性和实用性。[①]

为了汉语的国际传播,我们要格外重视掌握并规范使用《汉语拼音方案》。2000 年通过的《国家通用语言文字法》第十八条规定:"国家通用语言文字以《汉语拼音方案》作为拼写和注音工具。《汉语拼音方案》是中国人名、地名和中文文献罗马字母拼写法的统一规范,并用于汉字不便或不能使用的领域。初等教育应当进行汉语拼音教学。"

除了汉语,其他语言的简要情况如下[②]:

英语属于印欧语系日耳曼语族西支。它是现代语言中颇具影响的一种语言。许多国家和地区都以英语为官方语言或官方语言之一。英语在国际交往中使用范围最广,英语科技词汇基本上已成为国际上通用的术语。随着互联网的普及发展,英语成为不同族群之间在网络空间沟通中运用最广的语言。

法语属于印欧语系罗曼语族西支。不少国家和地区都以法语为官方语言或官方语言之一。从中世纪起,法语在国外就有较大影响。在 17、18 世纪,法语是重要的国际语言,欧洲很多国家的宫廷和上层社会都以使用法语为风尚。第二次世界大战后,法国的国际地位下降,法语的影响力随之减弱,但目前仍是较重要的国际通用语言。

俄语属于印欧语系斯拉夫语族东支。俄语的近亲语言是乌克兰语和白俄罗斯语。自 20世纪 50 年代以来,俄语在国际上的使用范围明显扩大。来自俄语的科技信息受到国际上的重视。

西班牙语属于印欧语系罗曼语族西支。它不仅是西班牙的官方语言,还是拉丁美洲大多数国家的官方语言。此外,美国南部的几个州、菲律宾以及非洲的部分地区,也有相当数量的使用者。

阿拉伯语属于阿非罗-亚细亚语系闪语族。它分布于西亚和北非 22 个阿拉伯国家和地区。

(二) 传播汉语任重道远

汉语[③]在国际上传播的广度与深度,与我国国内的语文现代化建设水平密切相关。为什么要实现语文现代化呢?

---

① 李宇明. 中华文化迈出国际新步伐——写在中文罗马字母拼写法国际标准(ISO 7098:2015)修订出版之时[N]. 光明日报,2016-05-01(7).
② 中国大百科全书总编辑委员会《语言文字》编辑委员会,中国大百科全书出版社编辑部编. 中国大百科全书·语言文字[M]. 北京:中国大百科全书出版社,1994:5、62—63、67—68、413、458.
③ 在此,汉语指普通话。普通话在海外华人社区被称为华语。

人类社会最近的一万年,宏观地分为三个时期:农业化时期、工业化时期和信息化时期。这三个时期的语文生活主要有如下的变化:[1]

农业化时期产生了文字,使语言生活进步为语文生活,由此发展了文字教育。

工业化时期形成国家共同语,实行全民义务教育;开创传声技术(电话)和传信技术(电报);发明机械打字机,使书写从手工业变为机械化。在工业化时期之前,很早就有共同语和文字教育,但那是极少数贵族的事情。工业化时期提出了"全民"学习共同语和基础教育的要求,普及共同语成为工业化国家的基础政策,这使人类社会的语文和教育完全改观。可见,始于三百年前的工业化,使人类的语言生活发生了急剧的变化。

信息化时期形成国际共同语,促进国际间的文化、经济和科技交流;发明录音、广播、无线电话、文传电报;发明电视,使图像、语音和文字统一出现在屏幕上;发明电脑,创造出语文处理和自动翻译等新技术,目前正在向多媒体的综合信息网络迈进。

在上述三个时期,有五个语言生活中的大事,称之为"五个语文里程碑":[2]

第一个语文里程碑是文字的发明。有了文字之后,语言可以依靠文字而打破空间和时间的限制,传到远处、留给未来。

第二个语文里程碑是全国共同语和全民义务教育的推广和普及。

第三个语文里程碑是传声技术的发明。

第四个语文里程碑是国际共同语的形成和推广。国际共同语的重要性到了信息化时代,比过去任何时代都更加突出了。

第五个语文里程碑是电脑和信息网络的发明和发展。电脑从数学运算的智能化设备,变成语言和文字之间的自动转变设备、不同语言之间的自动翻译设备、语文的快速传输设备、情报的检索和加工的自动化设备。"信息化"和"电脑化"几乎成了同义语。

由上可见,五个语文里程碑分两种性质:其一,全国共同语和国际共同语的推广和普及是教育工作;其二,文字、传声技术和电脑的发明是技术创造。

参照上述情况,我国的语言生活处在什么情况下呢? 我国顺利地跨过了第一个语文里程碑。目前,我们正处于第二个里程碑阶段。

普及国语、普及义务教育是工业化时代的要求。西欧在三百年前基本达到了这个要求。日本在一百年前基本达到了这个要求。我国在辛亥革命(1911年)爆发以后,开始提出同样的要求,但是国家多难,踏步不前。1982年我国的新《中华人民共和国宪法》重申"国家推广全国通用的普通话"和普及义务教育。[3] 可是,"中国语文现代化"问题,还有待被重新认识。[4]

新加坡于1965年独立,重视教育,推广华语,消除方言不同的华人之间的语言隔阂。他们开展了长期的华语运动,从1980年起,每年都推行一个"华语运动月",各有主题:1980年9

① 周有光.周有光语文论集(第四卷)[M].上海:上海文化出版社,2002:4、138.
② 周有光.周有光语文论集(第二卷)[M].上海:上海文化出版社,2002:317—319.
③ 《中华人民共和国宪法》(1982)http://www.npc.gov.cn/zgrdw/npc/zt/qt/gjxfz/2014-12/03/content_1888093.htm.
④ 本段引自:周有光.周有光语文论集(第二卷)[M].上海:上海文化出版社,2002:5.

月是"华语家庭讲华语",1981 年 10 月是"在公共场所讲华语",1982 年 10 月是"在工作场所讲华语",1983 年 10 月是"在巴刹(市场)和小贩中心讲华语"。在小学一年级新生之中,家里以华语为主要家庭语言的人数,已经由 1980 年的 26%,增加到 1984 年的 59%;同一期间,家中以方言为主要家庭用语的新生人数由 64%降到 27%。新加坡的华人,在独立以前说 5 种方言,当时的使用比例是:厦门话 30%、潮州话 17%、广州话 15%、海南话 5%、客家话 4%;独立后,要求华人都能说同一种"华语",结束了多种方言彼此不能通话的状态。经过十年的努力,他们基本上达到了"学校里多说华语、不说方言;社会上多说华语、少说方言"。结合新加坡的经济水平可见,"语言起飞"是教育起飞的必要条件,教育起飞是经济起飞的必要条件。[①]

如今,我国作为世界上有影响力的大国,在国际共同语的建设中加快汉语的国际推广工作,任重而道远。

练一练

1. 我国历史悠久,这跟语言国情有什么联系?
2. 我国幅员辽阔,这跟语言国情有什么联系?
3. 我国人口众多,这跟语言国情有什么联系?
4. 我国民族多样,这跟语言国情有什么联系?
5. 你的父母或父母一代的人是怎样使用语言的?
6. 比较你的家乡和你就读学校所在城市的语言使用环境。
7. 你使用语言的情况是怎样的? 怎样才能成为优势语言使用者?
8. 新加坡推广华语的举措,对我们有什么启示?
9. 查阅文献或进行调研,分析某一国家是如何进行语言传播的?
10. 在国际上传播汉语,你有什么建议?

第三节　掌握普通话是公民的基本语言素养

课前提问

1. 选择题
(1)《国家通用语言文字法》第三条规定:(　　　)。

---

① 本段引自:周有光.周有光语文论集(第二卷)[M].上海:上海文化出版社,2002:253.

A. 国家推广普通话　　　　　　　B. 国家推行规范汉字
C. 国家推广汉语　　　　　　　　D. 国家推广汉字

(2)《国家通用语言文字法》第十九条规定:(　　)、节目主持人和影视话剧演员的普通话水平,应当分别达到国家规定的等级标准。

A. 播音员　　　　　　　　　　　B. 教师
C. 国家机关工作人员　　　　　　D. 社会其他人员

(3)普通话水平测试试题内容涉及(　　)。

A. 普通话语音　　B. 普通话词汇　　C. 普通话语法　　D. 汉语拼音

2. 判断题
(1)汉语拼音是学习普通话的重要工具。(　　)
(2)汉语拼音需要在教育领域推广,跟其他行业没有关系。(　　)
(3)我国推广普通话的工作方针,几十年来一直没有改变。(　　)

普通话之于我国的语文现代化建设的重要意义毋庸置疑。"说普通话是做一个现代公民必须具备的条件。"[1]公民的普通话水平成为衡量国家通用语言推广普及成效的重要体现。作为中国人,我们都应该重视培养自身的普通话素养,并不断提高自己的普通话水平。

一、有关法律法规对推广普及普通话的规定

2200年前,秦始皇统一了文字,实行"书同文",促进了各地的文化交流。在随后漫长的2000多年封建社会,难以实现"语同音"。对一个建设现代化的国家来说,仅仅做到"书同文"是不够的,还必须做到"语同音"。[2] 在全球化、信息化时代背景下,实现"语同音"的重任落到了十几亿中国人的肩上。十几亿人的"语同音",不仅是中国,而且是世界文化史上的一件大事。[3] 如今,必须实现"语同音"的目标。为此,我国出台了一系列法律、法规、中共中央和国务院文件、国务院部门规章以及相关文件,择要概述如下。[4]

(一) 确立普通话法律地位的两部重要法律

确立普通话法律地位的两部重要法律是《中华人民共和国宪法》(1982年)和《国家通用语言文字法》(2000年)。前者第十九条第五款规定:"国家推广全国通用的普通话。"后者第三条规定:"国家推广普通话,推行规范汉字。"

① 张志公.张志公语文教育论集[M].北京:人民教育出版社,2022:447.
② 周有光.周有光语文论集(第一卷)[M].上海:上海文化出版社,2002:362.
③ 倪海曙著作编辑小组.倪海曙语文论集[M].上海:上海教育出版社,1991:213.
④ 教育部语言文字应用管理司编.新时期语言文字法规政策文件汇编[M].北京:语文出版社,2005.

（二）面向教育领域的相关政策法规

教育领域是开展普通话教学与推广的重要阵地，有关工作的质量，不仅关乎普通话的推广普及与提高，而且关乎社会语言文字应用水平。为此，教育部门为推广普通话、推行汉语拼音，面向师范学校（含幼师）、中等师范学校、高等师范院校、小学、普通中学、职业中学发布了一系列文件。由于汉语拼音是给汉字注音、学习普通话的重要且有效的工具，因此，有关政策法规往往涉及推行汉语拼音的有关工作。

1. 针对义务教育阶段的有关政策法规举例

在推广普通话方面，出台了国务院行政法规，例如《中华人民共和国义务教育法实施细则》（1992 年 2 月 19 日国务院批准，1992 年 3 月 14 日国家教育委员会令第 19 号发布）第二十四条规定：“实施义务教育的学校在教育教学和各种活动中，应当推广使用全国通用的普通话。师范院校的教育教学和各种活动应当使用普通话。”

2. 针对师范学校（含幼师）的有关政策法规举例

1983 年，针对师范学校（含幼师）学习普通话和汉语拼音，《关于加强中等师范学校推广普通话和推行汉语拼音工作的通知》（1983 年 9 月 12 日　教育部）第一条指出：“师范学校（含幼师）是培养小学教师和幼儿教师的基地，对于我国下一代能否从小学好普通话，掌握汉语拼音，负有重要责任，应成为推广普通话和推行汉语拼音的重要阵地。”

3. 针对中等师范学校的有关政策法规举例

1986 年，针对中等师范学校学生的普通话考核，《关于加强对中等师范学校学生进行普通话考核的意见》（1986 年 1 月 28 日　国家教育委员会）指出：“普通话是教师的职业语言，掌握普通话和汉语拼音是中等师范学校（包括幼儿师范，下同）学生的一项基本功，是合格教师的必备条件。师范学校必须把普通话训练贯穿在整个师范教育阶段，对学生掌握普通话和汉语拼音的能力进行严格、系统地考核。”

4. 针对高等师范院校的有关政策法规举例

1987 年，针对高等师范院校推广普通话工作，《关于加强高等师范院校推广普通话工作的通知》（1987 年 9 月 25 日　国家语言文字工作委员会、国家教育委员会）指出：“1983 年以来，随着师范院校办学指导思想的逐步明确和师范教育改革的不断深入，一些高等师范院校积极开展推广普通话工作，取得了明显的效果。但各校发展很不平衡，有些刚刚起步，一些院校推广普通话工作仍是薄弱环节，以至有些毕业生还不具备用普通话教学的能力。”为进一步加强高等师范院校的推广普通话工作，特发该通知。

对于高校的干部、教师、学生使用普通话以及中文系(科)毕业生的汉语拼音和普通话水平,该通知第二条要求:"普通话是教师的职业语言,使用普通话教学是师范院校合格毕业生的必备条件。在高等师范院校普及普通话的基本要求是:1.在各系(科)教学和学校一切集体活动中,干部、教师、学生坚持使用普通话;2.毕业生能用普通话从事教育、教学工作;中文系(科)毕业生能熟练掌握汉语拼音,能说标准的或比较标准的普通话,能教汉语拼音,有从事正音教学的能力。上述基本要求应在三五年内达到。"

5. 针对小学的有关政策法规举例

1990年,针对小学普及普通话,有关部门发布了《关于小学普及普通话的通知》(1990年12月29日　国家语言文字工作委员会、国家教育委员会)。

该通知在加强普通话和汉语拼音的教学工作方面提出:"各地区、学校要全面、系统地加强普通话和汉语拼音的教学工作。小学普通话教学在重视语音规范的同时,还要重视词汇和语法规范,加强正音和词语规范的教学和训练。要把普通话教学贯穿到小学各年级语文教学的全过程。"

在加强普通话和汉语拼音的教改工作方面提出:"要把加强普通话和汉语拼音教学与语文教学改革结合起来。'注音识字,提前读写'的改革实验不但显著提高了小学语文教学水平,而且对小学的'双推'工作有广泛积极的影响,应按国家教委的有关要求进一步推广。有的地区和学校为提高学生的口语表达能力,在不增加总课时的前提下,小学各年级都开设说话课,这是有益的尝试,有条件的地区和学校可以试验。普通话和汉语拼音的教学方法应根据各地具体情况和师资条件来确定,提倡互相学习、借鉴。"

6. 针对普通中学的有关政策法规举例

1993年,针对普通中学普及普通话的工作,有关部门发布了《关于普通中学普及普通话的通知》(1993年2月20日　国家语言文字工作委员会、国家教育委员会)。该通知对普及普通话的总体要求是"普通中学普及普通话的要求包括掌握和使用两个方面",并对师生都提出了具体要求。

根据对学生掌握普通话的要求,我们归纳了表1-3(扫码查看)。

对教师和干部的要求包括两个方面:(1)能流利地说普通话,语文教师能说标准的或比较标准的普通话并熟练掌握汉语拼音;(2)各科教师均能用普通话进行教学,语文教师具有教授普通话的能力和正音能力。

在线资源,扫码查看

7. 针对职业中学的有关政策法规举例

1993年,针对职业中学普及普通话的工作,有关部门发布了《关于职业中学普及普通话的通知》(1993年12月25日　国家语言文字工作委员会、国家教育委员会)。该通知对普及普通话的总体要求是"职业中学普及普通话的要求包括掌握和使用两个方面",并对师生都提出了具体要求。

根据对学生掌握普通话的要求，我们归纳了表 1 - 4(扫码查看)。

对教师和干部的要求包括两个方面：(1)能流利地说普通话，普通话课教师能说一级普通话，语文教师能说二级及以上的普通话并熟练掌握汉语拼音；(2)各科教师能用普通话进行教学，语文教师具有教授普通话的能力和正音能力。

针对防止拼音知识回生的问题，在《关于对普通中小学普及普通话工作进行检查评估的通知》(1994 年 9 月 14 日国家教育委员会、国家语言文字工作委员会)附件的评估指标中，涉及语文教学的内容中提到："重视听说读写和汉语拼音全面训练，防止拼音知识回生，成效显著；小学说话课课时师资落实。"

(三) 面向其他行业领域的相关规定

为了推广普通话、规范汉语拼音、规范汉字，相关行业出台了一系列规章制度，可以分为以下三个方面。

1. 与广播影视领域有关的推广普通话的国务院行政法规举例

例如《广播电视管理条例》(1997 年 8 月 11 日国务院令第 228 号发布)第三十六条规定："广播电台、电视台应当推广全国通用的普通话。"

2. 与工商行政管理领域有关的文件举例

这方面的文件除了跟汉语拼音、汉字的规范应用有关以外，还跟规范应用《汉语拼音正词法基本规则》有关。例如：

《户外广告登记管理规定》(1995 年 12 月 8 日国家工商行政管理局令第 42 号发布)规定："户外广告使用文字、汉语拼音、计量单位等，应当符合国家规定，书写规范准确。"

《店堂广告管理暂行办法》(1997 年 12 月 31 日国家工商行政管理局令第 81 号发布)规定："店堂广告使用文字、汉语拼音、计量单位等，应当符合国家有关规定，书写规范、准确。"

《广告语言文字管理暂行规定》(1998 年 1 月 15 日国家工商行政管理局令第 84 号发布，根据 1998 年 12 月 3 日国家工商行政管理局令第 86 号修改)规定："广告中不得单独使用汉语拼音。广告中如需使用汉语拼音时，应当正确、规范，并与规范汉字同时使用。"

与工商行政管理领域有关的文件，例如在《印发〈关于企业、商店的牌匾、商品包装、广告等正确使用汉字和汉语拼音的若干规定〉的通知》(1987 年 4 月 10 日　国家语言文字工作委员会、商业部、对外经济贸易部、国家工商行政管理局)的附件中，第四条规定："使用汉语拼音，要求以普通话语音为标准，拼写准确，字母书写正确，提倡分词连写。在商品包装、广告等上面出现企业名称、地址时，应当使用汉字，或汉字、汉语拼音并用，不得仅用汉语拼音。"《关于商标用字规范化若干问题的通知》(1987 年 9 月 4 日　国家工商行政管理局、国家语言文字工作委员会)第四条规定:"商标加注汉语拼音的,必须以普通话为标准,分词连写,拼写应当准确,字母书写应当正确。"

与体育领域有关的文件,例如《关于在各种体育活动中正确使用汉字和汉语拼音的规定》(1992 年 7 月 9 日　国家体育运动委员会、国家语言文字工作委员会)规定:"使用汉语拼音,要以普通话语音为标准,要求拼写准确,字母书写正确,分词连写。"

与铁路系统有关的文件,例如《关于进一步加强铁路系统语言文字规范化工作的通知》(2000 年 5 月 31 日　铁道部、教育部、国家语言文字工作委员会)规定:"铁路车站名称及其他需加注汉语拼音的地方应在规范汉字下方书写汉语拼音,拼音应符合《汉语拼音正词法基本规则》的规定。""从 2001 年起,把推广普通话和语言文字规范化的内容列入文明单位、文明列车、服务标兵的评比条件。"

与邮政系统有关的文件,例如《关于加强邮政系统语言文字规范化工作的通知》(2000 年 6 月 28 日　国家邮政局、教育部、国家语言文字工作委员会)规定:"需加注汉语拼音的,应在规范汉字的下方书写,拼音应符合《汉语拼音正词法基本规则》的规定。""为进一步做好语言文字规范化工作,各邮政部门应将普通话水平达标列入有关岗位技术标准,将在公务中使用普通话列入服务规范。"

3. 与人名、地名管理领域有关的法规、中共中央和国务院文件、国务院部门规章以及相关文件举例

例如国务院行政法规《地名管理条例》(1986 年 1 月 23 日)第八条规定:"中国地名的罗马字母拼写,以国家公布的《汉语拼音方案》作为统一规范。拼写细则,由中国地名委员会制定。"

例如中共中央、国务院文件《国务院批转关于改用汉语拼音方案作为我国人名地名罗马字母拼写法的统一规范的报告》(1978 年 9 月 26 日)作出了有关规定。

例如有关文件《关于颁发〈中国地名汉语拼音字母拼写规则(汉语地名部分)〉的通知》(1984 年 12 月 25 日　中国地名委员会、中国文字改革委员会、国家测绘局),附有《中国地名汉语拼音字母拼写规则(汉语地名部分)》。

例如有关文件《关于地名标志不得采用"威妥玛式"等旧拼法和外文的通知》(1987 年 12 月 2 日　中国地名委员会、城建环保部、国家语言文字工作委员会)。

二、普通话水平测试对普通话水平的要求

1957 年,提出了"大力提倡,重点推行,逐步普及"的推广普通话工作方针,工作重点是推行并普及。1986 年,提出了"大力推行,积极普及,逐步提高"的推广普通话工作方针,工作重点是普及并提高。为了更加有效地提高普通话水平,国家语言文字工作委员会于 1991 年颁

布了《普通话水平测试等级标准》。

（一）测试对象

根据《国家通用语言文字法》第十九条规定："凡以普通话作为工作语言的岗位，其工作人员应当具备说普通话的能力。以普通话作为工作语言的播音员、节目主持人和影视话剧演员、教师、国家机关工作人员的普通话水平，应当分别达到国家规定的等级标准；对尚未达到国家规定的普通话等级标准的，分别情况进行培训。"

2003 年教育部颁布了《普通话水平测试管理规定》。2021 年颁布了新修订的《普通话水平测试管理规定》，为测试管理工作提供了基本依据，有关测试对象的规定如下：[①]

第十条规定："以普通话为工作语言的下列人员，在取得相应职业资格或者从事相应岗位工作前，应当根据法律规定或者职业准入条件的要求接受测试：（一）教师；（二）广播电台、电视台的播音员、节目主持人；（三）影视话剧演员；（四）国家机关工作人员；（五）行业主管部门规定的其他应该接受测试的人员。"

第十一条规定："师范类专业、播音与主持艺术专业、影视话剧表演专业以及其他与口语表达密切相关专业的学生应当接受测试。"

第十二条规定："社会其他人员可自愿申请参加测试。""在境内学习、工作或生活 3 个月及以上的港澳台人员和外籍人员可自愿申请参加测试。"

第十三条规定："视障、听障人员申请参加测试的，省级测试机构应积极组织测试，并为其提供必要的便利。视障、听障人员测试办法由国务院语言文字工作部门另行制定。"

2022 年教育部、国家语委发布了《中小学生普通话水平测试等级标准及测试大纲》（试行）。该大纲将中小学生的普通话水平划分为 6 级，规定了测试的内容、范围、试卷构成和评分标准等，适用于义务教育阶段小学五年级及以上学生普通话水平的测评或评估监测；该规范将于 2022 年 12 月 15 日起试行。[②]

（二）测试要求

下面简要介绍《普通话水平测试实施纲要》的有关测试要求。新版《普通话水平测试实施纲要》（2021 年版）（以下简称：新版《纲要》）已公开发行，自 2024 年 1 月 1 日起正式实施；同时 2003 年编制的旧版《普通话水平测试实施纲要》停止使用。[③]

普通话水平测试的重要学术依据是《普通话水平测试等级标准》《普通话水平测试大纲》和《普通话水平测试实施纲要》。《普通话水平测试等级标准》规定了普通话水平测试等级的划分，描述了测试等级特征并明确了量化指标。《普通话水平测试大纲》规定了测试名称、性

---

① 《普通话水平测试管理规定》http://www.moe.gov.cn/srcsite/A02/s5911/moe_621/202112/t20211209_585976.html.
② 教育部、国家语委发布《中小学生普通话水平测试等级标准及测试大纲》（试行）和《汉字部首表》-中华人民共和国教育部政府门户网站（moe.gov.cn）.
③ 《2024 年 1 月普通话水平测试即将开考——上海市教育考试院》https://www.shmeea.edu.cn/page/08000/20240103/18101.html.

质、方式以及测试内容和范围,明确了试卷构成、评分和应试人普通话水平等级确定方式,为普通话水平测试提供了具体的实施依据。《普通话水平测试实施纲要》主要包括测试的词语表、普通话与方言词语对照表、普通话与方言语法对照表、朗读作品、话题等内容,为测试提供了具体的命题依据和题库编制依据。[①]

普通话水平测试有助于应试人进一步增强对普通话的语音、词汇和语法的了解,从而提高自己的普通话水平。如何准备普通话水平测试呢? 应当做好以下五方面工作。

1. 熟读备考材料

普通话水平测试有五大题:第一,读单音节字词;第二,读多音节词语;第三,选择判断;第四,朗读短文;第五,命题说话。测试内容直接从备考材料中选取。备考材料有《普通话水平测试用普通话词语表(表一)》《普通话水平测试用普通话词语表(表二)》《普通话水平测试用必读轻声词语表》《普通话水平测试用儿化词语表》《普通话水平测试用普通话与方言词语对照表》《普通话水平测试用普通话与方言常见语法差异对照表》《普通话水平测试用普通话常见量词名词搭配》、50 篇《普通话水平测试用朗读作品》和 50 个普通话水平测试用话题题目。备考材料详见新版《纲要》。

其中,50 个话题包括 25 个个人话题和 25 个社会话题。话题的题目见新版《纲要》,建议备考时准备好话题的内容。

2. 培养正音意识

什么是"正音"? "正音"作名词时,指标准音;作动词时,指矫正语音,使符合语音规范。[②] 所谓正音就是纠正学习者在学习和使用标准音的过程中所出现的偏误,提高对标准音的认识水平,学习标准音的发音技巧,养成正确的发音习惯,最终能讲标准音。普通话正音的目标是使学习者系统地掌握普通话语音系统及发音规律,能说标准的普通话。[③]

为什么要强调正音意识呢? 意识是一种科学的建构,是对外部环境和内部认知性事件的觉知。[④] 意识影响我们的行为。"如果要改变一个人的行为,首先必须改变他的信念和知觉。当他看问题的方式不同时,他的行为也就不同了。"[⑤]没有正音意识的人,一般不会留意读音上的差异,但是一旦有了正音意识之后,就会关注自己的读音与标准音之间的差异,才会主动地进行纠正。

正音意识是指能够感知标准音音系并能够对自我语音进行纠偏反应,具有建构标准音音系系统的自觉意识。学习者只有具有正音意识,才能真正建构稳定的标准音音系系统,提

① 国家语委普通话与文字应用培训测试中心编制.普通话水平测试实施纲要(2021 年版)[M].北京:语文出版社,2022:2.
② 中国社会科学院语言研究所词典编辑室编.现代汉语词典(第 7 版)[M].北京:商务印书馆,2017:1673.
③ 蒋冰冰.汉语正音教程[M].上海:华东师范大学出版社,2018:1.
④ [美]罗伯特·L.索尔所,M.金伯利·麦克林,奥托·H.麦克林.认知心理学(第 7 版)[M].邵志芳,李林,徐媛,高旭辰,何敏置,等译.上海:上海人民出版社,2017:147.
⑤ 施良方.学习论[M].北京:人民教育出版社,2003:382.

高标准音水平。本书针对普通话语音内容的编写目标是在进行系统学习及正音训练的过程中,使学习者具有正音意识,能建构稳定的标准音音系系统,从而具有良好的自我正音能力。如果学习、练习普通话,总是依靠其他人的指正,那就永远不能独立自如地说好普通话,所以应当重视培养正音意识。

3. 精准补差补缺

一般情况下,普通话语音方面的问题大多是受母语的影响造成的,因此,我们有必要对比普通话语音系统与自己母语语音系统之间的异同,有针对性地解决问题,而不是盲目地练习。同时,要重视掌握发音规律。普通话语音的规律性极强,只有掌握规律,才能事半功倍。

此外,还要避免出现系统性语音缺陷问题。例如在普通话韵母方面的一个常见问题是有前鼻音 in,没有后鼻音 ing,发音时用"钦""勤""寝""沁"依次代替"青""晴""请""庆"。这种情况,就属于用前鼻音 in 代替后鼻音 ing 的系统性语音缺陷。如果在测试中,只是偶尔出现这方面的语音问题,就不属于系统性语音缺陷问题。在测试中,缺陷的类型越多,扣分越多;每类缺陷中,出现的错误越多,扣分越多。

4. 了解评分标准

有必要将训练目标与评分标准对接起来,避免不必要的失误,使训练更加有的放矢。详细的评分标准见新版《纲要》[1]。下面按考题顺序,指出应试时的注意事项。

(1) 第一题是读单音节字词。

该题的测试目的是:考查应试人在读单音节字词时,普通话声母、韵母和声调的标准程度。

建议:一是读准声母、韵母和声调。例如"桃"的声母是清音 t[t'][2],母语有浊音声母的应试人需要注意不要把清音 t[t']发成浊音[d]了;"拴"的韵母是前鼻音 uan,不要读成后鼻音 uang;"小"的声调是第三声,在这个题型中要读完整的第三声调值 214,不能读半上声 21。[3] 二是一个字只能重读一次,而且评分时是对第二次的读音进行评分。

(2) 第二题是读多音节词语。

该题的测试目的是:除了考查应试人声母、韵母和声调的发音标准程度以外,还要考查变调、儿化和轻声的发音标准程度。

建议:一是读准每个字的声母、韵母和声调。这里有两点需要注意:其一,注意多音字,例如"晕"在"晕头转向"中读 yūn,在"晕车"中读 yùn;其二,注意容易读错的字,例如"混淆"的"淆"读 xiáo。二是读准变调。以上声变调为例,两个上声相连时,第一个上声发生变调,读第二声,这就是上上变调。例如"美好"的读音跟"没好"是一样的。同时,需要注意的是当

---

[1] 在下文中,关于各题测试目的的说明引自新版《纲要》。
[2] 方括号内的"'"在国际音标中表示送气符号。下文同此,不再说明。
[3] 有关声母、韵母、声调、调值等概念,详见第二章。

最后一个字是第三声时，要读 214 调值。例如"美好"的"好"要读 214 调值。三是读准儿化音。例如"蒜瓣儿"的"瓣儿"要读 bànr，不能读 bàn'ér。四是要读准轻声。例如"嘴巴""做作"都是轻声词，最后一个字"巴"和"作"要读得短而轻。此外，还需要注意的是，这道题是朗读词语，所以音节之间不能停顿，例如"火车"不能读成"火/车"①，"荧光屏"不能读成"荧/光/屏""荧/光屏""荧光/屏"。

（3）第三题是选择判断。

该题的测试目的是：重点考查应试人掌握普通话词汇、语法的规范程度。②

建议：一是熟悉《普通话水平测试用普通话与方言词语对照表》，同时读准普通话字音。二是熟悉《普通话水平测试用普通话常见量词名词搭配》，同时读准普通话字音。此外，需要注意该题的读法是："'一'＋量词＋名词"，例如"一双筷子"。同时，要掌握"一"字变调规律，读准"一"字。③ 三是熟悉《普通话水平测试用普通话与方言常见语法差异对照表》，同时读准字音。

（4）第四题是朗读短文。

该题的测试目的是：考查应试人用普通话朗读书面作品的水平，重点考查声母、韵母、声调的发音标准程度，以及音变（轻声、儿化、上声变调、"一"字变调、"不"字变调、语气词"啊"的音变）④、停连、语调以及流畅程度。

建议：一是熟读 50 篇《普通话水平测试用朗读作品》。二是读准字音（即声母、韵母、声调），同时读准音变（轻声、儿化、上声变调、"一"字变调、"不"字变调、语气词"啊"的音变），还要读准语调（包括读准句重音、词重音、句调），避免停连不当问题（例如破句、卡壳、回读等问题），避免朗读不流畅问题（例如语句不连贯、语速不当等问题）。

（5）第五题是命题说话。

该题的测试目的是：考查应试人在没有文字凭借的情况下说普通话的水平，重点测查语音标准程度、词汇和语法的规范程度，还有表达的自然流畅程度。

建议：一是把 50 个话题分门别类，准备说话素材。如果不太习惯说普通话，或者普通话水平不太高，那么最好写出书面稿，然后进行准备。写书面稿时，要采用口语化的表达方式，不要死记硬背，进行口头表达练习时，要避免背诵腔。二是该题不仅考察语音标准程度，还考察词汇和语法的规范程度，以及表达的自然流畅程度，所以备稿时，在确定规范使用普通话的词汇和语法之后，要注意语音问题、语速问题，同时要反复练习，以达到能进行自然流畅表达的程度。三是普通话水平测试以机测为主，应试人平时可对着手机或电脑进行练习，培养进行持续 3 分钟"独白"的表达习惯。四是在说话内容上要注意"三避免"，即避免背诵或复述他人作品，避免偏离话题，避免进行无效表达。五是避免缺时。

---

① 斜线"/"表示停顿。
② 有些省市不考"选择判断"，例如上海市的普通话水平测试就不考该题。在有"选择判断"的试卷中，该题占 10 分，"命题说话"占 30 分。在没有"选择判断"的试卷中，"命题说话"占 40 分。
③ "一"字变调规律，见第三章第七节。
④ 括号中的内容，是本书所加。

最后,需要说明的是,上述列举的普通话水平测试要点也是学习普通话的要点,具体见本书相关章节。

5. 锻炼发音肌肉

练习发音,其实就是在训练发音肌肉的协作能力。学习新的语言总会遇到一些独特的发音,要学会这些独特的发音,就要找准发音位置,掌握发音方法,加以有效训练。训练的目的就是让自己的发音肌肉熟悉这些独特发音的发音位置和发音方法,熟能生巧之后,就能灵活运用了。发音肌肉协调能力的训练属于技能训练,技能的获得不是一蹴而就的,需要反复地练习,因此,发音训练是不能搞突击的。建议根据自己的正音目标,每天有计划地进行训练。

总之,提高普通话语音水平是有章可循的。本书将在这方面提供科学有效的训练方案。

练一练

1. 为什么教育部门格外重视普通话的推广普及工作?举例说明你就读过的学校开展过哪些跟普通话有关的活动。

提示:经国务院批准,自1998年起,每年9月第三周为全国推广普通话宣传周(简称推普周)。在推普周,你就读过的学校开展过哪些活动?

2. 本节列举了跟普通话有关的管理规定,除了这些,你还知道哪些管理规定及具体的规定内容吗?

3. 结合自己的实例,分析自己在普通话语音方面是否已经具有正音意识了。

4. 根据书中对普通话水平测试有关情况的介绍,列出你的备考计划。如果已参加过普通话水平测试,则列出提高普通话水平的训练计划。

第二章
《汉语拼音方案》

■ 导 言

　　《汉语拼音方案》的两个最主要用途是给汉字注音和拼写普通话。《汉语拼音方案》包括字母表、声母表、韵母表、声调符号和隔音符号等五个组成部分。它不仅确定了拼写普通话的字母表,而且确定了拼写普通话音节的规则。要想理解并掌握普通话的语音标准,必须透彻了解这一纲领性文件。

　　本章包括以下四节:

　　第一节介绍《汉语拼音方案》的字母表,具体包括汉语拼音字母的数量、名称与书写规范,分析字母及其读音之间的关系。

　　第二节介绍《汉语拼音方案》的声母表、韵母表、声调符号和隔音符号。这些确定了普通话音节的拼写规则,具体内容融入在音节的讲解中。该节以音节为切入点,介绍元音、辅音以及声母、韵母、声调等概念,分析普通话音节的结构类型以及拼写规则。

　　第三节介绍普通话音节的拼读方法、注音方法,并择要介绍《汉语拼音正词法基本规则》。

　　第四节介绍《汉语拼音方案》的主要作用。

■ 学习目标

　　1. 掌握《汉语拼音方案》的字母表。

　　2. 能理解字母作为书写符号及其读音之间的关系。

　　3. 掌握音节、元音、辅音、声母、韵母和声调等概念,能理解普通话音节结构的特点,掌握普通话音节的拼写规范。

　　4. 掌握音节的拼读方法与注音方法。

　　5. 了解《汉语拼音方案》的作用。

　　6. 掌握《汉语拼音正词法基本规则》。

第一节　《汉语拼音方案》的字母表

本节音频 [①]

汉语拼音字母是拼写普通话、给汉字注音的重要工具。汉语拼音字母采用的是拉丁字母。拉丁字母是世界上通行范围最广的字母，英语、法语、德语等就采用了拉丁字母，分别叫英语字母、法语字母和德语字母。拉丁字母在汉语中叫汉语拼音字母。

英语字母、法语字母和德语字母是拼音文字，组成了英语、法语和德语的书写系统。汉语拼音字母不是拼音文字，不属于汉语的书写系统。汉语的书写系统是由汉字构成的。

本节介绍汉语拼音字母的数量、名称与书写规范，以及汉语拼音字母与读音之间的关系。

一、汉语拼音字母的数量、名称与书写规范

每种语言的语音系统不同，在拼音字母的数量以及命名上都会有差异。汉语拼音字母的数量与读音都与汉语语音 [②] 的特点密切相关。此外，汉语拼音字母在书写上有规范要求。

（一）汉语拼音字母的数量

汉语拼音字母有 26 个。由于这 26 个字母不够用（除去字母 v，汉语拼音实际只用了 25

---

① 本节音频统一在此扫码获取。下文同此，不再赘述。
② 在本书中，汉语语音指普通话语音。

个字母），因此又设计了 6 个补充形式：2 个作元音的字母 ê[①]、ü；4 个作辅音的双字母 zh、ch、sh、ng（读音上还是一个音素[②]），其简短写法依次是 ẑ、ĉ、ŝ、ŋ（近几十年来的经验说明，简短写法没有必要，事实上完全不用）。[③] 请看表 2-1。

表 2-1 普通话中使用的汉语拼音字母

分类	来源、数量	字 母 来 源			
		26 个拉丁字母		6 个补充形式	
字母	元音字母	a e i o u	5	ê ü	2
	辅音字母	b c d f g h j k l m n p q r s t w x y z	20	zh ch sh ng (ẑ ĉ ŝ ŋ)	4
	隔音符号	w y	2	—	—

注：(1)字母 v 不在普通话中使用，所以未列。(2)表中"—"表示没有。

汉语拼音字母表所列的字母，是单一的、基本的字母形体，不包括附加字母（例如 ê、ü、ẑ、ĉ、ŝ），也不包括双字母（例如 zh、ch、sh、ng）。[④]

（二）汉语拼音字母的名称

拉丁字母的名称在不同的语言中有很大的差异。这些名称的命名都是有规律的，具体如下：

第一，元音字母 A、E、I、O、U 读汉语拼音字母本身的音值；

第二，元音 ê 在辅音字母 B、C、D、G、K、N、P、T、V、Z 之后，在辅音字母 F、L、M、S 之前，分别拼读出这些汉语拼音字母的读音；

第三，元音 a 在辅音字母 H、W、Y 之后，在辅音字母 R 之前，分别拼读出这些汉语拼音字母的读音；

第四，i 在辅音字母 X 之后拼读出汉语拼音字母的读音；

第五，辅音字母 J、Q 之后分别加 ie、iu 拼读出汉语拼音字母的读音。

汉语拼音字母也有自己的名称。在图 2-1 中，每个字母下面的符号是注音字母[⑤]。汉语拼音字母的名称可利用注音字母进行拼读。

在这个字母表中，V 不用于拼写普通话，其主要用途如下：

第一，用于拼写外来语。例如"VIP"指"要人；贵宾"，是英语"very important person"的缩写。《现代汉语词典(第 7 版)》收入了一些外来词语中的字母词，有的含有 V。

第二，用于一些少数民族文字中。例如在哈萨克语中有辅音 v，"vagon"是"车厢"的意思。[⑥]

---

① 普通话中，只有"欸"作语气词时，读这个音，其国际音标是[ɛ]。
② 音素是最小的语音单位。
③ 周有光.周有光语文论集(第一卷)[M].上海：上海文化出版社，2002：346—347.
④ 汉语拼音问答(四)[J].文字改革，1958(09).
⑤ 在《汉语拼音方案》里用注音字母拼读汉语拼音字母，在当时有利于《汉语拼音方案》的推广。
⑥ 孙宏开，胡增益，黄行主编.中国的语言[M].北京：商务印书馆，2007：1657.

一、字母表

字母	Aa	Bb	Cc	Dd	Ee	Ff	Gg
名称	ㄚ	ㄅㄝ	ㄘㄝ	ㄉㄝ	ㄜ	ㄝㄈ	ㄍㄝ

	Hh	Ii	Jj	Kk	Ll	Mm	Nn
	ㄏㄚ	ㄧ	ㄐㄧㄝ	ㄎㄝ	ㄝㄌ	ㄝㄇ	ㄋㄝ

	Oo	Pp	Qq	Rr	Ss	Tt
	ㄛ	ㄆㄝ	ㄑㄧㄡ	ㄚㄦ	ㄝㄙ	ㄊㄝ

	Uu	Vv	Ww	Xx	Yy	Zz
	ㄨ	ㄪㄝ	ㄨㄚ	ㄒㄧ	ㄧㄚ	ㄗㄝ

v只用来拼写外来语、少数民族语言和方言。
字母的手写体依照拉丁字母的一般书写习惯。

图2-1　汉语拼音字母表

第三,用于一些汉语方言中。例如在苏州方言中,"服"读[voʔ³]①,其声母是 v。

我们可以通过模仿汉语诗词格律的停顿方式以及学唱字母歌的方式②,掌握汉语拼音字母的名称和顺序。模仿汉语诗词格律的方式是:把字母序列分为四句,前两句各七个字母,后两句各六个字母,句末押韵;其中,前两句内部又分为四个字母和三个字母,后两句内部又分为三个字母和三个字母。停顿处用斜线表示,斜线越多,停顿时值越长。汉语拼音字母名称及其朗读节奏,请看表2-2③:🎧

表2-2　汉语拼音字母名称及其朗读节奏

字母	A	B	C	D	/ E	F	G	//	H	I	J	K	/ L	M	N
名称	a	bê	cê	dê	e	êf	gê		ha	i	jie	kê	êl	êm	nê
字母	O	P	Q		/ R	S	T	//	U	V	W		/ X	Y	Z
名称	o	pê	qiu		ar	ês	tê		u	vê	wa		xi	ya	zê

下面是汉语拼音字母歌。④ 🎧

拼音字母歌

1=C $\frac{4}{4}$　　　　　　　　　　　　　　　　张定和作曲

3·231 | 565 - | 6·5 35 | 232 - |
A BCD, E F G; H I JK, L M N;

5 350 | i 560 | 5 60 3 - | 2 30 1 - ||
O P Q, R S T; U V W, X Y Z.

---

① 在国际音标[voʔ³]中,[v]是辅音,[o]是元音,[ʔ]表示喉塞音,[³]是声调的调值。下文同此,不再赘述。
② 周有光.周有光语文论集(第一卷)[M].上海:上海文化出版社,2002:344.
③ 这是音频图例。具体音频,请扫相应章节标题旁的二维码获取。下文同此,不再赘述。
④ 张定和.拼音字母歌[J].文字改革,1957(12).

在读汉语拼音字母的时候，要避免两种错误：第一，用 b、p、m、f 等的呼读音（见本章第二节"声母"部分）即 bo、po、mo、fo 等代替；第二，用英语字母的读音代替。

（三）汉语拼音字母的书写规范

图 2-1 是《汉语拼音方案》中的汉语拼音字母表，一共有 26 个字母。字母表里的字母排序跟拉丁字母表的排序一样。字母分大写和小写，书写形式跟拉丁字母的大写和小写一样。为了规范书写，建议在四线三格中进行练习，请看图 2-2。

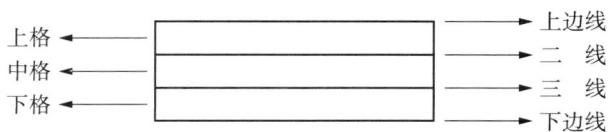

图 2-2 四线三格构成要素名称

字母的书写都有一定的笔画顺序，请看表 2-3。总的书写注意事项是：
第一，上不顶"上边线"，下不踩"下边线"，占据中格的笔画要满"中格"；
第二，每个字母的宽窄要均匀。

表 2-3 汉语拼音字母书写要点

字母	书写	书写要点
A		字形左右要对称
a		占满"中格"
B		字形上下大致对称
b		第二笔占满"中格"
C		笔画圆润，呈竖长的椭圆形
c		同上；占满"中格"
D		高度比宽度略长
d		第二笔占满"中格"
E		第三笔写在"二线"上
e		占满"中格"

续 表

字母	书写	书写要点
F		第三笔写在"二线"上
f		第一笔的弧度要圆润
G		高度比宽度略长
g		第一笔占满"中格"
H		第三笔写在"二线"上
h		第二笔占满"中格"
I		竖线要写直
i		第一笔占满"中格",点在竖线的正上方
J		下面弯弧要圆润
j		下面弯弧要圆润,点在第一笔起头的正上方
K		第二、第三笔分别在上格、中格,上下大致对称
k		第二、第三笔都在"中格",上下对称
L		笔画要直
l		
M		左右对称
m		左右对称,占满"中格"
N		左右匀称
n		占满"中格"
O		竖立的椭圆形
o		竖立的椭圆形,占满"中格"
P		第一笔要直,第二笔要圆润
p		第二笔占满"中格"

字母	书写	书写要点
Q		第一笔是竖立的椭圆形
q		第一笔占满"中格"，第二笔不要接触"下边线"
R		第二笔要圆润
r		占满"中格"
S		上下对称
s		上下对称，占满"中格"
T		竖比横长一些
t		横比较短
U		高度比宽度长一些，底部圆润
u		占满"中格"
V		高度比宽度长一些，底部尖头
v		占满"中格"
W		高度与宽度差不多；左右对称；底部尖头
w		占满"中格"
X		高度比宽度长一些，左右对称，且上下对称
x		占满"中格"
Y		高度比宽度长一些，左右对称
y		高度比宽度长一些
Z		高度比宽度长一些，上下匀称
z		占满"中格"

二、汉语拼音字母的读音与书写形式

　　字母既可以作书写符号，又可以作注音符号。这是字母的两大主要功能。作为书写符号的字母和作为注音符号的字母，两者之间最理想的关系是一一对应，即一个字母对应一个读音，但实际情况却不是这样。下文以汉语拼音字母为例，说明字母的读音及其书写形式之间的联系。

（一）汉语拼音字母的读音与书写形式一致

例如"眯"的汉语拼音是 mī，其国际音标是[mi⁵⁵]。汉语拼音字母 m、i 的国际音标分别是[m]、[i]，汉语拼音字母的读音及其书写形式一致[①]。能读准汉语拼音字母，也就能读准汉字的读音了。

（二）汉语拼音字母的读音与书写形式不一致

例如"金"的汉语拼音是 jīn，其国际音标是[tɕin⁵⁵]。其中，汉语拼音字母 i、n 的国际音标分别是[i]、[n]，汉语拼音字母读音及其书写形式一致。但是 j 的国际音标是[tɕ]，汉语拼音字母读音的书写形式（即国际音标的书写形式）与汉语拼音字母的书写形式不一样。

再如下面五个字的韵腹都是 ɑ，但是根据严式记音可见，ɑ 在五个例字中的发音都不一样，具体如下：[②] 🎧

家（jiā）：[tɕiA⁵⁵]

安（ān）：[an⁵⁵]

烟（yān）：[iɛn⁵⁵]

冤（yuān）：[yᵘæn⁵⁵]

央（yāng）：[iɑŋ⁵⁵]

在上述例子中，ɑ 跟其前后的其他音之间构成了一个语音环境，在这个环境中，ɑ 的发音会受到前后音的影响。虽然 ɑ 作汉语拼音字母时读[A]，但却不能用[A]这个读音直接去读"安""烟""冤""央"中 ɑ 的读音。总之，汉语拼音字母 ɑ 代表了五种读音，且只跟其中国际音标[ɑ]的书写形式一样，跟其他四种国际音标[A]、[a]、[ɛ]、[æ]的书写形式都不一样。

由此可见，我们不仅要读准汉语拼音字母本身的读音，而且要注意每个字母在不同语音环境下的具体发音。

小贴士

国际音标是为了记录语音的实际读音而研制的。它最初是为开展英语教学服务的，再加上英语字母、法语字母都采用了拉丁字母，所以英、法两国学者在创订国际音标表时采用拉丁字母作为常见语音的书写形式。因此，在国际音标表中，拉丁字母虽然数量不多，但却占有十分重要的地位。国际音标是以拉丁字母为基础设计的，为了跟书写的字母

[①] 在分析声母的读音时，按其国际音标读音，不按其呼读音。
[②] 普通话韵母的宽式音标记音和严式音标记音，均引自林焘、王理嘉著，王韫佳、王理嘉增订的《语音学教程》（增订版）。在此统一说明文献信息，下文不再赘述。（林焘，王理嘉著，王韫佳，王理嘉增订. 语音学教程（增订版）[M]. 北京：北京大学出版社，2013：274.）

文字相区别，一般在表示国际音标的字母外面加上方括号。例如"汉"的字音用国际音标表示是[xan⁵¹]，其中 51 表示声调的调值（即声调的实际读音）。英语单词"desk"的读音是[desk]。如果只是关于语音的研究，只用国际音标字母时，往往就不加方括号了。

国际音标有两种记音方法，即宽式记音（也说宽式标音）和严式记音（也说严式标音）。在区分语音的细微差异时，采用严式记音方法。例如"problem"（含有"问题"的意思）、"speed"（含有"速度"的意思）的国际音标分别是['prɒbləm]①、[spi:d]。其中，字母 p 在这两个单词中的读音都被记为国际音标[p]。现在，请你读一读这两个单词，体会一下 p 的发音。发现有什么不同了吗？实际上，它们的差别如下：

p 在"problem"中是送气的，它的严式记音是[p']。

p 在"speed"中是不送气的，它的严式记音是[p]。

['prɒbləm]和[spi:d]都记为[p]，这是宽式记音方式。在英语中用[p]代表了[p]和[p']两种读音。

你可能觉得奇怪：[p]和[p']发音不同，为什么在音标中不记为两个不同的音呢？原因是它们在英语中不具有区别意义的作用，也就是说，如果你把"speed"中的 p 读成了[p']，英语母语者能理解你的意思，只是觉得你的发音有口音，也就是不太标准。

你可能会说：英语字母 p 本身就读送气音，自然把"speed"中的 p 读成[p']了，怎么知道这就不标准了呢？在这里顺便说一下，如果在学习一门语言时，希望自己的发音标准，那就要仔细了解这门语言的发音规则。例如，英语的发音规则里针对上述发音情况有一条说明：当两个清辅音连在一起时，第二个清辅音要读不送气音。[s]和[p']都是清辅音，所以[s]＋[p']要读成[sp]。

宽式记音也叫音位标音。什么是音位呢？音位具有区别意义的作用。音位具有社会性。语言是社会发展的产物，在不同的语言中，某个音是否区别意义，要看说这种语言的人是否认为它区别意义。[p]和[p']在英语中是一个音位，记为[p]，但在普通话中却是两个不同的音位。

例如在普通话中，"爸"的读音是 bà，"怕"的读音是 pà，这两个字的读音差异体现在声母 b 和 p 上，它们是两个不同的音位，国际音标分别是[p]和[p']。② 不过，就书写形式而言，汉语拼音字母 b 及其国际音标[p]、p 及其国际音标[p']是不同的。

此外，为了能给不同语言的语音进行注音，国际音标有大约一百个字母音标，还有大

---

① 在音标中，最前面的短竖线是重读的标记。例如在['prɒbləm]中表示[prɒ]重读。
② 汉语拼音的声母表、韵母表包括了普通话的不同音位或音位的组合。（引自：汉语拼音问答（四）[J]. 文字改革，1958（09）.）
例如"辣(là)"和"那(nà)"的区别在于声母 l 和 n 的不同，l 和 n 是普通话声母中的两个不同的音位。再如"辣(là)"和"立(lì)"的区别在于韵母 a 和 i 的不同，a 和 i 是普通话韵母中的两个不同的音位。在汉语拼音的韵母表中，ai（例如"爱(ài)"）和 ia（例如"鸭(yā)"）这两个韵母是由 a 和 i 这两个音位组合而成的。音位是能够区别意义的音。

量的附加符号①。

小贴士

　　学习语音，是从模仿开始的。模仿的时候，首先要听。听得好，才有可能模仿得好；听得准，才有可能练得准。语音的学习是口耳之学。不过，在练习普通话语音的过程中，容易出现只顾埋头自己练而对听关注不够的情况。因此，在普通话语音学习开始之前，在此格外提醒要重视听的训练，磨炼一双敏锐的耳朵，同时加强发音训练。

练一练

1. 按元音、辅音，列出普通话中使用的汉语拼音字母。
2. 朗读下列词语。🎧

娃娃　袜子　歪曲　外出

完美　晚安　万一　网店

微笑　伟大　温暖　文化

问题　卧室　无效　舞蹈

3. 举出汉语拼音字母的读音跟书写形式一致的例子以及不一致的例子。

第二节　普通话的音节

| 本节音频 |

课前提问

1. 选择题

（1）"中国"有（　　）个音节。

A. 1　　　　　　B. 2　　　　　　C. 3　　　　　　D. 4

（2）低元音有（　　）。

A. [a]　　　　　B. [ʌ]　　　　　C. [ə]　　　　　D. [ɑ]

---

① 例如"～"就是国际音标中的附加符号之一，把它加在字母的上方表示该字母发鼻化音。例如[ə̃]表示ə发生鼻化，读鼻化音。普通话中的儿化音"灯儿"，用国际音标记音是[tə̃⁵⁵]，其中[t]是汉语拼音字母 d 的国际音标读音，55 表示第一声的实际读音。关于鼻化音的发音，详见第三章第七节。

(3) 下面读音一样的是(　　)。

A. 帆＝翻　　　　　B. 谈＝淡　　　　　C. 波＝泼　　　　　D. 念＝恋

2. 判断题

(1)"花儿"的拼音是 huār。(　　)

(2) 发元音时,声带振动;发辅音时,声带也振动。(　　)

(3) 普通话有五个声调,包括阴平、阳平、上声、去声和轻声。(　　)

"汉语拼音有两种主要用途,就是给汉字注音和拼写普通话。"①一般情况下,一个汉字就是一个音节,《汉语拼音方案》(除了字母表,还包括声母表、韵母表、声调符号和隔音符号)确定了普通话音节的拼写规则。音节是理解普通话语音规律与特点的关键概念。

一、什么是音节

我们交谈时说出来的话,是一串一串的语音,也叫语流。怎么对这些语音进行分析呢?就像人们对物质的成分不断切分下去一样,物质由分子组成,分子由原子组成,原子还可以继续分析下去。我们对语音进行切分,可以得到大大小小的单位,其中一个关键单位是音节。对于音节是什么,人们的意见还不太统一。不过,对于汉语②来说,很容易识别音节,因为一个汉字的读音就是一个音节。音节是语流中最自然的语音单位。③ 请看下面几个例子:

▲例 1. 天　　　tiān

▲例 2. 聊天　　liáotiān

▲例 3. 聊天儿 liáotiānr

例 1 和例 2 都是一个汉字对应一个音节。在例 3 中,三个汉字对应两个音节,其中"聊"对应 liáo,"天儿"对应 tiānr。tiānr 是一个儿化音节,对应两个汉字"天儿"。儿化现象是一种语流中的音变现象,属于特殊情况,详见第三章第七节。因此,一般情况下,我们还是说:在汉语中,一个汉字对应一个音节,一个音节对应一个汉字。

从上面三个例子中的拼音可见,音节还不是最小的语音单位,显然还可以继续分析下去。分析音节的方法有两种:声韵调分析法、音素分析法。④

二、音素分析法

例如 tiān 可以进一步切分为 t、i、a、n 四个语音单位。t、i、a、n 叫音素。音素是最小

---

① 周有光.《汉语拼音词汇》的性质、作用和问题[J].辞书研究,1983(01).
② 当所说的内容不仅仅是普通话的情况,而是涉及整个汉语的情况时,行文使用"汉语"一词。
③ 胡裕树主编.现代汉语[M].上海:上海教育出版社,1997:83.
④ 邵敬敏主编.现代汉语通论[M].上海:上海教育出版社,2001:23.

的语音单位。liáo 是由 l、i、ɑ、o 四个音素组成的。

音素可以分为元音和辅音两类。元音是气流振动声带,在通过发音器官时不受阻碍而形成的音。辅音是气流通过发音器官时受到阻碍而形成的音。在上述例子中,ɑ、o、i 是元音,t、n、l 是辅音。

(一) 元音

元音的发音与三个因素密切相关,那就是舌位的高低、舌位的前后、嘴唇的圆展。改变其中任何一个因素,所发出的元音就会不同。由图 2-3 可见,有的音在舌头的前部,例如 [i];有的音在舌头的后部,例如 [o]。图中的字母是国际音标,不加方括号,不过,在行文中,在字母外面加方括号,表示国际音标。图 2-3 和图 2-4 所标注的音都是一样的。图 2-3 更直观一些,更容易理解每个元音在口腔中的位置。图 2-4 更抽象一些,如果对语音图比较熟悉,可直接看图 2-4。图 2-4 中的元音,都是普通话中的舌面元音。

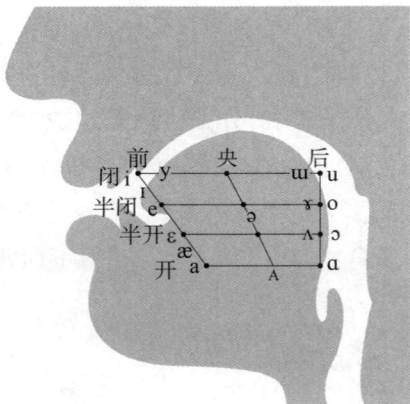

图 2-3　舌面音在口腔中的位置图　　　　图 2-4　舌面元音图

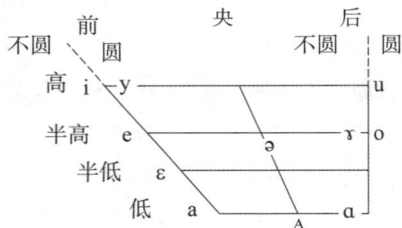

在两图中,有三组描述发音特点的词语。

第一组是"高、半高、半低、低",这是指舌头位置的高低。根据舌位的高低,把元音分为高元音、低元音等。高元音有 i[i]、ü[y]、u[u] 三个[①];半高元音有 e[e]、o[o]、e[ɤ] 三个[②];半低元音有一个,即 ê[ɛ][③];低元音有[a]、[ʌ]、[ɑ]三个[④];还有一个央元音[ə][⑤],处于口腔正中央的位置。在图 2-4 中,除了半低元音[ɛ]、央元音[ə]以外,其他三类元音(即高元音、半高元音、低元音)都各有三个。

舌位的高低与口腔的开口度有关,高和半高的开口度都偏小,半低和低的开口度都偏

---

① 例如"衣(yī)""淤(yū)""屋(wū)"依次读[i⁵⁵]、[y⁵⁵]、[u⁵⁵]。
② e 在 ei 中读[e],例如"杯(bēi)"的韵母;在"哥(gē)""课(kè)"中读[ɤ]。例如"噢(ō)"读[o]。
③ 例如语气词"欸"读这个音。
④ 例如"安(ān)"中的 ɑ 读[a],"阿(ā)"中的 ɑ 读[ʌ],"航(háng)"中的 ɑ 读[ɑ]。
⑤ 例如"我的"中的"的(de)"读轻声,e 读[ə]。

大。舌位高的音,开口度小;反之,舌位低的音,开口度大。例如[o]的开口度大于[u]的开口度。开口度与听觉感知上的声音响亮程度有关,开口度大,声音洪亮;反之,开口度小,声音纤细。因此,在讲到押韵时,会说"江阳韵"声音洪亮,"乜斜韵"声音细小。关于押韵,具体见第四章第六节。

另外,"高、半高、半低、低"还有一种说法依次是"闭、半闭、半开、开"(见图 2-3),所以 i[i]又叫闭口音,[e]叫半闭口音,ê[ɛ]叫半开口音,[a]叫开口音。图中其他的音,以此类推。

第二组是"前、央、后",这是指舌头位置的前后。在图 2-4 中,左侧线的两侧元音,位于舌头的前部,叫前元音,一共有 5 个,即[i]、[y]、[e]、[ɛ]、[a];右侧线的两侧元音,位于舌头的后部,叫后元音,一共有 4 个,即[u]、[o]、[ɤ]、[ɑ];位于中线的音,叫央元音,有 2 个,即[ə]、[ʌ]。

第三组是"圆唇、不圆唇",这是指嘴唇的圆与不圆。图中,在左侧线左侧的音是不圆唇的,右侧的音是圆唇的;右侧线的两侧也是这样。例如发 i[i]时嘴巴是扁的,不圆唇,而发 ü[y]时嘴唇是圆的。"不圆唇"也叫展唇。根据嘴唇是否圆唇,可以把元音分为圆唇元音(例如 ü[y])和不圆唇元音(例如 i[i])。

从嘴唇圆展情况看,在图 2-4 中,不圆唇的有[i]、[e]、[ɛ]、[a]、[ɤ]、[ɑ]六个,圆唇的有[y]、[u]、[o]三个,其中 i[i]和 ü[y]、e[ɤ]和 o[o]是两对不圆唇与圆唇对立的音。

有了上面三组指标,我们就可以准确地描写每个舌面元音了,见表 2-4 中的"完整描述"。

表2-4 舌面元音分析表

字母、例字数量	国际音标	舌位的前后			舌位的高低				嘴唇的圆展			完整描述
		前	央	后	高	半高	半低	低	不圆唇	圆唇	成对	
i 衣	i	+			+				+		+	舌位前,舌位高,不圆唇
ü 雨	y	+			+					+		舌位前,舌位高,圆唇
ê 欸	ɛ	+					+		+			舌位前,舌位半低,不圆唇
ɑ 阿	ʌ		+					+	+			舌位央,舌位低,不圆唇
u 屋	u			+	+					+		舌位后,舌位高,圆唇
e 鹅	ɤ			+		+			+		+	舌位后,舌位半高,不圆唇
o 噢	o			+		+				+		舌位后,舌位半高,圆唇
数量		3	1	3	3	2	1	1	4	3	2	

注:表中空白处表示没有。

读一读[①] 🎧

āyí 阿姨　yǔwù 雨雾　yìyù 异域　éwù 讹误　èyú 鳄鱼

[①] "读一读"练习的目的:(1)本书的练习都有二维码音频,可用于正音,也可进行朗读练习;(2)可进行汉语拼音练习,例如先遮挡住汉语拼音,自己拼写一遍,看看能否拼写正确,了解自己掌握汉语拼音的熟练程度。下文同此,不再说明。

（二）辅音

辅音的发音包括两方面因素：发音部位和发音方法。请看表 2-5。

表 2-5   普通话辅音总表

发音部位 / 发音方法			唇音		舌尖前音	舌尖中音	舌尖后音	舌面音	舌根音
			双唇音	唇齿音					
			上唇下唇	上齿下唇	舌尖上齿背	舌尖上齿龈	舌尖硬腭前	舌面前硬腭	舌根软腭
塞音	清音	不送气	b[p]			d[t]			g[k]
		送气	p[pʻ]			t[tʻ]			k[kʻ]
塞擦音	清音	不送气			z[ts]		zh[tʂ]	j[tɕ]	
		送气			c[tsʻ]		ch[tʂʻ]	q[tɕʻ]	
擦音	清音			f[f]	s[s]		sh[ʂ]	x[ɕ]	h[x]
	浊音						r[ʐ]		
鼻音	浊音		m[m]			n[n]			ng[ŋ]
边音	浊音					l[1]			

注：表中空白处表示没有。

根据辅音的发音部位，可以把普通话的辅音分为 7 类：双唇音（b、p、m）、唇齿音（f）、舌尖中音（d、t、n、l）、舌尖前音（z、c、s）、舌尖后音（zh、ch、sh、r）、舌面音（j、q、x）、舌根音（g、k、h、ng）。[①] 请结合发音部位图 2-5[②]，了解各声母发音部位的位置。

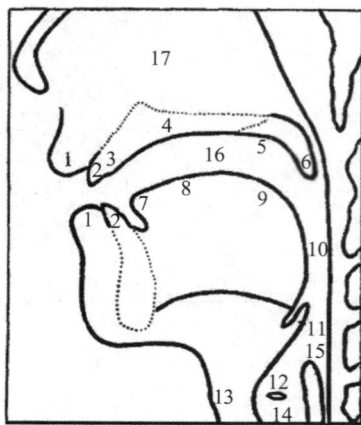

1. 上下唇   2. 上下齿   3. 齿龈
4. 硬腭   5. 软腭   6. 小舌
7. 舌尖   8. 舌面   9. 舌根
10. 咽头   11. 会厌软骨   12. 声带
13. 喉头   14. 气管   15. 食道
16. 口腔   17. 鼻腔

图 2-5   发音器官图

---

① 具体内容见第三章第一、第二、第四、第六节。
② 本书所配发音图，除非特别说明，均引自：周殿福，吴宗济. 普通话发音图谱[M]. 北京：商务印书馆，1963：9、23—32.（下文同此，不再说明）

　　根据辅音的发音方法,可以把普通话的辅音分为 5 类:塞音(b、p、d、t、g、k)、塞擦音(j、q、z、c、zh、ch)、擦音(f、h、x、s、sh、r)、鼻音(m、n、ng)、边音(l)。

　　要理解辅音的发音方法,需要了解辅音发音的三阶段特点。发辅音时,气流从肺部出来,通过阻碍部位,才能发出声音。这个过程包括三个阶段:第一个阶段是成阻阶段,即两个发音部位靠拢或接触;第二个阶段是持阻阶段,即两个发音部位的肌肉持续一段时间的紧张状态;第三个阶段是除阻阶段,即两个发音部位分离,肌肉放松,解除阻碍。其中,"成阻"是两个发音部位构成阻碍的意思;"持阻"是两个发音部位保持阻碍的意思;"除阻"是两个发音部位的阻碍被解除的意思。根据发音部位构成阻碍和克服阻碍的方式,可以把普通话的辅音分为 5 类。具体的发音特点,见表 2-6。

表 2-6　普通话辅音发音三阶段情况表

普通话辅音		成阻阶段	持阻阶段	除阻阶段
塞音	不送气清音　b、d、g	两个发音部位完全闭合	保持完全闭合,气流越聚越多	积聚的气流冲破阻碍,爆发成音
	送气清音　p、t、k			
塞擦音	不送气清音　z、zh、j		不完全闭合,略微放松	气流从发音部位挤出,形成先塞后擦的音
	送气清音　c、ch、q			
擦音	清音 f、s、sh、x、h	两个发音部位靠近,不完全闭合	气流能从阻碍部位挤出	气流挤出时摩擦成音
	浊音 r			
鼻音	浊音 m、n、ng	口腔完全闭合,软腭下降,打开鼻腔通道	气流能够顺利通过鼻腔	气流从鼻腔出去,形成鼻音
边音	浊音 l	舌头两边或一边留有空隙	气流能够顺利通过空隙	气流从空隙出去,形成边音

1. 塞音

　　塞音,又叫爆发音。两个发音部位在成阻阶段完全闭合,像紧闭的两扇门一样;在持阻阶段,仍保持完全闭合,这时气流在"门"前越聚越多;在除阻阶段,积聚的气流达到一定的冲击力后,突然破"门"而出,产生短暂的瞬间音。

　　普通话有 6 个塞音:b、p、d、t、g、k。根据是否送气,可以把它们分为两组,即不送气塞音 b、d、g 和送气塞音 p、t、k。其中,b 和 p 在发音上的区别主要在于 b 的气流较弱,而 p 的气流较强;d 和 t、g 和 k 在发音上的区别也是如此。这 6 个音的具体发音如下[①]:🎧

　　发 b 时,上唇、下唇闭紧,形成阻碍,软腭上升,关闭鼻腔通道,声带不振动,较弱的气流一下冲破双唇阻碍,爆发成音。例如"北部(běibù)"两字的声母都是 b。请看图 2-6。

[①] 下文解释发音时,均举了例子。所有例子均有音频,在此统一标出音频图例。具体音频,请扫相应章节标题旁的二维码获取。下文同此,不再赘述。

图2-6　声母b发音图①　　　　图2-7　声母p发音图

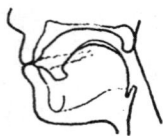

发 p 时,上唇、下唇闭紧,形成阻碍,软腭上升,关闭鼻腔通道,声带不振动,较强的气流一下冲破双唇阻碍,爆发成音。例如"匹配(pǐpèi)"两字的声母都是 p。请看图 2-7。

发 d 时,舌尖抵住上齿龈,形成阻碍,软腭上升,关闭鼻腔通道,声带不振动,较弱的气流一下冲破阻碍,爆发成音。例如"单独(dāndú)"两字的声母都是 d。请看图 2-8。

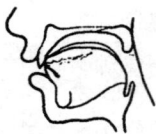

图2-8　声母d发音图　　　　图2-9　声母t发音图

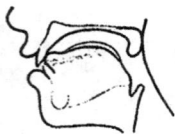

发 t 时,舌尖抵住上齿龈,形成阻碍,软腭上升,关闭鼻腔通道,声带不振动,较强的气流一下冲破阻碍,爆发成音。例如"谈吐(tántǔ)"两字的声母都是 t。请看图 2-9。

发 g 时,舌根抵住软腭,软腭后部上升,堵塞鼻腔通路,声带不振动,较弱的气流冲破舌根的阻碍,爆发成音。例如"改革(gǎigé)"两字的声母都是 g。请看图 2-10。

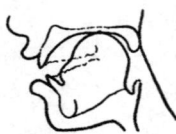

图2-10　声母g发音图　　　　图2-11　声母k发音图

发 k 时,舌根抵住软腭,软腭后部上升,堵塞鼻腔通路,声带不振动,较强的气流冲破舌根的阻碍,爆发成音。例如"可靠(kěkào)"两字的声母都是 k。请看图 2-11。

2. 擦音

擦音,又叫摩擦音。两个发音部位在成阻阶段靠近,不完全闭合,像没关严而留有缝隙的两扇门一样。在持阻阶段,气流能从"门缝"挤出;在除阻阶段,气流挤出时摩擦成音。

普通话有 6 个擦音:f、s、sh、r、x、h。除了 r 是浊音,发音时声带振动以外,其他 5 个音都是清音,发音时声带不振动。sh 和 r 是一对清浊对立的擦音,它们的发音部位一样,在发音方法上的共同之处在于都是擦音,不同之处在于声带是否振动。具体发音如下:🎧

---

① 图中,舌头上两条隐约可见的线,是牙齿的位置。下图同此,不再赘述。

f是唇齿清擦音,发音时,上齿和下唇轻轻接触,软腭上升,堵塞鼻腔通路,气流不振动声带,从唇齿之间的窄缝中挤出,造成摩擦音。例如"方法(fāngfǎ)"两字的声母都是f。请看图2-12。

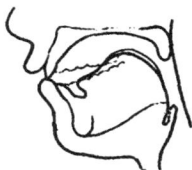

图2-12 声母f发音图　　　　图2-13 声母s发音图

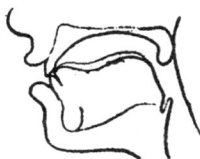

发s时,舌尖接近上齿背,形成窄缝,软腭上升,堵塞鼻腔通路,声带不振动,气流从窄缝中挤出,摩擦成音。例如"松散(sōngsǎn)"两字的声母都是s。请看图2-13。

发sh时,舌尖上翘,接近硬腭前部,形成窄缝,软腭上升,堵塞鼻腔通路,声带不振动,气流从窄缝中挤出,摩擦成音。例如"时尚(shíshàng)"两字的声母都是sh。请看图2-14。

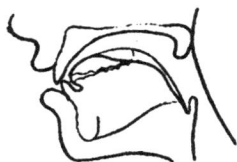

图2-14 声母sh发音图　　　　图2-15 声母r发音图

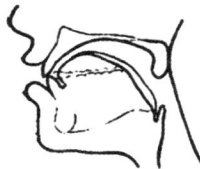

发r时,舌尖上翘,接近硬腭前部,形成窄缝,和sh的发音部位相同,但是送气时振动声带,气流从缝隙中流过,摩擦成音。例如"融入(róngrù)"两字的声母都是r。请看图2-15。

发x时,舌面前部接近硬腭前部,形成窄缝,软腭上升,堵塞鼻腔通路,声带不振动,气流从窄缝中挤出,摩擦成音。例如"学校(xuéxiào)"两字的声母都是x。请看图2-16。

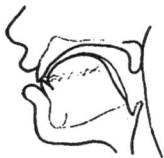

图2-16 声母x发音图　　　　图2-17 声母h发音图

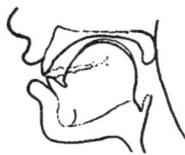

h是舌根清擦音,发音时,舌面后部接近软腭,形成窄缝,软腭上升,堵塞鼻腔通路,声带不振动,气流从缝隙中挤出,造成摩擦音。例如"花卉(huāhuì)"两字的声母都是h。请看图2-17。

3. 塞擦音

塞擦音的两个发音部位在成阻阶段完全闭合,像紧闭的两扇门一样;在持阻阶段,不完全闭合,略微放松,像没关严而留有缝隙的两扇门一样;在除阻阶段,气流从发音部位挤出,形成先塞后擦的音。实际发音时,闭塞部分和摩擦部分结合得很紧,一般被看成是一个发音动程,而且塞擦音的发音部位一般都在中舌面之前,舌面之后的塞擦音是比较少见的。[①] zh、ch、sh、r 的发音部位一样,叫翘舌音、卷舌音。

普通话有 6 个塞擦音 z、c、zh、ch、j、q,其发音如下:🎧

发 z 时,舌尖抵住上齿背,软腭上升,堵塞鼻腔通道,声带不振动,较弱的气流把阻塞部位冲开,并从缝隙中挤出,摩擦成音。例如"罪责(zuìzé)"两字的声母都是 z。请看图 2-18。

图 2-18 声母 z 发音图　　　　图 2-19 声母 c 发音图

发 c 时,舌尖抵住上齿背,软腭上升,堵塞鼻腔通道,声带不振动,较强的气流把阻塞部位冲开,并从缝隙中挤出,摩擦成音。例如"粗糙(cūcāo)"两字的声母都是 c。请看图 2-19。

发 zh 时,舌尖上翘,抵住硬腭前部,软腭上升,堵塞鼻腔通道,声带不振动,较弱的气流把阻塞部位冲开,并从缝隙中挤出,摩擦成音。例如"住宅(zhùzhái)"两字的声母都是 zh。请看图 2-20。

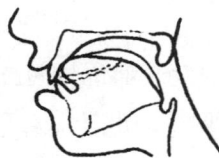

图 2-20 声母 zh 发音图　　　　图 2-21 声母 ch 发音图

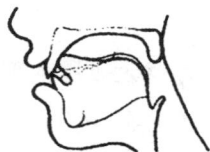

发 ch 时,舌尖上翘,抵住硬腭前部,软腭上升,堵塞鼻腔通道,声带不振动,较强的气流把阻塞部位冲开,并从缝隙中挤出,摩擦成音。例如"传承(chuánchéng)"两字的声母都是 ch。请看图 2-21。

发 j 时,舌面前部抵住硬腭前部,软腭上升,堵塞鼻腔通道,声带不振动,较弱的气流把阻塞部位冲开,并从缝隙中挤出,摩擦成音。例如"讲解(jiǎngjiě)"两字的声母都是 j。请看图 2-22。

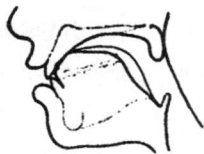

图 2-22 声母 j 发音图　　　　图 2-23 声母 q 发音图

---

① 林焘,王理嘉著,王韫佳,王理嘉增订.语音学教程(增订版)[M].北京:北京大学出版社,2013:63.

发 q 时,舌面前部抵住硬腭前部,软腭上升,堵塞鼻腔通道,声带不振动,较强的气流把阻塞部位冲开,并从缝隙中挤出,摩擦成音。例如"确切(quèqiè)"两字的声母都是 q。请看图 2 - 23。

4. 鼻音

鼻音的两个发音部位在成阻阶段时口腔完全闭合,软腭下降,打开鼻腔通道;在持阻阶段,呼出的气流能够顺利通过鼻腔;在除阻阶段,气流从鼻腔出去,形成鼻音。

普通话有 3 个鼻音:m、n、ng。其中,m 只做声母;ng 只作韵尾;n 既可做声母,也可做韵尾。ng 在一些汉语方言中可以做声母,例如上海方言"咬"读[ŋo¹³]。

这 3 个鼻音的具体发音如下:🎧

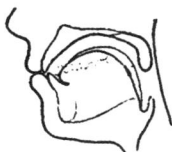

图 2 - 24　声母 m 发音图　　图 2 - 25　声母 n 发音图　　图 2 - 26　辅音 ng 发音图

发 m 时,上唇、下唇闭紧,软腭下降,关闭口腔通道,打开鼻腔通道,气流振动声带,从鼻腔通过成音。例如"密码(mìmǎ)"两字的声母都是 m。请看图 2 - 24。

发 n 时,舌尖抵住上齿龈,软腭下降,打开鼻腔通路,气流振动声带,从鼻腔通过成音。例如"泥泞(nínìng)"两字的声母都是 n。请看图 2 - 25。

发 ng 时,舌根抵住软腭,软腭下降,打开鼻腔通路,气流振动声带,从鼻腔通过成音。例如"航行(hángxíng)"两字的韵尾都是 ng。请看图 2 - 26。

5. 边音

边音的两个发音部位在成阻阶段时舌头两边或一边留有空隙;在持阻阶段,呼出的气流能够顺利通过这个空隙;在除阻阶段,气流从这个空隙出去,形成边音。

普通话有一个边音 l,发音如下:🎧

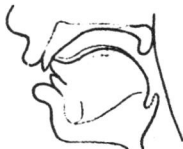

图 2 - 27　声母 l 发音图

发 l 时,舌尖抵住上齿龈,软腭上升,堵塞鼻腔通路,气流振动声带,从舌头两边或一边通过。例如"理论(lǐlùn)"两字的声母都是 l。请看图 2 - 27。

三、声韵调分析法

中国古代研究汉语语音的传统十分悠久,并且形成了一个专门的学问,叫音韵学。根据音韵学,汉语的音节包括声母、韵母和声调三个部分。请你先试试写出例1句子的拼音,然后再跟表2-7对照一下。

▲例1. 他在上课前第一个交作业。

表2-7   汉语音节分析表

结构成分 / 例字	声母	韵母				声调
		韵头	韵腹	韵尾		
				元音	辅音	
他 tā	t		a			第一声
在 zài	z		a	i		第四声
上 shàng	sh		a		ng	第四声
课 kè	k		e			第四声
前 qián	q	i	a		n	第二声
第 dì	d		i			第四声
一 yī			i			第一声
个 gè	g		e			第四声
交 jiāo	j	i	a	o		第一声
作 zuò	z		u	o		第四声
业 yè		i	e			第四声

注:表中空白处表示没有。

下面结合表2-7,介绍声母、韵母和声调。

(一) 声母

什么是声母?以辅音开头的音节中,这个辅音就是声母。例如"他(tā)"的声母是t。普通话有22个辅音,除了ng只能作韵尾之外,其他21个辅音都可以作声母,请看表2-5或者图2-28。

有的音节开头不是辅音,而是元音,这样的音节就没有声母,习惯上叫零声母,例如:医(yī)、业(yè)、万(wàn)、问(wèn)。

普通话有21个辅音声母,此外还有1个零声母,一共有22个声母。[①]

辅音声母怎么读呢?下面方括号内的国际音标,是辅音的实际读音。

---

① 详见第三章。在小学的汉语拼音教学中不提零声母概念,而是把w和y当作声母使用,因此一共有23个声母(即图2-28中的21个声母,再加上w和y)。

b[p] p[pʻ] m[m] f[f]

在教学中,如果这样读,不便于示范,也不便于听辨,所以为了方便称说,这些辅音字母都有呼读音。呼读音怎么读呢? 在《汉语拼音方案》声母表中,每个声母的下面都有两个字符,请看图2-28。其中,左侧的字符叫注音字母;右侧的字符是汉字,该汉字的声母正是其上方的声母,起到提示该声母读音的作用。

二、声母表

b	p	m	f		d	t	n	l
ㄅ玻	ㄆ坡	ㄇ摸	ㄈ佛		ㄉ得	ㄊ特	ㄋ讷	ㄌ勒
g	k	h			j	q	x	
ㄍ哥	ㄎ科	ㄏ喝			ㄐ基	ㄑ欺	ㄒ希	
zh	ch	sh	r		z	c	s	
ㄓ知	ㄔ蚩	ㄕ诗	ㄖ日		ㄗ资	ㄘ雌	ㄙ思	

在给汉字注音的时候,为了使拼式简短,zh ch sh可以省作ẑ ĉ ŝ。

图2-28 《汉语拼音方案》声母表

这张声母表按发音特点,把声母分为6组(下面的分号表示分组):

(1) 唇音 b、p、m、f

(2) 舌尖音 z、c、s;d、t、n、l;zh、ch、sh、r

(3) 舌面音 j、q、x;g、k、h

(二) 韵母

什么是韵母? 韵母指音节中声母之后的部分。例如"交(jiāo)"的韵母是iao,"上(shàng)"的韵母是ang。零声母音节只有韵母部分,例如"艺(yì)"的韵母是i。普通话有39个韵母。

韵母又可细分为韵头、韵腹和韵尾。韵腹是韵母中不可缺少的成分,是韵母中发音最响亮的音素。韵头和韵腹都是元音。韵头有i、u和ü三个,例如"前(qián)""瓜(guā)""选(xuǎn)[1]"的韵头。韵头因为介于声母与韵腹之间,所以又叫介音。上例三个音节中的a都是韵腹。

韵尾包括元音韵尾和辅音韵尾两类。

在书写形式上,元音韵尾有i、o和u三个,例如"在(zài)"的韵尾是i,"交(jiāo)"的韵尾是o[2],"优(yōu)"的韵尾是u。从实际发音上看,元音韵尾有两个,即[i]和[u],例如zài的韵尾i读[i];jiāo的韵尾o和yōu的韵尾u,都读[u]。

辅音韵尾有n和ng两个,发音分别为[n]和[ŋ],例如"前(qián)"和"上(shàng)"的韵尾分别是n、ng。

---

[1] 根据《汉语拼音方案》的拼写规则,ü在j、q、x之后,省略两点,写成u,所以"选"的拼音是xuǎn。
[2] 在学习普通话语音时,要注意有些汉语拼音字母在不同的语音环境下,读音不同,例如汉语拼音字母o就是这样。"豆"的汉语拼音是dòu,其中o读[o]。"叫"的汉语拼音是jiào,其中o读[u]。

由表 2 - 7 可见，所有的音节都有韵腹。韵腹又叫主要元音，是韵母的必要成分。韵头和韵尾都不是韵母的必要成分。

图 2 - 29 是《汉语拼音方案》的普通话韵母表，共有 35 个韵母。此外，还有 ê、er、-i[ɿ]、-i[ʅ]四个韵母见于《汉语拼音方案》中韵母表之后的说明。因此，普通话韵母共有 39 个。

三、韵母表

	i 丨 衣	u ㄨ 乌	ü ㄩ 迂
a ㄚ 啊	ia 丨ㄚ 呀	ua ㄨㄚ 蛙	
o ㄛ 喔		uo ㄨㄛ 窝	
e ㄜ 鹅	ie 丨ㄝ 耶		üe ㄩㄝ 约
ai ㄞ 哀		uai ㄨㄞ 歪	
ei ㄟ 欸		uei ㄨㄟ 威	
ao ㄠ 熬	iao 丨ㄠ 腰		
ou ㄡ 欧	iou 丨ㄡ 忧		
an ㄢ 安	ian 丨ㄢ 烟	uan ㄨㄢ 弯	üan ㄩㄢ 冤
en ㄣ 恩	in 丨ㄣ 因	uen ㄨㄣ 温	ün ㄩㄣ 晕
ang ㄤ 昂	iang 丨ㄤ 央	uang ㄨㄤ 汪	
eng ㄥ 亨的韵母	ing 丨ㄥ 英	ueng ㄨㄥ 翁	
ong (ㄨㄥ) 轰的韵母	iong ㄩㄥ 雍		

图 2 - 29　《汉语拼音方案》韵母表

小贴士

我们把汉语拼音教学体系分为两类："汉语拼音一般教学体系"[①]和"汉语拼音小学《语文》教学体系"[②]。前者包括 22 个声母、39 个韵母、4 个声调；后者包括 23 个声母、24 个韵母、4 个声调、16 个整体认读音节[③]。两者之间，声调是一样的，声母和韵母有同有异。

本书采用"汉语拼音一般教学体系"，所讲的普通话韵母有 39 个（请看表 2 - 8），除了

[①] 本教材使用该体系。
[②] 该体系的教学内容来自 2016 年以来人教版的部编义务教育语文教科书。声母有 23 个，具体是 b、p、m、f、d、t、n、l、g、k、h、j、q、x、zh、ch、sh、r、z、c、s、y、w。韵母有 24 个，具体是 a、o、e、i、u、ü、ai、ei、ui、ao、ou、iu、ie、üe、er、an、en、in、un、ün、ang、eng、ing、ong。声调有 4 个，具体是第一声、第二声、第三声、第四声。
[③] "整体认读音节"详见第三章第六节。

《汉语拼音方案》韵母表中的 35 个韵母以外,还有 ê、er、-i[ɿ]、-i[ʅ]四个韵母。《汉语拼音方案》未在韵母表中列出这四个韵母,不过在韵母表之后有一些说明。这四个韵母都是单元音韵母。其中,ê 读[ɛ],只有"欸"作语气词时读这个音;er 自成音节,只以零声母音节的形式存在,例如"儿(ér)""耳(ěr)""二(èr)";-i[ɿ]和-i[ʅ]只在整体认读音节中出现,zi、ci、si 中的 i 读[ɿ],zhi、chi、shi、ri 中的 i 读[ʅ]。

表 2-8　普通话韵母表

结构分类 ＼ 口型分类	开口呼	齐齿呼	合口呼	撮口呼
单韵母	-i[ɿ]、-i[ʅ]	i	u	ü
单韵母	a	ia	ua	
单韵母	o		uo	
单韵母	e			
单韵母	ê	ie		üe
单韵母	er			
复韵母	ai		uai	
复韵母	ei		uei	
复韵母	ao	iao		
复韵母	ou	iou		
鼻韵母	an	ian	uan	üan
鼻韵母	en	in	uen	ün
鼻韵母	ang	iang	uang	
鼻韵母	eng	ing	ueng	
鼻韵母			ong	iong

注:韵母 ong、韵母 iong 开头的音分别读[u]、[y],分别属于合口呼、撮口呼,本表据此排列它们的位置。图 2-29 根据 ong、iong 并头字母分别属于并口呼、齐齿呼排列它们的位置。

由表 2-8 可见,普通话的韵母包括单韵母(10 个)、复韵母(13 个)、鼻韵母(16 个)。还可以根据韵母第一个字母的口型,把韵母分为开口呼、齐齿呼、合口呼、撮口呼,合称"四呼"。请看表 2-9。

表 2-9　"四呼"分类的依据

比较项目 ＼ 名称	开口呼	齐齿呼	合口呼	撮口呼
韵头或韵腹	没有韵头,而且韵腹又不是 i、u、ü	i	u	ü
例词	chéngzhǎng 成长	jīxiè 机械	zǔzhuāng 组装	jùquán 俱全

齐齿呼韵母:指以 i 开头的韵母,包括 i 韵母。

合口呼韵母:指以 u 开头的韵母,包括 u 韵母。

撮口呼韵母:指以 ü 开头的韵母,包括 ü 韵母。

开口呼韵母:指除了 i、u 和 ü 开头以外的其他元音开头的韵母。

(三) 声调

什么是声调? 声调是音节的高低、升降、曲折变化。普通话有 4 个声调。声调有两个重要元素:调值、调类。

1. 调值

调值就是声调的实际音高。每个汉字都有调值。那么从低音到高音的调域区间有多大呢? 赵元任先生采用记谱方式对这种高低升降的变化进行了描写。他把一个人的音高区间分成四段相等的音程。音程是两个音级在音高上的互相关系,音级是乐音体系中的各音[①],例如 do、re 等。为此,赵先生制定了五度制:1、2、3、4、5 依次表示低、半低、中、半高、高。请看图 2-30。

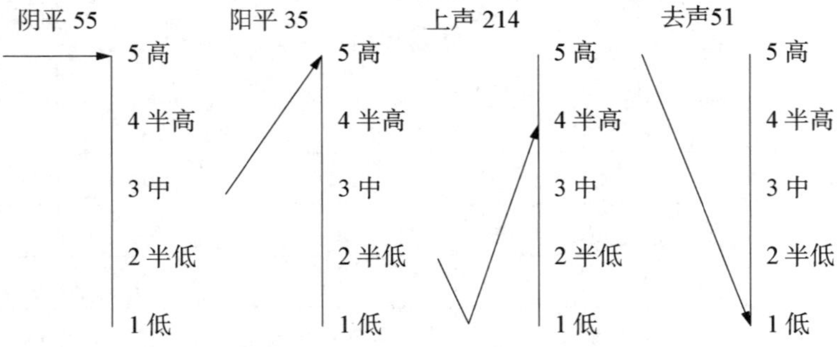

图 2-30　普通话的声调调值图

每个字的声调只要用五度制标出起点、终点,若有拐弯的声调则再加上转点,就可以了。赵先生指出这五个点大致等于字音记谱法里的 do、re、mi、fi、si,要是再扩大,就等于减七和弦的 do、me、fi、la、dó。[②] 成人正常说话的调域一般是在中低音区,一个八度之内,同时每个人说话的音高存在一定的差异,所以我们在记录汉字字调的调值时,一般采用相对音高。普通话四个声调的调值依次是第一声 55、第二声 35、第三声 214、第四声 51。这四个声调,又依次叫阴平、阳平、上声、去声。例如,"千奇百怪(qiānqí-bǎiguài)""心明眼亮

---

① 李重光编.音乐理论基础[M].北京:人民音乐出版社,1996:3、93.
② 刘梦溪主编.赵元任卷[M].石家庄:河北教育出版社,1996:39.

(xīnmíng-yǎnliàng)""中流砥柱(zhōngliú-dǐzhù)"这三个成语中,四个字的声调都依次是第一声、第二声、第三声、第四声。

调值与调型密切相关。调型是声调调值的走势。由表 2–10 可见,第一声是高平调,即又高又平;第二声是中升调,即从中音开始升到最高;第三声是曲折调,先低降再上升[①];第四声是全降调,从最高降到最低。

表 2–10 声调例字表

名称1	名称2	语言描述	调型	调值	例字	例字	例字	例字
第一声	阴平	一声高高平又平	高平调	55	心	酸	深	花
第二声	阳平	二声就像上山坡	中升调	35	直	甜	谋	红
第三声	上声	三声下坡又上坡	降升调	214	口	苦	远	柳
第四声	去声	四声就像下山坡	全降调	51	快	辣	虑	绿

汉语属于旋律型声调语言,汉字字调的高低、升降、曲折本身就具有旋律的特质。我们可以像唱歌那样,根据调型走势"唱出"普通话的四个调值。

声调与句子的语调密切相关,声调读不准,也影响句调的准确性,所以不论你的母语是哪种情况,都应重视声调的训练。[②]

《汉语拼音方案》的第四部分是声调符号。请看图 2–31。

四、声调符号

阴平　　　　阳平　　　　　上声　　　　去声
ˉ　　　　　ˊ　　　　　ˇ　　　　ˋ

声调符号标在音节的主要母音上。轻声不标。例如:

妈 mā　　麻 má　　马 mǎ　　骂 mà　　吗 ma
(阴平)　(阳平)　 (上声)　 (去声)　(轻声)

图 2–31 《汉语拼音方案》声调符号及其说明

2. 调类

调类是根据声调的实际读法(即调值)归纳出来的类别。调值相同的归为一个调类,例如普通话有四种基本的调值(即 55、35、214、51,变调不算),就有四个调类。[③]

汉语的声调,从古至今有很大的变化。古汉语有"平、上、去、入"四声(即四个调类),后来又以声母的清浊等不同为条件发生了分化,凡是古清音声母字的声调属阴调,古浊音声母字的声调属阳调,由此形成了古汉语的声调系统——"阴平、阳平、阴上、阳上、阴去、阳去、阴

---

① 第三声的调值是 214,其中 21 表示低降,14 表示上升。
② 关于声调的练习,具体见第三章。
③ 胡裕树主编. 现代汉语[M]. 上海:上海教育出版社,1997:73.

入、阳入"八类。这个声调系统,如今在现代汉语各方言中的分合情况不同。[①] 例如,普通话的声调是阴平、阳平、上声、去声。[②]

普通话的声调跟各地汉语方言的声调相比,在调类、调值、调型上都存在一定的差异。下面以北方方言所包括的八个方言片代表点的声调为例进行说明,具体包括东北官话(哈尔滨)、北京官话(北京[③])、冀鲁官话(济南)、胶辽官话(牟平)、中原官话(西安)、兰银官话(银川)、江淮官话(南京)、西南官话(成都)。[④]

表 2-11   北方方言代表点声调举例

方言片代表点	声调及例字	阴平 天仙	阳平 同时	上声 美景	去声 电费	入声 熟食	调类数	调型数	曲折调数
共同语	普通话	55	35	214	51		4	4	1
东北官话	哈尔滨	44	24	213	53		4	4	1
北京官话	北京	55	35	214	51		4	4	1
冀鲁官话	济南	213	42	55	21		4	3	1
胶辽官话	牟平	51	53	213	131		4	3	2
中原官话	西安	21	24	53	44		4	3	0
兰银官话	银川	44	53	53	13		3	3	0
西南官话	成都	55	21	53	213		4	3	1
江淮官话	南京	31	24	11	44	5	5	4	0

注:表中空白处表示没有。

表 2-11 反映了以下情况:

第一,从调类中是否含有入声看,只有南京话有入声,其他都没有入声。

第二,从调型中是否含有曲折调看,西安话、银川话和南京话都没有曲折调。牟平有 2 个曲折调,一个是先降后升,另一个是先升后降。其他各地都有 1 个曲折调,跟普通话一样,都是先降后升的曲折调。

第三,在调值上,除了北京话四个声调的调值跟普通话的一样以外,其他各地都跟普通话不一样,而且各地之间也没有完全一样的。

第四,从调类和调型的数量关系上看,调型数不会超过调类数,顶多与调类数一样。[⑤] 在

① 胡裕树主编. 现代汉语[M]. 上海:上海教育出版社,1997:73.
② 从普通话声调名称上看,阴平、阳平、上声、去声的名称跟第一声、第二声、第三声、第四声的名称相比,可以在一定程度上看出古今声调的演变关系。
③ 北京话的调值引自:林焘,王理嘉著,王韫佳,王理嘉增订. 语音学教程(增订版)[M]. 北京:北京大学出版社,2013:142.
④ 引自《哈尔滨方言词典》《北京土语辞典》《济南方言词典》《牟平方言词典》《西安方言词典》《银川方言词典》《南京方言词典》《成都方言词典》。文献详细信息,见书后所列"参考文献"。其中,《北京土语辞典》未指出北京话声调的调值,北京话声调的调值见本页脚注③的说明。
⑤ 表 2-11 反映了北方方言的情况,其他方言区的情况也是这样。例如梅县话有 6 个调类:阴平 44、阳平 11、上声 31、去声 53、阴入 1、阳入 5,调型有平调、降调、发音短促的调型三类。

调类的数量上,除了银川话有 3 个调类,南京话有 5 个调类以外,其他各地都跟普通话一样,有 4 个调类。在调型的数量上,除了哈尔滨话、北京话、南京话跟普通话一样,有 4 个调型以外,其他各地都只有 3 个调型。

汉语北方方言和南方方言的声调特点有许多明显的区别,包括声调数量、调类及声调系统内部关系,请看表 2-12。[①]

表 2-12 汉语北方方言和南方方言的声调比较

比较项目 \ 方言类别	北方方言	南方方言
声调	4 个左右	7 个左右
调类	少	多
入声	很少	很多
声调系统	简单	复杂

小贴士

有一些少数民族语言是有声调的,不过,跟普通话的声调之间有差异。以下从汉藏语系四个语族——汉语族、藏缅语族、侗台语族、苗瑶语族中各选一种语言为例进行比较,依次是汉语、藏语、水语、苗语。[②]

表 2-13 汉藏语系四种语言的声调举例

语族	语种	声调		例字	备注
汉语族	汉语	普通话 4 个声调	阴平 55	ma^{55} 妈	汉语族只有一个汉语支,汉语支下面只有汉语这一种语言。 汉语有方言之分,在此以共同语普通话的声调为例。
			阳平 35	ma^{35} 麻	
			上声 214	ma^{214} 马	
			去声 51	ma^{51} 骂	
藏缅语族	藏语	一般是 4 个声调,例如拉萨话	53	la^{53} 工钱	藏语属于藏缅语族中的藏语支下面的语言。 声调多的,有 6 个,例如日喀则话:53、51、55、12、131、14。 声调少的,有 2 个,例如木雅话:53、13。
			12	la^{12} 山	
			55	la^{55} 麝	
			14	la^{14} 羊毛布	

---

① 郭锦桴. 汉语声调语调阐要与探索[M]. 北京:北京语言学院出版社,1993:13—14.
② 孙宏开,胡增益,黄行主编. 中国的语言[M]. 北京:商务印书馆,2007:172、1215、1490.

续　表

语族	语种	声调			例字		备注
侗台语族	水语	8个声调,例如三都水族自治县三洞的水语	1	24	ta²⁴	鸡肫	水语属于侗台语族中的一种语言。第1调到第6调:只出现在单元音和非塞音收声的音节中。第7调、第8调:只出现在塞音收声的音节中。
			2	31	na³¹	囟门	
			3	33	ta³³	野外	
			4	42	ta⁴²	(织布)经线	
			5	45	ta⁴⁵	中间	
			6	55	ta⁵⁵	经过	
			7 长	35	tak³⁵	钉(钉)	
			7 短	55	tɐk⁵⁵	(木)断	
			8 长	43	tak⁴³	量(布)	
			8 短	43	tɐk⁴³	公(兽)	
苗瑶语族	苗语	8个声调,例如先进的苗语	阴平	43	nto⁴³	湿	苗语属于苗瑶语族中的一种语言。贵州省毕节县先进乡大南山寨,简称先进,当地语言属川黔滇方言川黔滇次方言第一土语。
			阳平	31	nto³¹	天	
			阴上	55	nto⁵⁵	砍	
			阳上	21	nto²¹	分	
			阴去	44	nto⁴⁴	吐	
			阳去	13	nto¹³	边	
			阴入	33	nto³³	织	
			阳入	24	nto²⁴	紧	

　　由表2-13可见,拉萨话跟普通话一样,都有4个声调,不过两者之间有以下四点异同之处:

　　第一,两者都有高平调55。

　　第二,两者都有升调,普通话有一个高升调35,拉萨话有两个低声调12、14。

　　第三,两者都有降调,普通话有一个全降调51,拉萨话有一个高降调53。

　　第四,普通话有曲折调214,拉萨话没有曲折调。

　　从藏语、水语、苗语的声调情况看,表中代表点中的声调有以下三点异同之处:

　　第一,都有声调,相对来说,水语、苗语的声调比较多,都是8个,藏语最多6个声调。

　　第二,在水语的声调中,收塞音尾的音节有长短之分。

　　第三,都没有曲折调。

> **小贴士**
>
> 　　有一些少数民族语言是没有声调的,在学习普通话的声调时,要加强对声调的感知训练。例如阿尔泰语系中的维吾尔语、哈萨克语、蒙古语、土族语、满语、锡伯语等都是没有声调的语言。声调的学习与训练,具体见本书第三章。

四、普通话音节结构的类型与拼写规则

普通话音节结构与拼写方式有着密切的联系。

(一)普通话音节的结构类型

普通话音节由声母、韵母和声调构成。声母有辅音声母与零声母之别,韵母有韵头、韵腹和韵尾之分,韵尾又分元音韵尾与辅音韵尾,由此组合了丰富的音节结构类型。普通话音节结构分为 12 类,其中包括六类非零声母音节的结构类型和六类零声母音节的结构类型。

表 2-14　普通话音节分析表

结构成分 / 例字	声母	韵母				声调
		韵头	韵腹	韵尾		
				元音	辅音	
下 xià	x	i	a			第四声
小 xiǎo	x	i	a	o		第三声
雨 yǔ	零		ü			第三声
打 dǎ	d		a			第三声
伞 sǎn	s		a		n	第三声
在 zài	z		a	i		第四声
电 diàn	d	i	a		n	第四声
影 yǐng	零		i		ng	第三声
院 yuàn	零	ü	a		n	第四声
外 wài	零	u	a	i		第四声
熬 áo	零		a	o		第二声
夜 yè	零	i	e			第四声

注:(1)表中"零"表示零声母。(2)表中空白处表示没有。

由表 2-14 可见,普通话的音节结构一共有 12 类:

(1)由韵腹构成,例如 yǔ(雨)。

(2)由"韵腹+韵尾(元音)"构成,例如 áo(熬)。

（3）由"韵腹＋韵尾（辅音）"构成，例如 yǐng（影）。

（4）由"韵头＋韵腹"构成，例如 yè（夜）。

（5）由"韵头＋韵腹＋韵尾（元音）"构成，例如 wài（外）。

（6）由"韵头＋韵腹＋韵尾（辅音）"构成，例如 yuàn（院）。

（7）由"声母＋韵腹"构成，例如 dǎ（打）。

（8）由"声母＋韵腹＋韵尾（元音）"构成，例如 zài（在）。

（9）由"声母＋韵腹＋韵尾（辅音）"构成，例如 sǎn（伞）。

（10）由"声母＋韵头＋韵腹"构成，例如 xià（下）。

（11）由"声母＋韵头＋韵腹＋韵尾（元音）"构成，例如 xiǎo（小）。

（12）由"声母＋韵头＋韵腹＋韵尾（辅音）"构成，例如 diàn（电）。

由上可见，普通话的音节最多 4 个音素，例如 diàn（电）；最少 1 个音素，例如 yǔ（雨）。

为了方便记住这 12 类音节结构类型，我们编写了一句话，见例 1。

▲例 1. Xià xiǎoyǔ, dǎ sǎn zài diànyǐngyuàn wài áoyè.（下小雨，打伞在电影院外熬夜。）

零声母音节结构指没有声母的音节结构。上述第（1）个到第（6）个音节结构都是零声母音节结构，第（7）个到第（12）个音节结构都是非零声母音节结构。

（二）汉语拼音的拼写规则

一般情况下，声母和韵母相拼，构成一个音节的拼音。例如"海"的声母是 h，韵母是 ai，两者相拼得到音节 hai。由于汉语是有声调语言，每个音节都有声调，所以"海"的拼音是 hǎi。除此之外，还有以下三种拼写规则的要求。

1. 零声母音节的拼写规则

零声母音节由韵母构成，具体分别由单韵母、复韵母和鼻韵母构成。根据《汉语拼音方案》，有一部分零声母音节在书写上需要使用 w 和 y，它们起隔音符号的作用。请看表 2 - 15。

表 2 - 15　普通话零声母音节拼写表

按结构分 ＼ 按口型分	开口呼	齐齿呼		合口呼		撮口呼	
		非零声母	零声母	非零声母	零声母	非零声母	零声母
单韵母	-i[ɿ][ʅ]	i	yi	u	wu	ü	yu
	a	ia	ya	ua	wa		
	o			uo	wo		
	e						
	ê	ie	ye			üe	yue
	er						

续　表

按口型分 按结构分	开口呼	齐齿呼		合口呼		撮口呼	
		非零声母	零声母	非零声母	零声母	非零声母	零声母
复韵母	ai			uai	wai		
	ei			uei	wei		
	ao	iao	yao				
	ou	iou	you				
鼻韵母	an	ian	yan	uan	wan	üan	yuan
	en	in	yin	uen	wen	ün	yun
	ang	iang	yang	uang	wang		
	eng	ing	ying	ueng	weng		
				ong		iong	yong

注:(1)表中空白处表示没有。(2)韵母-i[ʅ]、-i[ʅ]、ei、eng、ong 没有零声母音节。

根据"四呼"(即开口呼、齐齿呼、合口呼、撮口呼)可将零声母音节的拼写规则概括如下:

第一,齐齿呼、撮口呼的声母是零声母时,用 y 作为隔音符号。这时,除了齐齿呼 i、in、ing 的前面加上 y,依次写作 yi、yin、ying 以外,其他齐齿呼的 i 一律改为 y。在撮口呼中,除了 iong 中的 i 改为 y 以外,其他的撮口呼之前均加上 y,且 ü 上两点一律省去。

第二,合口呼的声母是零声母时,用 w 作为隔音符号。这时,除了 u 写作 wu 以外,其他合口呼的 u 一律改为 w。

第三,开口呼的声母是零声母时,不添加任何符号。

小贴士

你也不妨试试,如果不按上述要求写 y 或 w,就会混淆音节界限,造成误解,例如:

mayi　　（蚂蚁）→mai　　（买）

jingwu　　（静物）→jingu（禁锢）

xinyu　　（信誉）→xinu（息怒）　或者 xinü　（?①）

huangyu（黄鱼）→huangu（环顾）或者 huangü(?②)

---

2. ü 上两点的省略用法

ü 开头的韵母——ü(迂)、üe(约)、üan(冤)、ün(晕),在以下两种情况中省略 ü 上两点。

第一种情况是:如上文所述,其前没有声母时,依次写成 yu(迂)、yue(约)、yuan(冤)、

---

① 在普通话中,xǐnǜ 没有相应的词语。
② 普通话音节中没有 gü。

yun（晕）。

第二种情况是：跟声母 j、q、x 相拼的时候，写成：ju（居）、qu（区）、xu（虚）。注意：在跟声母 n、l 相拼的时候，仍然写成 nü（女）、lü（吕）。

> **小贴士**
>
> 不熟悉这一拼写规则，容易出现以下两方面问题：
>
> 一是出现拼写错误。纠正的方式是掌握拼写规则。
>
> 二是出现语音偏误。见到 u 都读 u，没有 ü 在零声母音节中写为 u 的意识，也没有 j、q、x 之后的 ü 写成 u 的意识。正音的方法，首先是掌握拼写规则，其次是通过练习纠正错误的发音习惯。

3. 关于 iou、uei、uen 的省略写法

根据《汉语拼音方案》，iou、uei、uen 前面有声母时，依次写成 iu、ui、un，例如"流（liú）""水（shuǐ）""浑（hún）"。

需要注意以下两点：

第一，出现省略写法时，声调的调号都标在拼音的最后一个元音字母上。

第二，当 iou、uei、uen 之前没有声母时，不能省写，但有以下变化：

当 iou 前面没有声母时，写作 you，比如"优"的汉语拼音是 yōu。当 iou 前面有声母时，写作 iu，比如"秀"的汉语拼音是 xiù。

当 uei 前面没有声母时，写作 wei，比如"喂"的汉语拼音是 wèi。当 uei 前面有声母时，写作 ui，比如"对"的汉语拼音是 duì。

当 uen 前面没有声母时，写作 wen，比如"问"的汉语拼音是 wèn。当 uen 前面有声母时，写作 un，比如"村"的汉语拼音是 cūn。

> **小贴士**
>
> 由于不熟悉这些拼写规则，容易出现以下两方面问题：
>
> 一是出现拼写错误。纠正的方式是掌握拼写规则。
>
> 二是出现语音偏误。iou、uei、uen 的省写规则都是省略了韵腹，依次写成 iu、ui、un。不论 iou、uei、uen 是否省写，在发音的时候都经历了下面的过程：
>
> 从 i→o→u，得到完整的 iou。例如"秀（xiù）"是声母 x 和韵母 iou 相拼。
>
> 从 u→e→i，得到完整的 uei。例如"对（duì）"是声母 d 和韵母 uei 相拼。
>
> 从 u→e→n，得到完整的 uen。例如"村（cūn）"是声母 c 和韵母 uen 相拼。

读 iu 时,也是 i→o→u,而不是 i→u。

读 ui 时,也是 u→e→i,而不是 u→i。

读 un 时,也是 u→e→n,而不是 u→n。

一些非汉语母语者由于缺乏语感,读 iu 时直接从 i 到 u,读 ui 时直接从 u 到 i,读 un 时直接从 u 到 n,产生发音偏误。

一些汉语母语者,因不了解这一发音特点,会出现发音不到位的情况。

正音的方法,首先是掌握拼写规则,其次是通过练习纠正错误的发音习惯。

小贴士

《汉语拼音方案》第五部分是隔音符号。请看图 2-32。

五、 隔音符号

a,o,e开头的音节连接在其他音节后面的时候,如果音节的界限发生混淆,用隔音符号(')隔开,例如:pi'ao(皮袄)。

图 2-32 《汉语拼音方案》隔音符号说明

练一练

1. 选择题

(1) 后元音有(　　)。

A. [u]　　　　　B. [o]　　　　　C. [ɤ]　　　　　D. [ɑ]

(2) 擦音有(　　)。

A. z　　　　　B. f　　　　　C. s　　　　　D. sh

(3) 在"姹紫嫣红"中,(　　)的声母是零声母。

A. 姹　　　　　B. 紫　　　　　C. 嫣　　　　　D. 红

(4) 在"婉转"中,"婉"的韵母是(　　)

A. an　　　　　B. uan　　　　　C. wan　　　　　D. wuan

(5) 韵母完全相同的是(　　)

A. 汉=杭　　　　　B. 闲=盐　　　　　C. 简=眼　　　　　D. 元=捐

2. 判断题

(1) "愿"的韵母是 üan。(　　)

(2) "劝"的韵母是 uan。(　　)

(3) 鼻音有 m、n、ng、l。(　　)

(4) 音节一般包括 4 个音素。(　　)

（5）零声母不是声母。（　　　）

3. 根据图 2-33 描写下列元音的发音特点：

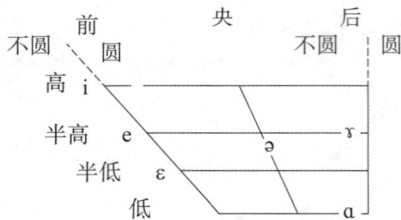

图 2-33　舌面元音图

[i]　　　　　　　　　[e]　　　　　　　　　[ɛ]

[ɤ]　　　　　　　　　[a]

4. 根据对下列元音的描写，写出该元音，并把它们填写到图 2-33 中。

舌位前，舌位高，嘴唇圆：[　]　　　　　　舌位后，舌位高，嘴唇圆：[　]

舌位后，舌位半高，嘴唇圆：[　]　　　　舌位前，舌位低，嘴唇不圆：[　]

舌位央，舌位低，嘴唇不圆：[　]

5. 写出每个字的拼音，并说明有几个音素以及具体是哪些音素。

家　　　　　　　　　在

山　　　　　　　　　上

6. 写出表中例字的拼音，并填写表 2-16。

表 2-16　汉语音节分析表

例字 ＼ 结构成分	声母	韵母				声调
		韵头	韵腹	韵尾		
				元音	辅音	
大						
熊						
猫						
非						
常						
可						
爱						

7. 在"表 2-17 普通话零声母音节拼写表"中，给每一个零声母音节举一个例子，写出汉字及其拼音。

表 2-17 普通话零声母音节拼写表

按结构分＼按口型分	开口呼	齐齿呼	合口呼	撮口呼
单韵母	-i[ɿ][ʅ]	i	u	ü
	a	ia	ua	
	o		uo	
	e			
	ê	ie		üe
	er			
复韵母	ai		uai	
	ei		uei	
	ao	iao		
	ou	iou		
鼻韵母	an	ian	uan	üan
	en	in	uen	ün
	ang	iang	uang	
	eng	ing	ueng	
			ong	iong

第三节 音节的拼读方法与注音方法

| 本节音频 |

课前提问

1. 选择题

(1)"兄"的拼音 xiōng 是由声母 x 和韵母(　　)相拼得到的。

A. i　　　　　　　　B. on　　　　　　　　C. ong　　　　　　　　D. iong

(2)"关羽"的拼写方式是(　　)。

A. Guānyǔ　　　　B. GuānYǔ　　　　C. Guān Yǔ　　　　D. GUAN YU

(3)"口是心非"的拼写方式是(　　)。

A. kǒushìxīnfēi　　　　　　　　B. kǒu shì xīn fēi

C. kǒu-shì-xīn-fēi　　　　　　　D. kǒushì-xīnfēi

2. 判断题

(1)"诗"的拼音 shī 是由 sh 和 i 相拼得到的。(　　　)

(2)汉语拼音的注音方法是按字注音。(　　　)

(3)"Tā xǐhuan dǎ yǔmáoqiú."是"他喜欢打羽毛球。"的拼音分词连写方式。(　　　)

每种语言的语音都有自己的拼读特点。普通话的拼读方法、注音方法都是以音节为基础的,普通话音节有三种拼读方法。

一、音节的拼读方法

普通话最少有 1 个音素,最多 4 个音素。例如:

"一(yī)"是零声母音节,只有韵母 i,是一个音素。yī 中的 y 起隔音符号的作用。

"业(yè)"也是零声母音节,只有韵母 ie,是两个音素。在零声母音节 ie 中,根据《汉语拼音方案》的拼写规则,i 写为 y。

"在(zài)"有三个音素:z、a、i。"上(shàng)"有三个音素:sh、a、ng。sh、ng 都是双字母组成的,是一个音素,分别读[ʂ]、[ŋ]。

"交(jiāo)"有四个音素:j、i、a、o。

可见,除了只有一个音素的音节之外,两个音素、三个音素和四个音素组合的音节都是音素与音素拼合在一起的。所谓拼音,就是指把两个及两个以上的音素拼读起来。

普通话音节的拼读方法有三种:两拼法、三拼法、整体认读音节拼读法。

第一,两拼法。

当声母和没有韵头的韵母相拼的时候,采用两拼法。以"课(kè)"为例。🎧

拼读方式 1:k-e→kè

拼读方式 2:k-è→kè

"拼读方式 1"是不带调拼读,即韵母 e 不带声调,声母 k 和 e 拼读完成的时候,整个音节带调读出。

"拼读方式 2"是带调拼读,即韵母 e 带上声调,读 è,声母 k 和 è 拼读完成的时候,整个音节也是带调读出。

建议采取"拼读方式 1"的方法,原因是:第一,对读出声调的调值有一个心理上的准备;第二,带调拼读的时候,调号只出现在韵腹上,而实际上声调是贯穿整个音节的,只把韵腹带调读出,会对声调产生误解。对于缺乏普通话环境,或对于语言中没有声调的母语者来说,采取"拼读方式 1"更便于练习。

第二,三拼法。

当声母和带韵头的韵母相拼的时候,采用三拼法。以"前"为例。🎧

拼读方式 3：q-i-an→qián

拼读方式 4：q-i-án→qián

"拼读方式 3"是不带调拼读，韵腹 a 不带声调，声母 q 和韵头 i、韵腹和韵尾 an 拼读完成的时候，整个音节带调读出。

"拼读方式 4"是带调拼读，韵腹 a 带上声调，读 á，声母 q 和韵头 i、韵腹和韵尾 án 拼读完成的时候，整个音节也是带调读出。

建议采取"拼读方式 3"的方法，理由同"两拼法"中的解释。

第三，整体认读音节拼读法。

普通话有 16 个音节，不能采取"两拼法"和"三拼法"，只能直接读出。连着声母和韵母直接读出的音节叫整体认读音节，像这样只能直接拼读的方法叫整体认读音节拼读法。以"日"为例。

正确的拼读方式：ri→rì

错误的拼读方式 1：r-i→rì

错误的拼读方式 2：r-ì→rì

关于整体认读音节，详见第三章第六节。

二、音节的注音方法

用汉语进行书面表达时，"汉字是一连串写下来的，既不分词，又无所谓连写"①，这是以"字"为书写单位，一写一串，除了标点符号，没有间隙，例 1 就是这样。

▲例 1. 大熊猫是中国的国宝。

例 1 是汉语的书面形式，有 5 个词，即"大熊猫""是""中国""的""国宝"。这 5 个词是连在一起写的，不熟悉汉语的人，一开始阅读时会觉得不方便，因为需要读者自己把词切分出来。

而实际上，语言以词为表意单位，阅读汉语书面语时其实要"分词连读"。② 以拉丁字母为文字的语言，采用的是分词连写的方式。例 2 是英语句子，有 4 个词，词内部的字母连写，词与词之间有一个空格，这就是分词连写。用空格把词切分出来，方便阅读。

▲例 2. This is a book.（这是一本书。）

《汉语拼音正词法基本规则》（以下简称《基本规则》）具体制定了汉语拼音的拼写规范及其书写格式的准则。例 3 是根据《基本规则》用拼音写句子的方式，这就要把句子切分到词了。

▲例 3. Dàxióngmāo shì Zhōngguó de guóbǎo.（大熊猫是中国的国宝。）

《基本规则》是《汉语拼音方案》的重要组成部分，使汉语拼音"写话"有章可循，也使阅读

① 周有光.《汉语拼音词汇》的性质、作用和问题[J]. 辞书研究，1983(01).
② 周有光.《汉语拼音词汇》的性质、作用和问题[J]. 辞书研究，1983(01).

汉语拼音文本更加方便。拼写汉语要求我们熟练掌握《基本规则》的具体内容。分词连写是《基本规则》的最主要内容。

总之,汉语拼音的使用一般有两种方式:一是按字注音;二是分词连写。此外,《基本规则》6.5.2条规定"'一''不'一般标原调,不标变调",不过同时指出"在语言教学等方面,可根据需要按变调标写"。当"一"字和"不"字发生变调时,本书一律标注变调,以方便学习者练习。

（一）按字注音

《基本规则》7.1条规定"根据识字需要(如小学低年级和幼儿汉语识字读物),可按字注音"。按字注音是给一句话中的每个字注音,字与字之间的间距一样。请看下面例子中的注音方式。

▲例4.
mèi mei xǐ huan mǔ dān huā
妹　妹　喜　欢　牡　丹　花　。

▲例5.

dōng yè dú shū shì zǐ yù
冬　夜　读　书　示　子　聿

sòng　lù　yóu
［宋］陆　游

gǔ　rén　xué　wèn　wú　yí　lì
古　人　学　问　无　遗　力　,

shào zhuàng gōng fū lǎo shǐ chéng
少　壮　工　夫　老　始　成　。

zhǐ shàng dé lái zhōng jué qiǎn
纸　上　得　来　终　觉　浅　,

jué zhī cǐ shì yào gōng xíng
绝　知　此　事　要　躬　行　。

（二）分词连写

请看例6。

▲例6.

Bānmǎ Zhī Měi
Zhōu Tāo

Hé xùnyǎng de mǎ xiāngbǐ, cóng wàibiǎo shang kàn, bānmǎ gèng xiàng shì réngōng jīngxīn yùyǎng de. Tāmen nàme zhěngjié、nàme bǎomǎn, gāo-ǎi-pàng-shòu yě chàbuduō, shēn shang de bānwén jí jù shíshànggǎn——jiù xiàng shì jiǎ de、rén huà shangqu de, bānmǎ hěn xiàng rénzào de chǎnpǐn.

Rán'ér bānmǎ díquè shì yěshēng de, wánquán méiyou[1] xùnhuà de. Zhè hěn qíguài, wèi shénme bié de mǎ dōu zàoyǐ xùnhuà, wéidú bānmǎ bù néng xùnhuà ne? Nándào jǐnjǐn yīnwei tā shēn shang yǒuzhe qímiào de tiáowén ma? Shí zhì jīnrì, wǒmen méiyou kàndào guo yí wèi qíshì huò měinǚ qízhe bānmǎ zhāoyáo-guòshì, bānmǎ shì mǎ, dànshì bānmǎ bù néng chéng qí. Zhè hé wǒmen duì mǎ xíngchéng de jīngyàn dàyì-qíqù, yǒuxiē bùkě-sīyì.

Bānmǎ yǒu qiángjiàn de shēnqū, wánměi de yāobèi, gǔnyuán bǎomǎn de túnbù hé duǎn ér jiēshi de bógěng, kěyǐ xiǎngxiàng, qí shangqu fēicháng héshì. Gèng hékuàng tā de sì tiáo tuǐ xiàng chún gāng zhùjiù, qí bēnpǎo de nénglì wéi mǎ zhōng hǎnjiàn. Rúguǒ qízhe yì pǐ bānmǎ qù cānjiā Àoyùnhuì sàimǎ, kěndìng huì bào běn shìjì zuì dà de xīnwén. Yǒuguo zhè zhǒng xiǎngfǎ de rén kěndìng shǎo bù liǎo, dànshì suǒyǒu de chángshì yě dōu yǐ shībài gàozhōng, tiān cì bānmǎ yǐ wánměi de yāoshēn, tóngshí dàzìrán yòu cì bānmǎ yǐ yǒng bú jiùfàn de yěxìng línghún!

Bānmǎ zhī měi, měi zài jí jìn réngōng ér wánquán yěxìng. Tā tài piàoliang le, zhēn kěyǐ shuō qiǎoduó-tiāngōng. Tā de bānwén bùjú qiǎomiào, zōngmáo qízhěng rú shū, tā xiàng yí gè dà wánjù, yí gè diànnǎo huìzhì de túxiàng, rán'ér tā nìngkěn yǔ shīzi zhōuxuán, yě bú ràng rén bǎinòng.

Bānmǎ de miànbù bānwén yǒuxiē xiàng jīngjù liǎnpǔ. Zhè shǐ tā gèng měi. Hēi bái xiāngjiàn de tiáowén fēi dàn méiyou ràng tā biàn de gèng xiōngbào, fǎn'ér ràng tā xiǎnshì chū yì zhǒng nándé de yōuyǎ hé wēnróu. Bānmǎ de zhè zhāng liǎn shì zěnme huà chulai de? Shéi gěi tā huà de? Huà de xiàng rén de zhǐwén yíyàng, chéngwéi gètǐ de zhōngjí biāoshí.

Bānmǎ zài Fēizhōu cǎoyuán shang zǔchéng dìguó, zǔzhī yánmì, gètǐ zìyóu, tāmen qiáng yǒulì de sì tí zhènhàn dàdì, yǐ měilì de bānwén zhuāngdiǎn shìjiè, bèi shīzi sī liè huò bèi èyú yǎo shì, zhèngmíng měi bìng bù néng zǔzhǐ jī'è. Rán'ér bānmǎ bú huì chángjiǔ chénnì yú āitòng, tā zài jiānyá-lìzhǎo hé xuèpén-dàkǒu de jiāfèng zhōng fènyǒng qiúshēng, zài gānhàn zhōng qiānxǐ, chángtú zhōng báshè, shúxi le Fēizhōu de měi yí cùn tǔdì, yǎnrán shì zhèli de zhǔrén.

Bānmǎ zhī měi, qǐng wù liè shā.

斑马之美[2]

周 涛

和驯养的马相比，从外表上看，斑马更像是人工精心育养的。它们那么整洁、那么饱满，

---

① "没有""因为""这里"有轻声和非轻声两种读法，为了加强轻声训练，本文一律标注轻声。趋向动词、方位词，也一律标注轻声。此外，"一"字和"不"字发生变调时标注变调。
② 周涛. 周涛散文选集[M]. 天津：百花文艺出版社，2012：215—216.

高矮胖瘦也差不多，身上的斑纹极具时尚感——就像是假的、人画上去的，斑马很像人造的产品。

然而斑马的确是野生的，完全没有驯化的。这很奇怪，为什么别的马都早已驯化，唯独斑马不能驯化呢？难道仅仅因为它身上有着奇妙的条纹吗？时至今日，我们没有看到过任何一位骑士或美女骑着斑马招摇过市，斑马是马，但是斑马不能乘骑。这和我们对马形成的经验大异其趣，有些不可思议。

斑马有强健的身躯，完美的腰背，滚圆饱满的臀部和短而结实的脖颈，可以想象，骑上去非常合适。更何况它的四条腿蹄像纯钢铸就，其奔跑的能力为马中罕见。如果骑着一匹斑马去参加奥运会赛马，肯定会爆本世纪最大的新闻。有过这种想法的人肯定少不了，但是所有的尝试也都以失败告终，天赐斑马以完美的腰身，同时大自然又赐斑马以永不就范的野性灵魂！

斑马之美，美在极近人工而完全野性。它太漂亮了，真可以说巧夺天工。它的斑纹布局巧妙，鬃毛齐整如梳，它像一个大玩具，一个电脑绘制的图像，然而它宁肯与狮群周旋，也不让人摆弄。

斑马的面部斑纹有些像京剧脸谱。这使它更美。黑白相间的条纹非但没有让它变得更凶暴，反而让它显示出一种难得的优雅和温柔。斑马的这张脸是怎么画出来的？谁给它画的？画得像人的指纹一样，成为个体的终极标识。

斑马在非洲草原上组成帝国，组织严密，个体自由，它们强有力的四蹄震撼大地，以美丽的斑纹装点世界，被狮子撕裂或被鳄鱼咬噬，证明美并不能阻止饥饿。然而斑马不会长久地沉溺于哀痛，它在尖牙利爪和血盆大口的夹缝中奋勇求生，在干旱中迁徙，长途中跋涉，熟悉了非洲的每一寸土地，俨然是这里的主人。

斑马之美，请勿猎杀。

三、《汉语拼音正词法基本规则》择要举例

分词连写，与我们阅读、朗读以及进行口头表达密切相关。

此外，在能输入汉语拼音的电脑上，凭借"以词定字""高频先见""用过提前""上下文语境""声韵规律"等汉语的内在规律改进的中文输入法，能够输入规范化的白话文，只有大约3％需要进行同音选择的情况。[1]"分词连写"是"分词连读"的自然反映，采用按词输入汉语拼音的方式，生成汉字文本的效率很高。

其实，我国的一些部门规章以及相关文件对分词连写都有明确的规定。

与工商行政管理领域有关的文件，例如在《印发〈关于企业、商店的牌匾、商品包装、广告等正确使用汉字和汉语拼音的若干规定〉的通知》（1987 年 4 月 10 日　国家语言文字工作委员会、商业部、对外经济贸易部、国家工商行政管理局）的附件中，第四条规定："使用汉语拼

---

[1] 周有光.我的人生故事[M].北京：当代中国出版社,2017:255、284.

音,要求以普通话语音为标准,拼写准确,字母书写正确,提倡分词连写。在商品包装、广告等上面出现企业名称、地址时,应当使用汉字,或汉字、汉语拼音并用,不得仅用汉语拼音。"《关于商标用字规范化若干问题的通知》(1987 年 9 月 4 日 国家工商行政管理局、国家语言文字工作委员会)第四条规定:"商标加注汉语拼音的,必须以普通话为标准,分词连写,拼写应当准确,字母书写应当正确。"

与体育领域有关的文件,例如《关于在各种体育活动中正确使用汉字和汉语拼音的规定》(1992 年 7 月 9 日 国家体育运动委员会、国家语言文字工作委员会)规定:"使用汉语拼音,要以普通话语音为标准,要求拼写准确,字母书写正确,分词连写。"

因此,我们必须掌握《汉语拼音正词法基本规则》(以下简称《基本规则》)。

"连写"与"分写"是相互对应的书写方法,其中"连写"指一个书写单位的所有音节连着写,中间没有空格;"分写"指各个书写单位分开写,中间有空格。[①]

以下是连写:

感动 gǎndòng 青春期 qīngchūnqī 一氧化碳 yīyǎnghuàtàn

以下是分写:

Pǔtōnghuà shì jiàoshī de zhíyè yǔyán. (普通话是教师的职业语言。)

下面择要说明《基本规则》的一些具体规则。[②]

1. 词的拼写

(1)单音节词

单音节词是由一个音节构成的词。例如:晒 shài

(2)双音节词和双音节结构

双音节词是由两个音节构成的词。例如:

应该 yīnggāi 他们 tāmen

双音节结构是由两个音节构成的结构。表示一个整体概念的双音节结构应连写。例如:

手下 shǒuxià 心中 xīnzhōng 父子 fùzǐ 推普 tuīpǔ

(3)三音节词和三音节结构

三音节词是由三个音节构成的词。例如:

茶叶蛋 cháyèdàn 高山族 Gāoshānzú 急性子 jíxìngzi

三音节结构是由三个音节构成的结构。表示一个整体概念的三音节结构应连写。例如:

奥运会 Àoyùnhuì 热心肠 rèxīncháng 垂杨柳 chuíyángliǔ

(4)四音节词和四音节结构

---

① 教育部语言文字信息管理司组编.《汉语拼音正词法基本规则》解读[M]. 北京:语文出版社,2017:17.
② 教育部语言文字信息管理司组编.《汉语拼音正词法基本规则》解读[M]. 北京:语文出版社,2017.

四音节词是由四个音节构成的词。例如：

香格里拉 Xiānggélǐlā　叽里咕噜 jīligūlū　核反应堆 héfǎnyìngduī

四音节结构是由四个音节构成的结构。包括成语、惯用语和其他熟语等固定词组。

《基本规则》6.1.12.1条规定："成语通常作为一个语言单位使用，以四字文言语句为主。结构上可以分为两个双音节的，中间加连接号。""结构上不能分为两个双音节的，全部连写。"例如：

南辕北辙 nányuán-běizhé　五光十色 wǔguāng-shísè

四个语素并列的四字成语，每个语素之间加"-"符号。例如：

琴棋书画 qín-qí-shū-huà　吹拉弹唱 chuī-lā-tán-chàng

还有一些在结构上不能分为两个双音节的成语，这时就全部连写。例如：

重于泰山 zhòngyútàishān　心无二用 xīnwú'èryòng

惯用语以三个字的居多。其中，在使用中已经凝结为一个整体的惯用语，通常情况下连写。例如：

定心丸 dìngxīnwán　灯下黑 dēngxiàhēi　烂摊子 làntānzi

如果惯用语中能插入其他成分，则在能插入的地方分写。例如：

炒鱿鱼 chǎo yóuyú　打圆场 dǎ yuánchǎng　滚雪球 gǔn xuěqiú

其他熟语包括谚语、格言、歇后语等，拼写时，在不影响理解的前提下，可分可连的尽量连写（多为实词）。例如：

Qīngtíng fēi de dī, chū mén dài dǒulì.（谚语：蜻蜓飞得低，出门戴斗笠。）

Yǒuzhìzhě shì jìng chéng.（格言：有志者事竟成。）

Zhīma kāihuā——jiéjié gāo.（歇后语：芝麻开花——节节高。）

2. 四音节及四音节以上名称的拼写

《基本规则》5.3条规定："四音节及四音节以上表示一个整体概念的名称，按词或语节（词语内部由语音停顿而划分成的片段）分写，不能按词或语节划分的，全都连写。"

（1）能够按词或语节划分的，分写。例如：

第一桶金　　　dì-yī tǒng jīn
二次开发　　　èr cì kāifā
五一劳动节　　Wǔ-Yī Láodòng Jié
厄尔尼诺现象　è'ěrnínuò xiànxiàng
国际日期变更线　guójì rìqī biàngēngxiàn

（2）不能按词或语节划分的，连写。例如：

反垄断法　　　fǎnlǒngduànfǎ
爱斯基摩人　　Àisījīmórén

小贴士

什么是语节？语节是词语内部由语音停顿而划分成的片段。有的语节是词，有的语节是结合紧密的结构单位。拼写时，以词为拼写单位，适当考虑语音、词义等因素，并兼顾词的拼写长度。语节是考虑语音因素的专用术语。语节通常是双音节或是三音节的书写单位。例如：

鉴湖女侠 Jiànhú Nǚxiá

这是秋瑾的雅号，是一个整体概念的名称，从语音停顿考虑分为两个语节片段。

同步稳相回旋加速器 tóngbù wěnxiàng huíxuán jiāsùqì

这也是一个整体概念的名称，按语节划分成 4 个书写单位，其中，"同步""回旋""加速器"是词，"稳相"是结构单位。

按词或语节划分书写单位，可以使汉语拼音的书写单位长度适中，容易辨识，有利于阅读和理解。

小贴士

整体概念是指意义凝固、表示一个意义的概念，属于语义范畴。例如"小算盘"这个词有两种理解：

一是"小的算盘"。这时拼为：xiǎo suànpan。

二是作为一个整体概念，指为个人或局部利益所做的打算。这时拼为：xiǎosuànpan。

3. 叠音词语的拼写

现代汉语中，比较常见的词语重叠形式如下：

（1）AA 式。单音节词的重叠形式。连写。例如：

动词：看看 kànkan

形容词：细细 xìxì

量词：排排 páipái

拟声词：汪汪 wāngwāng

（2）ABAB 式。AB 式双音节词的重叠形式。AB 和 AB 分写为两段。例如：

动词：研究研究 yánjiū yánjiū

形容词：碧绿碧绿 bìlǜ bìlǜ

拟声词：叮咚叮咚 dīngdōng dīngdōng

（3）AABB 式。AB 式双音节词的两个语素重叠的形式。各音节全都连写。例如：

形容词：慢慢悠悠 mànmanyōuyōu

名词：沟沟坎坎 gōugōukǎnkǎn

动词：蹦蹦跳跳 bèngbèngtiàotiào

数词：三三两两 sānsānliǎngliǎng

量词：年年岁岁 niánniánsuìsuì

副词：时时刻刻 shíshíkèkè

拟声词：叽叽喳喳 jījizhāzhā

（4）其他重叠式。各音节全都连写。例如：

ABB 式：冷清清 lěngqīngqīng

AAB 式：呱呱叫 guāguājiào

AAA 式：呜呜呜 wūwūwū

A 里 AB 式：土里土气 tǔlitǔqì

4. 缩略语的拼写

《基本规则》5.6 条规定："为了便于阅读和理解，某些并列的词、语素之间或某些缩略语当中可用连接号。"缩略语是把长的词语减缩或紧缩成的短词语，也叫略语。为了便于操作，凡是连写容易理解的缩略语，就连写；不容易理解的缩略语，就加连接号。缩略语最终能否成为一个词，还需要经过使用来检验，所以在拼写时，两种拼写方法均可。

（1）一般缩略语。例如：

环保 huánbǎo　维和 wéihé/wéi-hé　欧共体 Ōugòngtǐ/Ōu-gòng-tǐ

（2）数词缩略语。例如：

大一 dà yī/dàyī　二十五史 Èrshíwǔ shǐ　两弹一星 liǎng dàn yì xīng

5. "名词＋方位词"的拼写

在这个结构中，名词、方位词无论是单音节的还是双音节的，通常情况下，两者仍然独立地保持其原义，应视其为词组，处理为分写。例如：

汽车上面 qìchē shàngmian

当单音节名词和单音节方位词结合后含有特定意义，已不是字面义的加合，应视其为词，处理为连写。例如：

天上 tiānshàng　实际上 shíjìshang

6. 名词并列式的拼写

数理化 shù-lǐ-huà　之乎者也 zhī-hū-zhě-yě

7. "动词＋动态助词"的拼写

动词与后面的动态助词"着""了""过"，连写。例如：

笑着 xiàozhe　看了 kànle　练过 liànguo

8. "单音节动词＋单音节补语"和"单音节形容词＋单音节补语"的拼写

在这两种结构中,不论两者之间的紧密程度如何,都应连写。例如:

动词＋趋向动词:拿来 nálái(拿来看看)

动词＋动词: 听懂 tīngdǒng

动词＋形容词: 搅碎 jiǎosuì

形容词＋形容词:差远 chàyuǎn(差远了)

小贴士

其他音节数的动补结构或形补结构,不论两者之间的紧密程度如何,都应分写。例如:
唱起来 chàng qilai

---

9. 助动词的拼写法

助动词"能、会、要、想、敢、应该、可能"等,后面常接一般动词。不论音节数量如何,两者都应分写。例如:

能喝 néng hē

10. 汉字数字和阿拉伯数字的拼写法

汉字数字用汉语拼音拼写。例如:

二〇一〇年 èr líng yī líng nián

零点五七 líng diǎn wǔ qī

阿拉伯数字则保留阿拉伯数字写法。例如:

112 分机 112 fēnjī

有些原先使用汉字数字的,在用汉语拼音拼写时,也可转换为阿拉伯数字。例如:

二〇一〇年 èr líng yī líng nián/2010 nián

零点五七 líng diǎn wǔ qī/0.57

表示"月日"的数字拼写,月日中间应加连接号。例如:

五四 Wǔ-Sì　一二・九 Yī'èr-Jiǔ

11. 多位数字和表示位数的数字的拼写法

为避免分写过多而显得过于零碎,数词一到九十九之间的整数以及"十几""几十",一律作为一个书写单位。例如:

六十五 liùshíwǔ

十八亿零六百二十万三千四百六十八

shíbā yì líng liùbǎi èrshí wàn sānqiān sìbǎi liùshíbā

十万个为什么：shí wàn gè wèishénme/shíwàn gè wèishénme

> **小贴士**
>
> 　　百位、千位、万位、亿位的整数，内部数字成分较多，应分段分写。
>
> 　　分写的原则是：千位、百位各成一段，十位加个位一段；"万""亿"与前面的十位以上的数分写（当前面的数词为"十"时，也可连写）。

12. 表序数的数词的拼写法

《基本规则》6.1.5.4 条规定："数词与前面表示序数的'第'中间，加连接号。""数词（限于'一'至'十'）与前面表示序数的'初'，连写。""第"和"初"是序数的标记字。例如：

第一 dì-yī　第一百七十五 dì-yībǎi qīshíwǔ

初一 chūyī

13. "数量名"结构的拼写法

在这个结构中，"数""量""名"一律分写。例如：

一棵树 yì kē shù

> **小贴士**
>
> 　　"刻钟""分钟""秒钟"等表示一段时间的结构，其拼写也可参照"数量名"结构，分写。例如：
>
> 　　一刻钟 yí kèzhōng　九分钟 jiǔ fēnzhōng　三十三秒钟 sānshísān miǎozhōng

> **小贴士**
>
> 　　复合量词表示一种复杂的数量关系，在书写形式上，一般用各并列成分连写来表示。例如：
>
> 　　人次：réncì

14. 结构助词的拼写法

结构助词与其他词语应分写，这是基本的原则。考虑到"的""地""得"和它们前面的单

音节词能构成一个语节,也可连写。例如:

他的手机 　　tā de shǒujī/tāde shǒujī

猛地站起来 　měng de zhàn qilai/měngde zhàn qilai

白得像雪 　　bái de xiàng xuě/báide xiàng xuě

小贴士

有些三音节的动补结构"×得×""×不×",表示一种特定意义,词典往往收为条目,这种结构应连写。例如:

来不及 láibují　吃得开 chīdekāi

---

15. 语气助词的拼写法

语气助词一般放在句子的末尾,有的也可放在句子中间的停顿处,与前面的词语分写。例如:

Zhè shì shénme ya?（这是什么呀?）

Shì a, nà jiùshì cánjiǎn a.（是啊,那就是蚕茧啊。）

小贴士

"的"既可以做语气助词,也可以做结构助词。

"的"在句子中(无逗号、分号处)出现时是结构助词;在句末或句中停顿处(有句号、分号、逗号处)出现时,一般是语气助词,或者结构助词兼语气助词。无论"的"是什么类型的助词,一律分写。例如:

Zhè jiā de qīngcài nènlǜ nènlǜ de.（这家的青菜嫩绿嫩绿的。）

例子中,第一个"的"是结构助词,第二个"的"兼做结构助词和语气助词。

小贴士

"了"既可以做语气助词,也可以做动态助词。

"了"做动态助词时,应该与前面的动词连写;"了"做语气助词时,应该与前面的词分写。"了"在句末或句中停顿处(有句号、分号、逗号处)出现时,一定是语气助词,但也有可能是语气助词兼动态助词。为了便于操作,规定在句末或句中停顿处(有句号、分号、逗号处)出现的"了",一律分写。例如:

Tā shuōle shǒujī hàomǎ zhīhòu, jiù qù máng qítā shì le.（他说了手机号码之后,就

去忙其他事了。)

例子中,第一个"了"是动态助词,第二个"了"兼做语气助词和动态助词。

16. 人名拼写

人名的拼写包括以下三种情况:

单姓。例如:刘备　　　Liú Bèi　　　　　　　周瑜　　　Zhōu Yú

复姓。例如:司马迁　　Sīmǎ Qiān　　　　　　欧阳修　　Ōuyáng Xiū

双姓。例如:褚蒋复华　Chǔ-Jiǎng Fùhuá　　　诸葛蒋华　Zhūgě-Jiǎng Huá

> **小贴士**
>
> 关于人名的缩写,《人名拼写规则》5.1.4 条规定:"姓全写,首字母大写或每个字母大写,名取每个汉字拼音的首字母,大写,后面加小圆点,声调符号可以省略。"什么时候会缩写人名?在某些需要快速识别,或者书写空间有限而不便书写全称的情况下,人名通常采取缩写形式。例如:
>
> 单姓。例如:刘备　　　Liu B. 或 LIU B.
>
> 复姓。例如:司马迁　　Sima Q. 或 SIMA Q.
>
> 双姓。例如:褚蒋复华 Chu-Jiang F. H. 或 CHU-JIANG F. H.

> **小贴士**
>
> 关于中文信息处理中的人名索引,《人名拼写规则》5.1.5 条规定:"可以把姓的字母都大写,声调符号可以省略。"例如:
>
> 单姓。例如:刘备　　　LIU Bei
>
> 复姓。例如:司马迁　　SIMA Qian
>
> 双姓。例如:褚蒋复华 CHU-JIANG Fuhua

> **小贴士**
>
> 关于公民护照上的人名,《人名拼写规则》5.1.6 条规定:"可以把姓和名的所有字母全部大写,双姓之间可以不加连接号,声调符号、隔音符号可以省略。"例如:
>
> 单姓。例如:刘备　　　LIU BEI
>
> 复姓。例如:司马迁　　SIMA QIAN
>
> 双姓。例如:褚蒋复华 CHUJIANG FUHUA

小贴士

关于不能分出姓和名的汉语人名，《人名拼写规则》5.1.7条规定："三音节以内不能分出姓和名的汉语人名，包括历史上已经专名化的称呼，以及笔名、艺名、法名、神名、帝王年号等，连写，开头字母大写。"例如：

庄子 Zhuāngzǐ（专称） 玄奘 Xuánzàng（法名） 哪吒 Nézhā（神仙名）

茅盾 Máodùn（笔名） 红线女 Hóngxiànnǚ（艺名） 贞观① Zhēnguān（帝王年号）

《人名拼写规则》5.1.8条规定："四音节以上不能分出姓和名的人名，如代称、雅号、神仙名等，按语义结构或语音节律分写，各分开部分开头字母大写。"例如：

太白金星 Tàibái Jīnxīng

小贴士

关于少数民族语姓名，《人名拼写规则》5.2.1条规定："按照民族语用汉语拼音字母音译转写，分连次序依民族习惯。音译转写法可以参照《少数民族语地名汉语拼音字母音译转写法》执行。"例如：

Ulanhu（乌兰夫，Wūlánfū）

小贴士

关于个别特殊问题的处理，《人名拼写规则》列出了"特殊问题的变通处理办法"。例如：

孙逸仙（孙中山）Sūn Yìxiān（Sun Yat-sen）

Sūn Yìxiān 是汉语拼音的拼写方式，Sun Yat-sen 是历史上的拼写方式。由于 Sun Yat-sen 在历史文献中可以查到，在海外仍沿用，所以必要时可以保留。

另外，为了解决《汉语拼音方案》字母表缺少加符字母（例如 ü）的不足，大写字母 Ü 可以用 YU 代替。这主要是根据技术处理的特殊需要，适用于公民护照、对外文件和书刊等。

17. 地名拼写

一般情况下，地名由专名和通名两部分组成。专名指某地名区别于其他地名的专有名称，通名指地名所属类别的名称。专名和通名分写，它们的首字母分别大写。例如：

北京市 Běijīng Shì 淮河 Huái Hé 黄山 Huáng Shān

---

① 唐太宗李世民的年号是贞观。

小贴士

陆域地名的拼写如下：

大陆名：	亚洲	Yàzhōu
高原名：	青藏高原	Qīng-zàng Gāoyuán
	内蒙古高原	Nèiménggǔ Gāoyuán
平原名：	长江中下游平原	Chángjiāng Zhōng-xiàyóu Píngyuán
	西西伯利亚平原	Xīxībólìyà Píngyuán
草原名：	锡林郭勒草原	Xīlínguōlè Cǎoyuán
三角洲名：	莱茵河三角洲	Láiyīnhé Sānjiǎozhōu
丘陵名：	山东丘陵	Shāndōng Qiūlíng
盆地名：	塔里木盆地	Tǎlǐmù Péndì
沙漠名：	腾格里沙漠	Ténggélǐ Shāmò
岛屿名：	格陵兰岛	Gélínglán Dǎo
	南沙群岛	Nánshā Qúndǎo
山名：	喜马拉雅山脉	Xǐmǎlāyǎ Shānmài
	小兴安岭	Xiǎoxīng'ān Lǐng
关隘名：	雁门关	Yànmén Guān

小贴士

水域地名的拼写如下：

海洋名：	大西洋	Dàxī Yáng
湖泊名：	太湖	Tài Hú
江河名：	澜沧江	Láncāng Jiāng
瀑布名：	庐山瀑布	Lúshān Pùbù
峡名：	瞿塘峡	Qútáng Xiá
泉名：	中冷泉	Zhōnglěng Quán

小贴士

政区地名的拼写如下：

国家名：	中国	Zhōngguó
	中华人民共和国	Zhōnghuá Rénmín Gònghéguó

国内政区名：华南　　　　　　　Huánán

东北地区　　　　　Dōngběi Dìqū

平遥县　　　　　　Píngyáo Xiàn

小贴士

聚落地名的拼写如下：

村落名：　　诸葛村　Zhūgě Cūn

街巷里区名：人民大道 Rénmín Dàdào

小贴士

建筑地名的拼写如下：

道桥名：　　　　兰新铁路　Lán-Xīn Tiělù

水利工程名：　　京杭大运河　Jīng-Háng Dàyùnhé

车站机场港口名：北京西站　Běijīng Xīzhàn/Běijīngxī Zhàn

建筑物名：　　　黄帝陵　Huángdì Líng

小贴士

文化设施地名的拼写如下：

名胜古迹名、纪念地名：北京猿人遗址　Běijīng Yuánrén Yízhǐ

文教设施名：　　　上海自然博物馆 Shànghǎi Zìrán Bówùguǎn

小贴士

通信地址的拼写如下：

北京海淀区颐和园路 5 号北京大学物理系

Běijīng, Hǎidiàn Qū, Yíhéyuán Lù 5 Hào, Běijīng Dàxué Wùlǐxì

18. 大写规则

下面几种情况需要大写：

（1）句子开头的第一个字母大写。例如：

Jīntiān kāixué le.（今天开学了。）

（2）诗歌每行开头的第一个字母大写。例如：

Jìng Yè Sī（静夜思）

Lǐ Bái（李白）

Chuáng qián míngyuè guāng,（床前明月光,）

Yí shì dìshàng shuāng.　　（疑是地上霜。）

Jǔ tóu wàng míngyuè,　　（举头望明月,）

Dī tóu sī gùxiāng.　　　（低头思故乡。）

小贴士

专有名词的首字母大写。在有些场合,可以全部大写。例如：

Chóngyáng/CHONGYANG（重阳）

Hónglóumèng/HONGLOUMENG（红楼梦）

由几个词组成的专有名词,每个词的首字母大写。在有些场合,可以全部大写。例如：

Rénmín Rìbào/RENMIN RIBAO（人民日报）

小贴士

四字成语中的专有名词成分,在连写式里小写,在分写式里大写。例如：

连写式：wéiwèi-jiùzhào（围魏救赵）

分写式：wéi Wèi jiù Zhào（围魏救赵）

小贴士

朝代的单音节通名（"朝""代"）习惯上连写;但专名前加方位词的习惯上分写。例如：

Míngcháo（明朝）　Xī Hàn/Xīhàn（西汉）　Nán-Běi Cháo 南北朝

小贴士

"单音节专名＋节"习惯上连写;其他情况可连写,也可分写。例如：

Chūnjié（春节）　Zhōngqiūjié/Zhōngqiū Jié（中秋节）

小贴士

　　标题、会标等的第一个词的首字母大写。根据需要，所有字母可以全部大写，可以不标调。例如：

Rèliè huānyíng xīn tóngxué/RELIE HUANYING XIN TONGXUE（热烈欢迎新同学）

19. 移行规则

　　《基本规则》6.6.1 条规定："移行要按音节分开，在没有写完的地方加连接号。音节内部不可拆分。"例如："chóngfù（重复）"在一行结尾时写不下了，可以保留"chóng-"，然后把"fù"移到下一行。

　　缩写字母的移行规则，其核心是保持一个缩写单位的完整性，一个词或词语的所有缩写字母都要放在一起。例如"PSC（普通话水平测试）"在一行最后排不下，则整体移到下一行。

　　《基本规则》6.6.2 条规定："音节前有隔音符号，移行时，去隔音符号，加连接号。"例如："Xī'ān（西安）"在一行结尾时写不下了，可以写为"Xī-"，然后把"ān"移到下一行。

　　《基本规则》6.6.3 条规定："在有连接号处移行时，末尾保留连接号，下行开头补加连接号。"例如："liǎngquán-qíměi（两全其美）"在一行结尾时写不下了，可以在一行结尾时写"liǎngquán-"，然后在下一行开头时写"-qíměi"。

20. 标点符号的使用规则

　　在汉语拼音系统中，有如下规定：

　　（1）句号是小圆点"."，是半角符号，占半个汉字位置，不同于汉字系统的句号小圆圈"。"。例如：

Tā měitiān dōu rènzhēn xuéxí.（他每天都认真学习。）

　　（2）顿号也可用逗号","代替。

　　（3）省略号为 3 个小圆点"…"，占一个汉字位置。汉字系统的省略号是 6 个小圆点"……"，占两个汉字位置。

　　（4）汉语拼音系统的着重号"."标在字母的下面，不独立占位。

　　如果着重号在拼写中不便使用，可以把需要强调的词句，用黑体或斜体表示。

　　（5）汉语拼音系统的连接号形式为短横"-"。

　　（6）汉语拼音系统的间隔号形式为"·"，间隔号用于以下情况：

《Sānguó Zhì · Shǔ Zhì · Zhūgě Liàng Zhuàn》（《三国志·蜀志·诸葛亮传》）

练一练

1. 举例说明汉语音节的三种拼读方法。

2. 以分词连写方式,用拼音书写下文。

节选自散文《南京》①。文中省略号为摘引所省,以在有限的篇幅中练习不同类型的分词连写方式。

南京

朱自清

南京是值得流连的地方,虽然我只是来来去去,而且又都在夏天,也想夸说夸说,可惜知道的太少;现在所写的,只是一个旅行人的印象罢了。

逛南京像逛古董铺子,到处都有些时代侵蚀的遗痕。你可以摩挲,可以凭吊,可以悠然遐想;想到六朝的兴废,王谢的风流,秦淮的艳迹。这些也许只是老调子,不过经过自家一番体贴,便不同了。所以我劝你上鸡鸣寺去,最好选一个微雨天或月夜。在朦胧里,才酝酿着那一缕幽幽的古味。你坐在一排明窗的豁蒙楼上,吃一碗茶,看面前苍然蜿蜒着的台城。台城外明净荒寒的玄武湖就像大涤子的画。豁蒙楼一排窗子安排得最有心思,让你看的一点不多,一点不少。寺后有一口灌园的井,可不是那陈后主和张丽华躲在一堆儿的"胭脂井"。那口胭脂井不在路边,得破费点工夫寻觅。井栏也不在井上;要看,得老远地上明故宫遗址的古物保存所去。

......

明故宫只是一片瓦砾场,在斜阳里看,只感到李太白《忆秦娥》的"西风残照,汉家陵阙"二语的妙。午门还残存着,遥遥直对洪武门的城楼,有万千气象。古物保存所便在这里,可惜规模太小,陈列得也无甚次序。明孝陵道上的石人石马,虽然残缺零乱,还可见泱泱大风;享殿并不巍峨,只陵下的隧道,阴森袭人,夏天在里面待着,凉风沁人肌骨。这陵大概是开国时草创的规模,所以简朴得很;比起长陵,差得真太远了。然而简朴得好。

......

南京茶馆里干丝很为人所称道。但这些人必没有到过镇江、扬州,那儿的干丝比南京细得多,又从来不那么甜。我倒是觉得芝麻烧饼好,一种长圆的,刚出炉,既香,且酥,又白,大概各茶馆都有。咸板鸭才是南京的名产,要热吃,也是香得好;肉要肥要厚,才有咬嚼。但南京人都说盐水鸭更好,大约取其嫩、其鲜;那是冷吃的,我可不知怎样,老觉得不大得劲儿。

一九三四年八月十二日作

3. 汉语拼音规范使用情况调查分析。

任选一个调查点:(1)校园;(2)商业街;(3)火车站;(4)飞机场;(5)其他地方。

---

① 朱自清.时光不再,惊羡你温柔如初[M].天津:天津人民出版社,2016:86—91.

第四节 《汉语拼音方案》的作用

《汉语拼音方案》是一个比较完整地记录现代汉语语音系统的拼音方案①，在国内外都得到了广泛的使用。"汉语拼音有两种主要用途，就是给汉字注音和拼写普通话。"②此外，《汉语拼音方案》还有许多应用。《汉语拼音方案》主要有三大方面的应用③。

一、在语文教育方面的应用

《汉语拼音方案》在语文方面的应用，可以分为以下四个方面：

第一，给汉字注音。这是汉语拼音方案最基本的作用，有助于"注音识字教学法"的普遍推广。在外国留学生的汉语教学中，"外国留学生先利用拼音学习汉语（口语），再利用拼音学习汉字，分两步走，步步深入，容易理解，容易巩固"。④

第二，拼写普通话。

第三，设计特殊语文。

---

① 胡裕树主编. 现代汉语［M］. 上海：上海教育出版社，1997：33.
② 周有光.《汉语拼音词汇》的性质、作用和问题［J］. 辞书研究，1983(01).
③ 周有光. 周有光语文论集（第一卷）［M］. 上海：上海文化出版社 2002：357—413.
④ 周有光. 周有光语文论集（第一卷）［M］. 上海：上海文化出版社 2002：362.

　　特殊语文有两种:聋哑人使用的手语和盲人使用的盲文。聋哑人一般聋而不哑。20 世纪 50 年代起,聋哑教育改用"看话"和"手指字母"教会聋哑人发音和口语。我国在 1963 年设计并公布了汉语手指字母,1974 年又设计了汉语手指音节。如今,用右手和左手可以拼出汉语音节,聋哑人可据此学会汉语口语,与正常人进行交谈。盲人使用的"新盲字"用纸面上的凹凸符号组合拼成汉语音节,盲人据此可以拼读汉语,理解盲文内容。①

　　下面对《汉语拼音方案》如何作为盲聋语文工具的基础进行举例说明。

　　手指字母是用指式变化代表字母的一种手语技术。聋人能阅读和书写汉语拼音和汉字。汉语拼音对聋人学习口语(发音和看话)和认读汉字都极有用处。此外,聋人还需要手指字母。手指字母可以帮助分辨口形,节省教室中的板书,又可以跟手势配搭,使手语丰富和精密。教育部、国家语言文字工作委员会、中国残疾人联合会于 2019 年 7 月发布了《汉语手指字母方案》(语言文字规范 GF0021 - 2019),于当年 11 月开始实施。图 2 - 34 是该方案中的截图,从中可以了解一下该方案对《汉语拼音方案》的应用。②

4　汉语手指字母指式

4.1

单字母指式

《汉语拼音方案》所规定的二十六个字母,用下列指式表示:

A a	右手伸拇指,指尖朝上,食、中、无名、小指弯曲,指尖抵于掌心,手背向右。
B b	右手拇指向掌心弯曲,食、中、无名、小指并拢直立,掌心向前偏左。
C c	右手拇指向上弯曲,食、中、无名、小指并拢向下弯曲,指尖相对成 C 形,虎口朝内。
D d	右手握拳,拇指搭在中指中节指上,虎口朝后上方。

图 2 - 34　汉语手指字母指式截图

　　中国盲人福利会在 1958 年成立盲字研究委员会,根据《汉语拼音方案》,重新拟订了《汉语拼音盲字方案(草案)》。教育部、国家语言文字工作委员会、中国残疾人联合会于 2018 年 3 月发布了《国家通用盲文方案》(语言文字规范 GF0019 - 2018),于当年 7 月开始实施。下面是该方案中的截图,从中可以了解一下该方案对《汉语拼音方案》的应用。③

---

① 范可育.《汉语拼音方案》功能的新概括[C]//中国语文现代化学会.中国语文现代化学会 2003 年年度会议论文集.北京:语文出版社,2003:10.
② 《汉语手指字母方案》http://www.moe.gov.cn/jyb_sjzl/ziliao/A19/201404/t20140422_167548.html.
③ 《国家通用盲文方案》http://www.moe.gov.cn/jyb_sjzl/ziliao/A19/201807/t20180725_343690.html.

5 声母符号

盲文	点位	声母	盲文	点位	声母
	（12）	b		（1234）	p
	（134）	m		（124）	f
	（145）	d		（2345）	t

图 2－35 盲文声母符号截图

6 韵母符号

盲文	点位	韵母	盲文	点位	韵母
	（35）	a		（26）	o、e
	（24）	i		（136）	u
	（346）	ü		（1235）	er
	（246）	ai		（235）	ao

图 2－36 盲文韵母符号截图

7 声调符号

盲文	点位	声调	盲文	点位	声调
	（1）	阴平		（2）	阳平
	（3）	上声		（23）	去声

图 2－37 盲文声调符号截图

第四，制订少数民族文字。

20 世纪 50 年代以来，中国大陆改进和创制了 17 种拉丁字母的民族新文字。它们是：

原有拉丁字母文字 1 种：景颇文。

原有拉丁字母文字经过改进的 3 种：拉祜文、佤文、滇东北苗文。

新创拉丁字母文字 13 种：苗文 3 种（黔东苗文、湘西苗文、川黔滇苗文）、载瓦文、布依文、哈尼文、侗文、土文、壮文、傈僳文、白文、黎文、纳西文。

下面以哈尼文的文字方案为例，对其略加介绍。①

哈尼语分为哈雅方言、碧卡方言和豪白方言。哈雅方言又分为哈尼次方言和雅尼次方言。其中，哈尼次方言主要包括绿春大寨哈尼土语、元阳麻栗寨哈尼土语、金平马鹿塘哈尼土语、红河甲寅哈尼土语和红河浪杂哈尼土语等。哈尼文字方案是以红河哈尼族彝族自治

---

① 白岩松编著.哈尼语教程[M].昆明：云南大学出版社，2015:4、7、25、32.

州绿春县大寨哈尼话的语音为标准音的。该方案采用国际上通用的拉丁字母为拼写哈尼语的基本符号,一共有 26 个拉丁字母,同汉语拼音字母表中的 26 个字母。

哈尼语有 31 个声母,26 个韵母,4 个声调。在这 4 个声调中,有三个基本声调,即高平调 55、中平调 33、低降调 31,中升调 24 主要出现在汉语借词上。为了方便标注声调,用字母 l 代表 55,用字母 q 代表 31,用字母 f 代表 24,33 不做任何标记。

在表 2-18 中,最后三个词语的声母和韵母完全一样,拼音是 da,它们的差异是声调不同,由此,意思也不同。

表 2-18　哈尼语的词语举例

哈尼文	读音	调值	含义
albol	$[a^{55} bo^{55}]$	两个"l"代表 55 调值	树
ba'la	$[ba^{33} la^{33}]$	不做标记	月亮
zaq	$[dza^{31}]$	"q"代表 31 调值	吃
dieif	$[die^{24}]$	"f"代表 24 调值	电
dal	$[da^{55}]$	"l"代表 55 调值	靠
da	$[da^{33}]$	不做标记	父亲
daq	$[da^{31}]$	"q"代表 31 调值	垫

二、在科学技术方面的应用

《汉语拼音方案》在技术方面的应用,可以分为以下七个方面:

第一,序列索引技术。

数字可以用作序列,不过,更重要的是字母序列,因为只有字母序列方便跟事物名称直接联系。何况拉丁字母表本身就是一个序列索引规则,不需要特别学习。它的顺序是世界各国普遍通用的,可以在国内事物上应用,也可以在国际往来的事物上应用。

第二,图书检索技术。例如图书馆图书的索书号。

第三,人名地名拼写法的标准化。

第四,术语和代号的拼音化。

科技代号是利用字母或符号代表事物或概念的表达法。汉语的字母代号,以汉语拼音为根据。汉语拼音字母用作器材、产品、案卷、地名等等的代号,方便指说和书写,也方便序列索引。例如某工业部门利用汉语拼音字母规定机器、图样、文件等等的代号,分门别类,井然有序。如:N 农业机械、F 纺织设备、J 金属切削机床、K 矿山机械、Q 轻工业设备、Z 重型机械、XT 系统图、MX 明细表、BZ 标准件等。

第五,电报拼音化。以拼音电报为例,《汉语拼音方案》公布以后,邮电部在 1958 年开办了国内汉语拼音电报。邮电部说明开办国内汉语拼音电报的意义是："减少译电手续、节省人力、缩短电报处理所需时间、便于电报生产过程的机械化、有利于用户直接使用电报通信，这是我国电报通信工作中具有历史意义的创举。"

不论电报采用什么新技术，能利用拼音总是有利的。电报拼音化的真正挑战者，不是电报技术的不断革新，而是拼音教育如何普及。

第六，中文信息处理。例如在电脑或电子打字机上，输入拼音、输出汉字，实现从拼音到汉字的自动交换。

第七，发展汉语拼音方案的应用。例如应用汉语拼音旗语，增强了联络，节约了时间，有利于生产。[1] 1958 年还没有列出灯语。旗语、灯语都是海上视觉通讯工具，旗语以旗帜为工具，灯语以灯光为信号。《汉语拼音方案》公布之后，设计了 26 种不同的变化形式，分别与 26 个汉语拼音字母相对应，以此拼成词语表达汉语。[2]

练一练

1. 举例说明你是如何利用汉语拼音学习普通话的。
2. 观察汉语拼音在哪些方面有应用。

---

[1] 吴玉章.汉语拼音方案在各方面的应用[J].文字改革,1964(03).
[2] 范可育.《汉语拼音方案》功能的新概括[C]//中国语文现代化学会.中国语文现代化学会 2003 年年度会议论文集.北京:语文出版社,2003:10.

第三章
普通话声韵调及音变

导言

根据《汉语拼音方案》规定,普通话有 22 个声母(包括 21 个辅音声母和 1 个零声母),35 个韵母,4 个声调。小学的汉语拼音教学体系有 23 个声母,24 个韵母,4 个声调,16 个整体认读音节。面向成人的汉语拼音教学体系有 22 个声母(包括 21 个辅音声母和 1 个零声母),39 个韵母,4 个声调。本书采用面向成人的汉语拼音教学体系。

本章根据普通话语音学习的重点和难点,结合语音学、实验语音学和认知心理学等方面的有关研究成果,所建构的普通话正音框架模式有助于培养学习者建构普通话语音系统的自觉意识。建议在掌握普通话语音基础知识的基础上,结合自身语音问题,进行针对性的正音训练。

本章内容分为两大方面:

第一,汉语拼音基础知识。

这方面内容分为六节,主要根据学习普通话的重点和难点以及习得规律,对声母、韵母和声调循序渐进地进行讲解和训练。

对普通话七类声母的讲解安排如下:第一节讲解双唇音(b、p、m)、唇齿音(f),第二节讲解舌尖中音(d、t、n、l),第四节讲解舌根音(g、k、h)和舌面音(j、q、x),第六节讲解舌尖前音(z、c、s)和舌尖后音(zh、ch、sh、r)。

对普通话三类韵母的讲解安排如下:第一节、第二节讲解单韵母,第三节讲解前响复韵母、中响复韵母、后响复韵母等三类复韵母,第五节讲解前鼻音韵母和后鼻音韵母。

对普通话声调的讲解安排如下:第一节讲解第一声、第二声和第四声,第二节单独讲解第三声。

第二,普通话音变基础知识。

在语流中,普通话还有轻声、上声变调(见本章第二节)、"一"字变调、"不"字变调、儿化韵、语气词"啊"的音变等常见的音变现象。第七节专门讲解这方面内容。

总之,要想说一口字正腔圆的普通话,不仅要读准普通话声母、韵母和声调,还要掌握普通话中的各种音变规律。

1. 掌握普通话的 22 个声母(21 个辅音声母和 1 个零声母),能准确读出平舌音和翘舌音、鼻音 n 和边音 l、浊擦音 r 和边音 l、送气音和不送气音等。

2. 掌握普通话的 39 个韵母,能准确读出单韵母、前响复韵母、中响复韵母、后响复韵母、前鼻音韵母和后鼻音韵母。

3. 掌握普通话的 4 个声调、声调符号的标调原则,能掌握第三声的三种读法,特别是半上声的读法。

4. 掌握普通话的下列音变规律:轻声、"一"字变调、"不"字变调、儿化韵、语气词"啊"的音变。

第一节　声母(b、p、m、f)、单韵母(a、o、e)与声调(第一声、第二声、第四声)

| 本节音频 |

课前提问

课前提问

1. 选择题

(1)"大伯"的拼音是(　　)。

A. dàbāi　　　　　B. dàbó　　　　　C. dàbé　　　　　D. dàbuó

(2)"墨汁"的拼音是(　　)。

A. muòzhī　　　　B. mèzhī　　　　C. mòzhī　　　　D. mózhī

(3)声调完全相同的两组是(　　)。

A. 今年＝近年　　B. 桃花＝没花　　C. 轻视＝青石　　D. 潜能＝才能

2. 判断题

(1)"否"的拼音是 fǒ。(　　)

(2)"麻"的拼音是 mā。(　　)

(3)"播"的拼音是 bē。(　　)

本节讲解 4 个唇音声母、三个单韵母和三个声调的发音特点。为了方便理解这 4 个唇音声母与单韵母 o 的拼读关系,先讲解三个单韵母的发音情况。

一、单韵母(a、o、e)

单韵母指只有一个元音的韵母,也叫单元音韵母。在 a、o、e 三个单韵母中,一般都能发准 a,不过发 o 和 e 的时候容易发生偏误。可结合第二章的图 2-4 进行练习。

a 作单韵母的时候,读[A]。例如"发麻(fāmá)"中的 a 都读[A]。

o、e 作单韵母的时候,分别读 o[o]、e[ɤ]。它们的发音特点如下:

o[o]舌位后,舌位半高,圆唇

e[ɤ]舌位后,舌位半高,不圆唇

这两个音是一对对立音,其区别在于是否圆唇。

小贴士

在普通话中,只有作叹词(即表示语气的词)的"喔、噢、哦、嚄"这四个字读零声母音节

o[o],具体有四个声调:

"喔"和"噢"都读 ō。

"哦"有两个读音 ó、ò。

"嚄"读 ǒ。

除了"噢"以外,其他三个字都是多音字。其中,容易引起混淆的是多音字"喔"的读音。请看下面两个例子:

▲例1.喔,你说的就是这本书哇!

▲例2.我在村子里住的那几天,每天早上都从大公鸡"喔喔喔"的叫声中醒来。

在例1中,"喔"读 ō,意思同"噢",表示了解。在例2中,"喔"读 wō,是拟声词(即模拟声音的词),用来形容公鸡的叫声。

有些教材在教 a、o、e 的时候,给 o 配的图片是张开嘴巴的大公鸡,这原本是起提示作用的,即提示像大公鸡那样张开嘴巴,发 o 这个音。有的人误以为要模拟大公鸡喔喔叫的声音,于是把"a、o、e"读成了"a、uo、e"。在这里,把 o 读成 uo 是不正确的,o 是单韵母,uo 是复韵母。①

此外,还要补充一点:wō 的基本式是 uo。uo 作零声母音节的时候,按拼写规则,要把 u 写成 w。

小贴士 🎧

发单元音的时候,要保持口型不变,请注意 e[ɤ]的发音,例如"下课(xiàkè)"的"课"。

hèhè　赫赫　hégé　合格　géhé　隔阂　kēkè　苛刻

二、声母(b、p、m、f)

在普通话中,唇音有以下两种:

一是双唇音(b、p、m),得名于其发音部位,其发音部位是上唇和下唇。b、p、m 三个双唇音的发音部位完全一样,它们的区别在于发音方法不同,b 和 p 是塞音,m 是鼻音。"爸(bà)、怕(pà)、妈(mā)"三个字的声母依次读 b、p、m。

二是唇齿音(f),得名于其发音部位,其发音部位是上齿和下唇。"法(fǎ)"的声母是 f,f 是擦音。

请读一读下面的例子,然后跟二维码音频的读音比对一下。

---

① 复韵母的情况,见本章第三节。

b p m f

▲例 1. 鞭 炮 免 费 。① [拼音:Biānpào miǎnfèi.] 🎧

在例 1 中,"鞭炮免"是双唇音,"费"是唇齿音,记住例 1 就记住这 4 个唇音了。

小贴士

在普通话中,o[o]作非零声母音节的时候,只与声母 b、p、m、f、l 这 5 个声母相拼,请看表 3-1。b、p、m、f 都是唇音,它们在与 o[o]相拼的时候,都会发生协同发音。具体地说,它们在与 o[o]相拼的时候,中间都有过渡音[u]。《汉语拼音方案》在设计声母 b、p、m、f 和韵母 o 的拼写关系时,省略了过渡音[u]。省略的原因,除了可以简化拼写形式之外,主要是因为唇音在与 o[o]相拼的时候,自然会有一个过渡音 u[u]。

对于非汉语母语者来说,由于比较缺乏普通话语音的语感,同时也可能是受母语中唇音与 o 拼合规律的影响,在发 bo、po、mo、fo 这些音节的时候,没有把过渡音 u[u]发出来,由此产生了偏误。在实际正音过程中,学习者虽然能够正确地模仿发音,但是因为在意识上还没有改变,同时受母语影响,所以偏误问题比较顽固,需要反复练习,加以纠正。

由上可见,o 在 bo、po、mo、fo 中的实际读音是 uo。

表 3-1 非零声母音节 o 的拼读关系及举例表

声母	b 音节、数量		p 音节、数量		m 音节、数量		f 音节、数量		l 音节、数量	
	音节	60	音节	24	音节	48	音节	1	音节	1
第一声	bō 菠菜菜	16	pō 坡山坡	10	mō 摸摸奖	1	fó 佛佛寺	1		
第二声	bó 伯伯父	34	pó 婆婆家	4	mó 摩摩托车	15				
第三声	bǒ 跛跛脚鸭	3	pǒ 叵叵测	3	mǒ 抹抹杀	1				
第四声	bò 擘巨擘	5	pò 破破旧	6	mò 漠沙漠	31				
轻声	·bo 卜萝卜	2	·po 桲榅桲	1					·lo 咯当然咯	1
概括	四声俱全+轻声		四声俱全+轻声		四声俱全		只有第二声		只有轻声	

注:(1)表中"·"是提示轻声音的符号,表示其后的音节读轻声。(2)表中例字所组成的词,缩小字号表示。(3)根据对《现代汉语词典》(第 7 版)中有关情况的统计,表中数字表示某个音节所拥有的汉字数量,例如 bō 后面的数字 16,表示读 bō 这个音的汉字有 16 个。(4)表中空白处表示没有。

从非零声母音节 o 的拼读关系看,bo、po、mo 都是四声俱全,其中 bo、po 都还有轻声,音节 fo 只有第二声,音节 lo 只有轻声。②

---

① 为方便记忆,举例时尽量口语化,且每个声母各用一字。下文韵母、声调的举例也是如此,不再赘述。建议读者自己举例,这样更有利于记忆。
② 关于轻声,详见本章第七节。

从非零声母音节 o 所涵盖的汉字数量看,除了只有一个汉字读 fo、一个汉字读 lo 以外,其他三个音节所涵盖的汉字数量,由高到低依次是 bo、mo、po。其中,轻声音节涵盖的字很少,例如读"·po"的只有一个字"桲",由这个字组成的词"榅桲",是一种植物的名称。

从四个声调所涵盖的字数看,第二声所涵盖的字比较多,例如 bó 有 34 个字,mó 有 15 个字。此外,第四声的字也比较多,例如 mò。对于非汉语母语者来说,往往比较缺乏对第二声的感知,读第二声时容易发生偏误。如果发不准 bo、po、mo、fo、lo 音节,再加上声调问题,那就面临着双重正音任务了。

读一读 🎧

在下列词语中,o 的实际读音都是[uo]。轻声不标声调。

bōluó 菠萝	bóruò 薄弱	bómó 薄膜	mótuō 摩托
pósuō 婆娑	mòluò 没落	mópò 磨破	pòhuò 破获
luóbo 萝卜	tuòmo 唾沫	zuómo 琢磨	dànmò 淡漠

三、声调(第一声、第二声、第四声)

在普通话中,第一声、第二声、第四声都是非曲折型的声调。对于汉语方言母语者来说,常见的声调偏误问题主要是把汉语方言中的声调和普通话的声调混淆了,读不准普通话的声调。以武汉、洛阳、绍兴、梅县的声调为例[①],请看表 3-2、表 3-3。武汉话和洛阳话都属于北方方言,跟普通话一样,都有四个声调,但是在调值上的差异比较大。属于吴方言的绍兴话有 8 个声调,属于客家话的梅县话有 6 个声调,它们都有入声,且入声都分阴入、阳入。由此可见,各地声调与普通话声调之间的差异很大,因此普通话声调是学习的重点之一。

表 3-2　普通话声调与方言声调比较表

方言点＼声调及例字	阴平 青山	阳平 皮袍	上声 可口	去声 道路
普通话	55	35	214	51
武汉	55	213	42	35
洛阳	33	31	53	412

---

① 引自《武汉方言词典》《洛阳方言词典》《绍兴方言研究》《梅县方言词典》。文献详细信息,见书后所列"参考文献"。

表 3-3　绍兴方言、梅县方言的声调

声调及例字 方言点	阴平	阳平	上声		去声		阴入	阳入
			阴上	阳上	阴去	阳去		
	操心	童年	草稿	在坐	送蒜	受赠	削笔	赎笛
绍兴	52	231	335	113	33	11	<u>45</u>	<u>23</u>
梅县	44	11	31		53		1	5

表 3-3 中的例子,在普通话中的声调如下:"操、心、削"读阴平(即第一声),"童、年、赎、笛"读阳平(即第二声),"草、稿、笔"读上声(即第三声)"在、坐、送、蒜、受、赠"读去声(即第四声)。

对于非汉语母语者来说,常见的声调偏误问题如下:

第一,第一声不能保持又高又平的发音特点;多个第一声相连时,不能保持第一声的调值,甚至不能保持第一声的调型。

第二,第二声的起始音找不准,第二声的升调结束时升不到位;多个第二声相连时,不能保持第二声的调值,甚至不能保持第二声的调型。

第三,第四声的降调不能降到底;多个第四声相连时,时常不能保持第四声的调型。

第四,不同声调在一起时,容易读错调型、调值。

练一练

1. 第一声、第二声、第四声之间的双音节组合练习

(1) 第一声＋第一声、第二声、第四声

fājiā	发家	fāmēng	发蒙	fāshāo	发烧	fāyīn	发音
fādá	发达	fācái	发财	fāyá	发芽	fāyán	发言
fādiàn	发电	fāpiào	发票	fāxiàn	发现	fābù	发布

(2) 第二声＋第一声、第二声、第四声

píng'ān	平安	píngfāng	平方	píngjūn	平均	píngshēng	平生
báchú	拔除	báyá	拔牙	báhé	拔河	bámáo	拔锚
báicài	白菜	báifèi	白费	báinèn	白嫩	báilù	白鹭

(3) 第四声＋第一声、第二声、第四声

miànbāo	面包	miànjī	面积	miànjīn	面巾	miànshā	面纱
miànjiá	面颊	miànlín	面临	miànqián	面前	miàntiáo	面条
mìdù	密度	mìqiè	密切	mìshì	密室	mìxìn	密信

2. 单韵母 o、e 的练习

bōkè	播客	Bólè	伯乐	bóchē	泊车	bódé	博得

pògé 破格	mókè 摹刻	móhé 磨合	mòhé 墨盒
géhé 隔阂	gègè 各个	gèsè 各色	kēkè 苛刻
kělè 可乐	kèchē 客车	hégé 合格	hèhè 赫赫

3. 找出韵母是 o、e 的字,先注音,再朗读。🎧

我爱大西北

刘白羽

我有一种感情深深牵记在辽阔无边荒漠大野的大西北。

一想到大西北,就为一种雄伟而浩瀚的气魄所震慑,我的爱心就一阵阵颤动,好像随着无限高,无限远,无限美的只有大西北才有的那样静,那样亮,天特别湛蓝,太阳特别耀眼,蓝天上白云悠悠然而飘然回荡。

你,黄色的大漠,像海之波澜的起伏无边无际。

你,绿色的祁连山像绿洲的屏障,连绵无边。

我从高空处向下俯看,你逶曲宛转的黄河,细得像琴弦,向天空发出动听的音韵。

是的,谁说你荒凉?

谁说你寂寞?

你不是分散的而是完整的整体,是一个浑然的大西北,这里的每一点生命激昂呼啸孕育喷发出古老而又年轻的中华民族魂魄。但不论怎样说,金子埋藏在深深的地下,银子埋藏在深深的山中,大西北呀!我乘长风,御飞云,那时,我说,我亲爱的大西北呀,我愿这里的太阳永远不落,希望这里的月亮永远不要上升,大西北的光芒照射全世界,她吸引全世界,全世界人的美慕的眼光如同无数电炬投向这富饶而闪光的地方。

节选自《我爱大西北》[①]

第二节　声母(d、t、n、l)、单韵母(i、u、ü)与第三声

| 本节音频 |

课前提问

1. 选择题

(1)"女"的读音是(　　)。

A. lǚ　　　　　B. lǔ　　　　　C. nǚ　　　　　D. nǔ

(2)下面读音完全相同的一组是(　　)。

A. 恼怒＝老路　　B. 男排＝蓝牌　　C. 舞会＝误会　　D. 隶属＝历数

---

① 刘白羽.刘白羽散文选[M].北京:人民文学出版社,2009:233.

（3）下面读音完全相同的一组是（　　）。

A．大小＝大笑　　　　　　　　B．打车＝大车

C．统一＝同一　　　　　　　　D．美好＝没好

2．判断题

（1）在"好像"中，"好"的调值是21。（　　）

（2）"旗袍"和"起跑"的读音一样。（　　）

（3）"月"和"浴"的读音一样。（　　）

本节讲解4个舌尖中音声母、三个单韵母和第三声的发音特点。首先讲解三个单韵母，它们在普通话中都能作韵头。

一、单韵母（i、u、ü）

在 i、u、ü 三个单韵母中，一般都能发准 i。i 作单韵母的时候，读[i]。例如"机器（jīqì）"中的 i 都读[i]。

不过，发 u 和 ü 的时候容易发生偏误。

u 作单韵母的时候，读[u]。它是后高圆唇元音，发音时，嘴唇要拢圆。

常见问题是圆唇度不够，嘴唇比较松弛，发出来的音近似[ɯ]。[ɯ]是后高不圆唇元音，发音时，嘴唇不圆。请看第二章的图 2-3。

[u]和[ɯ]是一对对立音，其差异在于是否圆唇。如果发音近似[ɯ]，把嘴唇拢圆，就是[u]了。

读一读 🎧

| chūzū | 出租 | shūchū | 输出 | rùzhù | 入住 | wūwù | 污物 |
| wúshù | 无数 | gūdú | 孤独 | tǔlù | 吐露 | dúshū | 读书 |

ü 作单韵母的时候，读[y]。它和 i[i]是一对对立音。它们的差别在于是否圆唇，发音特点如下：

i[i]舌位前，舌位高，不圆唇

ü[y]舌位前，舌位高，圆唇

发 i 时，保持舌位不动，把嘴唇拢圆，就能发出 ü 音。例如"衣（yī）"和"迂（yū）"的区别就是前者不圆唇，而后者圆唇。

发 ü[y]时，有两个常见问题：

第一,发 ü 的时候,口型比较扁,圆唇度不够,发音不到位。

第二,发 ü 的时候,发音没结束,就紧接着发下一个音,从而改变了口型,造成发音偏误。这时有两种情况:

其一,把单元音[y]发成复合元音[yɪ],普通话中没有[yɪ]。

其二,把单元音[y]发成复合元音[yɛ],普通话中有[yɛ],它是韵母 üe 的国际音标。在这种情况下,就把"预约(yùyuē)"说成"月约(yuèyuē)"了。

读一读 🎧

yǔjù	语句	yǔqū	雨区	xúxú	徐徐	qūjū	屈居
yījù	依据	yǔyī	雨衣	míyǔ	谜语	yùmǐ	玉米

小贴士

i 和 ü 是两个不同的音,在普通话中也是不同的音位,区别意义,例如"雨(yǔ)"和"以(yǐ)"不同。但是在不少地方,例如闽语(厦门、潮州、海南)、客家话等把 ü 发成 i。此外,在云南、贵州、湖北、山西的部分地区也有这个现象。

对此,除了加强正音训练之外,还要注意哪些字的韵母是 ü 或者含有 ü。以下类推法是帮助记忆的窍门。

含有"且(qiě)""谷(gǔ)""夬(guài)""夋(qūn)"声旁的字,韵母是 ü 或含有 ü。例如"咀、沮、狙、蛆"等,"浴、欲、裕、峪"等,"缺、炔、抉、诀"等,"夋"和"俊、骏、浚、峻、竣"等。

二、声母(d、t、n、l)

d、t、n、l 是舌尖中音,它们的发音部位都是舌尖和上齿龈。它们的差异在于发音方法不同,d 和 t 是塞音,n 是鼻音,l 是边音。例如"地(dì)、图(tú)、拿(ná)、来(lái)"四个字的声母依次是 d、t、n、l。记住"地图拿来"这个短语,也就记住这 4 个舌尖中音了。

在一些汉语方言、一些少数民族语言中,有 n 和 l 相混的情况。相混的情况主要有以下几种:

第一,有的把声母 n 读成声母 l,例如把"奶奶(nǎinai)"读成 lǎilai。这时,要仔细体会 n 的发音方法,即用舌尖抵住上齿龈,软腭下降,打开鼻腔通路,气流振动声带,从鼻腔通过成音。例如"男女(nánnǚ)"的声母都是 n。

第二,有的把声母 l 读成声母 n。这时,要仔细体会 l 的发音方法,即把舌尖抵住上齿龈,软腭上升,堵塞鼻腔通路,气流振动声带,从舌头两边通过。例如"蓝领(lánlǐng)"的声母都是 l。

第三,有的在声母 l 跟 i 开头的韵母(即齐齿呼韵母)、ü 开头的韵母(即撮口呼韵母)相拼时,习惯把声母 l 读成声母 n。例如把姓氏"廖(liào)"的声母 l 读成 n,把"老廖(lǎoliào)"读成 lǎoniào。

第四,有的把舌尖中音 n[n](发音部位是舌尖、齿龈)发成前舌面鼻音[ne](发音部位是舌面、硬腭前),由此造成发 n 时的语音偏误。

除了加强正音训练之外,还要注意哪些字发 n,哪些字发 l。以下是两个帮助记忆的窍门。

第一,通过声母和韵母的拼合关系加以识别,韵母 ia、ou、uen 只和 l 相拼,不和 n 相拼。由此,就知道"俩、楼、搂、漏、陋、论、伦、论"的声母都是 l。

第二,通过汉字的"声旁"加以识别。含有声旁"尼""南""宁"的字,声母基本是 n。例如"尼"和"妮、泥、昵、呢"等,"南"和"楠、喃、腩"等,"宁"和"拧、咛、泞、狞、聍"等。不过需要注意例外,"罱(lǎn)"的声母是 l。

含有声旁"里""良""娄"的字,声母基本是 l。例如"里"和"理、狸、鲤、锂、厘"等,"良"和"郎、狼、螂、榔、廊、朗、浪"等,"娄"和"楼、搂、喽、篓、蝼"等。不过需要注意例外,"娘(niáng)、酿(niàng)"的声母是 n。

读一读 🎧

lāliàn	拉链	láilì	来历	láolì	劳力	lǎolíng	老龄
liúniàn	留念	lǐngnán	岭南	luònàn	落难	lěngnuǎn	冷暖
niánlún	年轮	niǎolèi	鸟类	nónglín	农林	nǔlì	努力
néngnai	能耐	nínìng	泥泞	niǔnie	扭捏	nóngnú	农奴

三、第三声

请你先读一读下面的字、词、短语和句子:

好

海口

展览馆

海口展览馆

海口展览馆好!

海口展览馆好美!

上面的每个字都是第三声,单独一个第三声怎么读?多个第三声相连时又怎么读呢?

第三声,又叫上声①。它有以下三种读法:

────────────

① "上声"读 shàngshēng,又读 shǎngshēng。在上声的三种读法中,半上声、上上变调都属于变调。

1. 读原调

第三声的原调调值是 214,是先降后升的调型。例如"小(xiǎo)"是第三声,调值是 214。

2. 读半上声

半上声的读法是只降不升,具体出现在以下两种情况中:

第一,在双音节中,当前字是第三声,后字是第一声、第二声、第四声时,第三声的实际调值是 21[①],而且只能读 21。例如"好笑(hǎoxiào)"的"好"在第四声"笑"之前,调值是 21。

第二,在双音节及其以上的音节中,当后字是第三声时,可以读 21,也可以读 214。21 调值更为自然,214 调值更加正式。例如"大海(dàhǎi)"的"海"在第四声"大"之后,调值可以读 214 或 21,读 21 比较自然。

3. 读第二声

这是遵循上上变调规律的读法。当两个第三声在一起时,第一个第三声必须读成第二声,这叫"上上变调",示意如下:

第三声+第三声→第二声+第三声

例如"美好(měihǎo)"的"美"变调后的读音和"梅(méi)"一样。

当三个及三个以上的第三声相连时,要先根据语义的紧密程度,以双音节为基础,进行变调。请看表 3-4。

表 3-4　第三声连读变调规律

原调调值 ＼ 变调调值、举例	变调调值	举例
第三声+第三声 214 + 214	第二声+第三声 35 + 21/214	老虎、雨伞、敏感
(第三声+第三声)+第三声 (214 + 214)+ 214	第二声+第二声+第三声 35 + 35 + 21/214	展览馆、古典舞、手写体
第三声+(第三声+第三声) 214 +(214 + 214)	半上+第二声+第三声 21 + 35 + 21/214	米老鼠、纸老虎、有理想
第三声+第三声+第三声 214 + 214 + 214	第二声+第二声+第三声 35 + 35 + 21/214	甲乙丙、减缓免

注:(1)括号里面的词语语义关系更紧密,例如"展览馆"中"展览"一词的语义关系更紧密,"米老鼠"中"老鼠"一词的语义关系更紧密,"甲乙丙"中的三个字之间是并列关系。(2)"21/214"表示两个调值都可以。

当四个以及四个以上的第三声相连时,要先根据语义的紧密程度,以双音节为基础,对短语或句子进行切分,然后再根据表 3-4 中的变调规律进行变化。请看表 3-5。例如在"你领导我。"这句话中,"领导"是一个词,先跟宾语"我"组合,最后跟主语"你"组成句子,其切分

---

① 有的记为 211,本书统一记为 21。

方式为"你［(指导)我］"。此外，还有按音步①进行切分，然后再进行"上上变调"的情况。例如在"我买雨伞，你买稿纸。"中，两个分句的语法结构是一样的，其语法关系是：我［买(雨伞)］，你［买(稿纸)］；但其实际读法是按音步切分的：(我买)(雨伞)，(你买)(稿纸)。

表3-5　四个及四个以上的第三声连读变调举例 🎧

变调步骤　　　　举例	第一步：切分单元组合	第二步：变化调值
你领导我。	你+指导+我。	你　［(指　导)　我］。 21+［(35+35)+21/214］ 或 21+［(35+21)+21/214］
我买雨伞，你买稿纸。	我买+雨伞， 你买+手表。	(我　买)　(雨　伞)， (35+21)+(35+21) (你　买)　(手　表)。 (35+21)+(35+21/214)
我起码懂考古。	我+起码+懂+考古。	我　(起　码)　懂　(考　古)。 21+(35+21)+21+(35+21/214)

总之，当三个及三个以上的第三声相连时，仍以上上变调规律为依据。现在，我们再看看下面的字、词、短语和句子怎么读。🎧

好　　　　　　　　(好：214/21)②

海口　　　　　　　(海口：35+214/21)

展览馆　　　　　　(展览馆：35+35+214/21)

海口/展览馆　　　 (海口+展览馆：(35+21)+(35+35+214/21)

海口/展览馆/好!　(海口+展览馆+好：(35+21)+(35+35+21/35)+214/21)

海口/展览馆/好美!　(海口+展览馆+好美：(35+21)+(35+35+21)+(35+214/21)

> **小贴士**
>
> 　　在普通话的四个声调中，第三声的变化最多，有三种读法，其中半上声(调值21)的读法没有受到应有的重视，容易发生偏误。这种偏误常见于非汉语母语者中。
>
> 　　当前字是第三声，后字是第一声、第二声、第四声时，本应把第三声读成半上声，但是容易读成第四声，这种偏误比较普遍。例如把"打车(dǎchē)"读成"大车(dàchē)"，把"打球(dǎqiú)"读成"大球(dàqiú)"，把"打动(dǎdòng)"读成"大洞(dàdòng)"，这都是把半上声读成第四声造成的。初步练习时，可以分别用〵、＼表示半上声、去声，例如把"打动"标作〵＼，把"大洞"标作＼＼。从形式上提醒自己注意两者的区别。正音时，先解决把半上

---

① 关于音步的介绍，见第四章第二节。
② 在普通话水平测试的"读单音节字词""读多音节词语"这两题中，如果最后一个音节是第三声，则要读完整的第三声，即214调值。这时，像"好"、"海口"的"口"、"展览馆"的"馆"都要读214调值。

声读成第四声的问题,然后再练习半上声和第一声的组合、半上声和第二声的组合。

　　当前字是第一声、第二声、第四声,后字是第三声时,把第三声读成半上声更自然,尤其是在语流中。如果不注意这一点,会影响语流中语调的自然度。

　　当第三声与第三声组合时发生上上变调,变成"第二声＋第三声",其中第三声可以读半上声,也可以读原调。我们同样要重视熟练掌握半上声的读法。例如"演讲(yǎnjiǎng)"一词,"演"读第二声,"讲"可以读半上声或原调,要熟练掌握半上声的读法。该组合的读法同"第二声＋半上声"的读法。

　　此外,还有把第三声原调(调值214)强调过度的情况,以至于影响第三声在语流中的自然度。

读一读 🎧

半上声 ＋ 第四声:标作 ⌐ \

| měilì | 美丽 | hǎoxiàng | 好像 | dǎliè | 打猎 | yuǎnjiàn | 远见 |

第四声 ＋ 半上声:标作 \ ⌐

| kàndiǎn | 看点 | mìmǎ | 密码 | rùkǒu | 入口 | tòngkǔ | 痛苦 |

半上声 ＋ 第一声:标作 ⌐ —

| huǎngchēng | 谎称 | jǐngqū | 景区 | kěguān | 可观 | nǚshēng | 女生 |

第一声 ＋ 半上声:标作 — ⌐

| kāishǐ | 开始 | sōusuǒ | 搜索 | xiūzhěng | 修整 | zhēnlǐ | 真理 |

半上声 ＋ 第二声:标作 ⌐ /

| diǎntóu | 点头 | ěrmíng | 耳鸣 | fǔshí | 腐蚀 | guǎnxiá | 管辖 |

第二声 ＋ 半上声:标作 / ⌐

| pómǔ | 婆母 | rúguǒ | 如果 | wúhuǐ | 无悔 | yúwǎng | 渔网 |

第三声 ＋ 半上声:标作 / ⌐

| nǎohuǒ | 恼火 | qǔnuǎn | 取暖 | tǔrǎng | 土壤 | zhuǎnshǒu | 转手 |

　　普通话声调的正音框架是:第一声最高(调值55),第三声(半上声,调值21)最低,第二声向上升到最高(调值35),第四声由最高降到最低(调值51)。我们把这概括为"一声三声定高低,二声四声分上下",也就是说,第一声和第三声分别确定了声调框架的最高音和最低音,第二声上行,第四声下行。

　　对于非声调语言的母语者而言,可按照上述"普通话声调的正音框架"培养声调意识。声调正音的顺序是第一声、第四声、第二声、第三声,也就是说,先练习并掌握第一声和第四声,然后再练习并掌握第二声,最后练习并掌握第三声。

练一练

1. 判断题

(1) 下列每个字的韵母都含有 ü,观察其中的规律,并根据你发现的规律,查字典,补充新的例字。

菊、鞠、掬、屦、缕、褛、绢、鹃、涓、拘、驹、煦、愚、隅、寓、遇、躯、驱、岖、妪、愉、愈、榆、喻

(2) 从下列字中,选出声母是 l、n 的字,并观察其中的规律。另外,根据你发现的规律,查字典,补充新的例字。

萎、镂、两、辆、魉、纶、囵、轮、胬、嫚、蟎、哩、俚、娌、蓝、篮、褴、监、凉、掠、谅、晾、京、挠、铙、蛲、尧、丑、妞、扭、纽、钮、落、络、赂、烙、酪、骆、略、路、老、姥

2. 练习韵母 i、ü

(1) 听辨韵母 i、ü 🎧

i-ü	ü-i	i-i	ü-ü

i-i-ü	i-ü-i	i-i-ü	ü-i-ü

(2) 读准韵母 i、ü 🎧

yǔjù	雨具	yújù	渔具	yùjū	寓居	yùjù	豫剧
qūyù	区域	qūyú	趋于	qūjū	屈居	qūqu	蛐蛐

3. 练习声母 n、l

(1) 听辨声母 n、l 🎧

n-l	l-n	n-n	l-l

n-n-l	n-l-n	l-l-n	l-n-l

(2) 读准声母 n、l 🎧

lǐniàn	理念	liúniàn	留念	liúlì	流利	liáoliàng	嘹亮
lìliàng	力量	lìliàn	历练	línglì	伶俐	liànglì	靓丽
lìlǜ	利率	lǚkè	旅客	lǜshī	律师	lǜliǔ	绿柳
nàli	那里	nèiliǎn	内敛	nénglì	能力	nìliú	逆流
nǎiniú	奶牛	nínào	泥淖	nǎonù	恼怒	lǎolù	老路
nènlǜ	嫩绿	néngliàng	能量	niánlíng	年龄	nínìng	泥泞

4. 第三声连读练习 🎧

(1) 双音节读 35＋21/214

lǐjiě	理解	lǐngdǎo	领导	lǐxiǎng	理想	guǎngchǎng	广场
shuǐjǐng	水井	fěnbǐ	粉笔	měimǎn	美满	hǔkǒu	虎口
zǎodiǎn	早点	gǔzhǎng	鼓掌	gǔdǒng	古董	zhěnglǐ	整理

（2）三音节读 35＋35＋21/214

guǎnlǐzhě　管理者　　xǐliǎnshuǐ　洗脸水　　chǔlǐpǐn　　处理品　　shuǐcǎibǐ　水彩笔

（3）三音节读 21＋35＋21/214

lǎolǐngdǎo　老领导　　dǎlǎohǔ　　打老虎　　hěnyǒnggǎn　很勇敢

dǎcǎogǎo　打草稿

5. 第三声与第一、第二、第四声的组合练习🎧

mǎbiān	马鞭	mǎchē	马车	mǎfēng	马蜂	mǎxuē	马靴
jiědá	解答	jiědú	解读	jiějué	解决	jiětí	解题
kǒushì	口试	kǒusuàn	口算	kǒuwèi	口味	kǒuzhào	口罩

6. 第一、第二、第四声与第三声的组合练习🎧

xīndǐ	心底	xīnhuǒ	心火	xīnkǎn	心坎	xīnlǐ	心理
shíbǔ	食补	shíguǎn	食管	shípǔ	食谱	shízhǐ	食指
tèchǎn	特产	tèdiǎn	特点	tèjǐng	特警	tèxiě	特写

7. 找出韵母是 u、ü 的字，先注音，再朗读。🎧

对于秋天，我不知应爱哪里的：济南的秋是在山上，青岛的是海边。济南是抱在小山里的；到了秋天，小山上的草色在黄绿之间，松是绿的，别的树叶差不多都是红与黄的。就是那没树木的山上，也增多了颜色——日影、草色、石层，三者能配合出种种的条纹，种种的影色。配上那光暖的蓝空，我觉到一种舒适安全，只想在山坡上似睡非睡地躺着，躺到永远。青岛的山——虽然怪秀美——不能与海相抗，秋海的波还是春样的绿，可是被清凉的蓝空给开拓出老远，平日看不见的小岛清楚的点在帆外。这远到天边的绿水使我不愿思想而不得不思想；一种无目的思虑，要思虑而心中反倒空虚了些。济南的秋给我安全之感，青岛的秋引起我甜美的悲哀。我不知应当爱哪个。

节选自《春风》①

第三节　复韵母（ai、ei、ao、ou；ia、ua、uo、ie、üe；iao、iou、uai、uei）

| 本节音频 |

课前提问

1. 选择题

（1）下面韵母读音一样的是（　　　）。

---

① 老舍.老舍散文[M].北京：人民文学出版社，2022：13.

A. 抽＝说 　　　　B. 派＝带 　　　　C. 到＝跳 　　　　D. 家＝瓜

(2) 下面韵母一样的是（　　）。

A. 水＝伟 　　　　B. 绣＝又 　　　　C. 写＝雪 　　　　D. 左＝走

(3) "右"的拼音是（　　）。

A. iòu 　　　　　B. yòu 　　　　　C. ioù 　　　　　D. yòu

2. 判断题

(1) ao 的韵尾 o，ou 的韵尾 u，都读[u]。（　　）

(2) iao 的韵尾 o，读[u]。（　　）

(3) "缺"的韵母是 ue。（　　）

　　复韵母指由两个元音或三个元音组成的韵母，也叫复元音韵母。在发音时，从一个元音到另一个元音的过程叫动程。复韵母的发音，有明显的动程。根据韵腹在复韵母中的位置，把复韵母分为三类。请看表 3-6。

表 3-6　复韵母分类举例表

分类、举例	韵母结构		韵头	韵腹	韵尾
后响复韵母 （韵头＋韵腹）	ia	xiā 虾虾仁	i	a	
	ua	huā 花鲜花	u	a	
	uo	guó 国国家	u	o	
	ie	jiě 姐姐姐	i	e	
	üe	jué 决决定	ü	e	
前响复韵母 （韵腹＋韵尾）	ai	cǎi 彩彩色		a	i
	ei	fēi 非是非		e	i
	ao	mào 帽帽子		a	o
	ou	tóu 头头脑		o	u
中响复韵母 （韵头＋韵腹＋韵尾）	uai	kuài 快快递	u	a	i
	uei	guī 龟海龟	u	e	i
	iao	jiào 教教室	i	a	o
	iou	xiù 秀优秀	i	o	u

注：(1)表中例字所组成的词，缩小字号表示。(2)表中空白处表示没有。

一、前响复韵母（ai、ei、ao、ou）

前响复韵母的结构是：韵腹＋韵尾。

这样的结构，就决定了其发音特点，即第一个音比第二个音响亮，因为韵腹在韵母的开头。具体发音是：从第一个音素韵腹发音响亮开始，到第二个音素韵尾发音减弱结束；发音的清晰程度也是韵腹清晰，韵尾比较含混。前响复韵母是指第一个音更响亮的二合复韵母，一共有 ai、ei、ao、ou 四个，其国际音标如下：

宽式记音：ai[ai]、ei[ei]、ao[au]、ou[ou]

严式记音：ai[aɪ]、ei[eɪ]、ao[aʊ]、ou[əʊ]

前响复韵母的韵尾，在发音时是含混的。在宽式记音 ai[ai] 中，韵尾[i]只是代表了发音的趋势，实际发音是[ɪ]，这是接近[i]的音，但不能发音成[i]。ei[ei]的韵尾[i]，在发音上也是这样。ao[au]的韵尾[u]也只是代表了发音的趋势，实际发音是[ʊ]，而不能发成[u]。

根据严式记音，可以体会到发音上更细微的差异。例如发 ai 时，从[a]开始，到[ɪ]结束，[ɪ]的口型比[i]松一些。发 ao 时，从[a]开始，到[ʊ]结束，[ʊ]的口型比[u]松一些。因此，我们要按严式记音来发音。

另外，ao[au]和 ou[ou]的结尾都是[u]，为什么 ao 的拼音不写 au 呢？《汉语拼音方案》设计韵母时，考虑到 au 和 an 很像，容易混淆，而且 ao 在书写上，跟 an 之间更有区别度。

请读一读下面的例子，然后跟二维码音频的读音比对一下。记住这个例子，就能记住 4 个前响复韵母了。

ou ao ai ei
▲例 1. 口 罩 白 费 。[拼音：Kǒuzhào báifèi.] 🎧

> **小贴士**
>
> 读前响复韵母时，常见的语音问题是把双元音发成单元音。例如在上海方言中"包"的韵母读[ɔ]。在我国一些少数民族语言中，也有这种情况，例如根据云南丽江青龙乡一带的调查，纳西语中"泡"的韵母读[o]。[①] 当地人说普通话时，需要注意这个问题。

读一读 🎧

| kāisài 开赛 | zāipéi 栽培 | kǒuhào 口号 | dōushòu 兜售 |
| pái hào 牌号 | bǎobèi 宝贝 | měihǎo 美好 | hǎi'ōu 海鸥 |

---

① 孙宏开，胡增益，黄行主编. 中国的语言[M]. 北京：商务印书馆，2007：347.

二、后响复韵母（ia、ua、uo、ie、üe）

后响复韵母的结构是：韵头＋韵腹。

这样的结构，决定了其发音特点是第二个音比第一个音响亮，因为韵腹在韵母的结尾。具体发音是：从第一个音素韵头发音比较弱开始，到第二个音素韵腹发音响亮结束。后响复韵母是指第二个音更响亮的二合复韵母，一共有 ia、ua、uo、ie、üe 五个，其国际音标如下：

宽式记音：ia[ia]、ua[ua]、uo[uo]、ie[iɛ]、üe[yɛ]

严式记音：ia[iA]、ua[uA]、uo[uo]、ie[iɛ]、üe[yɛ]

在这些韵母中，最后一个音是韵腹，发音要响亮清晰。我们要按严式记音来发音。

ie、üe 本应写作 iê、üê，其宽式记音分别是[iɛ]、[yɛ]。ê 是普通话的单元音韵母之一，读[ɛ]。不过，由于只有一个汉字"欸"在作语气词的时候读 ê[ɛ]，再加上 ê 书写不方便，所以就用 e 代替了 iê、üê 中的 ê，但读音不变，即 ie、üe 仍分别读[iɛ]、[yɛ]。

请读一读下面的例子，然后跟二维码音频的读音比对一下。记住这个例子，就能记住 5 个后响复韵母了。

ia üe ie ua uo

▲例 2.下 雪 也 滑 过 。[拼音：Xiàxuě yě huáguò.] 🎧

小贴士

读韵母 ie、üe 的常见问题是把韵腹 e 读得像[ə]，而没读成[ɛ]。此外，在一些少数民族语言中，例如景颇语，缺乏 ie 和 üe[①]，当地人说普通话时需要注意练习这两个音。

读韵母 ia 的常见问题是把 ia 读得近似[iə]，a 的读音开口度偏小。

此外，还有混淆 uo 和 ou 的情况，uo 是后响复韵母，ou 是前响复韵母。

读一读 🎧

| zuòyè | 作业 | huàxué | 化学 | jiājié | 佳节 | huàjiā | 画家 |
| yuèyè | 月夜 | quēhuò | 缺货 | jiějué | 解决 | yěyā | 野鸭 |

三、中响复韵母（iao、iou、uai、uei）

中响复韵母的结构是：韵头＋韵腹＋韵尾。

这样的结构，决定了其发音特点是中间的音最响亮，因为韵腹在韵母的中间。具体发音是：第一个音素发音不太响亮，到第二个音素发音最响亮，再到最后一个音素发音比较弱，比较模糊。中响复韵母是指中间的音更响亮的三合复韵母，一共有 iao、iou、uai、uei 四个，其

---

① 孙宏开，胡增益，黄行主编. 中国的语言[M]. 北京：商务印书馆，2007：548.

国际音标如下：

宽式记音：iao[iau]、iou[iou]、uai[uai]、uei[uei]

严式记音：iao[iɑʊ]、iou[iou]、uai[uaɪ]、uei[ueɪ]

在这些韵母中，中间的音是韵腹，发音比韵头和韵尾都要更响亮、更清晰。同前响复韵母的韵尾发音情况一样，iao[iau]和iou[iou]的韵尾[u]要发成[ʊ]，uai[uai]和uei[uei]的韵尾[i]要发成[ɪ]。因此，我们要按严式记音来发音。

请读一读下面的例子，然后跟二维码音频的读音比对一下。记住这个例子，就能记住 4 个中响复韵母了。

iao iou uai uei
▲例 3.要 求 快 回 。[拼音：Yāoqiú kuài huí.] 🎧

小贴士

读中响复韵母的常见问题是没有韵尾归音的意识。

读韵母 iao、iou 的常见问题是韵尾[u]收音不到位，读韵母 uai、uei 的常见问题是韵尾[i]收音不到位。

另外，有些少数民族语言就没有普通话中的中响复韵母，例如在丽江市青龙乡纳西话中，"表、裱"的韵母读[ia]，而这两个字在普通话中的韵母是 iao，所以当地人受母语影响，容易把普通话的 iao 读成[ia]。

根据《汉语拼音方案》的拼写规则，iou 跟声母相拼时，省略韵腹 o，省写为 iu；uei 跟声母相拼时，省略韵腹 e，省写为 ui。有的人不知道 iu、ui 的基本式分别是 iou、uei，所以在读这两个韵母的时候，直接从[i]到[u]，读[iu]；直接从[u]到[i]，读[ui]。这样读，就发生偏误了。

读一读 🎧

xiàoyǒu	校友	yāoguài	妖怪	wàijiāo	外交	jiùhuí	救回
guīqiáo	归侨	jiǔguì	酒柜	yóupiào	邮票	wēixiào	微笑

练一练

1. 把下面列字按前响复韵母、中响复韵母和后响复韵母归类。

霞、改、追、芽、雪、流、灰、刮、抠、骡、雀、借、蕾、胶、海、杯、妥、踹、找、饶、耍、艘、标、修、拐、怯

2. 读准前响复韵母、中响复韵母和后响复韵母。🎧

hēibái 黑白　pèicài 配菜　gāoshǒu 高手　hàodòu 好斗

guójiè 国界	wājué 挖掘	yuèyá 月牙	Huáxià 华夏
xiàoguī 校规	wàiwéi 外围	guàizuì 怪罪	piāoliú 漂流
jiājiào 家教	jiějiù 解救	xiūxué 休学	qiúduì 球队
guāguǒ 瓜果	wěisuí 尾随	juéduì 绝对	guóxué 国学

3. 找出读前响复韵母、中响复韵母和后响复韵母的字，先注音，再朗读。🎧

说明：读前响复韵母的字，加点表示；读中响复韵母的字，加波浪线表示；读后响复韵母的字，不作标记。你也可以根据自己的习惯进行标注，只要能区分即可。

"我在开花！"它们在笑。

"我在开花！"它们嚷嚷。

每一穗花都是上面的盛开、下面的待放。颜色便上浅下深，好像那紫色沉淀下来了，沉淀在最嫩最小的花苞里。每一朵盛开的花像是一个张满了的小小的帆，帆下带着尖底的舱。船舱鼓鼓的，又像一个忍俊不禁的笑容，就要绽开似的。那里装的是什么仙露琼浆？我凑上去，想摘一朵。

但是我没有摘。我没有摘花的习惯。我只是伫立凝望，觉得这一条紫藤萝瀑布不只在我眼前，也在我心上缓缓流过。流着流着，它带走了这些时一直压在我心上的焦虑和悲痛，那是关于生死谜、手足情的。我浸在这繁密的花朵的光辉中，别的一切暂时都不存在，有的只是精神的宁静和生的喜悦。

节选自《紫藤萝瀑布》①

第四节　声母(g、k、h；j、q、x)

| 本节音频 |

课前提问

1. 选择题

(1) "篝火"的拼音是（　　）。

A. gōuhuǒ　　　　B. guōhǒu　　　　C. gōuhǒu　　　　D. guōhuǒ

(2) "酒柜"的拼音是（　　）。

A. jiǔgiù　　　　B. juǐguì　　　　C. juǐgiù　　　　D. jiǔguì

(3) 下面读音完全相同的是（　　）。

A. 高效＝搞笑　　B. 销售＝消瘦　　C. 救活＝救火　　D. 较好＝交好

———

① 宗璞. 素与简[M]. 苏州：古吴轩出版社，2020：71.

2. 判断题

(1)"学"和"穴"的拼音都是 xué。(　　)

(2)"借"和"叶"的韵母都是 ie。(　　)

(3)"瓜"和"蛙"的韵母都是 wuɑ。(　　)

舌面的面积较大,舌面前部、舌面后部分别与硬腭、软腭构成了普通话的舌面前音和舌面后音。

一、声母(g、k、h)

舌根音(g、k、h),也叫舌面后音,发音部位是舌面后部和软腭,其中软腭的位置是接近硬腭的地方。

请读一读下面的例子,然后跟二维码音频的读音比对一下。记住这个例子,就能记住这三个声母了。

　　　g　k　h
▲例1.挂 钩 好 。[拼音:Guàgōu hǎo.] 🎧

读一读 🎧

| gǎigé 改革 | gāokǎo 高考 | gǔhuò 鼓惑 | gùkè 顾客 |
| hǎikǒu 海口 | hèkǎ 贺卡 | hòuhuǐ 后悔 | huàgǎo 画稿 |

二、声母(j、q、x)

舌面音(j、q、x),也叫舌面前音,发音部位是舌面前部和硬腭中部。

请读一读下面的例子,然后跟二维码音频的读音比对一下。记住这个例子,就能记住这三个声母了。

　　　j　q　x
▲例2.进 取 心 。[拼音:Jìnqǔ xīn.] 🎧

读一读 🎧

| jīxiè 机械 | jījí 积极 | jìqiǎo 技巧 | jiāqín 家禽 |
| jiàojù 教具 | qíjì 奇迹 | xiàjiàng 下降 | xiǎoqū 小区 |

j、q、x 是舌面音,在有些地方,例如河北的部分冀鲁官话区、河南的部分中原官话区、部分吴方言区等,依次被发成舌尖前音 z、c、s。z、c、s 的发音部位是舌尖和齿背。

正音的时候,首先要找准 j、q、x 的发音部位。然后,进行强化练习。刚开始练习的时候,把可以喝水的吸管,放在上下牙齿之间,目的是避免上齿和下齿接触,发音时牙齿不要咬住吸管。如果没有吸管,把手洗干净,然后把食指放在上下牙齿之间,阻挡上齿和下齿接触,然后练习 j、q、x 的发音。

练习 j、q、x 的正音步骤如下:

第一步,把吸管的一头或把食指放在上下牙齿之间。

第二步,先发 i 音,然后发 xi 音。避免发 si。没有问题之后,再进行下一步。

第三步,练习"议席(yìxí)"。没有问题之后,再进行下一步。

第四步,练习"机器(jīqì)""小机器(xiǎo jīqì)"。

第五步,练习下面绕口令:🎧

汉字版:

七巷一个漆匠,西巷一个锡匠,七巷漆匠偷了西巷锡匠的锡,西巷锡匠偷了七巷漆匠的漆。

拼音版[①]:

qī xiàng yí gè qī jiàng xī xiàng yí gè xī jiàng qī xiàng qī jiàng tōu le xī xiàng xī jiàng de
七 巷 一 个 漆 匠 ,西 巷 一 个 锡 匠 ,七 巷 漆 匠 偷 了 西 巷 锡 匠 的

xī xī xiàng xī jiàng tōu le qī xiàng qī jiàng de qī
锡 ,西 巷 锡 匠 偷 了 七 巷 漆 匠 的 漆 。

练一练

1. 根据声母,把下面的例字进行归类。

四、焦、金、伞、家、松、去、责、俗、序、仔、餐、急、奇、讲、细、尖、雄、青、从、下、赞、存、嫂、宗、笑、巧、腔、菜、泉、苍、先、足、塞、词、增

2. 读准舌根音(g、k、h)。🎧

gǎigé	改革	guàhào	挂号	gàikuò	概括	kèhù	客户
guīhuà	规划	hǎihuò	海货	hékǔ	何苦	húkǒu	糊口
huāhuì	花卉	huíguī	回归	huǒguō	火锅	kěkào	可靠

3. 读准舌面音(j、q、x)。🎧

jīxù	积蓄	jiāqiáng	加强	jiēqū	街区	jiùjū	旧居
jiāoxiǎo	娇小	jiēqià	接洽	xūjiǎ	虚假	xìqiǎo	细巧
qìxū	气虚	qiúxué	求学	xǐqì	喜气	quèqiè	确切

4. 找出声母是 j、q、x 的字,先注音,再朗读。

---

① 如果分不清哪些字的声母是 j、q、x,可先参考绕口令的拼音版。这里采取按字注音的方式排版。为了方便练习,有些汉字版配拼音版。下文同此,不再说明。

（1）早上空气新鲜，小薛醒了以后，心里想，今天先到肖师傅家取一些丝线，把最后的那节竹子绣完。

（2）她吃了煎鸡蛋后，又接着吃尖椒炒肉丝，吃得津津有味。

（3）一大清早，她就去买了青菜，还有荤菜，七点前，还锻炼了身体。

（4）她只要精神好，就经常去公园跑跑步。

（5）那块青颜色的石头很轻。

（6）她今天特别高兴，在院子里数星星。

第五节　鼻韵母（an、ian、uan、üan、en、in、uen、ün；ang、iang、uang、eng、ing、ueng、ong、iong）

| 本节音频 |

课前提问

1. 选择题

（1）"班"的拼音是（　　）。

A. bā　　　　　　B. bān　　　　　　C. bāng　　　　　　D. biān

（2）"拎"的拼音是（　　）。

A. lī　　　　　　B. līn　　　　　　C. līng　　　　　　D. liāng

（3）下面读音完全相同的是（　　）。

A. 精心＝金星　　B. 征程＝真诚　　C. 清风＝轻风　　D. 明星＝民心

2. 判断题

（1）an 和 ian 中的 a 读音一样。（　　）

（2）en 和 eng 中的 e 读音一样。（　　）

（3）"半"和"棒"的韵母一样。（　　）

在普通话的辅音中，只有 n 和 ng 这两个辅音可以在韵母中作韵尾。它们都是鼻音，所以其所在的韵母叫带鼻音韵母，又叫鼻韵母。n 作韵尾的韵母叫前鼻音韵母，ng 作韵尾的韵母叫后鼻音韵母。

一、前鼻音韵母（an、ian、uan、üan、en、in、uen、ün）

前鼻音韵母一共有 8 个。在读这些韵母的时候，请根据表 3-7 中标注的严式记音检查一下自己的读音。如果能读准"斑斓（bānlán）""浅显（qiǎnxiǎn）""贯穿（guànchuān）""全员（quányuán）""本分（běnfèn）""信心（xìnxīn）""混沌（hùndùn）""军训（jūnxùn）"，那么这 8 个前鼻音韵母就过关了。🎧

表 3-7　鼻韵母中的韵腹读音情况表

字母			前鼻音韵母	后鼻音韵母
a	书写形式		an　ian　uan　üan	ang　iang　uang
	读音	宽式标音	[an] [ian] [uan] [yan]	[aŋ] [iaŋ] [uaŋ]
		严式标音	[an] [iɛn] [uan] [yⁿæn]	[ɑŋ] [iɑŋ] [uɑŋ]
e	书写形式		en　uen	eng　ueng
	读音	宽式标音	[ən] [uən]	[əŋ] [uəŋ]
		严式标音	[ən] [uən]	[ʌŋ] [uʌŋ]
i	书写形式		in	ing
	读音	宽式标音	[in]	[iŋ]
		严式标音	[iˀn]	[i^ŋ]
ü	书写形式		ün	iong
	读音	宽式标音	[yn]	[yŋ]
		严式标音	[yˀn]	[yʊŋ]
o	书写形式			ong
	读音	宽式标音		[uŋ]
		严式标音		[ʊŋ]

注：(1)表中空白处表示没有。(2)韵母 iong 按其开头的读音[y]，列在元音字母 ü 栏中。

　　请读一读下面的例子，然后跟二维码音频的读音比对一下。记住这个例子，就能记住这 8 个前鼻音韵母了。

　　　　　　　an ian uan üan en in uen ün
▲例 1. 安 检 官 员 跟 进 轮 训 。[拼音：Ānjiǎn guānyuán gēnjìn lúnxùn.]🎧

■　读一读　🎧

bānhén　斑痕	běnrén　本人	chénchén　沉沉	pāntán　攀谈
qīnchuán　亲传	qúnshān　群山	shēnzhǎn　伸展	tánpàn　谈判

■　小贴士　🎧

有的人，把 ian 读为 in 或读为 i 的鼻化音。下面每个字的韵母都是 ian，请加强练习。

| biànjiān | 便笺 | qiányán | 前言 | tiānbiān | 天边 | xiānxiān | 纤纤 |
| biānyán | 边沿 | yánxiàn | 沿线 | qiānlián | 牵连 | piànmiàn | 片面 |

二、后鼻音韵母（ang、iang、uang、eng、ing、ueng、ong、iong）

后鼻音韵母一共有 8 个。在读这些韵母的时候，请根据表 3-7 中标注的严式记音检查一下自己的读音。如果能读准"帮忙（bāngmáng）""想象（xiǎngxiàng）""狂妄（kuángwàng）""风声（fēngshēng）""庆幸（qìngxìng）""嗡嗡（wēngwēng）""空中（kōngzhōng）""炯炯（jiǒngjiǒng）"，那么这 8 个后鼻音韵母就过关了。🎧

请读一读下面的例子，然后跟二维码音频的读音比对一下。记住这个例子，就能记住这 8 个后鼻音韵母了。

▲例2. 翁　钢　曾　经　向　往　冬　泳。① ［拼音：Wēng Gāng céngjīng xiàngwǎng dōngyǒng.］🎧

ueng ang eng ing iang uang ong iong

读一读 🎧

chángcháng	常常	shānggǎng	商港	gānggāng	刚刚	dǎngzhāng	党章
chéngfēng	成风	chéngméng	承蒙	shēngténg	升腾	zhēngchéng	征程
bīngjīng	冰晶	bìngqíng	病情	píngjìng	平静	qīngxíng	轻型

说普通话时，前鼻音韵母和后鼻音韵母的偏误问题比较常见，情况十分复杂。表 3-8 列了五类常见问题：

一是没有后鼻音韵母，用前鼻音韵母代替。具体见表中第一、第二、第三类，其中有 in 无 ing 的情况比较普遍，其次是有 en 无 eng。

二是把 eng 读成 ong 的情况。在出现这种偏误的地区中，有些地方的声母有 h 无 f，例如把"风"读成"轰"。这属于第四类情况。

三是没有前鼻音韵母，用后鼻音韵母代替。具体见表中第五类。

此外，一些少数民族母语者，发后鼻音时，有鼻化现象。

---

① 韵母是 ueng 的字，很少。在这个例子中"翁钢"是人名。

表3-8　前后鼻音韵母常见问题表

	类型	偏误	举　例
一	an/ang	an	商区(shāngqū)→山区(shānqù)
	ian/iang	ian	香味(xiāngwèi)→鲜味(xiānwèi)
	uan/uang	uan	床头(chuángtóu)→船头(chuántóu)
二	en/eng	en	风力(fēnglì)→分立(fēnlì)
	uen/ueng	uen	渔翁(yúwēng)→余温(yúwēn)
三	in/ing	in	加冰(jiābīng)→嘉宾(jiābīn)
四	ong/eng	ong	风(fēng)、凤(fèng)的韵母→ong
五	an/ang	ang	反问(fǎnwèn)→访问(fǎngwèn)
	ian/iang	iang	煎包(jiānbāo)→姜包(jiāngbāo)
	uan/uang	uang	转换(zhuǎnhuàn)→?(zhuǎnghuàng)

注:(1)表中"→"表示用箭头之后的读音代替箭头之前的读音。(2)表中"?"表示普通话中没有相对应的词。

小贴士

学习鼻韵母的时候,一定要注意元音字母的实际读音。结合表3-7、图3-1,根据严式音标,对a、o、e、i、u、ü在鼻韵母中的实际读音归纳如下:

第一,1个元音字母对应4个读音。

a在鼻韵母中有4种不同的读音:[a]、[ɛ]、[æ]、[ɑ]。

a在其所在的4个前鼻音韵母中,有3种读音:[a]、[ɛ]、[æ]。它们都是前元音,都在口

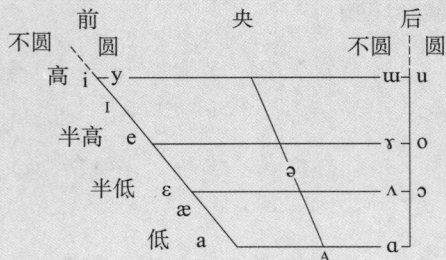

图3-1　元音舌位图

腔的前部。其中,最容易发生偏误的是ian,因为a读[ɛ]。根据实际读音,ian应该写作iên,因为ê读[ɛ]。不过,由于ê不便书写,因此写成ian。这样,an分别与i、u、ü相拼,构成了"四呼"俱全的组合,即an、ian、uan、üan。

a在其所在的3个后鼻音韵母中,只有一种读音[ɑ]。[ɑ]是后元音,在口腔的后部。注意:a作单韵母时读[A],再加上在鼻韵母中的4个读音,所以a一共有5个读音。

第二,1个元音字母对应2个读音。

e在鼻韵母中有2种不同的读音:[ə]、[ʌ]。前者出现在前鼻音中,后者出现在后鼻音中。[ə]属于央元音,发音的时候,舌头自然放松。例如"好的"的"的"读轻声,其韵母就读这个音。[ʌ]与[ɔ]是一对对立音。例如"争"的韵腹就发[ʌ]音。

第三,1个元音字母对应1个读音。

i在鼻韵母中有1种读音:[i]。发韵母in的时候,[i]和[n]之间有一个自然的不明显

的过渡音,用[ə]表示。发韵母 ing 的时候,[i]和[ŋ]之间有一个自然的不明显的过渡音,用[ʌ]表示。

ü 在鼻韵母中有 1 种读音:[y]。发韵母 ün 的时候,[y]和[n]之间有一个自然的不明显的过渡音,用[ə]表示。发韵母 iong 的时候,[y]和[ŋ]之间有一个自然的过渡音[ʊ]。

o 和 u 在鼻韵母中都只有 1 种读音:[ʊ]。

由上可见,在读鼻韵母的时候,不能只关注前鼻音韵尾 n 和后鼻音韵尾 ng 之间的差异,还要注意上述各个发音细节。

练一练

1. 按前后鼻音韵母,把下列的字进行归类。

杆、尚、站、讲、检、逛、浅、井、串、算、翁、捐、盲、霜、选、穹、炯、跟、诚、醒、森、侵、厢、心、供、笋、瓮、仍、捆、裙、宏、寻

2. 读准含 ü 的韵母。🎧

说明:带点的字,韵母含 ü。

juānxiàn	捐献	yuánběn	原本	quánmiàn	全面	xuànyào	炫耀
bànyuán	半圆	shìjuàn	试卷	cānxuǎn	参选	pēnquán	喷泉
jūnxùn	军训	qúnbǎi	裙摆	xúnzhǎo	寻找	yùnniàng	酝酿
yīngjùn	英俊	rénqún	人群	zīxún	咨询	cǎiyún	彩云

3. 读准 an 和 ang。🎧

an ＋ an :cānzhǎn	参展	dāngàn	单干	fànlàn	泛滥	hànshān	汗衫
an ＋ ang:bànchàng	伴唱	kànzhǎng	看涨	màncháng	漫长	nánfāng	南方
ang ＋ an :cāngshān	苍山	sāngcán	桑蚕	zànglán	藏蓝	fǎngtán	访谈
ang ＋ ang:bāngmáng	帮忙	rǎngrǎng	攘攘	tángtáng	堂堂	dāngchǎng	当场

4. 读准 en 和 eng。🎧

en ＋ en :céncén	涔涔	fēnfēn	纷纷	ménzhěn	门诊	zhènfèn	振奋
en ＋ eng:běnnéng	本能	chénfēng	尘封	rènzhèng	认证	shénshèng	神圣
eng ＋ en :chéngzhèn	城镇	shēnggēn	生根	hénggèn	横亘	pēngrèn	烹饪
eng ＋ eng:dēngchéng	登程	gēngzhèng	更正	kēngmēng	坑蒙	lěngfēng	冷风

5. 读准 in 和 ing。🎧

in ＋ in :bīn bīn	彬彬	jìn lín	近邻	lǐnlǐn	凛凛	yīnpín	音频
in ＋ ing:mínyíng	民营	pīnmìng	拼命	qīnqíng	亲情	xīnxīng	新星
ing ＋ in :bīngpǐn	冰品	lǐngjīn	领巾	xíngjìn	行进	yíngqīn	迎亲
ing ＋ ing:níngjìng	宁静	píngdìng	平定	qīngxǐng	清醒	tīngpíng	听凭

6. 读准 eng 和 ong。🎧

eng＋ong：chénggōng 成功　　děngtóng 等同　　péngsōng 蓬松　　shēngdòng 生动

ong＋eng：dōngfēng 东风　　gòngfèng 供奉　　róngshēng 荣升　　tōngfēng 通风

ong＋ong：gōnggòng 公共　　hōnglōng 轰隆　　kōngzhōng 空中　　nóngzhǒng 脓肿

7. 前后鼻音综合练习。🎧

en　＋in　：fènjìn 奋进　　ménjìn 门禁　　rénmín 人民　　zhěnxīn 枕芯

en　＋ing：chénxīng 辰星　　běnlǐng 本领　　kěnqǐng 恳请　　pénjǐng 盆景

in　＋en　：bīnfēn 缤纷　　jǐnshēn 紧身　　línkěn 林垦　　pìnrèn 聘任

in　＋eng：línfēng 临风　　qīnpéng 亲朋　　xìnfèng 信奉　　yìnzhèng 印证

eng＋ing：chéngmíng 成名　　fēngyíng 丰盈　　héngxíng 横行　　shēnglíng 生灵

ing＋eng：bǐngzhèng 秉正　　dǐngfēng 顶风　　píngzhèng 凭证　　míngshèng 名胜

8. 找出读前鼻音韵母和后鼻音韵母的字，先注音，再朗读。🎧

过了灵岩村，我们对着泛滥在观音峰巅的云海出神了。

幼时我常纳闷天下云彩是不是万家炊烟凝集而成的呢？如今，立在和云彩一般高的山峰上，我的疑窦竟越发深了。我渐渐觉得烟是冒，云彩却是升腾。这区别可不是字眼上的，冒的烟是一滚一滚的，来势很凶，然而一合上盖子，关上气阀，剩下的便是一些残余浊质了。升腾的却清澈透明，不知从哪里飘来，那么纤缓，又那么不可抗拒。顷刻之间，衬着灰色天空，它把山峰遮得朦胧斑驳，有如一幅洇湿了的墨迹；又像是在移挪这座山，越挪越远，终于悄然失了踪。你还在灰色天空里寻觅呢，不知什么时候，它又把山还给了你；先是一个隐约的远影，渐渐地，又可以辨出那苍褐色的石纹了。然而一偏首，另一座又失了踪——

隐在这幅洇湿了的水墨画里面，还有一道道银亮的涧流，沿着褐黑山石，倒挂而下。

走下竹笋遍地的山坡，含珠峰遥遥在望了。

节选自《雁荡行》①

第六节　声母(z、c、s；zh、ch、sh、r)、整体认读音节、声调符号的标调原则

| 本节音频 |

课前提问

1. 选择题

(1)"赞赏"的拼音是(　　)。

A. zànshǎng　　　　B. zhànshǎng　　　　C. zhànsǎng　　　　D. zànsǎng

---

① 萧乾. 萧乾散文选[M]. 北京：人民文学出版社，2009：18.

(2) 下面都是翘舌音的有(　　)。

A. 暂时 　　　　B. 正式 　　　　C. 展出 　　　　D. 存在

(3) 声调调号位置错误的有(　　)。

A. mín 　　　　B. qiáng 　　　　C. yōu 　　　　D. hūi

2. 判断题

(1) "子嗣"两个字都是平舌音,"指示"两个字都是翘舌音。(　　)

(2) "收入"和"收录"的读音完全一样。(　　)

(3) 在"yùe"和"juè"中,声调调号的位置都正确。(　　)

在普通话中,有平舌音和翘舌音的区别。其中,z 和 zh、c 和 ch、s 和 sh 是成对的平舌音和翘舌音的关系。翘舌音 r 没有对应的平舌音。此外,声调符号的标调位置是有规范原则的,在写汉语拼音时应当掌握这些原则。

一、声母(z、c、s；zh、ch、sh、r)

舌尖是口腔中最灵活的发音器官。从下齿的背后,到口腔上方的硬腭,它都能接触到。它跟上齿背接触,甚至可以同时和上下齿背接触,构成舌尖前音 z、c、s,又叫平舌音。例如"在(zài)""参(cān)""赛(sài)"这三个字的声母依次读 z、c、s。

舌尖跟硬腭前部构成舌尖后音 zh、ch、sh、r,又叫翘舌音、卷舌音。例如"正(zhèng)""常(cháng)""唱(chàng)""柔(róu)"这四个字的声母依次读 zh、ch、sh、r。

不论平舌音,还是翘舌音,都是舌尖音。

请读一读下面的例子,然后跟二维码音频的读音比对一下。记住这个例子,就能记住这两类舌尖音了。

　　　z　c　s　zh ch sh r
▲例1.杂草散装纯收入。[拼音:Zácǎo sǎnzhuāng chún shōurù.] 🎧

小贴士

关于翘舌音的常见问题有:

第一,母语中没有翘舌音,所以不习惯发翘舌音,常用平舌音代替翘舌音。正音的时候,首先是找准发音部位,其次是加强练习。

第二,不熟悉翘舌音的字,常常把翘舌音读成平舌音,也会把平舌音读成翘舌音。正音的时候,除了及时纠正不正确的读音之外,还可利用汉字声旁的特点掌握读翘舌音的字,例如"争(zhēng)"的声母是 zh,汉字的部件含有"争"的时候,除了声调可能不同之外,声母和韵母都是 zheng,例如"挣、峥、狰、睁、铮、筝、诤"。

关于平舌音的常见问题是:在一些少数民族语言中比较缺乏 z、c,所以不习惯发这两个音。正音的时候,首先是找准发音部位,其次是加强练习。

读一读

声母 z 与其他声母的组合:🎧

| zájì | 杂技 | zàisān | 再三 | zèngsòng | 赠送 | zǎofàn | 早饭 |
| diǎnzàn | 点赞 | kuàizuǐ | 快嘴 | qièzéi | 窃贼 | táozuì | 陶醉 |

声母 c 与其他声母的组合:🎧

| cáifù | 财富 | cánquē | 残缺 | cāngyīng | 苍鹰 | cǎogēn | 草根 |
| gāocéng | 高层 | dàcōng | 大葱 | diàncí | 电磁 | fàncài | 饭菜 |

声母 z 与 c 的组合:🎧

| zuǒcè | 左侧 | zǒngcái | 总裁 | zǎocān | 早餐 | zácòu | 杂凑 |
| cāzǎo | 擦澡 | cúnzài | 存在 | cāozuò | 操作 | cuòzōng | 错综 |

二、整体认读音节

由表3-9可见,整体认读音节具体分为以下两类:

第一,由平舌音声母和翘舌音声母分别加上韵母-i[ɿ]、-i[ʅ]构成,一共7个。

第二,由隔音符号 w、y 和齐齿呼韵母(i、ie、in、ing)、合口呼韵母(u)、撮口呼韵母(ü、üe、üan、ün)构成,一共9个。

表 3-9   整体认读音节分析表

类型	声母/隔音符号	韵母	整体认读音节	数量
第一类	zh、ch、sh、r	-i[ʅ]	zhi、chi、shi、ri	7
	z、c、s	-i[ɿ]	zi、ci、si	
第二类	w、y	i、u、ü、ie、üe、üan in、ün、ing	yi、wu、yu、ye、yue、yuan yin、yun、ying	9

其中,第一类7个整体认读音节的发音,跟舌尖元音 i 有关。🎧

在 zi、ci、si 中,舌尖元音 i 读[ɿ]。[ɿ]的发音在舌尖前,舌位高,发音时不圆唇。可以通过发 si 这个音,体会[ɿ]。例如"四次(sìcì)""刺字(cìzì)"。如果能正确发出这两个词,就表明能发准[ɿ]了。

在 zhi、chi、shi、ri 中,舌尖元音 i 读[ʅ]。[ʅ]的发音在舌尖后,舌位高,发音时不圆唇。可以通过发 shi 这个音,体会[ʅ]。例如"直视(zhíshì)""试吃(shìchī)"。如果能正确发出这两个词,就表明能发准[ʅ]了。

不必单独练习[ɿ]和[ʅ],只要能读准上述 7 个整体认读音节,就能读出[ɿ]和[ʅ]了。

在《汉语拼音方案》中,没有专门为[ɿ]和[ʅ]设计各自的字母,它们都借用 i 这个字母表示。换句话说,汉语拼音字母 i 代表了三个普通话韵母:[i]、[ɿ]、[ʅ]。

请读一读下面的例子,然后跟二维码音频的读音比对一下。

　　　　 zi ci zhi si chi shi ri
▲例 1. 自 此 制 丝 迟 十 日 。[拼音:Zìcǐ zhì sī chí shí rì.] 🎧

> **小贴士**
>
> 第一类 7 个整体认读音节的常见发音偏误问题如下:
> 一是用平舌音 zi、ci、si 依次代替翘舌音 zhi、chi、shi。
> 二是有因混淆 r 和 l 而把 ri 读 li 的情况。
> 三是有因不了解 i 只是[ɿ]和[ʅ]的书写字母,而把这 7 个整体认读音节中的 i 读成[i]的情况。

三、声调符号的标调原则

声调是依附在音节上的,不能独立存在。根据《汉语拼音方案》,声调符号标在音节的主要元音上。音节的主要元音就是韵腹。声调符号标调的总原则是:声调的调号写在韵腹上。下面依次说明单韵母、复韵母、鼻韵母中的标调情况。请看表 3-10 中的举例。

(一)单韵母的标调

由于单韵母本身只有一个元音,该元音就是韵腹,所以调号就标在该元音上。例如在"拿"的拼音 ná 中,调号标在韵腹 a 上。

其中 er 的情况比较特殊。它是一个音素[ɚ],不过,书写形式由双字母组成,作为一个整体,er 是不能分离的。由于声调只能标在元音字母上,所以要标在元音 e 上。例如在"耳"的拼音 ěr 中,调号标在元音 e 上。

(二)复韵母的标调

复韵母包括前响复韵母、后响复韵母和中响复韵母。

前响复韵母的结构是"韵腹+韵尾",所以调号标在第一个元音上。例如在"菜"的拼音 cài 中,调号标在第一个元音 a 上。

后响复韵母的结构是"韵头＋韵腹",所以调号标在第二个元音上。例如在"活"的拼音huó 中,调号标在第二个元音 o 上。

中响复韵母的结构是"韵头＋韵腹＋韵尾",所以调号标在第二个元音上。这包括以下三种情况:

第一,当韵母是 iao、uai 时,调号都标在 a 上。例如在"跳""块"的拼音 tiào、kuài 中,就是这样标调的。这两个韵母在零声母情况下,也是这样标调,例如"药""外"的拼音分别是 yào、wài。

第二,当韵母是 iou 时,在零声母情况下,调号标在韵腹 o 上。例如"又"的拼音是 yòu。

当 iou 跟声母相拼时,需要省写为 iu,韵腹 o 被省略掉了,这时调号标在最后一个元音上。例如"就"的拼音是 jiù。

第三,当韵母是 uei 时,在零声母情况下,调号标在韵腹 e 上。例如"喂"的拼音是 wèi。

当 uei 跟声母相拼时,需要省写为 ui,韵腹 e 被省略掉了,这时调号标在最后一个元音上。例如"对"的拼音是 duì。

（三）鼻韵母的标调

在韵母 an、en、in、ün、ang、eng、ing、ong 中,只有一个元音,这个元音是韵腹,调号标在该元音上。例如"新"的拼音是 xīn。当韵腹是 i 的时候,i 上的点省略,然后再标调号。

其他鼻韵母都有两个元音,调号标在韵腹上。例如"广"的拼音是 guǎng。其中,韵母 uen 在零声母情况下,调号标在韵腹 e 上。例如"温"的拼音是 wēn。当 uen 跟声母相拼时,需要省写为 un,韵腹 e 被省略掉了,这时调号标在元音 u 上。例如"吞"的拼音是 tūn。

表 3-10　声调调号位置示意表

分类、举例 / 韵母结构			韵头	韵腹	韵尾	声调
单韵母	a	拉 lā		a		第一声
	o	波 bō		o		第一声
	e	科 kē		e		第一声
	i	记 jì		i		第四声
	u	土 tǔ		u		第三声
	ü	绿 lǜ		ü		第四声
	ê	欸 ê̄		ê		第一声
	-i[ɿ]	思 sī		i		第一声
	-i[ʅ]	诗 shī		i		第一声

续 表

分类、举例 \ 韵母结构			韵头	韵腹	韵尾	声调
复韵母	后响复韵母	ia 家 xiā	i	a		第一声
		ua 挂 guà	u	a		第四声
		uo 说 shuō	u	o		第一声
		ie 写 xiě	i	e		第三声
		üe 掠 lüè	ü	e		第四声
	前响复韵母	ai 开 kāi		a	i	第一声
		ei 梅 méi		e	i	第二声
		ao 刀 dāo		a	o	第一声
		ou 搜 sōu		o	u	第一声
	中响复韵母	uai 怀 huái	u	a	i	第二声
		uei 位 wèi	u	e	i	第四声
		iao 俏 qiào	i	a	o	第四声
		iou 油 yóu	i	o	u	第二声
鼻韵母	前鼻音韵母	an 办 bàn		a	n	第四声
		ian 面 miàn	i	a		第四声
		uan 万 wàn	u	a		第四声
		üan 全 quán	ü	a		第二声
		en 伸 shēn		e		第一声
		in 巾 jīn		i		第一声
		uen 文 wén	u	e		第二声
		ün 运 yùn		ü		第四声
	后鼻音韵母	ang 航 háng		a	ng	第二声
		iang 江 jiāng	i	a		第一声
		uang 双 shuāng	u	a		第一声
		eng 峰 fēng		e		第一声
		ing 听 tīng		i		第一声
		ueng 翁 wēng	u	e		第一声
		ong 东 dōng		o		第一声
		iong 雄 xióng	i	o		第二声

注:(1)表中空白处表示没有。(2)单韵母 er 的书写形式由双字母组成,调号标在元音 e 上,表中未列该韵母。

此外,如果遇到分不清韵腹的情况,可参考如下常见口诀:声调标在韵母上,遇到 a 时不

放过,没有 a 时找 o、e,i 上标调去掉点,i、u 并列标在后,单个元音不用说。这个口诀说明了可以标调的元音顺序:

第一步,在韵母中标声调。

第二步,如果有 a,标在 a 上。

第三步,如果没有 a,找 o。如果有 o,就标在 o 上。如果没有 o,就找 e。如果有 e,就标在 e 上。

第四步,如果没有 a、o、e,就标在 i 上,这时要把 i 上的点去掉,然后再写声调。

第五步,如果是 ui、iu,那么都是标在最后一个元音上。

根据以上五步,就能找到可以标调号的元音位置了。

练一练

1. 选择题

(1)"闺秀"的拼音是(   )。

A. guīxiù   B. guēixiòu   C. gūixiù   D. guīxiù

(2)"浑水"的拼音是(   )。

A. huénshuǐ   B. huénshuěi   C. huénshuě   D. húnshuǐ

(3)"律学"的拼音是(   )。

A. lùxué   B. lùxúe   C. lùxué   D. lùxüé

2. 声调调号的标调改错

(1)改正下列词语中调号标错的地方。

wàijīaogūan(外交官)   lǐngtoú   (领头)

loúfáng   (楼房)   xìaoyoǔhùi(校友会)

(2)"有缘千里来相会,无缘对面不相识。"这句话的汉语拼音如下,其中有些调号标错了位置,请修改。

Yoǔ yúan qīanlǐ laí xīanghùi, wú yúan dùimìan bù xīangshí.

3. 读准平舌音和翘舌音。

(1)平舌音＋翘舌音🎧

záchǔ	杂处	zǎochūn	早春	zēngzhǎng	增长	zuǐchún	嘴唇
cáizhì	材质	cǎoshuài	草率	còushù	凑数	cúnzhé	存折
sāshǒu	撒手	sàichē	赛车	sǎochú	扫除	sōngshǔ	松鼠

(2)翘舌音＋平舌音🎧

zhēnsī	真丝	zhènzuò	振作	zhèngcān	正餐	zhùzào	铸造
chúncuì	纯粹	chācuò	差错	chǎngcì	场次	chāozài	超载
shāncūn	山村	shàngcéng	上层	shēnsuō	伸缩	shēngcí	生词

（3）翘舌音＋翘舌音

zhāshǒu 扎手	zhāoshāng 招商	zhàoshè 照射	zhēnzhòng 珍重
chǎnzhí 产值	cháshuǐ 茶水	chánrào 缠绕	chángshì 尝试
shāzhōu 沙洲	shǎnshuò 闪烁	shāngshà 商厦	shāoshāng 烧伤

4. 读准声母 s、sh 与 x。

（1）s 和 x

| sīxiàn 丝线 | sànxīn 散心 | suōxiǎo 缩小 | sōngxiè 松懈 |
| xísú 习俗 | xiánsǎn 闲散 | xiànsuǒ 线索 | xiāngsī 相思 |

（2）sh 和 x

| shāngxīn 伤心 | shēnxìn 深信 | shēngxué 声学 | shànxíng 扇形 |
| xīshì 西式 | xiàshǒu 下手 | xiánshū 闲书 | xiāngshuǐ 香水 |

5. 读准声母 c、q。

| cáiqì 才气 | cánquē 残缺 | cíqì 瓷器 | cóngqián 从前 |
| qiáncái 钱财 | qiáncáng 潜藏 | qiēcuō 切磋 | qīngcǎo 青草 |

6. 找出平舌音和翘舌音，先注音，再朗读。

雨，悒郁而又固执地倾泻着。那涼涼的细语正编织着一种幻境，使人想起辽阔的江村，小楼一角，雨声正酣，从窗外望去，朦朦胧胧，有如张着纱幕，远山巅水墨画似的逐渐融化，终于跟雨云融合作一处。我又记起故乡的乌篷船，夜雨淅淅地敲着竹篷，船头水声汩汩。——可是一睁眼我却看见了灰色的壁，灰色的窗，狭窄的斗室。

谁家的无线电，正在起劲地唱着。——像是揶揄。

气压低得叫人窒息，黄梅季特有的感觉，仿佛一个触着蛛网的飞虫，身心都紧贴在那粘性的丝缕上。推开半闭的窗，雨丝就悄悄地飞进来，扑到脸上，送来一点并不愉快的凉意。

节选自《雨街小景》①

第七节　音变

| 本节音频 |

课前提问

1. 选择题

（1）下面读轻声的词有（　　）。

A. 扎实　　　　　B. 月亮　　　　　C. 记性　　　　　D. 骨头

---

① 柯灵.柯灵散文选[M].北京:人民文学出版社,2009:89.

(2)"一定"的"一"读（　　）。

A. 第一声　　　　　B. 第二声　　　　　C. 第三声　　　　　D. 第四声

(3)"不去"的"不"读（　　）。

A. 第一声　　　　　B. 第二声　　　　　C. 第三声　　　　　D. 第四声

2. 判断题

(1)"小孩儿"的拼音是 xiǎoháir。（　　）

(2)"盘儿"和"忙儿"的儿化音读法是一样的。（　　）

(3)在"快走啊!"这句话中,"啊"的读音跟"哇"一样。（　　）

汉语是单音节语言,各个音节在语流环境中往往受前音或后音制约而发生一些变化。普通话语流中的音变主要包括轻声、上声变调(见本章第二节)、"一"字变调、"不"字变调、儿化韵、"啊"的音变。

一、轻声

轻声是指字音发得又短又轻且失去原有声调的音变现象。一般情况下,轻声字在其他字的后面出现,其读音的高低受到前面字音调值高低的影响。请看表 3-11。

表 3-11　轻声词举例

类型	调值	例　词			
第一声＋轻声	55＋2	杯子(bēizi)	东西(dōngxi)	胳膊(gēbo)	招呼(zhāohu)
第二声＋轻声	35＋3	福气(fúqi)	眉毛(méimao)	朋友(péngyou)	明白(míngbai)
第三声＋轻声	21＋4	打扮(dǎban)	暖和(nuǎnhuo)	首饰(shǒushi)	喜欢(xǐhuan)
第四声＋轻声	53＋1	部分(bùfen)	故事(gùshi)	护士(hùshi)	厉害(lìhai)

普通话的轻声是有规律可循的,见以下六条主要规律[1]。例中加点的字,读轻声。

第一,语气词"吧、吗、呢、啊"等读轻声,例如"这样行吗?"。

第二,助词"的、地、得、着、了、过"读轻声,例如"唱着""去过"。

第三,名词后缀"子、头、们"读轻声,例如"盘子""苦头""同学们"。

第四,方位词或构成方位词的语言成分读轻声,例如"地上""前边"。

第五,表示趋向的动词读轻声,例如"跑过去""笑起来"。

第六,单音节动词重叠后的末一个音节读轻声,例如"聊聊""说说"。

① 胡裕树主编.现代汉语[M].上海:上海教育出版社,1997:95—96.

这些规律都跟语法有关。

除了上面有规律的轻声之外，还有一些常用的双音节口语词的第二个音节读轻声，例如"招牌""运气"等。这一类词，没有什么规律，只能见一个记住一个。

轻声主要具有以下两方面的作用：

第一，能区分意义。

▲例1.他正在把这块美玉琢磨成荷花的造型，这是他自己琢磨之后做出的设计。

句中有两个"琢磨"，都是动词，但是意思不同。第一个读 zhuómó，意思是雕刻和打磨。第二个读 zuómo，是轻声词，意思是思索、考虑。

▲例2.虽然天气温和了，但也不能吃冷食，还是要吃温和的。

句中有两个"温和"，都是形容词，但是意思不同。第一个读 wēnhé，意思是气候不冷不热。第二个读 wēnhuo，是轻声词，意思是（物体）不冷不热。

第二，能区分词性。

▲例3.他爷爷虽然年纪大了，但是很开通，家里很早就开通了宽带，学习上网。

句中有两个"开通"，意思不同，词性不同。第一个读 kāitong，是形容词，意思是不守旧。这是轻声词。第二个读 kāitōng，是动词，意思是通信等线路开始使用。

▲例4.对于大方之家的批评指正，他不仅非常诚恳地接受了，而且还非常大方地赠送了自己家乡的特产。

句中有两个"大方"，意思不同，词性不同。第一个读 dàfāng，是名词，意思是内行人。第二个读 dàfang，是形容词，意思是不吝啬。这是轻声词。

小贴士

轻声方面的常见问题如下：第一，没有轻声意识，不知道有轻声；第二，不习惯读轻声。

正音的时候，要了解轻声的发音要点，即短而轻。例如"口袋"是轻声词，按一个字的发音时长一拍计算，"袋"读轻声的时长不到半拍。在了解了这些之后，就要多练习，养成发音习惯。

二、"一"字变调

"一"字的本调是第一声 yī。除了在数字"一""第一"中读本调之外，"一"字在第一声、第二声、第三声、第四声之前都要变调。这些变调很有规律，"一"在第一声、第二声、第三声之前一律变成第四声，在第四声之前变成第二声，举例如下：🎧

	yì tiān	yì shēng	yì shuāng	yì qiān
"一"＋第一声：	一天	一生	一双	一千

	yì nián	yì tái	yì píng	yì hé
"一"＋第二声：	一年	一台	一瓶	一盒

| | yì qǐ | yì zǎo | yì běn | yì diǎn |

"一"+第三声：一起　　一早　　一本　　一点

| | yí wèi | yí dìng | yí yàng | yí qiè |

"一"+第四声：一位　　一定　　一样　　一切

此外，"一"在单音节重叠动词之间时，可以读轻声。例如：

| shuō yi shuō | xué yi xué | xiǎng yi xiǎng | chàng yi chàng |

说 一 说　　学 一 学　　想 一 想　　唱 一 唱

> **小贴士**
>
> 　　"一"字变调方面的常见问题如下：第一，没有"一"字变调意识，不知道要变调；第二，没掌握"一"字变调规律。
>
> 　　正音的时候，首先，要掌握"一"字变调规律；其次，要多练习，养成发音习惯。

三、"不"字变调

"不"字的本调是第四声 bù。"不"字只在第四声之前发生变调，读第二声，举例如下：

| bú shì | bú lèi | bú kàn | bú xiào |

"不"+第四声：不是　　不累　　不看　　不笑

"不"在第一声、第二声、第三声之前不变调，仍读本调，举例如下：

| bù duō | bù gāo | bù shuō | bù tīng |

"不"+第一声：不多　　不高　　不说　　不听

| bù lái | bù néng | bù tíng | bù shí |

"不"+第二声：不来　　不能　　不停　　不时

| bù hǎo | bù kě | bù měi | bù mǎn |

"不"+第三声：不好　　不可　　不美　　不满

此外，"不"在单音节重叠动词之间时，可以读轻声。例如：

| tīng bu tīng | lái bu lái | hǎo bu hǎo | qù bu qù |

听 不 听　　来 不 来　　好 不 好　　去 不 去

> **小贴士**
>
> 　　"不"字变调方面的常见问题如下：第一，没有"不"字变调意识，不知道要变调；第二，没掌握"不"字变调规律。
>
> 　　正音的时候，首先，要掌握"不"字变调规律；其次，要多练习，养成发音习惯。

四、儿化韵

er 是舌尖元音，也叫卷舌元音，例如"儿（ér）"字。发 er 时，舌尖在口腔中央的位置，舌尖的高度处于中部,发音时不圆唇。er 的作用有两个:第一,不与声母相拼,自成音节,也就是只单独使用,er 音节涵盖的字有"儿、而、耳、饵、洱、尔、二、贰"等;第二,构成儿化韵。

(一)儿化韵规律

普通话中,除了韵母 ê、er 之外,其他韵母都可以与卷舌元音 er 结合起来,形成卷舌韵母,又叫"儿化韵"。在儿化韵中,er 不是一个独立的音节,而是与前字的韵母融合在一起发音的。一般用"儿"来记录儿化韵中的卷舌元音,起表音的作用。儿化韵规律有 6 条,请看表 3-12。

表 3-12　儿化韵举例 🎧

序号	类型	儿化	例词		
1	韵尾是 a、o、e、ê、u	加上卷舌动作	花儿 被窝儿 藕节儿 兔儿	在哪儿 挨个儿 旦角儿 兜儿	牙刷儿 八哥儿 树叶儿 好好儿
2	韵尾是 i	丢 i,主要元音加上卷舌动作	盖儿	墨水儿	鞋带儿
3	韵尾收-n	丢-n,在主要元音后面:(1)in、ün 是加上[ər];(2)其他的加上卷舌动作。	(1) 脚印儿 (2) 一点儿	巧劲儿 好玩儿	花裙儿 白班儿
4	韵尾收-ng	主要元音与-ng 合成鼻化元音,同时加上卷舌动作	鼻梁儿 起名儿 门缝儿	帮忙儿 瓶儿 胡同儿	蛋黄儿 板凳儿 小熊儿
5	韵母是 i、ü	加上[ər]	玩意儿 金鱼儿	小鸡儿 有趣儿	针鼻儿 小曲儿
6	韵母是-i[ʅ]、-i[ɿ]	丢-i[ʅ][ɿ],变成[ər]	棋子儿 没事儿	歌词儿 树枝儿	咬字儿 果汁儿

(二)鼻化音发音特点

发音时,口腔、咽腔和鼻腔都可以共振,其中鼻腔是固定共振腔,口腔、咽腔都是非固定共振腔。发鼻化音时,呼出的气流同时从口腔和鼻腔出去,口腔和鼻腔一起发生共振作用。在表 3-12 中,第四条规律跟鼻化音有关,也就是说,韵尾是 ng 的时候,韵母的主要元音(即韵腹)发生鼻化。

普通话有 8 个后鼻音韵母,根据韵腹分为 5 类,见表 3-13。发鼻化音的时候,软腭下垂,打开鼻腔通路,气流同时从口腔和鼻腔通过,这时[a]、[ə]、[i]、[u]、[y]的元音音色就带上了鼻音色彩,形成鼻化元音,依次成为[ã]、[ə̃]、[ĩ]、[ũ]、[ỹ]。

表 3-13　普通话后鼻音韵母的鼻化发音表 🎧

韵腹＋韵尾[ŋ]	举例	后鼻音韵母	鼻化音
[aŋ]	帮忙儿 鼻梁儿 蛋黄儿	ang[aŋ] iang[iaŋ] uang[uaŋ]	[ã] [iã] [uã]
[əŋ]	夹缝儿 小瓮儿	eng[əŋ] ueng[uəŋ]	[ə̃] [uə̃]
[iŋ]	人影儿	ing[iŋ]	[ĩ]
[uŋ]	小葱儿	ong[uŋ]	[ũ]
[yŋ]	小熊儿	iong[yŋ]	[ỹ]

小贴士

发儿化音的常见问题如下:第一,没有发儿化音的意识,不知道有儿化音;第二,没掌握儿化韵的变化规律;第三,不会发鼻化音。

针对第一、第二个问题,首先,要掌握儿化韵的变化规律;其次,要多练习,养成发音习惯。

针对第三个问题,正音时,分以下两种情况:

第一,如果母语中没有鼻化音,那么首先要能听辨出鼻化音,其次发音时让呼出的气流同时从口腔和鼻腔出来。要多听多练。

第二,如果母语中有鼻化音,那么首先细细体会一下母语中的鼻化音是怎么发出来的,然后再运用这个方法,练习表 3-13 中的各个音。

例如在上海话(属于吴方言)中有[ã](例如"冷、硬"的韵母)和[ɑ̃](例如"忙、放"的韵母)这两个鼻化音,先体会这两个音,在对鼻化音有感知之后,再练习 3-13 中的其他各个音。

例如在拉萨话(属于藏语)的 17 个单韵母中,有 8 个鼻化音:[ĩ]、[ẽ]、[ɛ̃]、[ã]、[ũ]、[õ]、[ỹ]、[ø̃],请看表 3-14。① 单韵母中的鼻音化几乎占到单韵母的一半。除了没有鼻化音[ə̃]以外,表 3-13 中的其他鼻化音都有。正音时,首先通过拉萨话中的鼻化音和非鼻化音体会这两类音的发音特点,再练习表 3-13 中的例子以及[ə̃]音。

① 孙宏开,胡增益,黄行主编. 中国的语言[M]. 北京:商务印书馆,2007:171.

表 3-14　拉萨话中的非鼻化音与鼻化音对比表

非鼻化音	鼻化音	非鼻化音	鼻化音
[mi¹²]人	[mĩ⁵⁵]成熟	[tɕe⁵³]舌	[tẽ⁵⁵]倚靠
[pɛ¹⁴]羊毛	[mɛ̃⁵⁵]药	[tʂa⁵³]头发	[rã¹⁴]自己
[su⁵³]谁	[tɕ'ũ¹⁴]得到,发生	[to¹²]石头	[kõ¹⁴]价钱
[p'y⁵⁵]献	[tỹ¹⁴]跟前	[kø⁵⁵]烧(茶)、煎	[kø̃¹⁴]穿

五、"啊"的音变

为了发音的便捷、省力,语流中常常发生音变现象。用在句尾的语气词"啊"的音变就属于这种情况[①],请看表 3-15。

表 3-15　"啊"的音变规律表 🎧

"啊"前字音节的韵母	"啊"的音变	汉字写法	例句
i、ai、uai、ei、uei、ü	ya	呀	他们俩在一起很般配呀! 时间到了,快去开会呀!
a、ia、ua、o、uo、e、ê、ie、üe	ya	呀	真大呀! 这就是他家呀! 好陡的坡呀! 就是这门课呀!
u、ao、iao、ou、iou	wa	哇	那正是我需要的书哇! 你们快走哇!
an、ian、uan、üan en、in、uen、ün	na	哪	一定要注意安全哪! 这条路最近哪!
ang、iang、uang、eng ing、ueng、ong、iong	nga	啊	那个品种的花真香啊! 这孩子真聪明啊!
-i[ɿ]	za	啊	我去过很多次啊! 他写一手好字啊!
-i[ʅ]	ra	啊	真好吃啊! 他怎么那么多事啊!

由表 3-15 可见,"啊"的音变规律有以下六条:

[①] 胡裕树主编. 现代汉语[M]. 上海:上海教育出版社,1997:99—100.

第一,当前字韵母以[u](即韵母是 u、ao、iao、ou、iou)结尾时,"啊"读 wa,"啊"字可写成"哇"字;

第二,当前字韵母以[n](即韵母是前鼻音韵母)结尾时,"啊"读 na,"啊"字可写成"哪"字;

第三,当前字韵母以[ŋ](即韵母是后鼻音韵母)结尾时,"啊"读 nga,"啊"字不变;

第四,当前字韵母是[ʅ](即前字音节是 zi、ci、si)时,"啊"读 za,"啊"字不变;

第五,当前字韵母是[ʅ](即前字音节是 zhi、chi、shi、ri)时,"啊"读 ra,"啊"字不变;

第六,当前字韵母是除了上述五条规律之外的其他韵母时,"啊"读 ya,"啊"字可写成"呀"字。

总之,"啊"的音变跟"啊"前面韵母的韵尾相关。

小贴士

关于"啊"的音变常见问题如下:

第一,没有"啊"变意识,不知道"啊"变现象;第二,没掌握"啊"变规律。

正音时,首先,要培养"啊"变意识,也就是说,见到"啊"字,就要想想有没有音变;其次,多练习,养成发音习惯。

练一练

1. 判断题

(1)"个子"和"斧子"的"子",调值一样。（　　）

(2)"跟你打招呼的人是谁呀?"这句话中的"呀"不能读轻声。（　　）

(3)"点心"是轻声词。（　　）

(4)"膏药"是轻声词。（　　）

(5)"跟头"是轻声词。（　　）

(6)在"一群"和"一个"中,"一"的读音一样。（　　）

(7)在"一边"和"一把"中,"一"的读音不一样。（　　）

(8)在"不过"和"不少"中,"不"的读音一样。（　　）

(9)在"不妥"和"不穿"中,"不"的读音不一样。（　　）

(10)在"刀把儿"和"小孩儿"中,儿化方式是一样的。（　　）

(11)在"香肠儿"和"瓜瓢儿"中,儿化方式是一样的。（　　）

(12)在"她一直在笑啊!"和"他们正手拉着手啊!"这两句话中,"啊"的音变规律是一样的。（　　）

2. 将散文《春来忆广州》①中的轻声、"一"字变调、"不"字变调、儿化韵和"啊"的音变标出来,然后再朗读。🎧

春来忆广州
老 舍

我爱花。因气候、水土等等关系,在北京养花,颇为不易。冬天冷,院里无法摆花,只好都搬到屋里来。每到冬季,我的屋里总是花比人多。形势逼人!屋中养花,有如笼中养鸟,即使用心调护,也养不出个样子来。除非特建花室,实在无法解决问题。我的小院里,又无隙地可建花室!

一看到屋中那些半病的花草,我就立刻想起美丽的广州来。去年春节后,我不是到广州住了一个月吗?哎呀,真是了不起的好地方!人极热情,花似乎也热情!大街小巷,院里墙头,百花齐放,欢迎客人,真是"交友看花在广州"啊!

在广州,对着我的屋门便是一株象牙红,高与楼齐,盛开着一丛丛红艳夺目的花儿,而且经常有些很小的小鸟,钻进那朱红的小"象牙"里,如蜂采蜜。真美!只要一有空儿,我便坐在阶前,看那些花与小鸟。在家里,我也有一棵象牙红,可是高不及三尺,而且是种在盆子里。它入秋即放假休息,入冬便睡大觉,且久久不醒,直到端阳左右,它才开几朵先天不足的小花,绝对没有那种秀气的小鸟作伴!现在,它正在屋角打盹儿,也许跟我一样,正思想它的故乡广东吧?

春天到来,我的花草还是不易安排:早些移出去吧,怕风霜侵犯;不搬出去吧,又都发出细条嫩叶,很不健康。这种细条子不会长出花来。看着真令人焦心!

好容易盼到夏天,花盆都运至院中,可还不完全顺利。院小,不透风,许多花儿便生了病。特别由南方来的那些,如白玉兰、栀子、茉莉、小金桔、茶花……也不怎么就叶落枝枯,悄悄死去。因此,我打定主意,在买来这些比较娇贵的花儿之时,就认为它们不能长寿,尽到我的心,而又不作幻想,以免枯死的时候落泪伤神。同时,也多种些叫它死也不肯死的花草,如夹竹桃之类,以期老有些花儿看。

夏天,北京的阳光过暴,而且不下雨则已,一下就是倾盆倒海而来,势不可当,也不利于花草的生长。

秋天较好。可是忽然一阵冷风,无法预防,娇嫩些的花儿就受了重伤。于是,全家动员,七手八脚,往屋里搬呀!各屋里都挤满了花盆,人们出来进去都须留神,以免绊倒!

真羡慕广州的朋友们,院里院外,四季有花,而且是多么出色的花啊!白玉兰高达数丈,干子比我的腰还粗!英雄气概的木棉,昂首天外,开满大红花,何等气势!就连普通的花儿,四季海棠与绣球什么的,也特别壮实,叶茂花繁,花小而气魄不小!看,在冬天,窗外还有结实累累的木瓜啊!真没法儿比!一想起花木,也就更想念朋友们!朋友们,快作几首诗来吧,你们的环境是充满了诗意的啊!

春节到了,朋友们,祝你们花好月圆人长寿,新春愉快,工作顺利!

---

① 老舍.老舍散文[M].北京:人民文学出版社,2022:43—44.

第四章
普通话韵律

■ 导　言

　　普通话语音，无疑包括声母、韵母和声调，但这并非普通话语音的全貌，此外还包括普通话的韵律。不同的语言有不同的韵律特征，母语者关于韵律的内隐知识是母语者语言能力的重要组成部分。非母语者学习目标语言时带有口音，主要是因为没有掌握目标语言的韵律。本章内容对于全面掌握普通话语音面貌来说是非常重要的。特别需要强调的是，在本章的学习中不能只满足于了解一些知识，掌握一些概念，重要的是要通过朗读练习将韵律知识内化为自己的语言能力。

　　本章包括以下六节：

　　第一节首先介绍语音的三个属性，然后分析音质因素与非音质因素的性质、特点。非音质因素关系到语音的节奏、轻重、升降，它们附着在音质因素之上。

　　第二节介绍停连，具体包括音步、音步的类型、停连的类型与规律。

　　第三节介绍重音，具体包括词语的轻重格式、句子的重音。

　　第四节介绍句调，具体包括升调、降调、平调、曲调等四类句调及其运用。

　　第五节介绍节奏，具体包括押韵型、重轻型、齐言型、快慢型、扬抑型、长短型、平仄型、反复型等八个节奏类型。此外，还介绍了节奏与语速的关系。

　　第六节从发音响亮、旋律多样和韵律独特三个方面分析普通话语音的特点，涉及平仄、押韵等知识点。

■ 学习目标

1. 能理解语音的三个属性，能理解语音社会属性对语言的意义。

2. 能理解语音的音质和非音质概念。

3. 掌握音步的类型及划分音步的方法，掌握停连的类型，能理解停连的规律。

4. 掌握词语的轻重格式，掌握句子的语法重音、强调重音。

5. 掌握四类句调。

6. 能理解节奏类型，能理解节奏与语速的关系。

7. 能理解普通话的语音特点。

8. 熟悉十八韵或十三辙。

第一节　语音的属性及音质因素与非音质因素

1. 选择题

(1) 语音的最小单位是（　　　）。

A. 音素　　　　　　　B. 音节　　　　　　C. 音标　　　　　　D. 音调

(2) 语音具有音高、音强、音长和（　　　）这四个要素。

A. 音素　　　　　　　B. 音节　　　　　　C. 音标　　　　　　D. 音质

(3)（　　　）属于非音质成分。

A. 音高　　　　　　　B. 音强　　　　　　C. 音长　　　　　　D. 音质

2. 判断题

(1) 所有的声音都具备三个属性：生理属性、物理属性和社会属性。（　　　）

(2)"诗（shī）、识（shí）、史（shǐ）、是（shì）"这四个字的声调变化，主要跟音强有关。
（　　　）

(3) 一般情况下，儿童的声音、女性的声音比男性的声音高，所以儿童、女性发出的声
调跟男性发出的声调是不同的。（　　　）

语音是语言的物质媒介。语音到底是什么？要回答这个问题，就必须了解语音的属性。根据各语音属性在语音中发挥的功能，语音可分为音质因素与非音质因素两类。语言不同，音质因素与非音质因素在语言中的作用有所不同。

一、语音的三个属性

人们在进行言语交际的时候，离不开语音这一重要载体。语音具有什么样的性质呢？这得从语音的三个属性说起。

（一）生理属性

发音离不开发音器官。发音器官是发音的生理基础。人类的发音器官包括鼻腔、口腔、咽腔、喉头、气管、支气管和肺。

仅有发音器官还不够，发音还少不了动力，动力就是呼吸的气流。说话就伴随着呼吸的气流。请体会一下，我们是在呼气时说话，还是在吸气时说话？我们大多是在呼气过程中说话的，也有少数语言中的某些音是利用吸气发音的，不管哪种情况，呼吸的气流都是人们发

音的原动力。[①] 呼吸是肺部收缩或扩张的结果。肺部每次收缩或扩张所产生的气流,经过发音器官,形成声音。因此,语音具有生理属性。

(二) 物理属性

声音产生于物体的振动。语音和其他声音一样,都具有音高、音强、音长和音色等四个基本要素。

音高是声音的高低,又叫音频。[②] 音频是发音体在一定时间内振动的次数。振动次数多,声音就高;反之,声音就低。音频的单位是赫兹(又叫"赫"),记为 Hz。对于汉语来说,音高是构成声调的关键要素。例如在普通话中"高"的调值是 55,声调特点是又高又平;"看"的调值是 51,声调特点是从高到低,呈下降走势。再如"小区"这个词的声调调值是 21+55,形成前字低、后字高的声调关系。

音强是声音的强弱,又叫音量、音势。这跟音波在一定时间内振幅的大小有关。振动幅度大,声音就强;反之,声音就弱。在语音上,元音比辅音响,浊音比清音响,鼻音、边音(鼻音和边音属于浊音)比擦音响一些,擦音比塞音响一些;在元音里,低元音比高元音响一些,展唇元音比圆唇元音响一些。[③] 音素的响度大致可以分为十个等级(最大 10 级,最小 1 级)[④],请看表 4-1,表中字母是国际音标字母。

表 4-1　音素的响度等级表

音　素			响度等级
元音	低	a ɑ ɔ æ	10
	中	e o ə ɣ	9
	高	i u y	8
半元音		j w	7
阻塞音	流音	r l	6
	鼻音	m n ŋ	5
	擦音 浊	v z ʒ ɤ	4
	擦音 清	f s ʃ h	3
	塞音 浊	b d g	2
	塞音 清	p t k	1

在普通话中,音强是轻声和非轻声之间的主要区别之一。例如"舌头"和"蛇头"的区别在于"头"的音强,"舌头"的"头"读轻声,而"蛇头"的"头"不读轻声。当然,轻声还与音长

---

① 高名凯,石安石.语言学概论[M].北京:中华书局,1987:43.
② 罗常培,王均.普通语音学纲要(修订本)[M].北京:商务印书馆,2009:36.
③ 罗常培,王均.普通语音学纲要(修订本)[M].北京:商务印书馆,2009:39.
④ 王洪君.汉语非线性音系学:汉语的音系格局与单字音(增订版)[M].北京:北京大学出版社,2015:99.

有关。

音长是声音的长短。音波持续时间长,音长就长;反之,音长就短。在语音上,元音的音长比辅音长,众多辅音之间也有长短的差异。[①] 在普通话中,音长是轻声和非轻声之间的主要区别之一。武鸣壮语有长元音、短元音之分,例如"塘"读[tam³¹],"盆"读[pa:t³⁵],"年"读[pi²⁴],"鞭"读[pi:n²⁴]。[②] 方括号内的":"表示其前的元音读长元音。

音色是声音的个性特征,又叫音质、音品。这跟音波振动的形式有关。音色不同的原因有三点:

第一,发音体不同。吹奏笛子和演奏钢琴时,这两种乐器的音波振动形式不同,给人带来的听觉感受不同。例如普通话中 sh 和 r 这两个音的发音部位完全相同,不同之处在于声带是否振动,发 sh 时声带不振动,而发 r 时声带振动。声带是发音体的一部分,发 r 时用到了声带。

第二,使物体发音的方法不同。小提琴和竖琴的发音,前者靠弦和弓摩擦产生振动,后者则靠手指拨奏产生振动。例如普通话中的一些声母有送气与不送气的区别,像 d[t]和 t[t']的发音部位完全相同,区别在于发音方法不同,前者不送气,后者送气。

第三,发音体自身的发音状况不同。发音口型不同,发音方法不同,发出的音也就不同。例如[a]的口型是舌位低,舌位在口腔前部,不圆唇;[u]的口型是舌位高,舌位在口腔后部,圆唇。

因此,语音具有物理属性。

(三) 社会属性

人所能发出的音有许许多多,但是一种语言的音系所拥有的音却是有限的。某个音是否能出现在一种语言的语音系统中,关键在于这个音在说这种语言的社会中是否有使用的价值,即是否具有意义。以普通话和我国少数民族语言傣语中的声母为例。傣语分为四个方言,其中以德宏方言分布最广,在此以德宏傣族景颇族自治州的芒市话为例。[③]

芒市话有 16 个声母,其国际音标如下:

p	p'	m	f	v
t	t'			l
ts			s	j
k	ŋ		x	
ʔ			h	

表 4-2 列出的是普通话的 21 个辅音声母。跟普通话的声母相比,芒市话中的[v]、[j]、[ŋ]、[ʔ]、[h]等五个声母是普通话中没有的,例如:

① 罗常培,王均.普通语音学纲要(修订本)[M]北京:商务印书馆,2009:39.
② 孙宏开,胡增益,黄行主编.中国的语言[M].北京:商务印书馆,2007:1101.
③ 孙宏开,胡增益,黄行主编.中国的语言[M].北京:商务印书馆,2007:1137.

　　[va³¹]袜子　[ja³¹]草　[ŋa⁵⁵]芝麻　[ʔa⁵⁵]自夸　[ho⁵⁵]诵读

　　除了上述五个声母之外，芒市话的其他声母跟普通话的一样。

　　表4-2中画双底线的11个声母是芒市话中没有的。这也正是芒市话母语者学习普通话声母的重点所在。同时，还要避免受芒市话的影响，把普通话中没有的5个声母的发音特点带入普通话的发音中。

表4-2　普通话的辅音声母表

发音方法＼发音部位			唇音		舌尖前音	舌尖中音	舌尖后音	舌面音	舌根音
			双唇音	唇齿音					
			上唇下唇	上齿下唇	舌尖上齿背	舌尖上齿龈	舌尖硬腭前	舌面前硬腭	舌根软腭
塞音	清音	不送气	b[p]			d[t]			g[k]
		送气	p[p‘]			t[t‘]			k[k‘]
塞擦音	清音	不送气			z[ts]		zh[tʂ]	j[tɕ]	
		送气			c[ts‘]		ch[tʂ‘]	q[tɕ‘]	
擦音	清音			f[f]	s[s]		sh[ʂ]	x[ɕ]	h[x]
	浊音						r[ʐ]		
鼻音	浊音		m[m]			n[n]			
边音	浊音					l[l]			

　　至于某种语言中的语音系统由哪些语音组成，这是说这种语言的全体社会成员约定俗成的结果。因此，语音具有社会性。

　　从语音的生理属性、物理属性和社会属性来看，狂风暴雨、电闪雷鸣等大自然之声只具有物理属性，虎啸狼嚎、鹤鸣鲸歌等鸟兽昆蝶之声具有物理属性和生理属性；而人类语言的语音，除了具有生理属性、物理属性之外，还具有社会属性，所以社会属性是语音的本质属性。

二、音质因素和非音质因素

　　语音具有音高、音强、音长和音质这四个要素。虽然各种语言的语音都离不开这四个要素，但是由于语言的结构规律及特点不同，这四个要素所发挥的作用也不同。

（一）音质和非音质

　　从音质角度对语音进行切分，得到的最小语音单位就是音素。一个音素代表一种音质，不同的音素代表不同的音质。[①] 音素分为元音和辅音。不论是元音还是辅音，只要有任何一

---

① 叶蜚声，徐通锵. 语言学纲要[M]. 北京：北京大学出版社，1988:49.

个发音要素改变了,就是另外一个元音或者辅音了。

音高、音强和音长都是非音质形式,又叫音律形式。语音的音质形式和非音质形式是密不可分的。每次发音,不仅仅有音质,而且音质必定伴随着一定的音高、音强和音长等非音质形式;非音质形式也只有依托音质形式,才能得以呈现。音高、音强和音长有高低、强弱和长短之分。对语言学而言,音高的高低、音强的强弱和音长的长短等的绝对值,不是很重要,重要的是它们的相对值。例如就音高来看,男性与女性在读"披(pī)、皮(pí)、匹(pǐ)、僻(pì)"这四个字音时,一般情况下,男性的音高偏低一些,女性的音高偏高一些,也就是绝对音高不一样,但是不论男性还是女性在读这四个字音时的调型是一致的,调型一致对声调而言具有决定意义。

不论哪种语言都有音质成分和非音质成分。所不同的是,音质成分以及非音质成分究竟在语言中发挥了怎样的作用。

(二)音质音位和非音质音位

音位分为音质音位和非音质音位。

对语言中具有区别意义作用的音质音素加以归纳,就能得到语音系统中的音位。由此得到的音位叫音质音位。

除了音质以外,非音质特征也能区别意义,由音高、音强和音长等音律形式构成的音位叫作非音质音位。非音质音位有以下三类[1]:

第一,调位。调位指主要由音高特征构成的音位。这就是声调。在有声调的语言中,音节的声调会影响该音节的语音形式和意义。普通话有四个声调,即阴平、阳平、上声和去声,例字依次如:窗(chuāng)、床(chuáng)、闯(chuǎng)、怆(chuàng)。

第二,重位。重位指主要由音强特征构成的音位。这就是重音。在有重音的语言中,音节是否读重音,影响到词意。例如在英语单词"desert"中,重音在第一个音节时,含有"离开、放弃"的意思;重音在第二个音节时,含有"沙漠"的意思。

第三,时位。时位指主要由音长特征构成的音位。例如在英语单词"sheep"(含有"羊"的意思)和"ship"(含有"轮船"的意思)中,根据词典《LONGMAN DICTIONARY OF CONTEMPORARY ENGLISH》(《朗曼当代英语词典》)的注音,前者读[ʃiːp],后者读[ʃip],可见,这两个单词的读音在元音[i]的长短上有差异,其中含":"的是长元音。

从音质音位和非音质音位的关系看,音质音位是基础,非音质音位只有附着在音质音位上才能存在。

音质音位的组合呈线性的特点。音质分为元音和辅音。不论元音还是辅音,在发音时都占有一定的时间段,即时值。音质音位也叫音段音位。也就是说,音质音位是在时间轴上

---

[1] 叶蜚声,徐通锵.语言学纲要[M].北京:北京大学出版社,1988:76—77.

延续的。

而非音质音位则是以音质音位为基础，叠加在音质音位上的。非音质音位是与音质音位共现的，两者之间是不同层级的关系。因此，非音质音位又叫超音段音位。

总之，音流在表面上看似是一维的，是在时间维度上的延续，但实际上却是多维的，是多层次音流的叠加。

（三）普通话的音质因素与非音质因素

普通话语音包括声母、韵母和声调。声母和韵母是由元音和辅音构成的，这是普通话的音质成分；声调是普通话的非音质成分。但这还不是普通话语音的全貌。要掌握普通话语音的全貌，还要进一步掌握普通话的韵律。

韵律是指附着在音质之上的非音质因素所构成的节奏、轻重、升降变化规律。实际上，音长、音强和音高等非音质因素往往在语音的节奏、轻重和升降中共同发挥着作用，只是有时各有侧重而已。

音强关乎声音的强弱，与语音的轻重有关。这直接影响词重音和句重音。既然有重，就有轻。例如普通话中有"喜欢"这类轻声词。轻声的特点是发音轻而且短。短，就跟时长有关。可见，具体问题要具体分析。

音高关乎声音的高低，与语音的升降有关。这直接影响声调、句调。

语音的节奏是指语音的某一或某些要素呈周期性回环往复的现象。音长、音强和音高等非音质因素都跟节奏有关，例如语音单位的长短（音节数量的多寡，例如五言诗、七言诗、长短句等）、语音的轻重（例如词语的轻重格式等）、语音的升降（例如古诗词的平仄等）。从现代汉语的情况看，在音节之上的由双音节、三音节为主形成的音步[①]是节奏的最小单元。[②] 此外，在汉语中，音质成分在某些情况下，也能形成语音的某种节奏形式。例如古诗词中的押韵，押韵的结果是形成一种循环往复之声音美。

总之，节奏、轻重、升降共同构成了语言的韵律，其中节奏是韵律的核心。

练一练

我国少数民族语言——侗语分为南、北两个方言。其中，南部方言榕江县车江乡的侗话具有较大的代表性。下面列举其声母。[③]

车江乡的侗话有 32 个声母，其国际音标如下：

p　　p'　　m　　f　　w

pj　　p'j　　mj　　　　wj

---

① 关于音步的介绍，见本章第二节。
② 王洪君.汉语非线性音系学：汉语的音系格局与单字音（增订版）[M].北京：北京大学出版社，2015：124.
③ 孙宏开，胡增益，黄行主编.中国的语言[M].北京：商务印书馆，2007：1195—1196.

ts	ts'		s
t	t'	n	l
tj	t'j		lj
ʈ	ʈ'	ȵ	ɕ j
k	k'	ŋ	
kw	k'w	ŋw	
ʔ			h

问题：

1. 比较普通话声母、侗话声母的异同，并说明这两种语言中声母的社会属性。

2. 侗话母语者学习普通话声母的重点有哪些？

第二节　停连

| 本节音频 |

课前提问

1. 选择题

(1)"黄河滚滚，完全足以使人胆惊心悸。"这句话有(　　)个音步。

A. 2　　　　　　　B. 3　　　　　　　C. 5　　　　　　　D. 7

(2) 读"这就是黄河上的羊皮筏子!"这句话时，应当像(　　)那样停歇喘气。"/"表示停歇喘气的地方。

A. 这就/是黄河/上的羊皮筏子!　　　　　B. 这就是/黄河上的羊皮/筏子!

C. 这就是/黄河上的羊皮筏子!　　　　　D. 这就是/黄河/上的/羊皮/筏子!

(3)"衣服不要退回"的意思，可能是(　　)。

A. 衣服，不要退回。　　　　　　　B. 衣服不要，退回。

2. 判断题

(1) 巧克力是三个音节，三个音步。(　　)

(2) 朗读文章，或说话的时候，因为喘气而需要停顿的地方，是随机的。(　　)

(3) 强调停顿跟语法停顿不能重合。(　　)

　　停连指语流中的停顿与延续。停顿与延续是相辅相成的，没有"连"就没有"停"，没有"停"也就没有"连"。在连绵不断的音流中，语流中断的地方，就是停顿之处;反之，没有中断的地方，就处于延续状态。在应该延续的语流中，如果随意停顿，将不仅会影响语言的韵律，其至还会影响意思的表达,出现这种情况,都属于停顿偏误。一般来说,语言总体上是延续多于停顿,所以人们对停顿现象关注较多,而对延续重视不够。在词、短语、句子、段落等各级语言单位中,哪里可以连,哪里可以停,除了受生理因素、语法因素和感情因素的制约之外,还跟音步密切相关。

一、音步

音步是分析语言韵律结构的基本单位。汉语最基本的音步是两个音节,也就是说,双音节音步是最基本的音步类型。此外,还有单音节音步、三音节音步。

(一) 音步的类型①

双音节音步是汉语最小的、最基本的音步形式,叫标准音步。例如"高兴""朴实"等。这是最常见的音步形式,标准音步可以简称为音步。

由单音节构成的音步叫蜕化音步。蜕化音步一般只能出现在以单音节词为"独立语段"的环境中。例如在"看! 飞起来了!"这句话中"看"就是蜕化音步。

由三音节构成的音步叫超音步。例如"巧克力""凡士林""白兰地""迪斯科"等。

蜕化音步和超音步都是标准音步的变体。标准音步和蜕化音步、超音步之间的不同在于:在一般情况下,标准音步有绝对优先的实现权,因为它是最基本、最一般的音步。蜕化音步和超音步的出现都是有条件的。

超音步的实现条件是:在一个语串中,当标准音步的运作完成以后,如果还有剩余的一个或更多的单音节成分,那么这个或这些单音节成分就要附着在一个相邻的双音节音步上,构成三音节音步。例如音译词"土耳其""布宜诺斯艾利斯",其内部各个音节之间没有任何结构或意义上的关联,因此可以单纯从其"自然"状态下的读音入手进行音步分析,下面用方框号表示音步分析的结果。

"土耳其"的正确说法应该是[土耳其],而不是[土耳/其]②,即在说"土耳其"时中间没有任何间歇或停顿,"土""耳""其"这三个音节组成了一个超音步,不会存在最后一个单音节"其"独立于音步之外的情况。

"布宜诺斯艾利斯"有七个音节,应该怎么读呢? 从左向右数,两个音节算一个音步,得到的结果是[2+2+2+1]的组合形式,即[布宜+诺斯+艾利+斯],但人们在自然情况下却不是这么说的,而是[布宜+诺斯♯艾利斯],即两个标准音步加上一个超音步,因此也不会存在单音节"斯"独立于音步之外的情况。井号"♯"表示停歇。在两个标准音步[布宜]和[诺斯]之间有个小的间歇;而在标准音步[诺斯]和超音步[艾利斯]之间则有一个比较大的间歇。

---

① 冯胜利. 汉语的韵律、词法与句法[M]. 北京:北京大学出版社,1997:3,5.
② 斜线"/"表示音步结束处。

在说话、朗读中,怎么处理音步的时长问题呢?

一般情况下,每两个音节就能构成一个音步。音步是在时间轴上延续的,发音的时候占有时值。就像音乐的节奏划分节拍那样,在分析音步时,不妨把一个音节算作一拍,两个音节是两拍,所以一个音步有两拍,这样,一个音步的标准时长是两拍。在分析时,对于音节,也可以采用字音的说法。一般情况下,一个音节对应一个汉字,一个音步是两个汉字,每个汉字的字音是一拍。

蜕化音步只有一个音节,怎么达到两拍的时长呢?有两种方式,一是停顿一拍的时长,就像音乐中的休止符那样。另一是延长一拍的时长,就像唱歌时的延长音那样。采取这两种方式的目的是满足一个音步两拍的时长标准。例如在"啊!黄河!"中,"啊"是单音节词,可以通过停一个音节的长度,用"啊°"表示,或者通过把"啊"的时长延长一倍,用"啊~"表示,从而满足在语音上构成双音节的要求。其中"0"相当于音乐中的休止符,"～"表示延长。由此,这句话有两种读法:一种是"啊!° 黄河!",另一种是"啊~! 黄河!"

超音步有三个音节,又怎么做到两拍的时长要求呢?一般情况下,采取三个音节大致均分两拍时长的方式。除了"巧克力""加拿大"这类音译词构成的超音步之外,超音步还有其他形式,这将在具体的文章朗读中具体分析。

(二) 音步分析举例

结合对散文《筏子》[①]音步的分析,说明所使用的符号。具体如下:

第一,音步之间用"/"隔开,标点符号是音步自然停歇的地方,同样可以起到分隔的作用,所以在有标点符号的地方,不再使用"/"。在朗读中,标点符号如何处理呢?可采取以下方式。

一是当标点符号前后的音步都是双音节音步时,标点符号作自然停歇,不占其前后音步的时值。例如在第二段"黄水,倾注"中,"黄水"和"倾注"都是双音节音步,它们之间的逗号的时值,既不归并到"黄水"的时值中,也不归并到"倾注"的时值中。

二是当标点符号的前后有单音节音步时,标点符号的时值直接归并到单音步的时值中,帮助单音步达到双音节的要求,这时标点符号的时值用"0"表示,相当于休止符。例如在第二段"……转动着,从"中,"转动着"是三音节音步,"从"是单音节音步,所以逗号与"从"在时间关系上作为一个音步看待,不过为了在形式上看到满足双音节音步的要求,表示为"° 从"。

第二,左起向右,原则上每两个音节(汉字)为一个音步。例如"黄河滚滚"分为"黄河"和"滚滚"两个音步。

第三,如果自左向右按每两个音节为一个音步的顺序划分影响了意义的理解,则采取单音步或三音步甚至四音步的分割方式。

例如第一段中"还没有具有一泻千里的规模"这个小句子,按左起每两个音节成为一个

---

① 格非编选.中国现当代散文选[M].北京:人民文学出版社,2022:220—221.

音步的划分方式,则得到"还没/有具/有一/泻千/里的/规模",这样划分就影响了意思的理解,因此需要结合意义加以调整。调整的核心是开头的"还没有"的音步划分方式。把"还""没有"分开作为两个音步处理,"还"可以与其前的逗号构成一个音步的时值关系。这样调整之后,不仅便于理解,而且也符合音步要求。

第四,轻声附着在其前的字音上,不论其前是单音节、双音节甚至更多的音节。为便于识别音步,在排版中缩小字号。其中,轻声与非轻声两可的,就采用非轻声的处理方式,不缩小字号,例如第一段"没有"的"有"既可读非轻声,也可读轻声。

在朗读中,怎么处理轻声在音步中的时值呢? 可采取以下方式:

一是当轻声所在的音步刚好是双音节音步时,轻声大约占半拍,轻声前面的字大约占一拍半。例如第三段"什么"的"么"是轻声,"什么"刚好是一个标准音步。"什么"的时长是两拍,由于轻声是短而轻的,所以"么"大约占半拍,"什"大约占一拍半。

二是当轻声所在的音步是超音步时,轻声依然附着在其前面的字音上,在音步中所占的时值还不到半拍。例如在第一段"千里的"中,"千里"是双音节音步,时长是两拍,把"的"并入之后,"千里"大约占一拍半多一点,"的"大约占半拍不到。在第二段"渠道里去"中,"渠道"是双音节音步,时长是两拍,在并入轻声"里去"之后,"渠道"大约占一拍半多一点,"里去"大约占半拍不到。

第五,儿化附着在其前的字音上,不论其前是单音节、双音节甚至更多的音节。为便于识别音步,在排版中缩小字号。

在朗读中,怎么处理儿化在音步中的时值呢? 按儿化韵的处理方式,具体如下:

一是当"儿"字跟其前面的字,刚好成为双音节音步时,整个音步作儿化韵处理,占两拍时长。例如第一段"这儿"读成 zhèr,在时长上占两拍。

二是当"儿"字的前面是双音节时,"儿"字与其前面的字作儿化韵处理,占一个字音的时长。例如第三段"整个儿"是一个标准音步,时长是两拍。"整"占一拍,"个儿"读 gèr,也占一拍。

第六,出现以下情况时,作超音步处理。

一是名词概念超过两个音节时,例如第二段"大水车"。"大水车"在该文中相当于专有名词,指当时兰州特有的那种水车。

二是"到"作动词补语时,例如第二段"感受到"。

三是趋向动词跟前面的音节在一起,例如第三段"吸引住了"。如果趋向动词后面有轻声,则连同轻声一并归入。

四是表示时候之意的"时",跟前面的音节在一起,如果其后有轻声,则连同轻声一并归入,例如第六段"浪静时的"。

五是方位词跟前面的音节在一起,例如第十段"筏子上"。

六是如果切分开,会影响意义,就不切分,例如把"看的人"切分为"看的"和"人",在听的时候容易误以为是"看得人"。

第七，单音节音步的朗读时值处理方式，可以采取停顿的方式，用"0"表示；也可以采取延音的方式，用"～"表示，一个"～"表示延长一拍。例如在第二段中"进"后面停顿，表示为"进⁰"；"在"延长一拍，表示为"在～"。

筏子

袁 鹰

黄河/滚滚。即使/这儿/只是/上游，⁰还/没有/具有/一泻/千里的/规模，⁰但/它那/万马奔腾、浊浪/排空的/气概，完全/足以/使人/胆惊/心悸。

大水车/在～/河边/缓缓地/转动着，⁰从/滔滔/激流里/吞下/一木罐/一木罐的/黄水，倾注进/木槽，流到/渠道里去。这是/兰州/特有的/大水车，⁰也/只有/这种/比～/二层/楼房/还高的/大水车，才能/⁰同/面前/滚滚/大河/相称。

像～/突然/感受到/一股/强～/磁力/似的，岸上/人的/眼光/⁰被/河心/一个/什么/东西/吸引住了。那是/什么，正在/汹涌的/激流里/鼓浪/前进?⁰从/岸上/远远/望去，那么/小，那么/轻，浮在/水面上，好像/只要/一个/小小的/浪头，就能/把它/整个儿/吞噬了。

啊⁰，请你/再～/定睛/瞧_瞧吧，那上面/还有/人哩。不只/一个，还有/一个，……一⁰，二⁰，三⁰，四⁰，五⁰，六⁰，一共/六个/人⁰!⁰这/六个/人⁰，就如/在～/湍急的/黄河上/贴着/水面/漂浮。

这⁰/就是/黄河上的/羊皮/筏子!

羊皮/筏子，过去/⁰是/听说过的。但是/在～/亲眼/看到/它⁰/之前，想象里的/形象，⁰总/好像/⁰是/风平/浪静时的/小艇，⁰决/没有/想到/⁰是/乘风/破浪的/轻骑。

十只/到～/十二只/羊的/体积吧，总共/能有/多大呢?上面/却有/五位/乘客/和⁰/一位/艄公，而且/在～/五位/乘客/身边，⁰还/堆着/两只/装得/满满的/麻袋。

岸上/看的/人/不免/提心/吊胆，皮筏上的/乘客/⁰却/从容地/在～/谈笑，⁰向/岸上/指点/什么，⁰那/神情，⁰就/如同/坐在/大城市的/公共/汽车里/浏览/窗外的/⁰新/建筑。⁰而/那位/艄公，⁰就/比较/沉着，他⁰/目不/转睛地/撑着/篙，小心地/注视着/水势，大胆地/破浪/前行。

据～/坐过/羊皮/筏子的/人说，第一次/尝试，重要的/就是/小心/和～/大胆。坐在/吹满了/气的/羊皮上，紧贴着/脚⁰/就是/深不/见底的/黄水，如果/没有/足够的/勇气，⁰是/连～/眼睛/⁰也/不敢/睁_睁的。但是，如果/只凭/冲劲，天⁰/不怕/地⁰/不怕，⁰就/随便/往～/羊皮/筏上/一蹲，那～/也会/出⁰/大乱子。兰州的/同志/说⁰，多/坐坐/羊皮/筏子，可以/锻炼/意志、毅力/和～/细心。可惜/随着/交通/运输/事业的/发展，这种/锻炼的/机会/已经/⁰不/十分/多了。眼前/这只/筏子，大约/是～/雁滩/公社的，你看/⁰它/马不/停蹄，顺流/直下，⁰像/一支/箭似的/⁰直/射向/雁滩。

然而，羊皮/筏上的/艄公，应该/是⁰/更～/值得/景仰/和⁰/赞颂的。⁰他/站在/那～/小小的/筏子上，身后/⁰是/几个/乘客的/安全，面前/⁰是/险恶的/黄河/风浪。手里呢，只有/那么/一根/

不粗/不细的/篙子。就凭/他的/勇敢/°和/智慧,镇静/° 和/机智,就凭/他的/经验/°和/判断,使得/° 这/小小的/筏子/战胜了/惊涛/骇浪,化险/为夷,° 在/滚滚/黄河上/如履/平地,成为/黄河的/主人。

你看,雁滩/近了,近了,筏子/° 在/激流上/奔跑得/更加/轻快,更加/安详。

1961 年 9 月,兰州

最后需要强调的是,音步分析是停连的基础。可以分割音步的地方,原则上都是可以停顿的,但实际上却不能这样朗读。比如如果在上文中的每个音步之后都停顿,那么文章的意思就会因切割过度而不利于理解。因此,朗读时,要在音步的基础上,处理好停连问题。

二、停连与音步的关系

停连与音步之间的关系,主要体现在以下三个方面。

(一) 停连与音步的不同视角

停连和音步的划分视角不同。音步是从语言本身的特点出发,观察语言的韵律结构,找到客观的分析要素。而停连则根据生理、语法和感情三个要素对文本进行处理,既有客观性的一面,也有主观性的一面。

音步的切分是明确的,是以标准音步为基础的,在音节数量上有基本的要求,即以双音节为主,还有三音节、单音节等。

停连的长度则不仅受生理的限制(例如一口气可以说多少字),还受语法的影响(例如语法结构的准确性),受意群的影响(例如意思的完整性),受感情的影响(例如表达感情的需要),因此停连所包含的音节数量具有一定的自由度,往往都会超过音步所含音节的数量。

停连包括停顿和延续,都与音步有关。

(二) 停顿与音步的关系

一般情况下,停顿可与音步重合。以散文《筏子》中的一段为例,停顿也用"/"表示。

据~坐过羊皮筏子的人说,第一次尝试,重要的就是/小心和~大胆。坐在吹满了气的羊皮上,紧贴着脚/°就是深不见底的黄水,如果没有/足够的勇气,° 是连~眼睛/° 也不敢睁一睁的。但是,如果只凭冲劲,天°不怕/地°不怕,° 就随便往~羊皮筏上一蹲,那~也会/出°大乱子。兰州的同志说°,° 多坐坐羊皮筏子,可以锻炼/意志、毅力和~细心。可惜/随着交通运输事业的发展,这种锻炼的机会/已经°不十分多了。眼前这只筏子,大约是~/雁滩公社的,你看/° 它马不停蹄,顺流直下,° 像一支箭似的/° 直射向雁滩。

可见,在音步结束的地方,可能有停顿。

需要注意的是:在一个音步的内部不能有停顿,不过,可以有延长。例如"沙发""开关""家畜""神人"等音步的内部不能停顿,不能说"沙/发""开/关""家/畜""神/人"。如果说"沙/发""开/关""家/畜""神/人",那就不仅会影响意思的理解,还会影响语言的韵律。一般情况下,非轻声的双音节词语,第二个音节重读。不过,在某些语境下,为了强调第一个音节,可能会重读第一个音节,也可能会延长第一个音节的字音,例如"沙~发""开~关""家~畜""神~人"。

此外,在朗读中可能会根据需要,故意在音步的内部停顿,这可能基于以下原因:模仿哽咽、垂危、上气不接下气等的语气。这都属于特例,一般情况下,不在音步的内部停顿。

(三) 延续与音步的关系

语流中不能中断的地方,就要保持语言的连续性。连续性不仅仅是语流不中断,还需要符合语言的韵律。最基本的韵律要求是符合语言的音步规律。音步讲究节拍,以下的节拍处理跟发音机制有关。

第一,轻声。轻声的发音特点是短而轻,而且跟其前面的字音共享音步的时值。例如音步"眼睛"有两拍时值,"睛"读轻声,时值大约占半拍,"眼"的时值大约占一拍半,可见"眼"的时值延长了,而"睛"的时值则缩短了。

第二,儿化音。在儿化韵中,"儿"音附着在前字的字音上,成为前字字音的组成部分。例如"一块儿"的"块儿"读 kuàir,而不能读 kuài'er,所以在音步"一块儿"中"块儿"占一拍时长。

第三,发生减音等语流音变现象。例如把"我们"wǒmen 读成 wǒm,把"意思"yìsi 读成 yìs。"们"和"思"在这里本来就读轻声,时长大约占半拍,发生减音现象后,时长更短,基本是一带而过。

标准音步的时长是两拍,一般情况下,时长要够两拍。音步内部各字音的时长,上文仅供参考,朗读者可根据感情的需要加以安排。

三、停连的类型

停连跟语言本身的语法特点以及生理、感情都有关系,由此分为三类停连。

(一) 生理停连 🎧

说话、朗读是在呼吸中进行的。肺活量的大小,人与人之间是有差异的,一口气能说多少字,因人而异,生理停连的情况也因人而异。以散文《伐木小调》①中的一段为例。

---

① 迟子建.迟子建散文[M].杭州:浙江文艺出版社,2009:101.

　　冬日月光下的白桦林是我见过的世界上最壮美的景色了。有的时候拉烧柴回来得晚,而天又黑得早,当我们归家的时候,月亮已经出来了。月光洒在白桦林和雪野上,焕发出幽蓝的光晕,好像月光在干净的雪地上静静地燃烧,是那么的和谐与安详。白桦树被月光映照得如此的光洁、透明,看上去就像一支支白色的蜡烛。能够把这蜡烛点燃的,就是月光了。也许鸟儿也喜欢这样的美景,所以白桦林的鸟鸣最稠密,我经过白桦林时,总要多看它几眼。在月夜的森林中,它就像一片宁静的湖水。

　　这段有 7 个句子,共 197 个字。第一句有 24 个字,第三句中"好像月光在干净的雪地上静静地燃烧"小句有 16 个字,第四句中"白桦树被月光映照得如此的光洁、透明"小句也有 16 个字。这三个句子都比较长,不同的人,在句中换气的次数可能不同。例如第一句可能有以下从 A 到 D 四种换气方式,且换气的次数由 A 到 D 逐渐增加。从听众的角度说,B 和 C 都是比较合适的。A 是在主语部分和谓语部分之间换气的,谓语部分有 15 个字,稍微长了一些。D 的换气过于频繁,适合在朗读训练阶段进行练习。不论哪种换气方式,都不影响理解,因为它们都是以音步划分出的 E 为基础的。

A. 冬日月光下的白桦林/是我见过的世界上最壮美的景色了。

B. 冬日月光下的白桦林/是我见过的/世界上最壮美的景色了。

C. 冬日月光下的白桦林/是我见过的/世界上最壮美的/景色了。

D. 冬日月光下的/白桦林/是我见过的/世界上/最壮美的/景色了。

E. 冬日/月光下的/白桦林/是我/见过的/世界上/最～/壮美的/景色了。

　　可见,即便换气,也是需要设计的,只能在音步之间进行换气,而不是在一口气不够用时,任意停下来换气。任意停顿换气,有可能影响句意。例如不能像 F 那样停顿。F 中的两处停顿都破坏了音步,影响了对句意的理解。

F. 冬日月光下的白/桦林是我见过的世界/上最壮美的景色了。

（二）语法停连

　　语法停连能够反映句子里的语法关系。例如对于 A 这句话,由 B、C 两句中的逗号位置可见,停连不同,语法关系不同,意思也不同。🎧

A. 电脑不要退回。

B. 电脑,不要退回。

C. 电脑不要,退回。

　　语法停连在书面语上最直观的标记,就是标点符号。有标点符号的地方,就有语法停连;否则,就没有语法停连。从这一点看,语法停连是客观停连。

　　标点符号不仅能够反映语法停连,而且还能表示语法停连的长短。请看表 4-3。标点符号停顿时间的长短是相对的,不是绝对的。有时相同的标点符号,在不同的语境中可能时长并不相同。

表 4-3　停连时间与标点符号之间的关系表

停顿时间	长	比较长	比较短	短
标点符号	句号　。 问号　？ 感叹号！	分号　； 冒号　：	逗号　，	顿号　、

　　以散文《趵突泉的欣赏》[①]中的三段文字为例,体会标点符号的停连时长所带来的视角感受。文中省略号为摘引所略。

　　千佛山、大明湖和趵突泉,是济南的三大名胜。现在单讲趵突泉。
　　……
　　泉太好了。泉池差不多见方,三个泉口偏西,北边便是条小溪流向西门去。看那三个大泉,一年四季,昼夜不停,老那么翻滚。你立定呆呆地看三分钟,你便觉出自然的伟大,使你不敢再正眼去看。永远那么纯洁,永远那么活泼,永远那么鲜明,冒,冒,冒,永不疲乏,永不退缩,只是自然有这样的力量！冬天更好,泉上起了一片热气,白而轻软,在深绿的长的水藻上飘荡着,使你不由得想起一种似乎神秘的境界。
　　池边还有小泉呢:有的像大鱼吐水,极轻快地上来一串小泡;有的像一串明珠,走到中途又歪下去,真像一串珍珠在水里斜放着;有的半天才上来一个泡,大,扁一点,慢慢地,有姿态地,摇动上来;碎了;看,又来了一个！有的好几串小碎珠一齐挤上来,像一朵攒整齐的珠花,雪白;有的……这比那大泉还更有味。
　　……

　　上文有 303 个字,49 个标点符号(不含因摘引省略而用的 2 个省略号),平均每 6 个字,就有一个标点符号。最短的小句只有一个字,例如"冒""大""看"等。句子短小,动感很强,刺激了视觉,使人有身临其境之感。上文读起来生动、活泼,引人入胜。

（三）强调停连

　　强调停连是指为了突出事物或强调感情而进行的停连。书面语中原本没有标点符号的地方,可以因强调而停连。另外,书面语中原本就有标点符号的地方,也可以因强调而作较长时间的停连。停连的时长可以根据需要,停连一拍或更多的拍数。"/"表示语法停顿或生

---

① 老舍.老舍散文[M].北京:人民文学出版社,2022:11—12.

理停顿；"//"或更多的"/"表示强调停顿。

以散文《老猫》①中的第一、第二段文字为例。文中 4 处"//"，表示强调停顿。🎧

老猫虎子/蜷曲在玻璃窗外窗台上/一个角落里，缩着脖子，眯着眼睛，浑身一片寂寞//、凄清//、孤独//、无助的神情。

外面正下着小雨，雨丝一缕一缕地//向下飘落，像是珍珠帘子。时令虽已是初秋，但是隔着雨帘，还能看到/紧靠窗子的小土山上/草丛依然碧绿，毫无要变黄的样子。在万绿丛中赫然露出一朵鲜艳的/红花。古诗"万绿丛中一点红"，大概/就是这般光景吧。这一朵小花如火似燃，照亮了浑茫的/雨天。

由《老猫》全文的内容可知，老猫虎子已经十四岁了，相当于人的八九十岁。作者不禁感慨："这样一来，我自己不是成了虎子的同龄'人'了吗？"

文章开篇第一段，描写了垂垂老矣的虎子，虎子似乎临近寿终的阶段。作者的心情也十分低落。"一片"和"寂寞、凄清、孤独、无助"中的三个顿号处都应有强调停顿，需要较长的停顿时间，由此凸显作者感伤的心情。

第二段先是描写了秋雨，"一缕一缕地"之后的较长停顿，通过强调雨丝的"机械"飘落，突出了雨丝的冷漠，以衬托作者面对虎子生之无望的悲凉之感。

当然，对哀伤之感的表达，不仅仅只有强调停顿。例如"鲜艳"读强调重音，暗示作者低落的情绪有了转机；"浑茫"读强调重音，预示驱散"雨天悲愁"的"小花"所具有的生命力。强调重音概念，见本章第三节。另外，文中"__"标在标点符号之下，表示取消标点符号的停顿。

需要说明的是，以上对具体散文案例的理解，不同的人可能会有不同的处理方式，这是正常的。这也正是文学艺术作品富有魅力的地方，即每个人都可以借助文学艺术作品完成自己的一番情感体验。不过，这种情感体验不能违背了作品的表达意图，比如把愉快的情绪体验成痛苦的，把美好的体验成丑恶的。

四、停连的规律

音步是最小的节奏单位，是停连的基础。下面结合散文《日》②说明停连规律。例 1 是《日》的音步版，例 2 是《日》的停连版。

▲例 1.

日

巴 金

为着/追求/光°和热，° 将/身子/扑向/灯火，终于/死在/灯下，或者/浸在/油中，飞蛾/

---

① 季羡林.睁一只眼 闭一只眼[M].北京：人民文学出版社，2015：8.
② 巴金.巴金散文[M].北京：人民文学出版社，2007：79.

是°/值得/赞美的。°在/最后的/一瞬间/它°/得到/光~，°也/得到/热了。

我~/怀念/上古的/夸父，°他/追赶/日影，渴死/在°/旸谷。

为着/追求/光°/和热，人~/宁愿/舍弃/自己的/生命。生命/°是/可爱的。但°/寒冷的、寂寞的/生°，°却/不如/轰轰/烈烈的/死。

没有了/光°/和热，°这/人间/不是/°会/成为/黑暗的/寒冷/世界吗？

倘使/°有/一双/翅膀，°我/甘愿/做°/人间的/飞蛾。我要/飞向/火热的/日球，让我/°在/眼前/一阵/光°、身内/一阵/热的/当儿，失去/知觉，°而/化作/一阵/烟~，一撮/灰~。

▲例 2. 🎧

日

巴　金

为着追求光/和热，将身子扑向灯火，终于/死在灯下，或者浸在油中，飞蛾是值得/赞美的。在最后的一瞬间/它/得到光~，也得到热了。

我~怀念上古的夸父，他追赶日影，渴死在旸谷。

为着追求光/和热，人~宁愿舍弃/自己的生命。生命是可爱的。但寒冷的、寂寞的/生，却不如/轰轰烈烈的死。

没有了光/和热，这人间/不是会成为黑暗的/寒冷世界吗？

倘使有一双翅膀，我甘愿/做人间的飞蛾。我要飞向火热的/日球，让我在眼前一阵光、身内一阵热的当儿，失去知觉，而化作/一阵烟~，一撮灰~。

停连规律如下：

第一，要将停连层次和停连位置有机结合起来。

停连是分层次的。停连从音步开始，若干音步形成某种意义，便构成意群；若干意群表达一个完整的意思，便构成句子；若干句子表达一个观点，便构成句群；若干句群表达某种逻辑关系，便构成段落；若干段落表达某种观点或思想感情，便构成篇章。对此，示意如下：

音步＜意群＜句子＜句群＜段落＜篇章

这是停连自下而上的层次。音步、意群、句子、句群、段落之间都是可以停连的，但并非一定要停连。停连是为全文所要表达的观点或感情服务的。离开了全文的表达意图，就很难发挥停连的作用，所以要根据全文的表达意图，确定停连的位置。停连位置的确定要自上而下。

停连位置可能与音步、意群、句子、句群、段落重合。举例如下：

停连位置与音步重合的情况。第一段有两个单音节音步"光"。第一个"光"之后作停顿处理，第二个"光"之后作延长字音的处理。这也是单音节音步的两种时长处理方式。之所以这样处理，是因为第一个"光"与"热"有一种对比的关系。"和热"作为一个音步，"热"占一拍，为此，与其形成对比关系的"光"也处理为占一拍的时值，"光"作为一个音步，缺失的一拍通过停顿一拍的方式进行补充，满足一个音步两拍的要求。第二个"光"在小句的结尾，所以延长一个字音,满足音步的时值要求。第一个"光"是强调停连;第二个"光"是语法停连的位置,但基于感情表达的需要,在这里作强调停连看待。再如第一段"终于"之后的停顿,与音步"终于"重合,这里是强调停连。

停连位置与意群重合的情况。第一段"在最后的一瞬间"是一个意群,这个意群之后有一个停顿,是强调停连。

停连位置与句子重合的情况。第二段和第四段都只有一个句子,句子结束的地方,也是停连的地方,两者重合。这里都是强调停连。

停连位置与句群重合的情况。第三段有三个句子。第一个句子是总说,第二、第三个句子是分说。第二、第三个句子可以看作是一个句群,句群结束的地方也是停连的地方。

停连位置与段落重合的情况。这篇文章有五段,每个段落结束之处,也都是停连的地方。

第二,要将语法停连和强调停连有机结合起来。

从语法停连和强调停连的关系看,两者可能一致,也可能不一致。这篇文章写于1941年这一特殊的时代背景下,字字倾注了作者的热血,寄托了对光明的期待,所以语法停连之处大多可以作为强调停连进行朗读。

练一练

1. 选择题

(1) 汉语里最常见的音步是(　　　)。

A. 单音节　　　　　　B. 双音节　　　　　　C. 三音节　　　　　　D. 四音节

(2) 地名"布宜诺斯艾利斯"有(　　　)音步。

A. 一个　　　　　　B. 两个　　　　　　C. 三个　　　　　　D. 四个

(3) 在"啊!泰山!"中,"啊"是单音节词,可以通过(　　　)的方式满足一个音步的时长。

A. 停顿一拍　　　　B. 延长一拍　　　　C. 重读"啊"　　　　D. 轻读"啊"

2. 划分下文的音步🎧

下面四段文字选自散文《我喜欢》①。

我喜欢活着,生命是如此充满愉悦。

我喜欢冬天的阳光,在迷茫的晨雾中展开。我喜欢那份宁静淡远,我喜欢那没有喧哗的光和热,而当中午,满操场散坐着晒太阳的人,那种原始而纯朴的意象总深深地感动着我的心。

我喜欢在春风中踏过窄窄的山径,草莓像精致的红灯笼,一路殷勤地张结着。我喜欢抬头看树梢尖尖的小芽儿,极嫩的黄绿色中透着一派天真的粉红——它好像准备着要奉献什么,要展示什么。那柔弱而又生意盎然的风度,常在无言中教导我一些最美丽的真理。

① 张晓风. 不知有花[M]. 北京:北京联合出版公司,2022:29.

我喜欢看一块平平整整、油油亮亮的秧田。那细小的禾苗密密地排在一起,好像一张多绒的毯子,是集许多翠禽的羽毛织成的,它总是激发我想在上面躺一躺的欲望。

3. 给下文标出生理停顿、强调停顿🎧

下面一段文字选自散文《四窟小记》①。

我写诗四十年,迄今虽已出版过十四本诗集,却认为,诗,仍然是最神秘也是最难追求的缪斯,她不会因为你曾经有幸一亲芳泽,便每次有把握到手。要在有限的篇幅里开辟无限的天地,要用文字的符号捕捉经验的实感,要记下最私己的日记却同时能敲响民族的共鸣,要把自己的风格像签名一样签在时代的额头上,一位诗人必须把他全部的生命投入诗艺。天才不足恃,因为多少青年的才子都过不了中年这一关,才气的锋刃在现实上砍缺了口。灵感,往往成了懒人的借口。高傲的缪斯,苦追都不见得能到手,何况还等她翩然来访,粲然垂顾呢? 今日,多少诗人都自称是在写自由诗,最是误己误人。积极的自由,得先克服、超越许多限制;消极的自由只是混乱而已。"从心所欲,不逾矩"才是积极的自由。所谓"矩",正是分寸与法度。至于消极的自由,根本就没有"矩";不识"矩",也就无所谓是否"逾矩"。

第三节　重音

本节音频

课前提问

1. 选择题

(1)(　　　)的轻重格式一样。

A. 分辨　　　　　　B. 功能　　　　　　C. 宏观　　　　　　D. 耽误

(2)"怪不得"中(　　　)读轻声。

A. 怪　　　　　　　B. 不　　　　　　　C. 得　　　　　　　D. 没有

(3)"黑不溜秋"中(　　　)读轻声。

A. 黑　　　　　　　B. 不　　　　　　　C. 溜　　　　　　　D. 秋

2. 判断题

(1)在普通话中,词语的读音有轻重之别。(　　　)

(2)一般情况下,在"她是老师。"这句话中"是老师"要重读。(　　　)

(3)一般情况下,在"她很开心。"这句话中"很"要重读。(　　　)

---

① 余光中. 余光中散文[M]. 杭州:浙江文艺出版社,2004:313—314.

　　当一个词有两个或两个以上音节、一个句子有两个或两个以上词语时,就要区分声音的轻重了。语音之所以有轻重之分,一方面是受语音结构的制约,另一方面是受情感的影响。语音的轻重分为词语和句子两个层面。

一、词语的轻重音

　　当词语有两个或两个以上音节时,每个音节都一样轻重吗? 答案是否定的。在汉语的双音节以及双音节以上的词语中,每个音节是否有轻重之分,其中又有怎样的规律,学界对此有不同看法。下面介绍普通话词语的轻重音现象供参考。

(一) 轻重音的性质

　　不同类型的语言,词语的轻重音情况有所不同。

　　在非声调语言中,例如在英语中,重音可以分出等级,具有这种特点的语言也叫重音语言。英语单词的重音可以分出重音、次重音、非重音,当然只有在多音节单词中才会有这三种重音。比如"congratulation"(含有"祝贺"的意思)读[kənˌɡrætʃuˈleʃən],有五个音节,即[kən]、[ɡræ]、[tʃu]、[le]、[ʃən]。其中,第四个音节是重音,其左上方用短竖杠作重音标记;第二个音节是次重音,其左下方用短竖杠作次重音标记;其他音节都是非重读音节,不作标记。再如"happy"(含有"快乐"的意思)读[ˈhæpɪ],有两个音节,即[hæ]、[pɪ],第一个音节是重音,第二个音节是非重读音节,这个单词没有次重音。

　　汉语是声调语言。就普通话音节在听感上的轻重来看,可分为三个等级:重音、中音(次重音)、轻音。轻音跟重音相对。

　　从表义功能上看,重音、中音不起表义作用,而一部分轻音有表意作用。从声调方面来说,音节失去声调之后读轻声。轻声也是轻音。例如"东西(dōngxī)"和"东西(dōngxi)"的区别就在于"西"是否读轻声。前者指东边和西边,后者泛指各种具体或抽象的事物。再如"照应(zhàoyìng)"和"照应(zhàoying)"的区别就在于"应"是否读轻声。前者指配合、呼应,后者指照料。

(二) 轻重格式

　　普通话词语的重音、中音、轻音如何区分呢? 首先,对于含有轻声的词,如果是双音节词,则只区分重音和轻声;如果是三音节及三音节以上的词,则要区分重音、中音和轻声。其次,对于不含轻声的词,则区分重音和中音。

　　下面介绍双音节词、三音节词和四音节词的轻重格式。

1. 双音节词的轻重格式

　　根据双音节词是否含有轻声,可分为以下两类:

（1）中重格式

在没有轻声的双音节词语中，一般重读最后一个音节，前一个音节则是中音，构成"中重格式"。[1] 下面加点的字读重音。🎧

▲例 1. 拉力、加强、羊羔、围棋、永生、远大、细微、照常

各个音节在听感上的轻重程度都有可能不同。一般情况下，普通话重音音节的音长比较长，调域也比较宽，调型也比较完整；这时虽然音强往往也有所加强，但不是主要的。[2] 这一关于轻重格式的发音规律可以指导我们读准没有轻声的双音节词语。

（2）重轻格式。

含有轻声的双音节属于重轻格式。下面加点的字读轻声。🎧

▲例 2. 白净、帮手、打算、耽搁、动弹、富余、架势、能耐、张罗、祖宗

跟中重格式相比，重轻格式中的轻声音节"轻"且"短"的特点就突显出来了。

此外，还有同一个词语有轻声和非轻声两种读法的情况。这又分三种情况：

第一种情况，是否读轻声，影响词义。例如"对头"这个词中"头"有轻声和非轻声两种读音。"对头"读 duìtóu 时，作形容词，有三个义项：①正确；合适。例如"方法对头，效率就高"。②正常（多用于否定式）。例如"他今天看上去不对头"。③合得来（多用于否定式）。例如"他们两人脾气不对头"。"对头"读 duìtou 时，作名词，有两个义项：①仇敌；敌对的方面。②对手。[3]

第二种情况，是否读轻声，不影响词义。例如"西瓜"读 xīguā 或 xīgua，都可以。"学生"读 xuéshēng 或 xuésheng，都可以。也就是说，"西瓜""学生"有两种读法，即中重格式、重轻格式。

第三种情况，双音节的轻声词语，在四字词语中读非轻声。例如"涂"在"糊涂"中读轻声，在"稀里糊涂"中读非轻声。

2. 三音节词的轻重格式

三音节词有以下三类轻重格式，其中以"中轻重"和"中重轻"这两种格式居多。[4]

（1）中轻重格式

在这一格式中，第二个音节都读轻声。下面加点的字读轻声。🎧

▲例 1. 犯不着、来得及、蘑菇云、泡泡糖、生意经

（2）中重轻格式

在这一格式中，第三个音节都读轻声。下面加点的字读轻声。🎧

▲例 2. 摆架子、老师们、闹别扭、卖关子、硬骨头

① 林茂灿，颜景助，孙国华. 北京话两字组正常重音的初步实验[J]. 方言 1984(01).
② 林焘，王理嘉著，王韫佳，王理嘉增订. 语音学教程[M]. 北京：北京大学出版社，2016：165.
③ 本书中对字词的释义，如无特殊说明，均引自：中国社会科学院语言研究所词典编辑室编. 现代汉语词典（第 7 版）[M]. 北京：商务印书馆，2017.
④ 邵敬敏主编. 现代汉语通论[M]. 上海：上海教育出版社，2001：64.

（3）重轻轻格式。

在这一格式中，第二、第三个音节都读轻声。下面加点的字读轻声。🎧

▲例 3. 先生们、朋友们、娃娃们、舍不得、豁出去

3. 四音节词的轻重格式

四音节词有以下两类轻重格式。

（1）中轻中重格式

在这一格式中，第二个音节轻读。下面加点的字读轻声。🎧

▲例 1. 大大咧咧、稀里糊涂、老实巴交、酸不溜丢、花花搭搭

（2）中轻重轻格式

在这一格式中，第二、第四个音节都读轻声。下面加点的字读轻声。🎧

▲例 2. 萝卜缨子、兔子尾巴、木头桌子、外甥媳妇、知识分子

二、句子的重音

句子的重音包括语法重音与强调重音两类。

（一）语法重音

语法重音指根据语法结构特点而重读某些句法成分的现象。它是一种客观的重音。句法成分有主语、谓语、宾语、定语、状语、补语等六类。语法重音主要有以下五条规律[1]，例子中加点的词语需要重读。🎧

第一，短句子里的谓语部分常常重读。

▲例 1. 他爸爸是医生。

▲例 2. 明天阴天。

▲例 3. 那里的物种十分丰富。

第二，名词前面的定语常常重读。

▲例 4. 琳琅满目的饰品摆满了货架。

▲例 5. 他买了最新款的手机。

▲例 6. 从篱笆里钻出五颜六色的喇叭花。

第三，动词或形容词前面的状语常常重读。

▲例 7. 大风猛烈地横扫过来。

▲例 8. 他慢慢走远了。

▲例 9. 她开心地笑起来。

---

[1] 胡裕树主编. 现代汉语[M]. 上海：上海教育出版社，1997：114—115.

第四,动词后面由形容词、动词及部分词组充当的补语常常重读。

▲例10.他开车开得飞快。

▲例11.她跑得气喘吁吁。

▲例12.她累得腰酸背痛。

第五,有些代词常常重读。

▲例13.她下午逛街什么也没买。

▲例14.谁把礼物藏起来了?

▲例15.那些都是精装的图书吗?

(二) 强调重音

强调重音又叫感情重音、逻辑重音,是指根据思想感情的需要而重读某些部分的现象。强调重音有以下几个特点:

第一,语法重音可以是强调重音,但并非所有的语法重音都会成为强调重音。

第二,句子可以同时有语法重音和强调重音,但并非所有的句子都有强调重音。

第三,从声音强度上看,语法重音只是句子中需要重读的句法成分比其他句法成分读得重一些,而强调重音则比语法重音更强一些,由此也才能把需要强调的部分突出出来。[①] 换句话说,在句子中声音最强的是强调重音,其次是语法重音。

第四,强调重音是完全从感情需要出发的,因此是主观的,同样是"这件衣服是网购的"这句话,强调重音不同,意思也有所不同。🎧

▲例1.这件衣服是网购的。(强调"这",而不是其他的)

▲例2.这件衣服是网购的。(强调"衣服",而不是其他的)

▲例3.这件衣服是网购的。(强调"是",表示肯定)

▲例4.这件衣服是网购的。(强调"网购",而不是其他的购买方式)

朗读是对作品的二次创作,所以朗读时要仔细揣摩字里行间的含义,正确处理强调重音,以准确传达作品的思想感情。

下面以散文《霞》[②]中的三段为例,分析其中的强调重音,加点的字读强调重音。🎧

霞,是我的老朋友了! 我童年在海边、在山上,她是我的最熟悉最美丽的小伙伴。她每早每晚都在光明中和我说"早上好"或"明天见"。但我直到几十年后,才体会到云彩更多,霞光才愈美丽。从云翳中外露的霞光,才是璀璨多彩的。

生命中不是只有快乐,也不是只有痛苦,快乐和痛苦是相生相成,互相衬托的。

快乐是一抹微云,痛苦是压城的乌云,这不同的云彩,在你生命的天边重叠着,在"夕阳无限好"的时候,就给你造成一个美丽的黄昏。

---

① 胡裕树主编. 现代汉语[M].上海:上海教育出版社,1997:115.
② 冰心.冰心作品精选[M].武汉:长江文艺出版社,2012:214.

练一练

1. 选择题

(1)（　　）的轻重格式一样。

A. 落实　　　　　　B. 浪花　　　　　C. 能耐　　　　　D. 轮船

(2)（　　）的轻重格式一样。

A. 马上　　　　　　B. 麦子　　　　　C. 快活　　　　　D. 烧饼

(3)"拿得动"中（　　）读轻声。

A. 拿　　　　　　　B. 得　　　　　　C. 动　　　　　　D. 没有

(4)"滴里嘟噜"中（　　）读轻声。

A. 滴　　　　　　　B. 里　　　　　　C. 嘟　　　　　　D. 噜

2. 标出下列句子中的语法重音,并说明重读的理由。🎧

(1) 明天星期一。

(2) 那里有一片富饶的土地。

(3) 孩子们蹦蹦跳跳地跑了过来。

(4) 她把衣服叠得整整齐齐。

(5) 哪些是准备过年的礼品?

3. 标出下文中的强调重音。🎧

下面四段文字选自散文《广玉兰赞》①。

一连几天,成了我的习惯,每天散步的时候都要观察与欣赏一下广玉兰。

花朵还未成苞,最早萌芽在枝头的时候,只是一根淡绿色的嫩芽,然后逐渐结成花苞,又从淡绿色成为碧玉色的花苞脱颖而出,坚实挺立的身上还披着一叶已经萎黄的外壳,证明一个新的生命开始了。这个花苞约莫有三四寸高,到这时候,它开放了。刚开的花朵里往往钻进去六七只蜜蜂,围绕着花蕊飞来飞去;这个椭圆形的花蕊有一寸左右长,像是一颗夹杂着淡黄青绿色的白嫩白嫩的小玉米。

当玉兰花大开之后,有手掌心那么大的花瓣,便洁白鲜嫩像婴儿的笑脸、少女的掌心,显得那么温柔、纯洁,几乎使人不禁要伸手去抚摸一下。然而,它们悄悄地逐渐萎黄了,终于变为一片片褐色卷起枯黄的叶儿飘落在泥土野草之中,流散在树脚下。尽管在一棵广玉兰树上,新的、大大小小的花苞不断耸立,有的玉兰苞刚刚开放,有的正处在盛开的时节,然而在碧绿的密集的树叶中,即使只有少数枯黄的玉兰花的残片,也觉得特别显眼,不免使人感到十分惋惜和遗憾。

可是我终于发现了一个秘密:当玉兰花枯萎凋落之后,它的花蕊却变成了近两寸长的鲜丽的近乎紫红色的颗粒如细珠的圆茎,还毅然独自挺立在枝头!而且还在它的根部又冒出一枝新的嫩芽来,似乎证明洁白的玉兰花虽然花开花落,从生到死,然而它还有一棵红心依

① 林非编选.中国现当代散文选[M].北京:人民文学出版社,2022:184—185.

然牵立,还在孕蕴着新芽。可惜我要走了,我来不及看到这棵嫩芽生长起来之后,到底是一棵新的树叶还是一个新的花苞!

第四节　句调

本节音频

课前提问

1. 选择题
(1)"时间就这样不知不觉过去了。"读(　　　)。
A. 升调　　　　　　B. 降调　　　　　　C. 平调　　　　　　D. 曲调

(2)"快走快走!"读(　　　)。
A. 升调　　　　　　B. 降调　　　　　　C. 平调　　　　　　D. 曲调

(3)"那是谁的衣服?"读(　　　)。
A. 升调　　　　　　B. 降调　　　　　　C. 平调　　　　　　D. 曲调

2. 判断题
(1) 句调只有两种,非升即降。(　　　)
(2) 读升调的都是疑问句。(　　　)
(3) 只有汉语才有句调,其他语言只有语调。(　　　)

句调指句子的高低升降所形成的音调。句调也叫语调,这是语调的狭义概念。广义的语调,除了包括句调之外,还包括重音、节奏等。我们采用狭义的语调概念。

一、句调的类型

句调随着感情的变化而有不同的表现形式,常见的形式有升调、降调、平调、曲调等四类①。为方便标记朗读文本,四个句调的标记符号如下:升调(↗)、降调(↘)、平调(→)、曲调(↯)。在朗读文本中标注时,以上标形式出现。

(一)升调

升调的特点是前低后高,语势②上升。这一调型表示号召、鼓励、申诉、反问、设问、疑惑

---

① (1)胡裕树主编. 现代汉语[M].上海:上海教育出版社,1997:117—118.(2)邵敬敏主编.现代汉语通论[M].上海:上海教育出版社,2001:66.
② 语势指有声语言中语句的发展或行进的趋向和态势。引自:张颂.朗读学(第四版)[M].北京:中国传媒大学出版社,2022:181.

等比较激动的感情。

▲例 1. 大家都抓紧时间去吧！↗

▲例 2. 可以这样说吗？↗

▲例 3. 简直难以理解！↗

（二）降调 🎧

降调的特点是前高后低，语势下降。这一调型表示肯定、决心、自信、赞扬、心情沉重等感情。

▲例 1. 日子就这样一天天过去了。↘

▲例 2. 两年来，他工作很勤奋。↘

▲例 3. 真是太壮观了！↘

（三）平调 🎧

平调的特点是音高没有显著变化，语势平缓。这一调型表示严肃、庄严、冷淡等感情，或不带特殊感情的叙述或说明。

▲例 1. 这件事结果怎样，现在还很难说。→

▲例 2. 他刚刚去书店。→

▲例 3. 这些就是昨天演讲的链接。→

（四）曲调 🎧

曲调的特点是句子的高低有曲折变化，语势曲折。这一调型大多表示惊讶、讽刺、夸张、幽默、恐吓等感情。

▲例 1. 他怎么可能不知道？〰

▲例 2. 这难道是他的真实动机？〰

▲例 3. 她以为自己是谁，还替我操心！〰

二、句调的运用

下面以戴望舒的诗歌《我用残损的手掌》[①]、柯灵《野渡》[②]为例，分析句调在表达感情上的作用。

《我用残损的手掌》这首诗是诗人后期诗歌中的代表作之一。诗中，"我"以"残损的手掌"抚摸着"无限的江山"，感情悲凄，但仍拥有着崇高的信念——"永恒的中国"。这首诗整体上语调深沉，节奏舒缓，后半部分逐渐走向刚毅。因此，在朗诵时运用了升调、降调和平

---

① 戴望舒.戴望舒诗全集:我不敢说出你的名字[M].成都:四川人民出版社,2018:104—105.
② 柯灵.柯灵散文选[M].北京:人民文学出版社,2009:38—40.

调。其中,平调不做标注,只标注升调和降调。在诗的前半部分,多用降调;后半部分,多用升调。这首诗发自肺腑,感人至深,用重叠使用升调或降调的方式表示强调。

我用残损的手掌🎧
戴望舒

我用残损的手掌

摸索这广大的土地:↘

这一角已变成灰烬,↗

那一角只是血和泥;↘

这一片湖该是我的家乡,

(春天,堤上繁花如锦幛,↗

嫩柳枝折断有奇异的芬芳,↗)

我触到荇藻和水的微凉;↘

这长白山的雪峰冷到彻骨,↘

这黄河的水夹泥沙在指间滑出;↘

江南的水田,你当年新生的禾草↗

是那么细,那么软……现在只有蓬蒿;↘

岭南的荔枝花寂寞地憔悴,

尽那边,我蘸着南海没有渔船的苦水……↘

无形的手掌掠过无限的江山,

手指沾了血和灰,手掌粘了阴暗,

只有那辽远的一角依然完整,↗

温暖,明朗,坚固而蓬勃生春。↗↗

在那上面,我用残损的手掌轻抚,↗

像恋人的柔发,婴孩手中乳。↘

我把全部的力量运在手掌

贴在上面,寄与爱和一切希望,↗↗

因为只有那里是太阳,是春,↗

将驱逐阴暗,带来苏生,↗

因为只有那里我们不像牲口一样活,

蝼蚁一样死……那里,永恒的中国!↗↗↗

《野渡》是一篇富有哲理的散文。开篇以一句发问,把读者引入水晶似的世界:田田荷叶般的地理格局,如诗如画般的乡村生活。文章以一大半的篇幅描写了摆渡老人的生活。在"摆渡呀!"一声声的呼唤中,乘船人心之所系不是在彼岸,就是在此岸,为自己的生计奔波劳碌,为别人的新闻评长论短,而老人的心却不为所动,看似超然物外,但终究还会被不懂事的乘船人扰乱心绪。文章以一句发问结束,令人深思。

水乡的生活静谧恬淡,像是一个世外桃源。作者似乎把水乡视为精神家园,把摆渡人当作引渡人,在对摆渡老人的描写中传达了自己对人生的思考。这篇文章整体上语调由前文的明朗转为后文的悲凉,节奏由前文的明快转为后文的舒缓。因此,朗诵前文时,多用升调、降调;朗诵后文时,多用平调、降调。其中,平调不做标注,只标注升调和降调。

野渡

柯灵

你可曾到过浙东的水村?——那是一种水晶似的境界。

村外照例傍着个明镜般的湖泊,一片烟波接着远天。跑进村子,广场上满张渔网,划船大串列队般泊在岸边,小河从容向全村各处流去,左右萦回,彩带似的打着花结,把一个村子分成许多岛屿。如果爬到山上鸟瞰一下,恰像是田田的荷叶——这种地理形势,乡间有个"荷叶地"的专门名词。从这片叶到那片叶,往来交通自非得借重桥梁了,但造了石桥,等于在荷叶上钉了铁链,难免破坏风水;因此满村架的都是活动的板桥,在较阔的河面,便利用船只过渡。

渡头或在崖边山脚,或在平畴野岸,邻近很少人家,系舟处却总有一所古陋的小屋临流独立。是"揉渡"那必系路亭,是"摇渡"那就许是船夫的住所。

午后昼静时光,溶溶的河流催眠似的低吟浅唱,远处间或有些鸡声虫声。山脚边忽传来一串俚歌,接着树林里闪出一个人影,也许带着包裹雨伞,挑一点竹笼担子,且行且唱,到路亭里把东西一放,就蹲在渡头,向水里捞起系在船上的"揉渡"绳子,一把一把将那魁星斗似的四方渡船,从对岸缓缓揉过,靠岸之后,从容取回物件,跳到船上,再拉着绳子连船带人曳向对岸。或者另一种"摆渡"所在,荒径之间,远远来了个外方行客,惯走江湖的人物,站到河边,扬起喉咙叫道:

"摆渡呀!"

四野悄然,把这声音衬出一点原始的寂寞。接着对岸不久就发出橹声,一只小船咿咿呀呀地摇过来了。

摇渡船的仿佛多是老人,白须白发在水上来去,看来极其潇洒,使人想到秋江的白鹭。他们是从年轻时就做起,还是老去的英雄,游遍江湖,破过命运的罗网,而终为时光所败北,遂不管晴雨风雪,终年来这河畔为世人渡引的呢?有一时机我曾谛视一个渡船老人的生活,而他却像是极其冷漠的人。

　　这老人有家,有比他年轻的妻,有儿子媳妇,全家就住在渡头的小庙里。↘生活虽未免简单,暮境似不算荒凉;但他除了为年月所刻成的皱纹,脸上还永远挂着严霜似的寒意。↘他平时少在船上,总是到有人叫渡时才上船。↘平常绝少说话,有时来个村中少年,↗性情急躁,叫声高昂迫促一点,↗下船时就得听老人喃喃的责骂。↘

　　老人生活所需,似乎由村中大族祠堂所供给,所以村人过渡的照例不必花钱。↘有些每天必得从渡头往返的,便到年终节尾,↗酬谢他一些米麦糕饼。↘客帮行脚小贩,却总不欠那份出门人的谦和礼教,↗到岸时含笑谢过,还掏出一二铜子,玱琅一声,↗丢到船肚,然后挑起担子,摇着鼓儿走去。↘老人也不答话,看看这边无人过渡,便又寂寞地把船摇回去了。↘

　　每天上午是渡头最热闹的时候,太阳刚升起不久,照着翠色的山崖和远岸,↗河上正散着氤氲的雾气,赶市的村人陆续结伴而来了,↗人多时俨然成为行列,让老人来来回回地将他们载向对岸;太阳将直时从市上回村,老人就又须忙着把他们接回。↘

　　一到午后,老人就大抵躲进小庙,或在庙前坐着默然吸他的旱烟,哲人似的许久望着远天和款款的流水。↘

　　天晚了,夕阳影里,又有三五人影移来,寂寞而空洞地叫道:

　　"摆渡呀!"↘↘

　　那大抵是从市上溜达了回来的闲人,到了船上,还刺刺地谈着小茶馆里听来的新闻,夹带着评长论短,讲到得意处,↗清脆的笑声便从水上飞起。↘但老人总是沉默着,咿咿呀呀地摇他的渡船,仿佛不愿意听这些庸俗的世事。↘

　　一般渡头的光景,总使我十分动心。到路亭闲坐一刻,岸边徘徊一阵,看看那点简单的人事,觉得总不缺乏值得咀嚼的地方。↘老人的沉默使我喜欢,↗而他的冷漠却引起我的思索。↘岂以为去来两岸的河上生涯,↗未免过于拘束,遂令那一份渡引世人的庄严的工作,也觉得对他过于屈辱了吗?↗↗

一九三五年

练一练

　　1. 给诗歌《致橡树》①标注句调。🎧

致橡树

舒　婷

我如果爱你——

绝不像攀援的凌霄花,

借你的高枝炫耀自己;

---

① 舒婷.舒婷诗精编[M].武汉:长江文艺出版社,2014:92—93.

我如果爱你——
绝不学痴情的鸟儿，
为绿荫重复单调的歌曲；
也不止像泉源，
长年送来清凉的慰藉；
也不止像险峰，
增加你的高度，衬托你的威仪。
甚至日光。
甚至春雨。
不，这些都还不够！
我必须是你近旁的一株木棉，
作为树的形象和你站在一起。
根，紧握在地下，
叶，相触在云里。
每一阵风过，
我们都互相致意，
但没有人
听懂我们的言语。
你有你的铜枝铁干，
像刀，像剑，
也像戟；
我有我红硕的花朵，
像沉重的叹息，
又像英勇的火炬。
我们分担寒潮、风雷、霹雳；
我们共享雾霭、流岚、虹霓，
仿佛永远分离，
却又终身相依。
这才是伟大的爱情，
坚贞就在这里：
爱——
不仅爱你伟岸的身躯，
也爱你坚持的位置，足下的土地。

1977.3.27

2. 给散文《一株柳》①标注句调。

一株柳
陈忠实

这是一株柳,一株在平原在水边极其普通极其平常的柳树。

这是一株神奇的柳树,神奇到令我望而生畏的柳树,它伫立在青海高原上。

在青海高原,每走一处,面对广袤无垠、青草覆盖的原野,寸木不生、青石嶙峋的山峰,深邃的蓝天和凝滞的云团,心头便弥漫着古典边塞诗词的悲壮和苍凉。走到李家峡水电站总部的大门口,我一眼就瞅见了这株大柳树,不由得"哦"了一声。

这是我在高原见到的唯一的一株柳树。我站在这里,目力所及,背后是连绵的铁铸一样的青山,近处是呈现着赭红色的起伏的原野,根本看不到任何一种树。没有树林的原野显得尤其简洁而开阔,也显得异常的苍茫和苍凉。这株柳树怎么会生长起来壮大起来,怎么就造成高原如此壮观的一方独立的风景?

这株柳树大约有两合抱粗,浓密的树叶覆盖出大约百十余平方米的树阴;树干和枝叶呈现出生铁铁锭的色泽,粗实而坚硬;叶子如此之绿,绿得苍郁,绿得深沉,自然使人感到高寒和缺水对生命颜色的独特锻铸。它巍巍然撑立在高原之上,给人以生命伟力的强大的感召。

我便抑制不住猜测和想象:风从遥远的河川把一粒柳絮卷上高原,随意抛散到这里,那一年恰遇好雨水,它有幸萌发了;风把一团团柳絮抛散到这里,生长出一片幼柳,随之而来的持续的干旱把这一茬柳树苗子全毁了,只有这一株柳树奇迹般地保存了生命;自古以来,人们也许年复一年看到过一茬一茬的柳树苗子在春天冒出又在夏天旱死,也许熬过了持久的干旱却躲不过更为严酷的寒冷,干旱和寒冷绝不宽容任何一条绿色的生命活到一岁;这株柳树就造成了一个不可思议的奇迹,千年奇迹万年奇迹,无法猜度它是否属于一粒超级种子?

我依然沉浸在想象的情感世界:长到这样粗的一株柳树,经历过多少虐杀生灵的高原风雪,冻死过多少次又复苏过来;经历过多少场铺天盖地的雷轰电击,被劈断了枝干而又重新抽出了新条;它无疑经受过一次摧毁又一次摧毁,却能够一回又一回起死回生,这是一种顽强一种侥幸还是有神助佛佑?

我家乡的灞河以柳树名贯古今,历代诗家词人对那里的柳枝柳絮倾洒过多少墨汁和泪水。然而面对青海高原的这一株柳树,我却崇拜到敬畏的情境了。是的,家乡灞河边的柳树确有引我自豪的历史,每每吟诵那些折柳送别的诗篇,都会抹浓一层怀念家园的乡情。然而,家乡水边的柳枝却极易生长,随手折一条柳枝插下去,就发芽生长,三两年便成为一株婀娜多姿、风情万种的柳树了;漫天飞扬的柳絮飘落到沙滩上,便急骤冒出一片又一片芦苇一样的柳丛。青海高原上的这一株柳树,为保存生命却要付出怎样难以想象的艰苦卓绝的努力? 同是一种柳树,生活的道路和生命的命运相差何远?

---

① 陈忠实.陈忠实散文[M].北京:人民文学出版社,2022:91—93.

　　这株柳树没有抱怨命运,也没有畏怯生存之危险和艰难,更没有攀比没有忌妒河边同族同类的鸡肠小肚,而是聚合全部身心之力与生存环境抗争,以超乎想象的毅力和韧劲生存下来发展起来壮大起来,终于造成了高原上的一方壮丽的风景。命运给予它的几乎是九十九条死亡之路,它却在一线希望之中成就了一片绿荫。

　　我崇拜这株高原柳树。

第五节　节奏

| 本节音频 |

课前提问

1. 选择题

(1)《静夜思》(作者:李白)的节奏类型是(　　)。

A. 押韵型　　　　　B. 平仄型　　　　　C. 齐言型　　　　　D. 快慢型

(2)《再别康桥》(作者:徐志摩)的节奏类型是(　　)。

A. 扬抑型　　　　　B. 重轻型　　　　　C. 齐言型　　　　　D. 快慢型

(3)(　　)有节奏。

A. 唐诗　　　　　　B. 宋词　　　　　　C. 元曲　　　　　　D. 散文

2. 判断题

(1) 同一段内容的节奏类型是不能重合的。(　　　)

(2) 长短型节奏指有的地方读得快,有的地方读得慢。(　　　)

(3) 朗读文章的语速是任意的,跟表达文章的感情没有什么关系。(　　　)

　　节奏就在我们的日常生活中,秒、分、钟、日、月、年的关系计量着时间的节奏,音符的长短关系组织起了音乐的节奏,那么语言(语音)有节奏吗？答案是肯定的。"蒹葭苍苍,白露为霜。所谓伊人,在水一方"是我国最早的一部诗歌总集《诗经·秦风·蒹葭》中的诗句。"丝对竹,剑对琴。素志对丹心。千愁对一醉,虎啸对龙吟"是清代出版物——《声律启蒙》中的诗句。朗读时,我们无疑能感受到其内在的节奏,节奏是文章,特别是韵文的灵魂。

一、节奏的概念

　　提起音乐的节奏,只要播放一首音乐,观赏一段舞蹈,我们就会不由得跟着拍子唱起来,跳起来。"人类是会自发配合音乐拍子的唯一物种",音乐节拍对行为、知觉和大脑信号的影响已经通过很多途径证明了。① 对于语言中的节奏，人们关注并研究最早的是诗歌的节奏。对于日常语言的节奏，语言学领域也有相关探索。

语言节奏，不仅涉及音质层面，还涉及非音质层面，情况十分复杂，就日常语言的情况来看，就更是如此。因此，在谈语言节奏时，还是把韵文和非韵文分开比较好。韵文跟散文相对，是指有节奏韵律的文学体裁，例如诗、词、曲等等。② 韵文是语言韵律特征的集中体现，对韵文节奏规律的梳理，同样也有助于观察非韵文的节奏规律，实际上，在讲究节奏韵律的散文作品中，同样也体现了节奏特点。我们在归纳节奏特点及举例时，也是从这类作品中选取案例的。

语言的节奏是语言中音质因素和非音质因素所形成的对立统一关系的总和。

二、节奏的类型

汉字是语素-音节文字，汉语是有声调语言，这些都深刻地影响到汉语的节奏类型。③ 虽然说音质因素和非音质因素互相不可分离，不过它们在节奏中发挥的作用各有侧重。在汉语的八种节奏类型中，押韵型属于音质层面的节奏类型，其他都属于非音质层面的节奏类型。下面所举的例子，往往不止一种节奏类型，但只分析举例中的类型。

（一）押韵型

押韵型指韵字回环的节奏类型。例如在七言绝句《乡村四月》中，"川（chuān）""烟（yān）"和"田（tián）"押寒韵。

乡村四月 🎧

［宋］翁卷

绿遍山原白满川，

子规声里雨如烟。

乡村四月闲人少，

才了蚕桑又插田。

在下面这段文字的第一句中，三个分句的结构是一样的，每个分句中的"园""啊"押韵。其中"啊"字的韵母是 ɑ，在形式上押韵，不过在朗读时会发生音变。

春日的梅园，杏雨飘梅，多么美丽啊；夏日的梅园，薰风拂荷，多么爽畅啊；秋日的梅园，霜菊飞黄，何等幽逸啊！今日的梅园，却不同了：苍山覆雪，明烛天南，虽没有春日的红杏，夏日的绿

① ［美］帕泰尔（Aniruddh D. Patel）. 音乐、语言与脑［M］. 杨玉芳，蔡丹超，等译. 上海：华东师范大学出版社，2014：73、77.
② 中国社会科学院语言研究所词典编辑室编. 现代汉语词典（第7版）［M］. 北京：商务印书馆 2017：1625.
③ 行文中称说汉语时，所说情况包括普通话。下文同此，不再说明。

荷，秋日的菊黄，但依旧美丽、爽畅、幽逸，正所谓总四时的胜景于一朝了。

芮麟《香海雪影》①

（二）平仄型

平仄型指平仄相承或相反的节奏类型。例如《回乡偶书》是仄起七言绝句。

回乡偶书

［唐］贺知章

丨丨－－丨丨－

少小离家老大回，

－－－丨丨－－

乡音无改鬓毛衰。

－－－丨丨－丨

儿童相见不相识，

丨丨丨－－丨－

笑问客从何处来。

《回乡偶书》的格律如下：

仄仄平平仄仄平
平平平仄仄平平
平平平仄仄平仄
仄仄仄平平仄平

这首诗的第一句和第二句的格律基本是相反的，第二句和第三句的格律基本相同，第三句和第四句的格律又基本相反。其中，5 个加点的地方，跟仄起七言绝句的如下格律标准相比有出入（见下面 5 个加点的地方），但其都在第三或第五个字的位置上，根据"一三五不论"的原则，这首诗是完全合律的。该诗押开韵，"回"读 huái。

仄仄平平仄仄平
平平仄仄仄平平
平平仄仄平平仄
仄仄平平仄仄平

下面这段内容有 113 字，其中有 6 对在语义上形成对照的四字词语，共 48 字，根据普通话的平仄，构成了平仄关系，约占总字数的 42.5%，这段内容读起来极富有节奏韵律。这些

---

① 陈子善，蔡翔主编. 雪[M]. 北京：人民文学出版社，2007：181.

平仄关系分为两大类,请看表 4-4。例如"说来就来"的第二个字、第四个字都是"来",属于平声,"说去就去"的第二个字、第四个字都是"去",属于仄声,由此形成了平仄对比关系。再如文中"兴致勃勃、气势滂沱"形成了仄仄平平、仄仄平平的平仄间隔关系,"随心所欲"和"无所顾忌"的最后两个字都是仄声,形成了仄仄间隔出现的节奏。

表 4-4　散文片段的平仄类型举例

类型			例子	平仄格式
平仄对比	四个字	第一对	心满意足	平仄仄平
			艳阳高照	仄平平仄
	第二个字 第四个字	第二对	说来就来	平平仄平
			说去就去	平仄仄仄
	第四个字	第三对	刚性十足	平仄平平
			弹性丰满	平仄平平
平仄间隔一样	每两个相间	第四对	兴致勃勃	仄仄平平
			气势滂沱	仄仄平平
	第三个字 第四个字	第五对	踌躇娇羞	平平平平
			情意缠绵	平仄平平
		第六对	随心所欲	平平仄仄
			无所顾忌	平仄仄仄

　　我喜欢夏天的雨,是因为夏天的雨随心所欲,一切无所顾忌,说来就来、说去就去。来则兴致勃勃、气势滂沱,去则心满意足、艳阳高照,全没有半点阴霾。夏天的豪爽激情很大程度依赖于这刚性十足、弹性丰满的雨。夏天的雨全没有春雨那般踌躇娇羞、秋雨那般苦苦支撑着的情意缠绵。

朱伟《夏天的雨》[①] 🎧

(三) 齐言型

　　齐言型指字数相等且结构一样或结构相近的节奏类型。例如《除夜》是五言律诗,每句字数一样,都是五个字。这首诗全文都是齐言型。

除夜 🎧

[宋]文天祥

乾坤空落落,岁月去堂堂。

---

① 陈子善,蔡翔主编.夏[M].北京:人民文学出版社,2007:183.

末路惊风雨，穷边饱雪霜。

命随年欲尽，身与世俱忘。

无复屠苏梦，挑灯夜未央。

在下面这段文字中，划波浪线的 9 处结构，每处都是字数相等的齐言关系，节奏整齐。例如"是希望""是青春""是生命"这三个短语的结构一样，而且字数一样，构成了齐言型的节奏特点。

春天，绿的世界。秋天，丹的天地。

绿，是播种者的颜色，是开拓者的颜色。人们说它是希望，是青春，是生命。这是至理名言。

到夏季，绿得更浓，更深，更密。生命在充实，在丰富。生命，在蝉鸣蛙噪中翕动，在炽热和郁闷中成长，在暴风骤雨中经受考验。

于是，凉风起天末，秋天来了。万山红遍，枫叶如丹。丹，是成熟的颜色，是果实的颜色，是收获者的颜色，又是孕育着新的生命的颜色。

撒种，发芽，吐叶，开花，结实。

孕育，诞生，长大，挫折，成熟。

天地万物，人间万事，无一不是贯穿这个共同的过程。而且，自然与人世，处处相通。

袁鹰《枫叶如丹》①

上面 1 处划直线的地方，有三个小句，虽然相差一字，但是音步是一样，都是三个音步，具体如下，所以它们的节奏还是一样的，构成了齐言型的节奏特点。

是／成熟的／颜色

是／果实的／颜色

是／收获者的／颜色

（四）长短型

长短型指音段长短形成对比的节奏类型。以《声律启蒙》中的一段为例。

来对往，密对稀。燕舞对莺飞。风清对月朗，露重对烟微。

霜菊瘦，雨梅肥。客路对渔矶。晚霞舒锦绣，朝露缀珠玑。

夏暑客思欹石枕，秋寒妇念寄边衣。

春水才深，青草岸边渔父去；夕阳半落，绿莎原上牧童归。

---

① 陈子善，蔡翔主编.夏[M].北京：人民文学出版社，2007：63.

这段有三言、四言、五言、七言,其组合关系如下:

3、3、5、5、5

3、3、5、5、5

7、7

4、7、4、7

其中,等言的音段相对,长音段和短音段交错,同样的音段反复,构成较为复杂的对比关系,形成长短型节奏。

再看下面这段内容。在各个音段中,最短的 2 个字,最长的 21 个字。划波浪线的地方,特别是第一个、第二个波浪线那里,又有三个顿号,把句子切分到了标准音步。划长线的地方,是语意连贯的长分句。长句、短句不断交错,形成了长短型节奏。

秋天的锡林郭勒河疏朗、明净、清澈、宁馨。岸边的杨柳和灌木丛将满身的姚黄姹紫注入河里,河水漂着幽碧、湛蓝、翠绿、橘黄。生命和阳光在这里沉淀、净化。那河水微澜倦慵,细波潋滟,浪花脚步轻轻,默然而神秘地向草原深处流去。偶尔有几只水鸟和野鸭出现在河面,唧唧呷呷啾啾,鸣叫一阵,更衬出这草原河流的静谧和清穆。

郭保林《秋日草原》①

(五) 扬抑型

扬抑型指语势上升与下降形成对比的节奏类型。以现代诗《教我如何不想她》②为例。

教我如何不想她

刘半农

天上飘着些微云,↗

地上吹着些微风。↘

啊!↗↗

微风吹动了我头发,↗

教我如何不想她?↘

月光恋爱着海洋,↗

海洋恋爱着月光。↘

啊!↗↗

① 陈子善,蔡翔主编.秋[M].北京:人民文学出版社,2007:109.
② 张以英,完颜戒.诗人与爱情——中国现代名家爱情诗赏析[M].北京:宝文堂书店,1990:10—11.

这般蜜也似的银夜，↗

教我如何不想她？↗

水面落花慢慢流，↗

水底鱼儿慢慢游。↘

啊！↗↗

燕子你说些什么话？↗

教我如何不想她？↘

枯树在冷风里摇，↗

野火在暮色中烧。↘

啊！↗↗

西天还有些儿残霞，↗

教我如何不想她？↘

　　这首诗有四段，每段五句。每段第一句的语势上扬，第二句的语势下降，形成扬抑型节奏。每段的第三句和第五句也是先扬后抑，形成扬抑型节奏。每段第三句"啊！"这一感叹句发出深深的呼唤，语势上扬，和第四句联动，与第五句构成扬抑型节奏。

　　下面这篇散文抑扬顿挫鲜明，描写了雨的"欢歌"。在这篇散文中，短小的引发注意的疑问句比较多，都是上扬的语调，整篇文章的语势成上扬的趋势，所以上扬的地方比较多。

雨

陶冶

　　雨，↗好大的雨哟……↗↗

　　家家户户的窗子上，挂起雨丝织成的帘栊了！↘无数的屋檐上，跌泻着无数雨的瀑布了！↘氤氲的大地上，纵横决荡着雨的溪涧，雨的山洪，雨的江河了……

　　屋后的小池塘里，冒着千千万万个水泡，↗是小池塘的水沸腾了么？↗门口的青石板上，跳动着千千万万颗晶莹剔透的珠玑，是嫦娥的珍宝盒被玉兔碰翻了么？↗屋前的石子路上，溅起了千千万万缕细细的水雾，是大地在冒热气么？↗↗

　　雨，纵情地、富有音乐地敲奏着屋顶、↘铁桶、↘瓷盆、↘水缸↗……发出一片"叮叮咚咚"↗"沙啦沙啦"↗"滴滴笃笃"↗"当啷当啷"的鸣响。↘这是些什么乐器在欢唱呢？↗大厅里的钢琴？↗水榭上的古筝？↗椰林深处的象脚鼓？↗抑或是天山脚下的萨巴衣……呵，天空中飘散着的，哪里是雨滴哟，不分明是密密麻麻的音符吗？↗↗

太阳出来了,刹那间,透明的雨变成了七彩的雨。红色的雨滴、黄色的雨滴、绿色的雨滴、蓝色的雨滴……都闪耀着璀璨的光芒。呵,布满天空的,哪里是雨滴哟,不分明是五光十色的流星?不分明是绚丽缤纷的礼花吗?

到处韶乐高奏,到处流光溢彩,这是在赞美、庆祝我们美好的生活么?

陶冶《自然的旋律》①

(六)重轻型

重轻型指重音与非重音形成对比的节奏类型。以现代诗《我是一条小河》为例,这首诗"爱心真纯笃诚,温而不热,挚而不狂,真如那涓涓流水一样"②。诗中加点的地方重读。

我是一条小河

冯至

我是一条小河,
我无心从你身边流过,
你无心把你彩霞般的影儿
投入了河水的柔波。

我流过一座森林,
柔波便荡荡地
把那些碧绿的叶影儿
裁剪成你的衣裳。

我流过一片花丛,
柔波便粼粼地
把那些彩色的花影儿
编织成你的花冠。

最后我终于
流入无情的大海
海上的风又厉,浪又狂,
吹折了花冠,击碎了衣裳!

---

① 吉狄马加主编.经典散文诗选[M].北京:人民文学出版社,2020:232—233.
② 张以英,完颜戎.诗人与爱情——中国现代名家爱情诗赏析[M].北京:宝文堂书店,1990:92—93、97.

我也随着海潮漂漾，

漂漾到无边的地方；

你那彩霞般的影儿，

也和幻散了的彩霞一样！

下文加点的地方，重读，体验大自然造化的力量。

凉秋八月，天气分外清爽。我有时爱坐在海边礁石上，望着潮涨潮落，云起云飞。月亮圆的时候，正涨大潮。瞧那茫茫无边的大海上，滚滚滔滔，一浪高似一浪，撞到礁石上，唰地卷起几丈高的雪浪花，猛力冲激着海边的礁石。那礁石满身都是深沟浅窝，坑坑坎坎的，倒像是块柔软的面团，不知叫谁捏弄成这种怪模怪样。

杨朔《雪浪花》[①] 🎧

（七）快慢型

快慢型指语速快慢形成对比的节奏类型。以散文《多年父子成兄弟》中的一段为例。[②] 画波浪线的地方，读得快一些，以表达轻松喜悦的心情；未画线的地方，语速舒缓。

父亲是个很随和的人，我很少见他发过脾气，对待子女，从无疾言厉色。他爱孩子，喜欢孩子，爱跟孩子玩，带着孩子玩。我的姑妈称他为"孩子头"。春天，不到清明，他领一群孩子到麦田里放风筝。放的是他自己糊的蜈蚣（我们那里叫"百脚"），是用染了色的绢糊的。放风筝的线是胡琴的老弦。老弦结实而轻，这样风筝可笔直地飞上去，没有"肚儿"。用胡琴弦放风筝，我还未见过第二人。清明节前，小麦还没有"起身"，是不怕践踏的，而且会越踏越长得旺。孩子们在屋里闷了一冬天，在春天的田野里奔跑跳跃，身心都极其畅快。他用钻石刀把玻璃裁成不同形状的小块，再一块一块逗拢，接缝处用胶水粘牢，做成小桥、小亭子、八角玲珑水晶球。桥、亭、球是中空的，里面养了金铃子。从外面可以看到金铃子在里面自在爬行，振翅鸣叫。他会做各种灯。用浅绿透明的"鱼鳞纸"扎了一只纺织娘，栩栩如生。用西洋红染了色，上深下浅，通草做花瓣，做了一个重瓣荷花灯，真是美极了。用小西瓜（这是拉秧的小瓜，因其小，不中吃，叫做"打瓜"或"笃瓜"）上开小口挖净瓜瓤，在瓜皮上雕镂出极细的花纹，做成西瓜灯。我们在这些灯里点了蜡烛，穿街过巷，邻居的孩子都跟过来看，非常羡慕。🎧

在下面这篇散文中，画波浪线的地方，语速快一些，烘托出热闹繁忙的场面。划双线的

① 李朝全主编.散文百年经典(1917—2015)[M].北京:中央编译出版社,2016:154.
② 汪朝选编.汪曾祺散文[M].杭州:浙江文艺出版社,2017:283—284.

地方,语速舒缓一些,好像目光随着一双双翅膀飞向了远方,表达了对美好生活的憧憬之情。

翅膀🎧
丽砂

　　春天的翅膀最多、最美,在许多翅膀当中,增加了燕子的、蜜蜂的、蝴蝶的……

　　春天是翅膀的季节,春天是飞翔的季节。

　　而且,这些辛勤地飞翔的翅膀都是劳动的翅膀,都是喜爱泥土、喜爱花的翅膀。

　　在春天,人也会生长起翅膀来。虽然人的翅膀是无形的,但这些无形的翅膀飞得更快、更高,飞得更远、更美……

丽砂《翅膀》①

（八）反复型

　　反复型指相同结构或相近结构的音段以相同的停连方式形成的节奏类型。以《呼兰河传》②中的一段为例。其中,"蜻蜓是金的"和"蚂蚱是绿的"结构一样,都在第一个音步,即"蜻蜓"和"蚂蚱"之后停顿,带来相同的节奏感。"白蝴蝶"和"黄蝴蝶"也构成了反复型的节奏特点。

　　我家有一个大花园,这花园里蜂子、蝴蝶、蜻蜓、蚂蚱,样样都有。蝴蝶有白蝴蝶、黄蝴蝶。这种蝴蝶极小,不太好看。好看的是大红蝴蝶,满身带着金粉。蜻蜓是金的,蚂蚱是绿的,蜂子则嗡嗡地飞着,满身绒毛,落到一朵花上,胖圆圆的就和一个小毛球似的不动了。🎧

　　《海上升明月》③这篇散文是在船上望明月,视野开阔,心情愉悦,节奏舒缓。其中运用了反复型节奏,例如"春天的一角""小小的孤舟""天空的月轮"结构相同,节奏一样;"这面大圆境""这种趣味""这个闷葫芦"结构相近,节奏也一样。文中用了"﹋""—""—""＝""……""…"等6种线条以及在字下加点的方式,区分了7种不同的反复形式。

海上升明月🎧
巴金

　　四围都静寂了。太阳也收敛了它最后的光芒。炎热的空气中开始有了凉意。微风掠过了万顷烟波。船像一只大鱼在这汪洋的海上游泳。突然间,一轮红黄色大圆镜似的满月从海上升了起来。这时并没有万丈光芒来护持它。它只是一面明亮的宝镜,而且并没有夺目的光辉。但是青天的一角却被它染成了杏红的颜色。看!天公画出了一幅何等优美的图

① 吉狄马加主编.经典散文诗选[M].北京:人民文学出版社,2020:108.
② 萧红.呼兰河传[M].北京:人民文学出版社,2017:71.
③ 季羡林主编.百年美文:青春阅读版·闲情雅趣卷[M].天津:百花文艺出版社:2011:103—104.

画！它给人们的印象，要超过所有的人间名作。

这面大圆镜愈往上升便愈缩小，红色也愈淡，不久它到了半天，就成了一轮皓月。这时上面有无际的青天，下面有无涯的碧海，我们这小小的孤舟真可以比作沧海的一粟。不消说，悬挂在天空的月轮月月依然，年年如此。而我们这些旅客，在这海上却只是暂时的过客罢了。

与晚风、明月为友，这种趣味是不能用文字描写的。可是真正能够做到与晚风、明月为友的，就只有那些以海为家的人！我虽不能以海为家，但做了一个海上的过客，也是幸事。

上船以来见过几次海上的明月。最难忘的就是最近的一夜。我们吃过午餐后在舱面散步，忽然看见远远的一盏红灯挂在一个石壁上面。这红灯并不亮。后来船走了许久，这盏石壁上的灯还是在原处。难道船没有走么？但是我们明明看见船在走。后来这个闷葫芦终于给打破了。红灯渐渐地大起来，成了一面圆镜，腰间绕着一根黑带。它不断地向上升，突破了黑云，到了半天，我才知道这是一轮明月，先前被我认为石壁的，乃是层层的黑云。

小贴士

关于节奏类型的标注，有以下几种可能：

第一，节奏类型可以叠加复合到一起，例如格律诗是押韵型、平仄型、齐言型的复合。

第二，节奏类型的判断，可以跨句子，即两个或两个以上的句子，两段或两段以上的段落，甚至整篇文章有某个或某几个节奏类型。见本节"练一练"第 2 题对散文《春》的分析。

第三，非韵文之类的作品，可能其中某些句子、某些段落体现了某个或某几个节奏类型。

三、节奏与语速

语速是对节奏有影响的非音质因素。不同语言的正常语速是有差异的。汉语的正常语速（即常速），大约是每分钟 240 个音节。这是中速。

如果每分钟超过 270 个音节，则语速过快。语速偏快，会产生语音含混、吐字不清的问题。甚至有的字因为速度过快，还来不及发音，就被略过了，这就是"吃字"现象。从语音训练的角度说，这对发音训练是极其不利的。

如果每分钟少于 170 个音节，则语速过慢。语速偏慢，停顿会太多，甚至一个字一个字地念，一个词一个词地读，由此带来的问题是句子缺乏句调，影响对文章的理解。从语音训练的角度说，这样读，就难以得到句调的训练。

需要说明的是：语速也能表达意义，比如同样一句话，语速快，可以表达急切或愤怒的心情，语速慢，可以表达从容不迫或沉郁悲伤的感情。因此，具体采取什么语速才更合适，还要看表情达意的需要。另外，即便在同一篇作品中，语速也应根据感情的需要而有所变化。

练一练

1. 写出节奏类型

（1）唐诗

蜀相🎧

[唐]杜甫

丞相祠堂何处寻，锦官城外柏森森。

映阶碧草自春色，隔叶黄鹂空好音。

三顾频烦天下计，两朝开济老臣心。

出师未捷身先死，长使英雄泪满襟。

（2）宋词

鹊桥仙🎧

[宋]秦观

纤云弄巧，飞星传恨，银汉迢迢暗度。金风玉露一相逢，便胜却人间无数。

柔情似水，佳期如梦，忍顾鹊桥归路。两情若是久长时，又岂在朝朝暮暮。

2. 写出节奏类型并在文中加以标注🎧

春①

朱自清

盼望着，盼望着，东风来了，春天的脚步近了。

一切都像刚睡醒的样子，欣欣然张开了眼。山朗润起来了，水涨起来了，太阳的脸红起来了。

小草偷偷地从土里钻出来，嫩嫩的，绿绿的。园子里，田野里，瞧去，一大片一大片满是的。坐着，躺着，打两个滚，踢几脚球，赛几趟跑，捉几回迷藏。风轻悄悄的，草软绵绵的。

桃树、杏树、梨树，你不让我，我不让你，都开满了花赶趟儿。红的像火，粉的像霞，白的像雪。花里带着甜味儿，闭了眼，树上仿佛已经满是桃儿、杏儿、梨儿。花下成千成百的蜜蜂嗡嗡地闹着，大小的蝴蝶飞来飞去。野花遍地是：杂样儿，有名字的，没名字的，散在草丛里，像眼睛，像星星，还眨呀眨的。

"吹面不寒杨柳风"，不错的，像母亲的手抚摸着你。风里带来些新翻的泥土的气息，混着青草味儿，还有各种花的香，都在微微润湿的空气里酝酿。鸟儿将巢安在繁花嫩叶当中，高兴起来了，呼朋引伴地卖弄清脆的喉咙，唱出婉转的曲子，与轻风流水应和着。牛背上牧童的短笛，这时候也成天在嘹亮地响。

雨是最寻常的，一下就是三两天。可别恼。看，像牛毛，像花针，像细丝，密密地斜织着，人家屋顶上全笼着一层薄烟。树叶儿却绿得发亮，小草儿也青得逼你的眼。傍晚时候，上灯了，一点点黄晕的光，烘托出一片安静而和平的夜。在乡下，小路上，石桥边，有撑起伞慢慢走着的人，地里还有工作的农民，披着蓑戴着笠。他们的房屋，稀稀疏疏的，在雨里静默着。

---

① 朱自清.时光不再，惊羡你温柔如初[M].天津：天津人民出版社，2016：4—5.

天上风筝渐渐多了,地上孩子也多了。城里乡下,家家户户,老老小小,也赶趟儿似的,一个个都出来了。舒活舒活筋骨,抖擞抖擞精神,各做各的一份儿事去。"一年之计在于春",刚起头儿,有的是工夫,有的是希望。

春天像刚落地的娃娃,从头到脚都是新的,它生长着。

春天像小姑娘,花枝招展的,笑着,走着。

春天像健壮的青年,有铁一般的胳膊和腰脚,领着我们上前去。

第六节　普通话语音特点

| 本节音频 |

课前提问

1. 选择题

乞巧

[唐]林杰

七夕今宵看碧霄,

牵牛织女渡河桥。

家家乞巧望秋月,

穿尽红丝几万条。

(1) 这首诗是(　　)七言绝句。

A. 仄起　　　　　B. 平起　　　　　C. 很难说　　　　D. 不涉及仄起或平起

(2) 这首诗中的押韵字是(　　)。

A. 霄　　　　　B. 桥　　　　　C. 月　　　　　D. 条

(3) 这首诗押(　　)韵。

A. 霄韵　　　　　B. 豪韵　　　　　C. 寒韵　　　　　D. 唐韵

2. 判断题

(1) 在"可爱"这个词中,一共有3个元音。(　　)

(2) 在有入声的方言中,入声属于仄声。(　　)

(3) "昊"和"遥"不能押韵,因为它们的韵母不一样。(　　)

普通话的音节结构与普通话的语音特点密切相关,普通话的语音特点是形成韵律美的基础。普通话的语音特点主要体现在三个方面。

一、发音响亮

普通话音节结构分为零声母音节的结构类型和非零声母音节的结构类型这两类,每类又分为六种结构。由表 4-5 可见,在普通话的音节结构中,元音占优势,具体体现如下:

第一,普通话音节发音响亮。

韵腹是音节不可或缺的成分。韵腹由元音构成。普通话的每一个音节都有元音,至少一个,比如"阿(ā)";最多三个,比如"优(yōu)"。

根据表 4-1"音素的响度等级表"可知,辅音的响度在 1 级和 6 级之间,最高是 6 级;元音的响度在 8 级和 10 级之间,最低是 8 级。即便音节中含有辅音,还是元音更响。再加上音节的发音特点是韵腹发音最响亮,因此,普通话音节的发音特点是响亮。

表 4-5　普通话音节结构类型表

结构成分 音节结构及例字			声母 (辅音)	韵母			
				韵头 (元音)	韵腹 (元音)	韵尾	
						元音	辅音
零声母 音节结构 类型	阿 ā	韵腹			a		
	爱 ài	韵腹+韵尾(元音)			a	i	
	娃 wá	韵头+韵腹		u	a		
	优 yōu	韵头+韵腹+韵尾(元音)		i	o	u	
	恩 ēn	韵腹+韵尾(辅音)			e		n
	翁 wēng	韵头+韵腹+韵尾(辅音)		u	e		ng
非零声母 音节结构 类型	西 xī	声母+韵腹	x		i		
	梅 méi	声母+韵腹+韵尾(元音)	m		e	i	
	花 huā	声母+韵头+韵腹	h	u	a		
	巧 qiǎo	声母+韵头+韵腹+韵尾(元音)	q	i	a	o	
	金 jīn	声母+韵腹+韵尾(辅音)	j		i		n
	双 shuāng	声母+韵头+韵腹+韵尾(辅音)	sh	u	a		ng

注:表中空白处表示没有。

第二,普通话韵母发音响亮。

普通话有 39 个韵母,具体包括单韵母(10 个)、复韵母(13 个)、鼻韵母(16 个)。其中,16 个鼻韵母的韵尾是辅音,占整个韵母总数的 41%。总体而言,韵母的发音是响亮的。

第三,普通话韵腹发音响亮。

根据第二章的图 2-4"舌面元音图"可见,在普通话的舌面元音中,开口度最大的低元音有三个,即[a]、[A]、[ɑ];其次是一个半低元音[ɛ];再次是三个半高元音 e[e]、o[o]、e[ɤ];开口度最小的高元音有三个,即 i[i]、ü[y]、u[u]。此外,还有一个央元音[ə]。

　　在普通话的 39 个韵母中,有 15 个开口呼韵母、9 个齐齿呼韵母、10 个合口呼韵母、5 个撮口呼韵母。韵腹是音节中发音最响亮的,表 4-6① 统计了韵腹的开口度情况。由表可见,在开口呼、齐齿呼、合口呼中都是低元音韵母最多,撮口呼中有 1 个低元音韵母,一共有 14 个低元音韵母;半低元音韵母有 3 个;央元音韵母有 4 个;半高元音韵母有 7 个;高元音韵母有 8 个。总体上说,普通话韵腹以开口度最大的低元音居多,所以发音响亮。

　　表 4-6 中列了 36 个韵母的开口度情况。

表 4-6　普通话韵母中韵腹的开口度情况统计表

四呼	元音开口度	韵腹	韵母	数量
开口呼 (12 个)	低元音	a([a]、[ʌ]、[ɑ])	a ai ao an ang	5
	半低元音	ê([ɛ])	ê	1
	央元音	e([ə])	en eng	2
	半高元音	e([e]、[ɤ]) o([o])	e ei o ou	4
	高元音			
齐齿呼 (9 个)	低元音	a([a]、[ʌ]、[ɑ])	ia iao ian iang	4
	半低元音	ê([ɛ])	ie	1
	央元音			
	半高元音	o([o])	iou	1
	高元音	i([i])	i in ing	3
合口呼 (10 个)	低元音	a([a]、[ʌ]、[ɑ])	ua uai uan uang	4
	半低元音			
	央元音	e([ə])	uen ueng	2
	半高元音	e([e]) o([o])	uei uo	2
	高元音	u([u])	u ong	2
撮口呼 (5 个)	低元音	a([a]、[ʌ]、[ɑ])	üan	1
	半低元音	ê([ɛ])	üe	1
	央元音			
	半高元音			
	高元音	ü([y])	ü ün iong	3

注:(1)统计韵腹的开口度。(2)开口呼韵母-i[ɿ]、-i[ʅ]、er 属于舌尖元音,不统计。(3)表中空白处表示没有。

　　总之,普通话整体上发音响亮,发音响亮的特点是形成普通话独特韵律的重要因素之一。

---

① 开口呼韵母有 15 个,表 4-6 中未统计三个舌尖元音 er、-i[ɿ]、-i[ʅ],所以表中的开口呼韵母是 12 个。

二、旋律多样

按是否有声调，可以把世界上的语言分为声调语言（比如汉语、苗语、景颇语）和非声调语言（比如英语、法语、德语），声调语言又分为高低型（也叫平调型）声调语言和旋律型（也叫曲拱型）声调语言，汉语属于旋律型声调语言。[①] 汉语的声调调型，或平或升或降或曲，就像唱歌一样富于变化。

古诗词所确立的平仄规律，正是对声调旋律美的探索，是对声调的艺术运用。

关于平仄，要提到古代的四声。古代有四声，即平声、上声、去声、入声，除了平声以外，其他三声都是仄声。随着语音的发展演变，如今，在普通话里，平声分化为阴平、阳平，入声已经归入阴平、阳平、上声、去声之中了。按普通话的声调，平声包括阴平、阳平，仄声包括上声、去声。读古诗词，如有不合平仄的地方，那是因为从古至今声调发生了变化。一般来说，平声长，仄声短，平声扬，仄声抑，二者错落相间，形成节奏鲜明、韵律和谐的音乐美。[②]

以唐诗《秋夕》为例，平仄列在每句诗的上方，以便观察这首七言绝句的平仄特点。"烛""扑""织"是入声字[③]，所以标仄声。

秋夕🎧

［唐］杜牧

平仄平平仄仄平，
银烛秋光冷画屏，
平平仄仄仄平平。
轻罗小扇扑流萤。
平平仄仄平平仄，
天阶夜色凉如水，
仄仄平平仄仄平。
卧看牵牛织女星。

这首仄起（第一句第二字是仄声）七言绝句的格律如下：

仄仄平平仄仄平，
平平仄仄仄平平。
平平仄仄平平仄，
仄仄平平仄仄平。

---

① 林焘，王理嘉著，王韫佳，王理嘉增订.语音学教程（增订版）［M］.北京：北京大学出版社，2013：122—123.
② 丁广惠.诗词格律学［M］.哈尔滨：黑龙江教育出版社，2009：6.
③ 在下文讲吟唱时，入声字用"!"标注。

根据仄起七言绝句的格律,《秋夕》一诗中只有第一句的第一个字跟格律标准有出入,不过是在第一个字的位置上,根据"一三五不论"的原则,这种出入情况是允许的。《秋夕》这首诗的平仄都在格律之中,形成一种有规律的节奏律动,读起来朗朗上口。

其实,平仄关系所形成的对比、呼应之美,不仅仅体现在诗词格律之中,也体现在词语结构之中。在词语结构中蕴含了平仄相对、平仄相配关系,具体分析如下:①

第一,平仄相对。

大量的单音节"反义词""同义词"有平仄的差异;凡容易被人联想到一起的相对、相关事物,也往往有平仄的差异。举例如下(前字都是平声,后字都是仄声):

反义词:　　　　高—矮　轻—重　浓—淡　明—暗

同义词:　　　　搬—运　仓—库　牙—齿　图—画

相对相关的事物:风—雨　花—草　男—女　红—绿

第二,平仄相配。

在双音节词中,联合式的双音节词,绝大多数都是"平仄"或"仄平"的格式。例如:

飞跃　希望　平静　能干(前字都是平声,后字都是仄声)

语言　好玩　配合　过年(前字都是仄声,后字都是平声)

四字成语的平仄调配便成了一定的格式,请看下面两类情况:

第一类,平平仄仄(第一、第三字不拘,第二、第四字固定),例如:

眉开眼笑　开天辟地　花红柳绿　深谋远虑

第二类,仄仄平平(第一、第三字不拘,第二、第四字固定;四字成语用"仄仄平平"格式的少,远不如用"平平仄仄"的格式多),例如:

闪转腾挪　坐井观天　饮水思源　火上浇油

可见,平仄相对、平仄相配已经扎根在汉语的词语结构之中,成为构词的韵律模式,这为句子、篇章层面的韵律奠定了稳定的声律单位基础,而诗歌的格律则是这一韵律模式的精华所在。总之,汉语的声调所形成的平仄关系是形成汉语旋律之美的重要因素。

三、韵律独特

汉语所具有的音乐性使汉语具有独特的韵律。下面分别从诗词押韵和词语结构方面对此加以分析。

古代诗词中的押韵,形成了一唱三叹的韵律之美。诗词歌赋的某些固定位置周期性地使用同韵字的现象叫押韵。北方戏曲、曲艺中,"辙"就是韵,也叫"辙口","合辙"就是"押韵"。古诗文中押韵的地方,如今不押韵了,也是因为一些韵发生了变化。"押韵"的"韵"和汉语拼音中的韵母有所不同。韵母在结构上包括韵头、韵腹、韵尾,其中韵腹是必要的成分,

---

① 徐世荣.语文浅论集稿[M].合肥:安徽教育出版社,1984:177—180.

韵头和韵尾不是必要的成分。"押韵"的"韵"不包括韵头,但是包括声调。在古代,阴平和阳平属于同一个声调,都叫"平声"。

根据现代北京语音的音系归纳的韵部,最常见的有十八韵和十三辙[①],请看表4-7。从十八韵来看,除了歌韵、儿韵、齐韵、姑韵、鱼韵这五个韵只有一个韵母以外,其他都包括了多个韵母,寒韵、痕韵包括的韵母最多,有四个。明清以来的十三辙比十八韵的押韵宽泛一些,只有一个韵母的是姑苏辙,包括两个韵母的有怀来辙、灰堆辙、遥条辙、油求辙等四个辙,包括三个韵母的有发花辙、梭波辙、乜斜辙、江阳辙等四个辙,包括四个韵母的有言前辙、人辰辙这两个辙,包括五个韵母的有一七辙、中东辙这两个辙。

另外,表中每一个韵母均举一个例字,"欸"是多音字,在表中作单韵母 ê 的例字,这也是单韵母 ê 的唯一例字。凡是两到四个例字,尽量成词、成短语,以便于记忆。

表4-7　汉语韵母和十八韵、十三辙对照表

十八韵名称	汉语韵母				例字	十三辙名称
	开口呼	齐齿呼	合口呼	撮口呼		
一麻	a	ia	ua		大家画	发花辙
二波	o		uo		坡多	梭波辙
三歌	e				客	
四皆	ê	ie		üe	欸斜月	乜斜辙
五支	-i[ʅ][ɿ]				丝织	一七辙
六儿	er				耳	
七齐		i			西	
十一鱼				ü	语	
十姑			u		初	姑苏辙
九开	ai		uai		太快	怀来辙
八微	ei		uei		飞回	灰堆辙
十二侯	ou	iou			豆油	遥条辙
十三豪	ao	iao			高效	油求辙
十四寒	an	ian	uan	üan	感言还愿	言前辙
十五痕	en	in	uen	ün	根心顺匀	人辰辙
十六唐	ang	iang	uang		芳杨双	江阳辙
十七庚	eng	ing	ueng		风轻翁	中东辙
十八东			ong	iong	同用	

---

① 胡裕树主编.现代汉语[M].上海:上海教育出版社,1997:64—66.

宋诗《惠崇春江晚景》中"枝(zhī)""知(zhī)""时(shí)"的韵母都是-i[ɿ]，押支韵。第一、第二、第四句的最后一个字都押同一个韵，有助于形成回环往复的韵律感。

惠崇春江晚景 🎧
［宋］苏轼

竹外桃花三两枝，春江水暖鸭先知。
蒌蒿满地芦芽短，正是河豚欲上时。

从词语结构看，词语结构上有规律的重复，使汉语具有了音乐性。有规律的重复指音节重叠以及声韵重叠，具体分析如下：[①]

第一，音节重叠。

这包括"叠字"（重叠造词）和"叠词"（重叠用词——词的重叠变化形式）。

"叠字"，大多是重叠音节，例如"依依""熊熊"之类作为描写景象的形容词，都是借繁复的语言感觉，夸张印象，加重感染力，增强声势、动态的描写效果。这种反复的形式，在音乐的"曲式"中也是很常见的。也有一些名词是音节重叠的。例如"妈妈""星星"之类，这显然只是声音衬托的一种结构。这样，除了可以区别同音异义的单音词之外，还能令人感到两个音节比一个音节好听。以叠字人名为例，命名的人，是要把强烈的亲爱感情寄托在悦耳的叠音上。

"叠词"，例如"研究研究""参观参观""雪白雪白""通红通红"。

音节的重叠，其实大多是声、韵交错的重叠，也是响度高的音素（韵母）与响度低的音素（声母）的交叉出现，例如"碌碌"，实际上是 l-u-l-u；"纷纷"，实际上是 f-en-f-en。所以这种重叠，并不使发音器官疲劳，听者也因感受到了异同交叉的变化，而觉得悦耳。即使是双音节的词，重叠起来，也仍然保持这种交叉的重叠律。例如"活动活动"是 h-uo-d-ong-h-uo-d-ong，不过重叠的距离远些。

重叠的格式有下面几类：🎧

一是联比式。

AA：	哥哥	悠悠	仅仅	天天
ABAB：	练习练习	动员动员	白亮白亮	冰凉冰凉

二是双尾式。

ABB：	香喷喷	白茫茫	一丝丝	哗啦啦
ABCC：	议论纷纷	虎视眈眈	气势汹汹	喜气洋洋

---

① 徐世荣.语文浅论集稿[M].合肥:安徽教育出版社,1984:173—177.

三是双头式。

AAB：　　毛毛雨　　　泡泡纱　　　跷跷板　　　蒙蒙亮

AABC：　　楚楚动人　　漫漫长夜　　咄咄怪事　　比比皆是

四是复叠式。

AABB：　　家家户户　　辛辛苦苦　　轰轰烈烈　　高高兴兴

五是跳跃式。

ABAC：　　怪模怪样　　一心一意　　大手大脚　　无忧无虑

A里AB：　糊里糊涂　　土里土气　　慌里慌张　　啰哩啰嗦

ABCB：　　将计就计　　就事论事　　人云亦云　　应有尽有

这是相同的音节和相异的音节交叉互换使用，相同的音节跳过一个其他音节再出现。"音乐形式"有这一种。音乐家说这种形式是最宜于欣赏和记忆的。成语里面这种格式很多。

第二，声韵重叠。

这表现在双音节的词里，也就是所谓"双声"和"叠韵"。

"双声"是两个音节声母相同，韵母不同。例如：琵琶（p）、琉璃（l）、慷慨（k）。

"叠韵"是两个音节韵母相同，声母不同。例如：葫芦（u）、苗条（iao）、从容（ong）。这里的"韵"，跟"押韵"的"韵"一样，第一，韵头是否一样没有关系，例如"堂皇"的韵母分别是 ang、uang，这个词也算"叠韵"；第二，声调是否一样也没关系，例如"苍茫"的韵母都是 ang，"苍"是第一声，"茫"是第二声，这个词也算"叠韵"。

这种重叠，也是同异交互出现，不过比音节重叠更简单一些。

可见，音节重叠形式以及声韵重叠形式已经融入在汉语的词语结构之中，像这样有规律的重复所形成的节奏，属于音质层面的节奏，已成为构词的韵律模式，这跟词语结构中的平仄一样，也为句子、篇章层面的节奏韵律奠定了扎实的声律单位基础，而诗歌的格律则是这一韵律模式的高度提炼。总之，汉语中音质层面的节奏以及非音质层面的节奏都是构成汉语独特韵律之美的重要因素。

练一练

1. 填空题

四时田园杂兴（其三十一）

［宋］范成大

昼出耘田夜绩麻，

村庄儿女各当家。

童孙未解供耕织，

也傍桑阴学种瓜。

（1）这首诗的押韵字有_____。

（2）这首诗押_____韵。

2. 写出平仄和格律

过故人庄🎧

［唐］孟浩然

故人具鸡黍，邀我至田家。

绿树村边合，青山郭外斜。

开轩面场圃，把酒话桑麻。

待到重阳日，还来就菊花。

第五章
普通话朗读

导 言

朗读是运用有声语言对书面语言的二次创作活动。那么如何实现这一目标呢？这包括两个层面的内容：第一个层面是具有良好的普通话语音面貌，这就要很好地掌握本书第二、第三、第四章的内容；第二个层面是具有良好的朗读素养，这就是本章涉及的内容。第一个层面是从语言学、语音学以及普通话语音的角度，对普通话语音规律与特点的介绍与分析；第二个层面是从朗读的角度，对发音口齿、音色音量、表情达意、体态神情以及艺术感染力等方面的规律与特点进行介绍与分析。

在此，对朗读和朗诵加以区分。朗诵是通过富有激情的声音，辅以表情和体态等，对作品进行艺术加工，以达到吸引听众、感染听众乃至教育听众的目的。[①] 朗诵作为一种艺术表现形式，多运用于舞台表演中。朗读的目标是字正腔圆、口齿清晰、得体恰当地传达作品的内涵。为此，需要培养朗读素养。这是本章的重点。

本章包括以下四节：

第一节介绍朗读的两种能力，即备稿能力和朗读能力，还介绍朗读技巧。

第二节介绍作品的基调。基调分为不同的类型，不同的基调具有不同的韵律特征，所以掌握作品的基调是朗读的前提条件。

第三节通过具体的散文作品，介绍朗读作品的分析步骤。

第四节在介绍诗词吟唱原理的基础上，以具体诗词为例，分析吟唱原则。

需要说明的是，朗读虽不像舞台表演中的朗诵那样，但也需要有感情地进行朗读，这不仅能够体现自己对作品思想感情的理解深度，而且能够更好地展现自己的普通话语音面貌。在普通话水平测试的朗读短文中，测查应试人朗读短文前400个音节时的普通话语音面貌，虽限时4分钟，但这一时长能够满足有感情进行朗读的需要。另外，在平时的朗读中可以辅以一定程度的肢体动作，以更好地表达感情。

总之，朗读训练是提高普通话语音面貌的重要环节。在本章的学习过程中，要重视培养朗读意识，加强朗读训练，提高朗读水平。此外，朗读水平的提高，对增强口头表达能力、阅读能力以及写作能力都是很有帮助的。

---

① 蒋冰冰.汉语正音教程[M].上海：华东师范大学出版社，2018：216.

1. 能理解培养备稿能力和朗读能力的重要意义,掌握朗读技巧。

2. 能理解基调。

3. 能运用所学对散文作品进行朗读分析,有兴趣培养朗读能力,提高朗读水平。

4. 能理解诗词吟唱的原理,有兴趣学习诗词吟唱。

第一节　朗读基本功

课前提问

判断题：

（1）朗读可以按自己的习惯读，没什么技巧。（　　）

（2）朗读之前应该备稿。（　　）

（3）只要普通话标准，就能朗读好。（　　）

朗读是以声音刺激听觉，从而传递作品的情感信息。如何把书面视觉文本转换成有声语言信息呢？首先要具有备稿能力，其次要具有朗读能力，最后还要掌握朗读技巧。

一、备稿能力

备稿是朗读开始之前不可或缺的环节。备稿能力是正确理解作品思想感情并确定其基调的能力。这是朗读的基本功。

（一）备稿能力培养步骤

备稿能力的培养离不开以下三个步骤：

第一步，通读文本，疏通文字，了解文本字面含义。

第二步，查阅背景，分析文字，梳理文本思想感情。

第三步，联系当下，品味文字，探究文本言外之意。

备稿能力的培养不是十天半月的功夫，而是要脚踏实地，在一篇篇文本的备稿过程中磨炼出来的。这个能力提高了，品读能力也就自然提高了。

（二）举例分析

以散文《背影》[①]为例。备稿工作可分为三步。

第一步，边通读全文，边查字典，了解生词的含义。例如查一查"簌簌""赋闲""颓唐"的含义。

第二步，了解创作背景。这篇文章写于 1925 年，是作者对八年之前一段往事的回忆。那是 1917 年，作者 20 岁，与父亲一起回家办丧事。办完丧事，父子俩刚好要一同到南京，然后作者再从南京前往北京。父亲尽管有要事在身，但思来想去还是执意要给作者送站。送站

[①] 朱自清. 时光不再，惊羡你温柔如初[M]. 天津：天津人民出版社，2016：8—10.

时，从跟脚夫谈搬运行李的价钱、给作者安排好座位、往返攀爬月台给作者买橘子到叮嘱作者抵京后写家信报平安，这一件件琐碎的事，无不体现了父亲对儿子返程细节的周密安排。细节之中见真情。读起来，无不令人感动。

第三步，这篇经典的散文之所以传诵至今，是因为父爱如山在当今仍是人类最珍贵的情感之一。

有关朱自清、朱自清的散文、《背影》有着丰富的研究资料，通过查阅，可进一步丰富上述第二、第三步的有关内容。

背影
朱自清

我与父亲不相见已二年余了，我最不能忘记的是他的背影。那年冬天，祖母死了，父亲的差使也交卸了，正是祸不单行的日子。我从北京到徐州，打算跟着父亲奔丧回家。到徐州见着父亲，看见满院狼藉的东西，又想起祖母，不禁簌簌地流下眼泪。父亲说："事已如此，不必难过，好在天无绝人之路！"

回家变卖典质，父亲还了亏空；又借钱办了丧事。这些日子，家中光景很是惨淡，一半为了丧事，一半为了父亲赋闲。丧事完毕，父亲要到南京谋事，我也要回北京念书，我们便同行。

到南京时，有朋友约去游逛，勾留了一日；第二日上午便须渡江到浦口，下午上车北去。父亲因为事忙，本已说定不送我，叫旅馆里一个熟识的茶房陪我同去。他再三嘱咐茶房，甚是仔细。但他终于不放心，怕茶房不妥帖；颇踌躇了一会儿。其实我那年已二十岁，北京已来往过两三次，是没有什么要紧的了。他踌躇了一会儿，终于决定还是自己送我去。我两三回劝他不必去；他只说："不要紧，他们去不好！"

我们过了江，进了车站。我买票，他忙着照看行李。行李太多了，得向脚夫行些小费，才可过去。他便又忙着和他们讲价钱。我那时真是聪明过分，总觉他说话不大漂亮，非自己插嘴不可，但他终于讲定了价钱；就送我上车。他给我拣定了靠车门的一张椅子；我将他给我做的紫毛大衣铺好座位。他嘱我路上小心，夜里要警醒些，不要受凉。又嘱托茶房好好照应我。我心里暗笑他的迂；他们只认得钱，托他们只是白托！而且我这样大年纪的人，难道还不能料理自己吗？唉，我现在想想，那时真是太聪明了！

我说道："爸爸，你走吧。"他望车外看了看，说："我买几个橘子去。你就在此地，不要走动。"我看那边月台的栅栏外有几个卖东西的等着顾客。走到那边月台，须穿过铁道，须跳下去又爬上去。父亲是一个胖子，走过去自然要费事些。我本来要去的，他不肯，只好让他去。我看见他戴着黑布小帽，穿着黑布大马褂，深青布棉袍，蹒跚地走到铁道边，慢慢探身下去，尚不大难。可是他穿过铁道，要爬上那边月台，就不容易了。他用两手攀着上面，两脚再向上缩；他肥胖的身子向左微倾，显出努力的样子。这时我看见他的背影，我的泪很快地流下来了。我赶紧拭干了泪。怕他看见，也怕别人看见。我再向外看时，他已抱了朱红的橘子往回走了。过铁道时,他先将橘子散放在地上,自己慢慢爬下,再抱起橘子走。到这边时,我赶紧去搀他。他和我走到车上,将橘子一股脑儿放在我的皮大衣上。于是扑扑衣上的泥土,心里很轻松似的,过一会儿说:"我走了,到那边来信!"我望着他走出去。他走了几步,回过头看见我,说:"进去吧,里边没人。"等他的背影混入来来往往的人里,再找不着了,我便进来坐下,我的眼泪又来了。

近几年来,父亲和我都是东奔西走,家中光景是一日不如一日。他少年出外谋生,独力支持,做了许多大事。哪知老境却如此颓唐! 他触目伤怀,自然情不能自已。情郁于中,自然要发之于外;家庭琐屑便往往触他之怒。他待我渐渐不同往日。但最近两年不见,他终于忘却我的不好,只是惦记着我,惦记着我的儿子。我北来后,他写了一信给我,信中说道:"我身体平安,惟膀子疼痛厉害,举箸提笔,诸多不便,大约大去之期不远矣。"我读到此处,在晶莹的泪光中,又看见那肥胖的、青布棉袍黑布马褂的背影。唉! 我不知何时再能与他相见!

一九二五年十月,在北京

二、朗读能力

朗读能力是指运用有声语言把作品的思想感情得体地呈现出来的能力。

(一)朗读能力培养步骤

这一能力的培养离不开以下三个方面的训练:

第一,系统掌握普通话语音,普通话发音准确。

第二,养成良好的说话习惯,发音时口齿清晰。

第三,重视朗读训练与实践,提高审美鉴赏力。

朗读能力与备稿能力之间是有密切联系的。提高备稿能力,有助于提高朗读能力;反之,提高朗读能力,也有助于提高备稿能力。

朗读是实践活动,朗读能力的培养是在一次次朗读训练中锻炼出来的。

(二)举例分析

以现代诗《雨巷》①为例。在朗诵这首诗时,可以从三个方面做好语音训练的准备并开展训练。

第一,根据自己的语音问题,对文本进行标注,先单独练习字词的发音,读准每个字词。例如如果自己在翘舌音和后鼻音上容易出现发音偏误,那么就先把翘舌音和后鼻音在文本上分别用加点、加波浪线的方式标注如下。对于既是翘舌音,又是后鼻音的字,则用加双底线的方式进行标注。

---

① 戴望舒.戴望舒诗全集:我不敢说出你的名字[M].成都:四川人民出版社,2018:23—24.

第二，朗读训练从逐句逐段的练习开始，不要一开始就总是从头到尾地一遍遍读。要熟读文本，不要出现卡壳、破句、回读、加字、漏字、改字等问题。

第三，结合《雨巷》所表达的感情，安排好《雨巷》中的轻重、节奏、升降，声情并茂地进行训练，感受汉语的韵律美，感悟作品的艺术性。

此外，这是一首经典的朗诵作品，有不少名家朗诵过此诗。建议多听名家的朗诵作品，提高自己的鉴赏力，认真进行朗读实践，提高自己的朗读水平。

雨巷
戴望舒

撑着油纸伞，独自
彷徨在悠长，悠长
又寂寥的雨巷，
我希望逢着
一个丁香一样地
结着愁怨的姑娘。

她是有
丁香一样的颜色，
丁香一样的芬芳，
丁香一样的忧愁，
在雨中哀怨，
哀怨又彷徨。

她彷徨在这寂寥的雨巷，
撑着油纸伞
像我一样，
像我一样地
默默彳亍着，
冷漠，凄清，又惆怅。

她静默地走近
走近，又投出
太息一般的眼光，

她飘过
像梦一般的，
像梦一般的凄婉迷茫。

像梦中飘过
一枝丁香地，
我身旁飘过这女郎；
她静默地远了，远了，
到了颓圮的篱墙，
走尽这雨巷。

在雨的哀曲里，
消了她的颜色，
散了她的芬芳，
消散了，甚至她的
太息般的眼光，
丁香般的惆怅。

撑着油纸伞，独自
彷徨在悠长，悠长
又寂寥的雨巷，
我希望飘过
一个丁香一样地
结着愁怨的姑娘。

三、朗读技巧

声音的运用是一门艺术，是一种用声音呈现言外之意的审美活动。朗读技巧是运用声音展现韵律特征以反映作品思想感情的技巧。声音的高低、快慢和轻重是展现韵律特征以及反映作品思想感情的三个重要维度，由此形成了抑扬式、快慢式、重轻式的朗读技巧。至于抑扬、快慢、重轻的程度，要视作品表达感情的需要加以考虑。

抑扬式是指使句调升、降、平、曲错落有致的朗读技巧。"↗""↘""→"依次表示句调的升、降、平；"〃"表示略升；"↘↘"表示略重地下降，有强调之意。陈述句一般用降调，降调往往有结束句子的含义。句内多用升或略升的调子，表示句子还没有结束。在下文中，作者一开始情绪低落，随着忽然间意识到马缨花香味的存在，情绪有了转机，从而发现了平平常常的马缨花之美,心境逐渐愉悦起来。

　　在这样无可奈何的时候,″有一天,↗在傍晚的时候,″我从外面一走进那个院子,↗蓦地闻到一股似浓似淡的香气。↘↘我抬头一看,↗原来是遮满院子的马缨花开花了。↘在这以前,↗我知道这些树都是马缨花;但是我却没有十分注意它们。今天它们用自己的香气告诉了我它们的存在。这对我似乎是一件新事。↘↘我不由得就站在树下,↗仰头观望:→细碎的叶子密密地搭成了一座天棚,″天棚上面是一层粉红色的细丝般的花瓣,↗远处望去,″就像是绿云层上浮上了一团团的红雾。↘↘香气就是从这一片绿云里洒下来的,″洒满了整个院子,↗洒满了我的全身,↗使我仿佛游泳在香海里。↘

节选自《马缨花》①🎧

　　快慢式是指使各语音单位之间张弛有度的朗读技巧。虽然标点符号能够反映句法停顿之处,本不需标注,不过当需要延长标点符号的停顿时值或取消标点符号的停顿时会加上标注,以更好地表达感情。"/"表示停顿,斜线越多,停顿越长。"___"表示不停顿,"～"表示延长一个字音,"⌒⌒⌒"表示放慢语速,"___"表示加快语速。下文的节奏安排,把作者爱海、梦海、恋海到发现"海"的兴奋之情展现了出来。

　　深夜,北风怒号,从我家高楼上听来,宛如大海狂涛在奔腾呼啸。//

　　我～爱海,每一次,我依依不舍离开大海时,都深以不能带一朵浪花、一滴海水回来/而引为莫大憾事。因此,我常常梦见海,海～是那样蔚蓝,镜面般的海水上漾出静静的波澜,于是我更加/苦恋着大海了。//

　　今天早晨,东方曙光是紫蒙蒙、红艳艳的,而后升起一轮红日,明亮的阳光/透过窗玻璃/落在我的书柜上,我的眼睛一下/闪亮了。呵,那不是/我的海吗?

节选自《我的海》②🎧

　　重轻式是指使各语音单位的轻重相得益彰的朗读技巧。下文加点的字词重读,以风的威猛、花的易逝,突出春的短暂。

　　北方的春本来就不长,还往往被狂风给七手八脚地刮了走。济南的桃李丁香与海棠什么的,差不多年年被黄风吹得一干二净,地暗天昏,落花与黄沙卷在一处,再睁眼时,春已过去了!记得有一回,正是丁香乍开的时候,也就是下午两三点钟吧,屋中就非点灯不可了;风是一阵比一阵大,天色由灰而黄,而深黄,而黑黄,而漆黑,黑得可怕。第二天去看院中的两株紫丁香,花已像煮过一回,嫩叶几乎全破了!济南的秋冬,风倒很少,大概都留在春天刮呢。

节选自《大明湖之春》③🎧

---

① 季羡林. 季羡林散文[M]. 北京:人民文学出版社,2007:31—32.
② 刘白羽. 刘白羽散文选[M]. 北京:人民文学出版社,2009:166.
③ 老舍. 老舍散文[M]. 北京:人民文学出版社,2022:21.

由以上举例可见，不论抑扬式、快慢式，还是重轻式，都是通过高低、快慢、轻重的对比发挥各自的传情功能的。其实，这三种朗读技巧往往也不是孤立运用的，而是综合运用的，而且在综合运用中通过彼此的对比更加凸显了自身不可替代的价值，从而共同为酣畅淋漓地抒发感情发挥作用。

此外，不同的朗读者在对书面语言进行二次加工的时候，会有差异。出现差异是很正常的，由此也可以欣赏到有声语言不同的表达风格。不过，虽然允许有差异，但都要遵循一个总的要求，那就是不能违背原作的感情基调。朗读对作品思想感情的理解是非常有帮助的。阅读书面作品是通过视觉解读文字的活动，虽然可以反复看，但是仍有一定局限，"除去一目十行的粗读不说，就是细读，也只是凭借一条渠道传入大脑，留下的印象，远不如多条渠道来得深刻，这正如看舞台演出比看文字剧本收益更大，道理是一样的。朗读，不但要看，反复看，还要变为有声语言，从而增加了传入大脑皮层的刺激渠道；同时，更需要认真领会、准确表达文字作品的语词含义和精神实质。这样，对体味作品就提出了更高的要求，在深入体味中所得也就更多了。"①

小贴士

朗读是一种有声语言的创作活动。如果没有认识到这一点，或者对此认识不足，就会产生不少朗读问题。其中，涉及声母、韵母、声调以及音变等方面的问题，通过第三章的学习加以解决。关于朗读方面的问题，通过学习本章内容加以解决。

第一，出现破句、卡壳、回读（即读错或读不下去时重读）、加字、漏字、改字等问题。

建议：(1)熟读文本；(2)培养良好的朗读习惯。

第二，出现字顿、词顿、唱读等问题。其中，"唱读"主要指学生在集体朗读时，按照一种均匀的速度、一致的音高、平直的语调进行朗读，没有感情起伏线。

建议：培养良好的朗读习惯。

第三，出现朗读速度过慢或者过快的问题。

建议：(1)掌握中速的朗读方式；(2)培养良好的朗读习惯。

第四，出现缺乏重音、缺乏升降等问题。

建议：(1)掌握句重音、句调等；(2)培养良好的朗读习惯。

朗读时出现以上问题，将影响普通话的停连、句重音、句调、节奏以及流畅度，这在普通话水平测试中将会扣除相应的分数。因此，除了将关于朗读的有关理论知识运用于朗读实践之外，建议多听名家朗诵作品，提高对朗读创作活动的鉴赏力。

当前，朗读的意义和作用还未受到应有的重视。从前，人们非常讲究诵读，从诵读声调

① 张颂.朗读学(第四版)[M].北京：中国传媒大学出版社,2022:33.

的高低、缓急、顿挫、转折里面,可以体会到原文的声情,所以听了读书的语调,就可获知朗读者对原文的理解程度。过去,人们提出因声求气的诵读方法,就是根据文章的言之长短与声之高下来诵读,并通过诵读来体会作者的气盛言宜,又通过对气盛言宜的体会来领悟作者的情意,"使我之心与古人之心诉合于无间"。心即指情意,古人的心同我的心本不一致,通过因声求气,使我能完全理解古人的情意,以求得一致。[①] 朗读不仅能增进我们对作品思想内涵的理解,还能促进我们朗读水平的提高。

练一练

1. 以散文《炊烟是村庄的根》[②]为例,分析朗读该文的技巧。

炊烟是村庄的根

刘亮程

当时在刮东风,我们家榆树上的一片叶子,和李家杨树上的一片叶子,在空中遇到一起,脸贴脸,背碰背,像一对恋人或兄弟,在风中欢舞着朝远处飞走了。它们不知道我父亲和李家有仇。它们快乐地飘过我的头顶时,离我只有一膀子高,我手中有根树条就能打落它们。可我没有。它们离开树离开村子满世界转去了。我站在房顶,看着满天空的东西向东飘移,又一个秋天了,我的头愣愣的,没有另一颗头在空中与它遇到一起。

如果大清早刮东风,那时空气潮湿,炊烟贴着房顶朝西飘。清早柴火也是潮潮的,冒出的烟又黑又稠。在沙沟沿新户人家那边,张天家的一溜黑烟最先飘出村子,接着王志和家的一股黄烟飘出村子。烧碱蒿子冒黄烟,烧麦草和包谷秆冒黑烟,烧红柳冒紫烟、梭梭柴冒青烟、榆树枝冒蓝烟……村庄上头通常冒七种颜色的烟。

老户人家这边,先是韩三家、韩老二家、张桩家、邱老二家的炊烟一挨排出了村子。路东边,我们家的炊烟在后面,慢慢追上韩三家的炊烟,韩元国家的炊烟慢慢追上邱老二家的炊烟,冯七家的炊烟慢慢追上张桩家的炊烟。

我们家烟囱和韩三家烟囱错开了几米,两股烟很少相汇在一起,总是并排儿各走各的,飘再近也互不理睬。韩元国和邱老二两家的烟囱对个正直,刮正风时不是邱老二家的烟飘过马路追上韩元国家的,就是韩元国家的烟越过马路追上邱老二家的,两股烟死死缠在一起,扭成一股朝远处飘。

早先两家好的时候,我听见有人说,你看这两家好得连炊烟都缠抱在一起。后来两家有了矛盾,炊烟仍旧缠抱在一起。韩元国是个火爆脾气,他不允许自家的孩子和邱老二家的孩子一起玩,更不愿意自家的炊烟与仇家的纠缠在一起,他看着不舒服,就把后墙上的烟囱捣

---

① 本段引自:周振甫.文章例话[M].北京:中国青年出版社,1983:69.
　下面的事例也引自上述文献,由该事例可见,朗读并不是高不可攀的事,关键是要用心朗读。
　清末福建陈衍,五岁时读《孟子·不仁者可与言哉》章,又读《小弁小人之诗也》章,爱好它的音节顿挫,读了又读。他的父亲从外面回来,听了面露喜色,说:"这孩子对于书中的道理,大概有很深的体会。"
② 刘亮程.刘亮程散文[M].北京:人民文学出版社,2016:214—215.

了,挪到了边墙上。再后来,在我们家搬走的前两年,那两家又好得不得了了,这家做了好饭隔着路喊那家过来吃,那家有好吃的也给这家端过去,连两家的孩子间都按大小叫哥叫弟。只是那两股子炊烟,再也走不到一起了。

如果刮一阵乱风,全村的炊烟会像一头乱发绞缠在一起。麦草的烟软、梭梭柴的烟硬,碱蒿子的烟最呛人。谁家的烟在风中能站直,谁家的烟一有风就趴倒,这跟所烧的柴火有关系。

炊烟是村庄的头发。我小时候这样比喻。大一些时,我知道它是村庄的根。我在滚滚飘远的一缕缕炊烟中,看到有一种东西被它从高远处吸纳了回来,丝丝缕缕地进入到每一户人家的每一口锅底、锅里的饭、碗、每一张嘴。

早晨,我从草棚顶上站起来,我站在缕缕炊烟之上,看见这个镰刀状的村子冒出的烟,在空中形成一把巨大无比的镰刀,这把镰刀刃朝西,缓慢而有力地收割过去,几百个秋天的庄稼齐刷刷倒了。

2. 以现代诗《雨巷》为例,分析朗读该诗的技巧。

第二节　作品的基调

| 本节音频 |

课前提问

判断题:
(1) 文学作品的基调只能感受,难以描写出来。(　　)
(2) 朗读文学作品,不需要考虑基调,只要把字音读准就可以了。(　　)
(3) 吟唱诗词,有助于增强对诗词的理解。(　　)

我们读到令人心情愉悦的作品,像是心中洒满了阳光;读到让人忧心忡忡的作品,像是满肚子装满了愁绪;读到闲话家常的作品,像是体验着百味人生……影响我们心情的正是文学作品所蕴含的感情。"文学是以语言文字为媒介的艺术","一切艺术都是抒情的,都必表现一种心灵上的感触,显著的如喜、怒、爱、恶、哀、愁等情绪,微妙的如兴奋、颓唐、忧郁、宁静以及种种不易名状的飘来忽去的心境","不表现任何情致的文字就不算是文学作品"。[①] 可以说,文学作品是感情要素和语言文字要素的"二合一"。语言文字如何表达感情呢？——

① 朱光潜.谈文学[M].上海:华东师范大学出版社,2018:1、121.

句子、节奏。"句子是语言运用的基本单位。"[①]句子能够表达一个完整的意思,能够传递思想感情,有着丰富的句调。节奏是传达情绪的最直接而且最有力的媒介,因为它本身就是情绪的一个重要部分,每种情绪都有它的特殊节奏。[②] 节奏和句调都跟情绪密不可分,节奏、句调和情感是构成作品基调的三个要素。基调是基于作品思想感情的韵律特征的总和。据此,可将文学作品的基调分为八类,请看表5-1。

表5-1　基调类型及其语流特征表

基调类型	语流特征
柔美温暖	节奏舒缓,起伏适中,温柔缠绵
绮丽繁丰	节奏舒缓,起伏较大,华丽多姿
活泼明快	节奏活泼,起伏适中,欢快明朗
诙谐风趣	节奏活泼,起伏很大,峰回路转
平淡含蓄	节奏缓慢,起伏较小,平淡无奇
哀婉寡欢	节奏缓慢,起伏较小,了无生机
豪放刚健	节奏铿锵,起伏很大,坚决果断
悲愤反抗	节奏刚毅,起伏很大,倔强不屈

表中所列的每个基调的语流特征都用了三个短语进行描述。第一个短语以节奏为视角,第二个短语以句调为视角,这两个短语都是可言说的,可"测量"的。第三个短语是对情绪的描述,这虽然不易言说,好在人们对情绪"强度"的感受是比较一致的,所以通过描述,依然可唤醒内心的体验。第三个短语的表述方式也正说明试图用语言精准地表达情感是比较困难的。实际上在品读文学作品时,首先是被其中的情感打动,然后以自身情感体验为基础,再理性地运用节奏、句调等语音要素分析作品的基调。

节奏一般可分为快、中、慢,句调的高低起伏可分为很大、较大、适中、较小,两者共同为表达作品的感情服务。中速与舒缓的节奏相应,句调不会出现极端的情况,起伏适中或较大,由此形成"柔美温暖""绮丽繁丰"这两种基调。快速与活泼的节奏相应,句调比较偏兴奋,起伏适中或很大,由此形成"活泼明快""诙谐风趣"这两种基调。慢速与缓慢的节奏相应,句调比较平静,起伏较小,由此形成"平淡含蓄""哀婉寡欢"这两种基调。

人的情感是复杂的,在大喜大悲的两个极端,情绪波动剧烈,句调起伏很大,语速多变。大喜时,可能形成"活泼明快"的基调,也可能形成"诙谐风趣"的基调。大悲时,感情十分强烈,产生与大声疾呼相应的"铿锵"节奏,与愤然抗争相应的"刚毅"节奏,并由此分别形成"豪

① 胡裕树主编.现代汉语[M].上海:上海教育出版社,1997:313.
② 朱光潜.诗论[M].上海:华东师范大学出版社,2019:126—127.

放刚健"或"悲愤反抗"的基调。

限于篇幅,酌情选取文学作品的段落以增进对基调的理解。下文运用丰富的想象力、华丽的文采,着力渲染了日出盛况,形成了"绮丽繁丰"的基调。

等到留心回览时,我不由得大声地狂叫——因为眼前只是一个见所未见的境界。原来昨夜整夜暴风的工程,却砌成一座普遍的云海。除了日观峰与我们所在的玉皇顶以外,东西南北只是平铺着弥漫的云气。在朝旭未露前,宛似无量数厚毳长绒的绵羊,交颈接背的眠着,卷耳与弯角都依稀辨认得出。那时候在这茫茫的云海中,我独自站在雾霭溟蒙的小岛上,发生了奇异的幻想——

我的躯体无限的长大,脚下的山峦比例我的身量,只是一块拳石;这巨人披着散发,长发在风里像一面墨色的大旗,飒飒的在飘荡。这巨人竖立在大地的顶尖上,仰面向着东方,平拓着一双长臂,在盼望,在迎接,在催促,在默默的叫唤;在崇拜,在祈祷在流泪——在流久慕未见而将见悲喜交互的热泪……

节选自《泰山日出》[①] 🎧

下文笔触细腻,如泣如诉,形成了"哀婉寡欢"的基调。

这是一个凄风苦雨的深夜。

一切都寂静了,只有雨点落在蕉叶上,淅淅沥沥令人听着心碎。这大概是宇宙的心音吧,它在这人静夜深时候哀哀地泣诉!

窗外缓一阵紧一阵的雨声,听着像战场上金鼓般雄壮,错错落落似鼓桴敲着的迅速,又如风儿吹乱了柳丝般的细雨,只洒湿了几朵含苞未放的黄菊。这时我握着破笔,对着灯光默想,往事的影儿轻轻在我心幕上颤动,我忽然放下破笔,开开抽屉拿出一本红色书皮的日记来,一页一页翻出一片红叶。这是一片鲜艳如玫瑰的红叶,它挟在我这日记本里已经两个月了。往日我为了一种躲避从来不敢看它,因为它是一个灵魂孕育的产儿,同时它又是悲惨命运的扭结。谁能想到薄薄的一片红叶,里面纤织着不可解决的生谜和死谜呢!我已经是泣伏在红叶下的俘虏,但我绝不怨及它,可怜在万千飘落的枫叶里,它衔带了这样不幸的命运。

节选自《一片红叶》[②] 🎧

激动、愉悦、平静、忧伤、悲愤、恐惧……这些人类的基本情绪,是作品基调的基础。虽说人类的思想感情是相通的,但对其进行分类却是十分困难的,八类基调的划分是对作品基调划分的尝试。其实,把思想感情通过作品呈现出来,原本也不是单一的,因此对作品基调的分类也只能基于作品的主要思想感情,主要思想感情就像音乐的主旋律一样,时不时会在作品中呈现一下,因此作品的基调也可能是以某一基调为主、其他基调为辅的复合型基调,对

① 徐志摩.徐志摩散文[M].北京:人民文学出版社,2007:4.
② 石评梅.你来过,愿记忆终究美好[M].天津:天津人民出版社,2016:13—14.

此,本书不再展开。

> **小贴士**
>
> 如果没有基调意识,在朗读时常常会出现没有感情、千篇一律等情况。
>
> 建议:理解基调的类型,培养基调意识。可以通过朗读表达不同情感的诗词、散文作品,增进对基调的理解。此外,还要多听名家朗诵的作品,揣摩作品所要表达的感情与作品基调之间的关系。

练一练

1. 判断散文《奋飞的海鸥》①的基调。

奋飞的海鸥

张梦阳

海鸥闭翅落地的时候,并不算是美丽的鸟,长而尖的嘴,光秃秃的头,短而粗的脖,稍显臃肿的身子,白色之中掺杂些灰褐色的羽毛,简直其貌不扬。不仅无法与鸟中之王凤凰相比,不能与美丽的孔雀相伴,而且绝对没有苍鹰、兀鹫那种挺立于高山之巅睥睨一切、超凡绝伦的气度。它显得那样平庸无奇,碌碌无为,呆头呆脑,可以说是鸟类中的凡夫,生物界的俗子。

然而当海鸥展开翅膀、凌空飞翔的时候,却恍然间化作了鸟类中的精英,生物界的奇雄。它在蔚蓝色的海天之间上下翻飞,亲吻着海涛,追逐着海轮,忽而轻悠如白云,忽而疾驰如闪电。它像海天之间的雪白的莲花,是那广阔无垠的蔚蓝色的绝妙点缀;它如海涛之中的吉祥的信物,给那万里漂泊的海员们以无限的慰藉。

海鸥飞翔着,飞翔着,奋力飞翔着,拼死飞翔着!凌空而飞,掠海而飞,迎风而飞,冒险而飞!它不像凤凰那样,飞翔是为显示自己华彩的羽翼,也不像鱼鹰那样,飞翔是为捕捉浪中肥美的小鱼。对于它来说,飞翔是永恒的本能,欢乐的源泉,奋斗的目的,生命的归宿!既不是为了炫耀,也不是为了觅食。

只要能够飞翔,就有超越平庸的可能,就能从凡夫化为精英,从俗子变作奇雄。

只要能够飞翔,就有跳出窠臼的机遇,就会从沟窝冲进海天,从石底升入云端。

呵,只要能够飞翔,宇宙间的一切就会充满生机,莽莽荒原变为繁华闹市,原始部落进入现代社会,无生命的月球化作嫦娥、吴刚的乐园,遥远的天马星座也会跨入超科技的时代。

呵,奋飞吧,海鸥!青天秀水,苍天雄关,艳阳新月,碧海奇岛,闪着银辉的飞碟,发出奇光的珊瑚,无边的蔚蓝色和玫瑰色,都将会属于你——献身飞翔的海鸥!

2. 判断散文《炊烟是村庄的根》的基调。

说明:该文原文见本章第一节课后练一练1。

---

① 格非编选.中国现当代散文选[M].北京:人民文学出版社,2022:323—324.

3. 判断散文《生命的化妆》①的基调。

生命的化妆🎧

林清玄

我认识一位化妆师。她是真正懂得化妆,而又以化妆闻名的。

对于这生活在与我完全不同领域的人,使我增添了几分好奇,因为在我的印象里,化妆再有学问,也只是在表相上用功,实在不是有智慧的人所应追求的。

因此,我忍不住问她:"你研究化妆这么多年,到底什么样的人才算会化妆? 化妆的最高境界到底是什么?"

对于这样的问题,这位年华已逐渐老去的化妆师露出一个深深的微笑。她说:"化妆的最高境界可以用两个字形容,就是'自然'。最高明的化妆术,是经过非常考究的化妆,让人家看起来好像没有化过妆一样,并且这化出来的妆与主人的身份匹配,能自然表现那个人的个性与气质。次级的化妆是把人凸现出来,让她醒目,引起众人的注意。拙劣的化妆是一站出来别人就发现她化了很浓的妆,而这层妆是为了掩盖自己的缺点和年龄的。最坏的一种化妆,是化过妆以后扭曲了自己的个性,又失去了五官的协调,例如小眼睛的人竟化了浓眉,大脸蛋的人竟化了白脸,阔嘴的人竟化了红唇……"

没想到,化妆的最高境界竟是无妆,竟是自然,这可使我刮目相看了。

化妆师看我听得出神,继续说:"这不就像你们写文章一样? 拙劣的文章常常是词句的堆砌,扭曲了作者的个性。好一点的文章是光芒四射,吸引了人的视线,但别人知道你是在写文章。最好的文章,是作家自然的流露,他不堆砌,读的时候不觉得是在读文章,而是在读一个生命。"

多么有智慧的人呀! 可是,"到底做化妆的人只是在表皮上做功夫!"我感叹地说。

"不对的,"化妆师说,"化妆只是最末的一个枝节,它能改变的事实很少。深一层的化妆是改变体质,让一个人改变生活方式、睡眠充足、注意运动与营养,这样她的皮肤改善、精神充足,比化妆有效得多。再深一层的化妆是改变气质,多读书、多欣赏艺术、多思考、对生活乐观、对生命有信心、心地善良、关怀别人、自爱而有尊严,这样的人就是不化妆也丑不到哪里去,脸上的化妆只是化妆最后的一件小事。我用三句简单的话来说明,三流的化妆是脸上的化妆,二流的化妆是精神的化妆,一流的化妆是生命的化妆。"

化妆师接着做了这样的结论:"你们写文章的人不也是化妆师吗? 三流的文章是文字的化妆,二流的文章是精神的化妆,一流的文章是生命的化妆。这样,你懂化妆了吗?"

我为这位女化妆师的智慧而起立向她致敬,深为我最初对化妆的观点感到惭愧。

告别了化妆师,回家的路上我走在夜黑的地方,有了这样深刻的体悟:这个世界一切的表相都不是独立自存的,一定有它深刻的内在意义,那么,改变表相最好的方法,不是在表相上下功夫,一定要从内在里改革。

可惜,在表相上用功的人往往不明白这个道理。

---

① 林清玄.林清玄散文[M].杭州:浙江文艺出版社,2008:257—258.

第三节　散文朗读指导

本节音频

课前提问

判断题：

(1) 音步分析是分析朗读文本的基础。（　　　）

(2) 文本的语调类型跟朗读文本的基调有关。（　　　）

(3) 朗读水平的高低主要靠天分。（　　　）

　　朗读不是随随便便地读，而是运用有声语言对书面文本的再次创作。它也是一种艺术创作活动，就像音乐创作、美术创作那样。任何艺术创作活动都是从技艺开始的，技艺达到纯熟，才有望成为艺术。技艺的训练是有章可循的。朗读的训练也是这样。

　　本节以两篇文章为例，从语音的轻重、节奏、升降以及常见语音偏误等四个方面进行朗读分析。每篇文章都包括四个文本：

　　文本1是原文，可供读者进行分析练习，并可与文本2、文本3、文本4进行比对。

　　文本2分析句调。句调有升调、降调、平调、曲调等四个类型。同时标出强调重音。句调、强调重音的处理方式与文本的基调有关。

　　文本3分析音步，将根据音步切分原则进行划分。

　　文本4分析常见的语音偏误，以起到避免出现相关偏误的提示作用。

一、《父亲，树林和鸟》朗读分析

　　牛汉的散文作品《父亲，树林和鸟》[①]描写了父亲对鸟、对树林的热爱。这种爱在言传身教中传递给了下一代。

［文本1］

父亲，树林和鸟

牛汉

　　父亲一生最喜欢树林和歌唱的鸟。

　　童年时，一个春天的黎明，父亲带着我从滹沱河岸的一片树林边走过。

　　父亲突然站定，朝幽深的雾蒙蒙的树林，上上下下地望了又望，用鼻子闻了又闻。

---

① 牛汉.牛汉散文[M].北京:人民文学出版社,2022:95—96.

"林子里有不少鸟。"父亲喃喃着。

并没有看见一只飞鸟,并没有闻到一声鸟叫。

我茫茫然地望着宁神静气的像树一般兀立的父亲。

父亲指着一棵树的一根树枝对我说:

"看那里,没有风,叶子为什么在动?"

我仔细找,没有找到动着的那几片叶子。

"还有鸟味。"父亲轻声说,他生怕惊动鸟。

我只闻到浓浓的苦味的草木气息,没有闻到什么鸟的气味。

"鸟也有气味?"

"有。树林里过夜的鸟总是一群,羽毛焐得热腾腾的。"

"黎明时,所有的鸟抖动着浑身的羽翎,要抖净露水和湿气。"

"每一个张开的喙都舒畅地呼吸着,深深地呼吸着。"

"鸟要准备唱歌了。"

父亲和我坐在树林边,鸟真的唱了起来。

"这是树林和鸟最快活的时刻。"父亲说。

我知道父亲此时也最快活。

过了几天,父亲对我说:"鸟最快活的时刻,向天空飞离树枝的那一瞬间,最容易被猎人打中。"

"为什么?"我惊愕地问。

父亲说:"黎明时的鸟,翅膀潮湿,飞起来沉重。"

我真高兴,父亲不是猎人。

(一) 基调与句调

《父亲,树林和鸟》一文开篇点题——"父亲一生最喜欢树林和歌唱的鸟"。文章以对话的形式,细致描写了父亲如何引导孩子通过闻鸟味、观叶动、听鸟鸣的方式了解鸟的生活习性的过程,还通过对鸟在最快活的时刻最容易被猎人打中的担忧,激发了孩子对鸟的生命的珍视。文章的最后一句"我真高兴,父亲不是猎人。"与开篇第一句相互呼应。父亲将观察到的点点滴滴的经验传授给孩子,孩子虽然一无所觉,但也努力尝试着去感受"父亲的感受"。就这样,孩子必定也会像父亲那样关爱小鸟,热爱大自然。全文最后一句话也正说明了这一点。本文基调是诙谐风趣的。该基调的特点是:节奏活泼,起伏很大,峰回路转。

那么如何通过声音表现这一基调呢?那就得靠语调和语速了。这篇文章的整体语速是适中的。在四个语调中,除了不使用曲调以外,其他三种语调都使用,请看文本2的标注。升调用"↗"作标记,表达了欣喜、兴奋、激动的情绪。降调用"↘"作标记,表达了肯定、满意、确定的情绪。平调可以用"→"作标记,由于文中给升调和降调作了标记,因此平调不再作标记。比较而言,升调较多,使文章读起来有一种积极上扬的情绪,产生了生动活泼的效果。这也符合儿童的语言表达特点。

句子的强调重音采取字下加点的方式表示。

[文本2]

父亲,树林和鸟🎧

牛汉

父亲一生最喜欢树林和歌唱的鸟。

童年时,一个春天的黎明,↗父亲带着我从滹沱河岸的一片树林边走过。

父亲突然站定,↗朝幽深的雾蒙蒙的树林,上上下下地望了又望,↗用鼻子闻了又闻。↘

"林子里有不少鸟。↘"父亲喃喃着。

并没有看见一只飞鸟,↗并没有闻到一声鸟叫。

我茫茫然地望着宁神静气的像树一般兀立的父亲。↘

父亲指着一棵树的一根树枝对我说:

"看那里,↗没有风,↗叶子为什么在动?↗"

我仔细找,↗没有找到动着的那几片叶子。

"还有鸟味。↘"父亲轻声说,他生怕惊动鸟。

我只闻到浓浓的苦味的草木气息,没有闻到什么鸟的气味。

"鸟也有气味?↗"

"有。↘树林里过夜的鸟总是一群,↗羽毛焐得热腾腾的。↘"

"黎明时,↗所有的鸟抖动着浑身的羽翎,↗要抖净露水和湿气。↘"

"每一个张开的喙都舒畅地呼吸着,深深地呼吸着。↘"

"鸟要准备唱歌了。↘"

父亲和我坐在树林边,鸟真的唱了起来。↗

"这是树林和鸟最快活的时刻。↗"父亲说。

我知道父亲此时也最快活。↗

过了几天,父亲对我说:"鸟最快活的时刻,向天空飞离树枝的那一瞬间,最容易被猎人打中。↘"

"为什么?↗"我惊愕地问。↗

父亲说:"黎明时的鸟,翅膀潮湿,飞起来沉重。↘"

我真高兴,父亲不是猎人。↗

（二）音步与停连

在音步的切分中，"童年时""黎明时的"都算作超音步。

［文本3］

父亲，树林和鸟

牛汉

父亲/一生/° 最/喜欢/树林/° 和/歌唱的/鸟～。

童年时，一个/春天的/黎明，父亲/带着/我°/从～/滹沱/河岸的/一片/树林边/走过。

父亲/突然/站定，° 朝/幽深的/雾蒙蒙的/树林，上上/下下地/望了/又望，° 用/鼻子/闻了/又闻。

"林子里/有～/不少/鸟°。"父亲/喃喃着。

并～/没有/看见/一只/飞鸟，° 并/没有/闻到/一声/鸟叫。

我°/茫茫然地/望着/宁神/静气的/像树一般/兀立的/父亲。

父亲/指着/一棵/树的/一根/树枝/对我/说°：

"° 看/那里，没有/风°，叶子/为什么/在动？"

我°/仔细/找°，没有/找到/动着的/° 那/几片/叶子。

"还有/鸟味。"父亲/轻声/说°，° 他/生怕/惊动/鸟°。

我°/° 只/闻到/浓浓的/苦味的/草木/气息，没有/闻到/什么/鸟的/气味。

"鸟°/也有/气味？"

"有°。树林里/过夜的/鸟°/总是/一群，羽毛/焐得/热腾腾的。

"黎明时，所有的/鸟°/抖动着/浑身的/羽翎，° 要/抖净/露水/° 和/湿气。

"每一个/张开的/喙°/都～/舒畅地/呼吸着，深深地/呼吸着。

"鸟°/° 要/准备/唱歌了。"

父亲/和我/坐在/树林边，° 鸟/真的/唱了起来。

"这是/树林/和鸟/° 最/快活的/时刻。"父亲/说°。

我°/知道/父亲/此时/也最/快活。

过了/几天，父亲/对我/说°："鸟°/° 最/快活的/时刻，° 向/天空/飞离/树枝的/° 那/一瞬间，° 最/容易/° 被/猎人/打中。"

"为什么？"° 我/惊愕地/问°。

父亲/说°："黎明时的/鸟，翅膀/潮湿，飞起来/沉重。"

我°/° 真/高兴，父亲/不是/猎人。

（三）容易偏误的字音

汉语方言使用者在讲普通话时,除了轻声(见文本 3 中的小字,其中"知道"的"道"读轻声,未以小字呈现)以外,还应当注意以下四个方面的读音现象:

第一,要读准翘舌音。下文加点的字读翘舌音。具体如下①:

树、生、时、春、着、站、朝、深、上、少、只、声、然、神、指、枝、什、找、是、热、身、水、湿、张、舒、畅、准、唱、真、说、知、瞬、容、中、翅、潮、湿、沉、重

第二,要读准后鼻音。下文加波浪线的字读后鼻音;加双线的字既读翘舌音,又读后鼻音,例如"生""上"。具体如下:

生、唱、童、明、定、蒙、上、望、并、声、茫、宁、静、像、风、动、轻、惊、浓、总、腾、翎、净、张、畅、空、向、容、中、膀、重、兴

第三,要读准复韵母。其中有的字还读翘舌音,例如"找""潮"。具体如下②:

鸟、牛、最、带、滹、走、过、幽、有、没、飞、叫、对、我、说、叶、为、在、还、味、到、草、也、夜、毛、所、抖、要、每、开、喙、都、备、坐、来、快、活、被、猎、高

第四,不能读入声。普通话中没有入声,要注意下面各字的普通话读音。具体如下③:

一、突、鼻、不、没、只、兀、立、说、叶、得、热、湿、吸、活、刻、易、猎、愕

此外,请把你容易读错的字,在文本 4 中进行标注。

[文本 4]

父亲,树林和鸟

牛汉

父亲一生最喜欢树林和歌唱的鸟。

童年时,一个春天的黎明,父亲带着我从滹沱河岸的一片树林边走过。

父亲突然站定,朝幽深的雾蒙蒙的树林,上上下下地望了又望,用鼻子闻了又闻。

"林子里有不少鸟。"父亲喃喃着。

并没有看见一只飞鸟,并没有闻到一声鸟叫。

我茫茫然地望着宁神静气的像树一般兀立的父亲。

父亲指着一棵树的一根树枝对我说:

"看那里,没有风,叶子为什么在动?"

我仔细找,没有找到动着的那几片叶子。

"还有鸟味。"父亲轻声说,他生怕惊动鸟。

我只闻到浓浓的苦味的草木气息,没有闻到什么鸟的气味。

---

① 同一个字,只记录一次。下文同此,不再说明。
② 这类字,在版本 4 中不再标注。下文同此,不再说明。
③ 这类字,在版本 4 中不再标注。下文同此,不再说明。

"鸟也有气味?"

"有。树林里过夜的鸟总是一群,羽毛焐得热腾腾的。

"黎明时,所有的鸟抖动着浑身的羽翎,要抖净露水和湿气。

"每一个张开的喙都舒畅地呼吸着,深深地呼吸着。

"鸟要准备唱歌了。"

父亲和我坐在树林边,鸟真的唱了起来。

"这是树林和鸟最快活的时刻。"父亲说。

我知道父亲此时也最快活。

过了几天,父亲对我说:"鸟最快活的时刻,向天空飞离树枝的那一瞬间,最容易被猎人打中。"

"为什么?"我惊愕地问。

父亲说:"黎明时的鸟,翅膀潮湿,飞起来沉重。"

我真高兴,父亲不是猎人。

字音练习建议:首先,找出自己容易偏误的字;其次,对容易偏误的字,分类进行练习;第三,每解决一类问题,再练习并解决下一类问题。

二、《与风擦肩而过》朗读分析

雷抒雁的散文作品《与风擦肩而过》[①]是一篇富有人生哲理的托物言志之作。"风要到远处去,它不会纠缠一处的景物,不会因为贪恋游戏而忘记了要去的地方。"就这样,风,一路追寻着自己的志向,一路获得自我的成长。

[文本1]

与风擦肩而过

雷抒雁

风在树叶间窃笑,轻轻地,似我童年时藏身树后的玩友。看不见风的脸庞,听不见风的话语;它是隐忍着内心的喜悦,掩口悄声而笑,引诱我沿着树叶的指向去寻找它的。

于是,我以童心的轻快步入青青的林子。有一双看不见的手,抚摸着我的脸庞,挽住我的手臂;有一些兰麝的气息,飘动在我的耳际。我闭着眼睛,张开手臂,感受这种愉悦,好像沉浸在美妙的梦里。我不敢睁开眼睛,生怕这一切,消失在瞬间。

常常与风擦肩而过,偶一回头,风已远去。粼粼的河面上,留下它细碎的足迹;飘飘的草

① 雷抒雁.雷抒雁散文精品集[M].海口:南海出版公司,2012:37—38.

丛间,晃动着它走过的身影。微风像是怕羞的孩子,用软软的手指轻轻勾动了一下你的手指;又像是调皮的少女,用纤纤的细手轻轻碰了一下你的臂膀,让你知道它们的存在,它们的到来,它们的离去,以及想和你说话的它们的心意。

谁想领略风的友善和聪慧?就得以同样的友善和聪慧到绿树和青草间去期待风的到来,去捕捉风的身影,去领悟风的目光。

风要到远处去,它不会纠缠一处的景物,不会因为贪恋游戏而忘记了要去的地方。走很远的路,风会成长;成长为士兵、海盗以及搅彻周天的强者,也许,那是风的志向和事业,是风的辉煌和毁灭。可那不是我的风,不是牵我衣襟、抚我面庞的少年风。

与风擦肩而过。擦肩而过的是一种稍纵即逝的心境。那一刻,云开日出,天空会以蔚蓝展示出一片开阔和明朗,那一刻,郁闷会为之一扫,即使是瞬间的清凉,也会带给你一阵清醒和振奋。那一瞬,会有诗绽开灵感,会有歌飞出旋律,会有美的图画呈现出奇异的色彩。一个偶尔到来的成功,也许在那一瞬间如一只彩鸟扑进你的怀里。

风不会应约而至。与风相逢,是无法约定的不期而遇。自由的灵魂,是不带地图的旅者,在一切可以驰骋的地方,都会留下它的足迹。常常遗憾在于我们并非总是有备而来,带着对风倾诉的话语、带着为风轻启的心境,而当与风不期而遇,只有擦肩而过。

不过,风总是会到来的,会在每一个时刻!

(一)基调与句调

《与风擦肩而过》视角独特,以拟人的方式,细腻地展现了风的性情。全文以短小的语句为主,想象力奇特,引人入胜。文章的基调绮丽繁丰,特点是:节奏舒缓,起伏较大,华丽多姿。

这篇文章的整体语速是适中的。在四个语调中,除了不使用曲调以外,其他三种语调都使用,请看文本2的标注。升调用"↗"作标记,往往给人以新奇、意想不到的效果。升调使情绪处于兴奋状态,这就需要降调(用"↘"作标记)起到平衡的作用。平调可以用"→"作标记,在文中不再作标记。比较而言,升调较多,使文章读起来有一种峰回路转之感,发人深省。

[文本2]

与风擦肩而过

雷抒雁

风在树叶间窃笑,轻轻地,↗似我童年时藏身树后的玩友。↘看不见风的脸庞,↗听不见风的话语;它是隐忍着内心的喜悦,掩口悄声而笑,↗引诱我沿着树叶的指向去寻找它的。↘

于是,我以童心的轻快步入青青的林子。↘有一双看不见的手,抚摸着我的脸庞,↗挽住我的手臂;有一些兰麝的气息,↗飘动在我的耳际。↘我闭着眼睛,张开手臂,↗感受这种愉悦,好像沉浸在美妙的梦里。↘我不敢睁开眼睛,生怕这一切,消失在瞬间。↘

常常与风擦肩而过，偶一回头，风已远去。粼粼的河面上，留下它细碎的足迹；飘飘的草丛间，晃动着它走过的身影。微风像是怕羞的孩子，用软软的手指轻轻勾动了一下你的手指；又像是调皮的少女，用纤纤的细手轻轻碰了一下你的臂膀，让你知道它们的存在，它们的到来，它们的离去，以及想和你说话的它们的心意。

谁想领略风的友善和聪慧？就得以同样的友善和聪慧到绿树和青草间去期待风的到来，去捕捉风的身影，去领悟风的目光。

风要到远处去，它不会纠缠一处的景物，不会因为贪恋游戏而忘记了要去的地方。走很远的路，风会成长，成长为士兵、海盗以及搅彻周天的强者，也许，那是风的志向和事业，是风的辉煌和毁灭。可那不是我的风，不是牵我衣襟、抚我面庞的少年风。

与风擦肩而过。擦肩而过的是一种稍纵即逝的心境。那一刻，云开日出，天空会以蔚蓝展示出一片开阔和明朗，那一刻，郁闷会为之一扫，即使是瞬间的清凉，也会带给你一阵清醒和振奋。那一瞬，会有诗绽开灵感，会有歌飞出旋律，会有美的图画呈现出奇异的色彩。一个偶尔到来的成功，也许在那一瞬间如一只彩鸟扑进你的怀里。

风不会应约而至。与风相逢，是无法约定的不期而遇。自由的灵魂，是不带地图的旅者，在一切可以驰骋的地方，都会留下它的足迹。常常遗憾在于我们并非总是有备而来，带着对风倾诉的话语、带着为风轻启的心境，而当与风不期而遇，只有擦肩而过。

不过，风总是会到来的，会在每一个时刻！

（二）音步与停连

文中，超音步有三音节的，例如"树叶间""青草间""少年风""每一个"；有四音节的，例如"看不见的"，其中"不""的"读轻声。

[文本3]

与风/擦肩/而过

雷抒雁

风在/树叶间/窃笑，轻轻地，似我/童年时/藏身/树后的/玩友。看不见/风的/脸庞，听不见/风的/话语；它是/隐忍着/内心的/喜悦，掩口/悄声/而笑，引诱/我°沿着/树叶的/指向/°去/寻找/它的。

于是，我以/童心的/轻快/步入/青青的/林子。°有/一双/看不见的/手°，抚摸着/我的/脸庞，挽住/我的/手臂；°有/一些/兰麝的/气息，飘动/在~/我的/耳际。°我/闭着/眼睛，张开/手臂，感受/这种/愉悦，好像/沉浸/在~/美妙的/梦里。°我/不敢/睁开/眼睛，生怕/°这/一切，消失/在~/瞬间。

常常/与风/擦肩/而过，偶一/回头，风已/远去。粼粼的/河面上，留下/它°细碎的/足迹；

飘飘的/草丛间,晃动着/° 它/走过的/身影。微风/像是/怕羞的/孩子,° 用/软软的/手指/轻轻/勾动了/一下/你的/手指;又~/像是/调皮的/少女,° 用/纤纤的/细手/轻轻/碰了/一下/你的/臂膀,让你/知道/它们的/存在,它们的/到来,它们的/离去,以及/° 想/和你/说话的/它们/心意。

谁想/领略/风的/友善/° 和/聪慧? 就得/以~/同样的/友善/° 和/聪慧/° 到/绿树/° 和/青草间/° 去/期待/风的/到来,° 去/捕捉/风的/身影,° 去/领悟/风的/目光。

风~/要到/远处去,° 它/不会/纠缠/一处的/景物,不会/因为/贪恋/游戏/° 而/忘记了/要去的/地方。° 走/很远的/路,风会/成长;成长/为° /士兵、海盗以及/搅彻/周天的/强者,也许,那是/风的/志向/° 和/事业,° 是/风的/辉煌/° 和/毁灭。可那/不是/我的/风°,不是/牵我/衣襟、抚我/面庞的/少年风。

与风/擦肩/而过。擦肩/而过的/° 是/一种/稍纵/即逝的/心境。那一刻,云开/日出,天空/会以/蔚蓝/展示出/一片/开阔/° 和/明朗,那一刻,郁闷/° 会/为之/一扫,即使/° 是/瞬间的/清凉,也会/带给/你/一阵/清醒/° 和/振奋。那一瞬,会有/诗~/绽开/灵感,会有/歌~/飞出/旋律,会有/美的/图画/呈现出/奇异的/色彩。一个/偶尔/到来的/成功,也许/在那/一瞬间/° 如/一只/彩鸟/扑进/你的/怀里。

风~/不会/应约/而至。与风/相逢,° 是/无法/约定的/不期/而遇。自由的/灵魂,° 是/不带/地图的/旅者,° 在/一切/可以/驰骋的/地方,都会/留下/它的/足迹。常常/遗憾/在于/我们/并非/总是/有备/而来,带着/对风/倾诉的/话语、带着/为风/轻启的/心境,而当/与风/不期/而遇,只有/擦肩/而过。

不过,风°/总是/会°/到来的,会在/每一个/时刻!

(三) 容易偏误的字音

汉语方言使用者在讲普通话时,除了轻声(见文本3中的小字)以外,还应当注意以下四个方面的读音现象:

第一,要读准翘舌音。下文加点的字读翘舌音。具体如下:

抒、树、时、身、是、着、声、指、找、双、手、住、麝、张、受、这、种、沉、睁、生、这、失、瞬、常、上、身、软、少、让、知、说、谁、善、捉、处、缠、处、成、长、士、周、者、志、事、稍、逝、出、展、示、之、使、阵、振、诗、绽、呈、至、驰、骋、只

第二,要读准后鼻音。下文加波浪线的字读后鼻音;加双线的字既读翘舌音,又读后鼻音,例如"成""长"。具体如下:

风、轻、童、藏、庞、听、向、青、睛、梦、像、动、从、用、碰、领、膀、想、聪、同、样、影、光、景、成、长、兵、强、煌、种、境、空、明、朗、清、凉、醒、忘、灵、功、相、逢、定、灵、方、并、总、倾、纵、应

第三,要读准复韵母。其中有的字还读翘舌音,例如"找"。具体如下:

过、雷、叶、窃、笑、我、友、话、内、口、悄、找、诱、快、有、些、飘、在、开、好、美、妙、消、偶、回、头、碎、飘、草、走、过、微、羞、孩、勾、下、调、道、到、来、略、友、慧、就、待、要、会、纠、为、游、

海、盗、搅、也、业、辉、毁、灭、开、蔚、阔、扫、带、给、有、飞、旋、美、画、彩、偶、也、鸟、怀、约、由、带、切、都、留、下、非、备、对、每

第四，不能读入声。普通话中没有入声，要注意下面各字的普通话读音。具体如下：

擦、叶、窃、不、悦、入、一、摸、息、闭、切、失、足、迹、略、得、绿、捉、目、物、彻、业、灭、刻、日、出、色、只、扑、约

此外，请把你容易读错的字，在文本 4 中进行标注。

[文本 4]

与风擦肩而过

雷抒雁

风在树叶间窃笑，轻轻地，似我童年时藏身树后的玩友。看不见风的脸庞，听不见风的话语；它是隐忍着内心的喜悦，掩口悄声而笑，引诱我沿着树叶的指向去寻找它的。

于是，我以童心的轻快步入青青的林子。有一双看不见的手，抚摸着我的脸庞，挽住我的手臂；有一些兰麝的气息，飘动在我的耳际。我闭着眼睛，张开手臂，感受这种愉悦，好像沉浸在美妙的梦里。我不敢睁开眼睛，生怕这一切，消失在瞬间。

常常与风擦肩而过，偶一回头，风已远去。粼粼的河面上，留下它细碎的足迹；飘飘的草丛间，晃动着它走过的身影。微风像是怕羞的孩子，用软软的手指轻轻勾动了一下你的手指；又像是调皮的少女，用纤纤的细手轻轻碰了一下你的臂膀，让你知道它们的存在，它们的到来，它们的离去，以及想和你说话的它们的心意。

谁想领略风的友善和聪慧？就得以同样的友善和聪慧到绿树和青草间去期待风的到来，去捕捉风的身影，去领悟风的目光。

风要到远处去，它不会纠缠一处的景物，不会因为贪恋游戏而忘记了要去的地方。走很远的路，风会成长；成长为士兵、海盗以及搅彻周天的强者，也许，那是风的志向和事业，是风的辉煌和毁灭。可那不是我的风，不是牵我衣襟、抚我面庞的少年风。

与风擦肩而过。擦肩而过的是一种稍纵即逝的心境。那一刻，云开日出，天空会以蔚蓝展示出一片开阔和明朗，那一刻，郁闷会为之一扫，即使是瞬间的清凉，也会带给你一阵清醒和振奋。那一瞬，会有诗绽开灵感，会有歌飞出旋律，会有美的图画呈现出奇异的色彩。一个偶尔到来的成功，也许在那一瞬间如一只彩鸟扑进你的怀里。

风不会应约而至。与风相逢，是无法约定的不期而遇。自由的灵魂，是不带地图的旅者，在一切可以驰骋的地方，都会留下它的足迹。常常遗憾在于我们并非总是有备而来，带着对风倾诉的话语、带着为风轻启的心境，而当与风不期而遇，只有擦肩而过。

不过，风总是会到来的，会在每一个时刻！

> **练一练**

1. 以散文《奋飞的海鸥》为例,从语音的轻重、节奏、升降以及方言语音偏误等四个方面进行朗读分析。

分析所得三个文本包括:(1)句调分析文本;(2)音步分析文本;(3)方言语音偏误分析文本。

说明:该文原文见本章第二节课后练习。

2. 以散文《生命的化妆》为例,从语音的轻重、节奏、升降以及方言语音偏误等四个方面进行朗读分析。

分析所得三个文本包括:(1)句调分析文本;(2)音步分析文本;(3)方言语音偏误分析文本。

说明:该文原文见本章第二节课后练习。

第四节　诗词吟唱指导

| 本节音频 |

> **课前提问**
>
> 判断题:
> (1) 唐诗只能朗诵,除了像歌曲那样唱之外,不能吟唱。(　　)
> (2) 宋词只能朗诵,除了像歌曲那样唱之外,不能吟唱。(　　)
> (3) 如果想吟唱唐诗,就需要音乐工作者谱曲,普通人才能学唱。(　　)

用声音呈现诗词,最常见的形式是朗读。在古代,很多诗词是可以吟唱的。吟唱是儒家先贤们创造的一种集文学、语言与音乐为一体的艺术形式,然而,自 20 世纪初的"五四"新文化运动以来,直至 20 世纪 70 年代末改革开放以前,吟唱艺术因种种原因没能得到足够的重视,这一口头传承文化的形式已被称为"绝学"。[①] 近一二十年来,在社会各界的努力下,人们搜集、整理并研究了不少吟唱作品。吟唱,也叫吟诵、吟咏等。为了强调诗词是能"唱"的,我们采用"吟唱"的说法。我国幅员辽阔,各方言区虽然都有不同的吟唱风格,但都遵循着共同的吟唱原则。本节讲解普通话的吟唱。

---

① 周有光.序[M]//秦德祥,钟敏,柳飞,金丽藻整理记录.赵元任　程曦吟诵遗音录.北京:商务印书馆,2018:1—2.

一、吟唱原理

从语言与音乐之间的广义关系来看,语言与音乐(声乐)共生且都具有民族性[①],音乐与语言之间有着密不可分的关系。汉语的诗词之所以能唱,这与汉语本身的语音特点密切相关。吟唱是以字调调值走势为主导形成旋律线并根据文学作品的感情基调形成节奏律动的一种唱的方式。吟唱是带有乐感的一种读书方法,吟唱的音乐性毋庸置疑。

(一)声调的旋律性

旋律被视为音乐的灵魂。旋律线是曲调的音高进行,是由各种音程排列组合而成的线条形态。[②] 那么吟唱近体诗[③]时的旋律线具有怎样的规律与特点呢?

1. 吟唱的旋律线源于字调

汉语属于旋律型声调语言,汉语声调的高低升降本身就具有旋律的特质。普通话有 4 个声调。第一声调值的主要特点是高调,除了读 55 以外,还可以读成 54 或 44。第二声调值的主要特点是升调,除了读 35 以外,还可以读成 24 或 25。第三声调值的主要特点是低调,除了读 214 以外,还可以读成 213、212 或 21。第四声调值的主要特点是降调,除了读 51 以外,还可以读成 41。

每一个调类的调值在一定的调域范围内也并不是很稳定的,但是人们在感知声调时,不但有能力把各种高低宽窄都不相同的调域统一起来,而且有能力把种种不同的基频频率的变化分别归入少数几个调类中去。不同的声调都有各自的音高变化范围,它们之间存在感知上的范畴边界。以普通话为例。阴平和阳平之间的范畴边界是:一个上升的调子只有在上升幅度达到一定程度时才会被听成阳平,如果升幅小于某个临界线,母语者就会认为这是一个阴平调。比如当一个音节的声调接近 55 但却有微弱的上升时,母语者仍然会把它听成阴平;当上升幅度足够大时,母语者才会把它听成阳平。阴平和去声之间的范畴边界是:一个高降调如果降幅很小,母语者会把它听成阴平;只有在降幅达到一定程度之后才会被听成去声。[④]

从以上声调实际调查记录以及声调感知实验结果可知,每一个调类的调值在一定的调域范围内都有一定的变动幅度。这也有助于吟唱旋律的形成。以唐诗《登鹳雀楼》为例。

声调调值版:

---

① 游汝杰,邹嘉彦.社会语言学教程[M].上海:复旦大学出版社,2016:261.
② 付林,胡音声.流行歌曲写作十八讲[M].北京:人民音乐出版社,2014:16—17.
③ 本节介绍吟唱时以近体诗为例。
④ 本段及上段引自:林焘,王理嘉著,王韫佳,王理嘉增订.语音学教程(增订版)[M].北京:北京大学出版社,2016:128、138.

登鹳雀楼🔊

[唐]王之涣

35 51 55 55 51

白 日 依 山 尽，

35 35 51 21 35

黄 河 入 海 流。

51 35 55 21 51

欲 穷 千 里 目，

51 51 51 35 35

更 上 一 层 楼。

这些调值就是相对音高，可以按音乐中的 do、re、mi、fa、so 来唱。其中，"一"是变调，所以标变调的调值。每个字的调值，为吟唱提供了最基础的旋律线，例如第一句是：3551555551。可以处理为[1]：

▲例1.

35 0 51 0 | 55 55 — | 1 — |

白 日 依 山 尽

综上所述，吟唱旋律线与字调之间有以下三种关系：

第一，在字调调值走势与旋律线的关系上，吟唱的旋律线要么直接反映了字调的调值，例如"白"唱35；要么前后相连的两个字的旋律线呈现了字调调值的走势，例如"山"唱55，"尽"可以唱1，从"山"的音高55到"尽"的音高1形成了51的下行线，这个下行线的走势跟"尽"的调值51是一致的。

第二，在同一调类的字的音高安排上，字调的调值走势是通过所唱的音高与其前后音高的关系决定的。也就是说，同一个调类的调值是一样的，旋律线的上行、下行或曲折的走向是一致的，但是具体旋律的高低有差异。例如"白日依山尽"和"欲穷千里目"中的三个阴平字"依""山""千"所唱的音高可以有差异，这样做的目的是通过调整绝对音高的音程关系，使旋律更丰富一些。在例2中，"依""山"分别唱 33、55。"欲穷千里目"中的"千"可以是 33 等。正因如此，吟唱时可以通过比较大的音高跨度来抒发感情。

例1这一基础旋律还很机械，不够优美，可以进一步调整如下：

▲例2.

35 0 51 0 | 33 55 — | 1 — |

白 日 依 山 尽

第三，在入声字的吟唱安排上，入声字的顿挫效果，除了通过后接休止符实现以外，还可以通过占有半拍的短促时值以及后接同度音或略微降低的音来实现。"白"和"日"是入声

---

[1] 简谱和声调的调值都是用阿拉伯数字表示的，所以采用简谱。

字,例1、例2中都采用了休止符"0"的方式进行吟唱。在诗词中,入声字不仅仅有特别的读音效果,而且有助于表达感情色彩。普通话没有入声,虽然在吟唱中已不读入声,但是为了表达感情的需要,依然可以通过顿挫的方式进行吟唱。从这个意义上说,我们也可以随文了解入声字,以丰富自己的吟唱技巧。

由上可见,吟唱旋律线,其实反映了吟唱语言(包括方言)的声调框架。普通话四声调值的主要特点是:第一声高,第二声升,第三声低,第四声降,因此,相对而言,第一声和第四声的起始音所吟唱的音往往是所在音乐小节的最高音,第三声往往是所在音乐小节的最低音,第二声体现了上行的走势,第四声体现了下降的走势。如果用方言吟唱,那么吟唱的旋律线则与方言字调密切相连。

2. 吟唱的调域超过字调的调域

正常说话的调域一般在一个八度之内。然而吟唱则是吟诵者对文学作品用心揣摩后,将自己的情感以吟唱的方式传达出来。由所见的吟唱乐谱可见,吟唱的调域往往超过了吟唱语言字调的调域。毕竟吟唱也是"唱",是对感情的表达,跨出一个八度是正常的。

3. 吟唱中的"转"句旋律有跨度

诗词有结构,吟唱也有结构。近体诗的吟唱曲调结构由起句、承句、转句和合句构成。

就绝句而言,第一句为起,次句为承,第三句为转,末句为合。若以"起承转合"为结构的总原则,则至少可以推出下面二个分则:一是第一、第二句在语意关系上必然比较密切,它们与第三句的语意关系则必然比较疏远,第四句虽然紧跟着第三句且与第三句的语意关系自必密切,但作为"合"句,具有统合全诗的功用,所以除了与第三句有密切关系外,与第一、第二句自应有某种语意的关联,至少一首结尾成功的诗应是如此;二是第四句作为结句,就新旧信息的观点而言,应该是信息焦点,用一般论诗的套语来说是代表全诗最新奇、最警策的部分。大部分的绝句(包含五、七言绝句)都可以用上述总原则来解释,而少数不符合该原则的作品,要么在结构上被认为有缺陷,要么是想突破这个传统另辟蹊径。[①] 唐诗《登鹳雀楼》的第三句是"欲穷千里目",在吟唱时就可加以强化。该诗的吟唱,见下文。

邱燮友在《新译唐诗三百首》五绝部分的引言中指出唐人绝句中传为千古绝唱的多在三、四两句,其中,"转"句在诗中居于枢纽地位,其功能在于自"起承"转出并为"合"句铺路。[②] 吟唱是以声传情的一种歌唱方式,在绝句的吟唱中第三句的确在旋律上与其他三句有别。

第三句诗的吟唱在旋律上的转变,既适应了诗歌意境与情感转变的需要,又丰富了整首诗的吟唱旋律。由此形成的绝句吟唱乐段形成了大同中有小异的整体和谐之美。

---

① 曹逢甫. 从语言学看文学——唐宋近体诗三论[M]. 北京:北京大学出版社,2016:1—3、50.
② 曹逢甫. 从语言学看文学——唐宋近体诗三论[M]. 北京:北京大学出版社,2016:3、7.

（二）诗词的节奏性

"节奏是音乐的首要元素"①,节奏是诗词的灵魂,诗词的节奏有极强的规律性。

汉语是一种单音节语素、双音节音步的语言,可以形成以三、四、五、六、七个音节为诗行的诗歌形式,其他语言很少或没有。② 近体诗每句一般是五言或七言,六言的很少见。③ 绝大多数唐宋五言诗句中最大的停顿在第二、第三个音节之间,七言诗句中最大的停顿在第四、第五个音节之间,而且最大的停顿处也是句中意义节奏的分段点。④

按我国的律诗吟唱传统,每句两字一顿,五言诗句三顿,七言诗句四顿,五言、七言中的最后一个字则曼声长引,等于或超过前边每两个字音的长度。⑤ 在实际吟唱中,"顿"并非真的停顿,而是每个双音节(即音步)之后有个间歇,双音节的后一个音节形成语音的延宕,延宕使得双音节的后一个音节相对长些,与前一音节形成长短的对比,同时双音节的后一个音节在延长过程中又必然加重念成一个重音,与前一音节形成轻重的对比。这种人为地重读且拉调子的节奏模式成为律诗的吟诵模式。⑥

吟唱近体诗时,各节奏单位之间应保持一定的时隔,方能表现出鲜明的节奏感。吟唱时作停顿以表现时隔的那个音节叫作节奏点。五言律句的节奏点落在第二、第四、第五个音节上,七言律句的节奏点落在第二、第四、第六、第七个音节上。吟唱节奏点上的字时需拖长或作停顿。从表现出鲜明的节奏感这一角度看,"一三五不论,二四六分明"这个口诀确是有一定道理的。⑦

以唐诗《登鹳雀楼》为例。

吟唱版 🎧

登鹳雀楼

［唐］王之涣

！ ！ － ～ ｜
白　日　依　山　尽,

－ ～ ！ ｜ ∞
黄　河　入　海　流。

！ ～ － ｜ ！
欲　穷　千　里　目,

｜ ｜ ！ ～ ∞
更　上　一　层　楼。

上面标注的吟唱符号的含义如下:

---

① ［美］艾伦·科普兰.如何听懂音乐［M］.曹利群,译.天津:百花文艺出版社,2018:31.

② ［美］冯胜利、王丽娟.汉语韵律语法教程［M］.北京:北京大学出版社,2018:153.

③ 蒋绍愚.唐诗语言研究［M］.北京:语文出版社,2019:5.

④ 曹逢甫.从语言学看文学——唐宋近体诗三论［M］.北京:北京大学出版社,2016:101、107.

⑤ 一般情况下,五言、七言的最后一个字是落单的。如果不凭借声音而只停留在视觉上,则落单的字就不能构成诗步,但吟唱则在声音上补足了落单的字的诗步。补足的方式有两种:一是将落单的字的字音延长一倍或更多倍;二是在落单的字的后面,以停顿的方式占据一个字的字音时长,就像音乐中的休止符。

⑥ 本段引自:吴为善.汉语"重轻型"韵律模式的辨义功能及其系统价值［M］.上海:学林出版社,2015:14—15.

⑦ 本段引自:陈少松.古诗词文吟诵导论［M］.北京:中华书局,2017:74—75.

平声(阴平和阳平):-

平声(阴平和阳平)可延长:～

平声(阴平和阳平)韵字可延得更长:∝

仄声(上声和去声):|

仄声(入声):!

按吟唱时间的长短,上述各符号由短到长如下("<"表示小于):

! ＜ | ≦ - ＜ ～ ＜ ∝

由于诗歌的吟诵是一种情感表达方式,情浓情淡全在个人体会,个人有很大的发挥余地。具体的时长,应从每首诗的感情需要出发,加以设计。例如"流""楼"是韵字,可以延长得更久一些。"目"是入声字,也可以停顿得更久一些。

不论是延长还是停顿,在艺术上都是一种留白的方式。留白对于绘画而言,就相当于在画面上打开了一扇想象的窗口,不同的观赏者都会凭借各自的阅历由绘画提供的意境中展开想象的翅膀,从中获得情感的体验乃至情感的升华。留白对于吟唱而言,等于留下了一个渲染情感或宣泄情绪的一个渠道,不同的吟诵者都会以自己的感悟直抒胸臆。

(三) 吟唱的即兴性

吟唱跟歌曲演唱不同。歌曲是曲有定谱,而吟唱则无定谱。

不论是哪类歌曲,例如艺术歌曲、民族歌曲、通俗歌曲,演唱者都必须按谱演唱。跟歌曲相比,吟唱有更多的自由空间,这是吟唱的本质使然。下面,以唐诗《清明》的吟唱为例。

本节每首诗词均有两个版本,朗诵版和吟唱版。

清明🎧 🎧

[唐]杜 牧

- ～ - ! | ～ ∝
清 明 时 节 雨 纷 纷,

| | - ～ ! | ∝
路 上 行 人 欲 断 魂。

| | | | | - ! |
借 问 酒 家 何 处 有?

| ～ ～ | | ～ ∝
牧 童 遥 指 杏 花 村。

在吟唱过程中,吟唱者往往对音高、节拍、旋律和速度等进行即兴处理。在比较"吟"与"唱"的区别时,赵元任先生指出:"吟诗没有唱歌那么固定;同是一句'满插瓶花罢出游',不用说因地方不同而调儿略有不同,就是同一个人念两次也不能工尺全同,不过大致是同一个调儿(tune)就是了。要是跟着笛子唱《九连环》,那就差不多一定是照那个工尺唱,就不然至少也可以说唱唱儿每次用同样工尺是照例的事情,每次换点花样是(比较的)例外的,而在吟诗每次换点花样是照例的事情,两次碰巧用恰恰一样的工尺倒是例外的了。"①

　　自赵元任先生为保存与研究吟唱,开辟了运用乐谱与注音的方式这一新路径之后,乐谱的使用得到了吟唱研究者们的重视,同时研究者们也注意到了吟唱记谱的特殊性。"吟诵拍子的长短常因文词、结构及感情等因素而有所变化,句读间的停歇常不受制于拍子,不宜以机械的、匀速的方式为之击拍。"②"由于在吟诵例诗、词、文章时,节拍较自由复杂,且为了符合吟诵律动,音谱是按照吟唱句法和组合法编写的,故书中音谱皆不标节拍。"③由这些说明可见,吟唱的曲调虽然以乐谱的形式进行了记录,但是每一次具体的吟唱实践是鲜活的,是有创作空间的。对吟诵者而言重要的是掌握吟唱的原则,继而在此基础上有所发挥。

　　综上所述,吟唱与歌曲演唱同中有异。第一个相同之处是两者都依托旋律进行。在此基础上,两者的差异表现在吟唱无定谱,不过有一定的吟唱程式,而歌曲是有定谱的。第二个相同之处是两者都给演唱者、吟诵者留有发挥个人情感的空间,都有可能形成个人的风格。相较而言,吟诵者根据程式渲染情绪的空间更大,乃至形成流派。

　　据此,我们将歌曲分为广狭两义。广义的歌曲包括两类:定谱歌曲和无定谱歌曲。狭义的歌曲指定谱歌曲。无定谱歌曲包括两类:吟唱与民歌中的第一类。民歌本身可以分为两类:第一类是未被音乐工作者挖掘并定谱的民歌,这类原生态民歌并非一成不变,属于无定谱歌曲;第二类是经音乐工作者整理并加以传播的民歌,这属于狭义的歌曲。此外,需要补充一点:如今为了保存与研究珍贵的吟唱作品,人们以乐谱的形式对其加以记录,成为"定谱",然而在吟唱传承活动中仍应强调在掌握吟唱程式的基础上,可以脱离"定谱"有所发挥。

二、吟唱原则

　　诗歌被视为最古老、最重要、最基本的文学形式。我国是诗的国度,发端于先秦的"诗教"传统延续了2 000多年。在2 000多年的传承过程中,伴随着诗歌的发展,形成了近体诗(又称格律诗)、古体诗、词、古文等的吟唱程式。同一体裁的诗文的吟唱调,可以套用。下面举例说明吟唱的两个原则。

(一)依字行腔

　　依字行腔是指根据字调进行吟唱。每个汉字都有声调,有平、升、曲、降等不同的调型,吟唱时,每个字的旋律要跟字调的走势一致;否则,就会倒字,即读成其他字音。字调高低、升降、曲折不同,如何吟唱呢? 人们把字调归为两类:平声和仄声。"平声字音开朗,故近体诗多以平声字做韵脚。平声字更适合放声吟哦(可以拖得很长),适于表达宽广、豪放、喜悦等情感。而仄声字,因为不便放声吟哦(一般不能直接做拖音处理),故适于表现悲切、凄凉、

① 赵如兰编.赵元任音乐作品全集[M].上海:上海音乐出版社,1987:258.
② 秦德祥,钟敏,柳飞,金丽藻整理记录.赵元任　程曦吟诵遗音录[M].北京:商务印书馆,2018:3.
③ 张本义.吟诵拾阶[M].桂林:广西师范大学出版社,2017:6.

沉郁、哀婉等情感。……平声字的声调一般较为平缓，仄声字的声调一般较为高亢，吟诵时平仄交互，高低错落，长短参差，回环往复，形成诗文的音乐之美。"①平声、仄声成为吟唱的基础。我国除了少数地区以外，"平长仄短，平抑仄扬"是各地吟唱调共有的一个规律②。普通话的吟唱也是这样。普通话的平声包括阴平、阳平，仄声包括上声、去声。

依字行腔的具体唱法是：第一，平长仄短；第二，平抑仄扬。

下面先以唐诗《望天门山》为例，了解诗的依字行腔。

望天门山🎧 🎧

［唐］李白

－　～　－　｜　｜　～　∝
天　门　中　断　楚　江　开，

！　｜　－　～　｜　｜　∝
碧　水　东　流　至　此　回。

｜　｜　－　～　－　｜　！
两　岸　青　山　相　对　出，

－　～　！　｜　！　－　∝
孤　帆　一　片　日　边　来。

依字行腔的过程中，还要根据作品的感情，在节奏点上处理语音的时长、音高和重音。"中文诗每顿通常含两个字音，相当于英诗的'音步'（foot），……。但有一点它与英诗步不同。步完全因轻重相间见节奏，普通虽是先轻后重，而先重后轻亦未尝不可。中诗顿绝对不能先扬后抑，必须先抑后扬，而这种抑扬不完全在轻重上见出，是同时在长短、高低、轻重三方面见出。每顿中第二个字都比第一字读得较长、较高、较重。就这一点说，中诗顿所产生的节奏很近于法诗顿。严格地说，中诗音步用'顿'字来称呼，只是沿用旧名词，并不十分恰当，因为在实际上声音到"顿"的位置时并不必停顿，只略延长、提高、加重。就这一点说，它和法文诗的顿似微有不同，因为法文诗到'顿'（尤其'中顿'）的位置时往往实在是要略微停顿的。"③

下面再介绍词的依字行腔。词，在唐五代被称为"曲子词"，所谓"曲子"，就是音乐的曲调，"词"就是歌词；到了宋代，词的创作出现了繁荣兴盛的局面；宋以后，词乐基本失传了。④ "词是由诗发展而来的一种可配乐歌唱的新型诗体。同近体诗相比，词的格式繁多（总共一千多个），句子长长短短，韵律复杂些，吟诵时节奏和旋律富于变化，因此，要学会词的吟诵就难些；但如果真正学会了，则吟诵起来更为美听。"⑤并非所有的词，都可入乐，只有协音律的才可以。词的吟唱也是有灵活性的。

以宋词《西江月·夜行黄沙道中》为例，了解词的吟唱。

① 张本义.吟诵拾阶［M］.桂林：广西师范大学出版社，2017：16.
② 张本义.吟诵拾阶［M］.桂林：广西师范大学出版社，2017：16.
③ 朱光潜.诗论［M］//朱光潜美学文集（第二卷）.上海：上海文艺出版社，1982：162—163.
④ 陈少松.古诗词文吟诵导论［M］.北京：中华书局，2017：157、159.
⑤ 陈少松.古诗词文吟诵导论［M］.北京：中华书局，2017：155.

西江月·夜行黄沙道中🎧🎧

［宋］辛弃疾

－！！～－！　－～｜｜－∝　｜～－｜！～∝　－｜－｜－～！∝

明月别枝惊鹊，清风半夜鸣蝉。稻花香里说丰年，听取蛙声一片。

！！｜｜～－｜　－～｜｜－∝　｜－－｜！～∝　｜－｜－～！∝

七八个星天外，两三点雨山前。旧时茅店社林边，路转溪桥忽见。

（二）依义行调

依义行调指根据作品的感情，设计轻重缓急的音调。[1]

以宋诗《元日》为例，了解诗的依义行调。

元日🎧🎧

［宋］王安石

！！　－～　！　｜　∝

爆　竹　声　中　一　岁　除，

－～　｜　｜　！　－　∝

春　风　送　暖　入　屠　苏。

－～　｜　｜　－～　！

千　门　万　户　曈　曈　日，

｜｜　－　～　｜　∝

总　把　新　桃　换　旧　符。

王安石借由辞旧迎新之日——正月初一，表达了锐意改革的决心。吟唱时，"爆竹""送暖"等音调偏高。

以宋词《清平乐》为例，了解词的依义行调。

清平乐·春归何处🎧🎧

［宋］黄庭坚

－～－∝　！！－～∝　！｜－～－｜∝　｜｜－～－～

春归何处？寂寞无行路。若有人知春去处，唤取归来同住。

－～－！～∝　－｜｜－∝　！｜－～！　－～－｜－∝

春无踪迹谁知？除非问取黄鹂。百啭无人能解，因风飞过蔷薇。

这首词是黄庭坚作于被贬外放、去世那年的作品，表达了作者对春光的无限爱恋。

再以毛泽东《卜算子·咏梅》为例，了解词的依义行调。

卜算子·咏梅🎧🎧

毛泽东

－　｜　｜　－　∝

风　雨　送　春　归，

---

[1] 徐健顺.普通话吟诵教程［M］.桂林：广西师范大学出版社，2020：39.

　　　　　　－　！　－　～　∞
　　　　　　飞　雪　迎　春　到。

　　　　　　｜　｜　－　～　！　｜　∞
　　　　　　已　是　悬　崖　百　丈　冰，

　　　　　　－　｜　－　～　∞
　　　　　　犹　有　花　枝　俏。

　　　　　　｜　｜　！　－　∞
　　　　　　俏　也　不　争　春，

　　　　　　｜　｜　－　～　∞
　　　　　　只　把　春　来　报。

　　　　　　｜　｜　－　～　｜　｜　∞
　　　　　　待　到　山　花　烂　漫　时，

　　　　　　－　｜　－　～　∞
　　　　　　她　在　丛　中　笑。

　　这首词作于 1961 年 12 月。当时，国家正处于艰难时刻，毛泽东以豪迈的情怀鼓舞人民团结一心战胜困难。

　　诗词的吟唱是中华优秀传统文化中的精华。不同的吟唱调体现了吟诵者对大千世界、生命意义的感悟。艺术生命是长青的，吟唱也是如此。只有多吟多诵，才能不断提高吟唱水平。

练一练

　　1. 给唐诗《枫桥夜泊》标注吟唱符号，并尝试吟唱。

枫桥夜泊🎧🎧

［唐］张继

月 落 乌 啼 霜 满 天，

江 枫 渔 火 对 愁 眠。

姑 苏 城 外 寒 山 寺，

夜 半 钟 声 到 客 船。

　　2. 给元散曲《天净沙·秋》标注吟唱符号，并尝试吟唱。

天净沙·秋🎧🎧

［元］白朴

孤村落日残霞，轻烟老树寒鸦，一点飞鸿影下。青山绿水，白草红叶黄花。

第六章
普通话词汇与语法

▎导 言

"现代化要求许多方面都标准化,标准化才能提高速度,提高效率,没有一种共同理解的语言,交际起来效率就低。我们现在就是要讲究用最经济的语言传达最大的信息量、收到最高的社会交际效能。"①除了要掌握普通话的标准音以外,我们还要了解词汇和语法的标准。在用普通话进行表达时,不仅要说标准音,还要使用普通话的词汇和语法。在普通话水平测试中,除了测查应试人的语音标准程度以外,还测查词汇语法规范程度。

本章包括以下两节:

第一节扼要说明普通话词汇的情况。根据普通话的定义,普通话"以北方话为基础方言";此外,普通话还会从外来词、新词新语中吸收词语。本节首先比较普通话词语和方言词语的差异,其次说明外来词、新词新语的使用规范问题。

第二节扼要说明普通话语法的情况。根据普通话的定义,普通话"以典范的现代白话文著作为语法规范"。本节分别从词法和句法两方面比较了普通话和方言之间的主要差异,以更好地掌握普通话。

▎学习目标

1. 了解普通话词汇与方言词汇的差异,掌握普通话的用词用语。
2. 了解外来词、新词新语的特点,规范使用外来词和新词新语。
3. 了解普通话语法与方言语法的主要差异,掌握普通话的语法。

---

① 张志公. 张志公语文教育论集[M]. 北京:人民教育出版社,2022:447.

第一节 普通话词汇

课前提问

1. 选择题

(1) 在南京方言中"虚眼(睛)"的意思是( )。

A. 眯起眼睛　　　　B. 看不清　　　　C. 眨眼　　　　D. 闭眼

(2)( )是外来词。

A. 克隆　　　　B. 黑客　　　　C. 铅笔　　　　D. 基因

(3)"她买了很多( )。"是普通话表达方式。

A. 巧克力　　　　B. chocolate

2. 判断题

(1) 在扬州方言中"大是人"的意思是"长相一般",在说普通话时可以用"长相一般"
这个说法替代"大是人"的说法。( )

(2) 在贵阳方言中"花姑娘"指瓢虫,在说普通话时只能用瓢虫,不能说"花姑娘"。
( )

(3) 在北京方言中"磁磁实实"的意思是充满而无空虚处的样子。例如"磁磁实实地
装了一箱子"。普通话中没有这个词语,所以可直接在普通话中说这个例句。
( )

"词是构成语言的原材料。语言的表情达意功能主要是靠词来实现的。""任何一种语
言,在语音、文字、语汇、语法四者之中,从教、学、使用的角度来看,相对地讲,语汇是比较难
的。母语是这样,第二语言更是这样。这是因为:第一,语汇的规律最不好讲。""第二,词太
多。""第三,语汇的身上负载着使用这种语言的民族文化传统,社会风土人情,以至人们的心
理特征和思维习惯。""第四,语汇的变化很快,比语音、语法快得多。"①本节通过对普通话词
语与方言词语、外来词、新词新语的比较,有助于我们更深入地认识并掌握普通话词语。

一、普通话词语与方言词语

现代汉语方言纷繁复杂,为了更好地了解普通话与方言在词汇方面的差异,本书尽量多
选取一些方言点。② 下面首先比较普通话与方言在词形、词义方面的关系;其次从十六个方

---

① 上文均引自:张志公. 张志公语文教育论集[M]. 北京:人民教育出版社,2022:440.
② 本节方言举例来自《北京土语辞典》《新编北京方言词典》《上海方言词典》《广州方言词典》《厦门方言词典》《长沙方言词
典》《南昌方言词典》《梅县方言词典》《太原方言词典》《海口方言词典》。文献详细信息,见书后所列"参考文献"。

面,分条目对普通话词语与方言词语进行比较。

（一）普通话与方言的词形词义关系

下面从同形异义、异形同义、异形异义入手,对普通话跟太原、上海、南昌、厦门、梅县和海口等六个方言点的有关情况进行比较。

1. 同形异义

同形异义指普通话词语和方言词语的词形相同,但是词义不同。表 6-1 中普通话词语的含义见脚注。

表 6-1　普通话与方言中的同形异义词语对照表

方言点	方言词语	方言含义	普通话词语
太原方言	烤火	月晕呈现黄红色,预示次日气温极高。	烤火①
	顽皮	很难切开的筋肉。	顽皮②
	要约	约摸。	要约③
上海方言	多头	①皮肤上增生的小圆块儿。②东西、物体多余的部分。	多头④
	气色	花色。	气色⑤
	邪气	①很,非常。②形容词,很多。	邪气⑥
南昌方言	除	脱(帽)。	除⑦
	气眼	煮米饭时,用筷子戳的窟窿眼儿,为的是让饭均匀熟透。	气眼⑧
	无聊	言谈举止庸俗下流。	无聊⑨
厦门方言	家伙	家产,家财。	家伙⑩

---

① 动 靠近火取暖。

② 形 (儿童、少年等)爱玩爱闹,不听劝导。

③ 动 指当事人一方向另一方表示以订立合同为目的的意向,一旦对方接受,合同即告订立。分为口头和书面两种形式。

④ ①名 从事商品、有价证券交易的人,预料货价将涨而买进现货或期货,伺机卖出,这种做法叫多头(因为买进的货等待卖出,所以叫"多头";跟"空头"相对)。②形 属性词。不只一个方面的。

⑤ 名 人的精神和面色。

⑥ 名 ①不正当的风气或作风;②中医指人生病的致病因素。

⑦ (1) 动 去掉。②介 表示不计算在内。③动 进行除法运算。④＜书面语＞授;拜(官职)。⑤名 姓。

⑧ ①名 气孔,具体指铸件内部的孔洞,是铸造过程中产生的或进入的空气造成的。气孔是铸件的一种缺陷。也叫气眼。②建筑物或其他物体上用来使空气或其他气体通过的孔。也叫气眼。

⑨ 形 ①由于清闲而烦闷。②(言谈、行动等)没有意义而使人讨厌。

⑩ ＜口语＞名 ①指工具或武器。②指人(含戏谑或轻视意)。③指牲畜。

续　表

方言点	方言词语	方言含义	普通话词语
厦门方言	加工	徒劳,多花不必要的工夫。	加工①
	挑弄	①(穿着容貌等)整齐漂亮,干净利落。②(孩子)聪明伶俐而又活泼。③(房屋)高大宽敞,光线充足。	挑弄②
梅县方言	红火	旧式婚礼上把茅根叶、早稻稻秆、芝麻秆扎成捆儿后烧的火。	红火③
	气脉	气力。	气脉④
	起事	到法院告状。	起事⑤
海口方言	插手	扒手,从别人身上偷窃财物的小偷。	插手⑥
	家庭	院子,房屋前后用墙或栅栏围起来的空地,有的用水泥或石灰、沙铺筑。	家庭⑦
	拍手	打手,指旧时为人所豢养,欺压殴打善良的人的恶棍。	拍手⑧

2. 异形同义

异形同义指普通话词语和方言词语的词形不同,但是词义相同相近。由表6-2可见,普通话和方言在词形上的不同分为两种情况:其一,词形完全不同,例如"蕊头"和"花蕾";其二,部分语素相同,例如"柳穗"和"柳絮"。

表6-2　普通话与方言中的异形同义词语对照表

方言点	方言词语	方言含义	普通话词语
太原方言	柳穗	柳絮。	柳絮
	红红	胭脂。	胭脂
	文明棍	手杖。	手杖

---

① 动 ①把原材料、半成品等制成成品,或使其达到规定的要求。②为使成品更完美、精致而做的各种工作。

② 动 ①挑拨。②挑逗戏弄。

③ 形 旺盛;兴隆;热闹。

④ 名 ①血气和脉息。②指诗文中贯穿前后的思路、脉络。

⑤ 动 发动武装斗争。

⑥ 动 ①帮着做事。②比喻参与某种活动。

⑦ 名 以婚姻和血统关系为基础的社会单位,包括父母、子女和其他共同生活的亲属在内。

⑧ 动 两手相拍,表示欢迎、赞成、感谢等;鼓掌。

方言点	方言词语	方言含义	普通话词语
上海方言	素净	①颜色朴素、淡雅。②食物清淡。	素净①
	排头	批评。	批评
	蕊头	花蕾。	花蕾
南昌方言	故是	所以;因此。	所以/因此②
	提脚	拔腿。	拔腿③
	租钱	租金。	租金
厦门方言	加喙	多嘴。	多嘴
	欠数	欠账。	欠账
	下命	拼命。	拼命
梅县方言	打交	打架。	打架
	怕係	可能,大概。	可能/大概
	细声	小声。	小声
海口方言	车脚	车费。	车费
	宽麻	慢慢。	慢慢
	行街	逛街。	逛街

3. 异形异义

异形异义指普通话词语和方言词语在词形词义上完全没有关系。表6-3所列的方言词语是方言中独有的,不见于普通话,其含义是用普通话解释的,由此可以了解普通话的表达方式。

表6-3　方言词语举例

方言点	方言词语	方言含义
太原方言	干熏熏	燥热。
	蔫眉处眼	形容人柔弱,性子慢,做事不干脆利索。
	眼小	①比喻想要的比需要的少。②比喻斤斤计较。

---

① 形 颜色朴素,不鲜艳刺目。

② 斜线"/"表示或者。下文同此,不再说明。

③ 动 ①迈步。②抽身,脱身。

续 表

方言点	方言词语	方言含义
上海方言	汏	洗。
	齁世	① 心里烦躁不快,难以名状的难受。 ② 令人烦躁不快,如事情棘手,天气闷热。
	三吓头	色厉内荏的人。
南昌方言	道艺	本事;能耐。
	过心	食物加热时中心部分热透。
	好得	幸亏。
厦门方言	起魔	无理的纠缠、耍赖。
	跳骹	因焦急或发怒而跺脚。
	拄喙	顶嘴。
梅县方言	看轻	接生。
	徙位	挪动位置。
	显宝	炫耀财物。
海口方言	车奶	轮胎。
	见使	(钱)顶用。
	凄泥	难看(多指脏、乱或令人不忍看的情状)。

(二)普通话与方言的词语对照举例

在此,对比普通话与七大方言之间的词语差异,七大方言的代表点依次是北京(北方方言)、上海(吴方言)、广州(粤方言)、厦门(闽方言)、长沙(湘方言)、南昌(赣方言)、梅县(客家方言)。

日常生活中的常见表达,可分为以下十六个方面:(一)代词;(二)亲属;(三)方位;(四)身体部位;(五)饮食;(六)衣饰打扮;(七)植物;(八)动物;(九)身份名称;(十)学习、游戏;(十一)房舍、器具;(十二)时令、时间;(十三)天文;(十四)地理;(十五)动作;(十六)性质。每个方面均有一张词语列表,十六个方面共 16 张表,共列举了 600 个条目。[①]

[①] 关于表中内容有六点说明:第一,各方言点所记录的是市区或县城的方言词语;第二,绝大部分文献的第 1 版均出版于 20 世纪末,如果有些表达如今有了变化,这也是正常的,因为词语本身是不断发展变化的;第三,当没有含义完全一致的表达时,如有近义词,就选近义词;第四,绝大部分文献使用的是繁体字,本文一律使用简体字;第五,对于文献中的方言用字,本文一律从俗;第六,表中空白处,表示所引文献没有记录。在下面各表旁,你也不妨写一下自己家乡话的说法,比较自己家乡话的词语与普通话词语之间的差异,掌握普通话的表达方式。另外,表中的斜线"/"表示"或者";解释较长时采用脚注。

1. 代词

有 23 个条目。

表 6-4　代词用词用语对照表

编号	普通话	北京	上海	广州	厦门	长沙	南昌	梅县
1	我	喒们①/咱/我	我	我	我	我	我	僆
2	你	你	侬	你	你/汝	你	你	你
3	他/她	他/她	伊	佢	伊	他	渠	佢
4	我们	喒们/咱们/我们	伲/我/阿拉 有时也指"我"	我地	阮	我们	我箇里/我等/我们	僆丁②人
5	你们	你们	㑚	你地	怹	你们	你们	你丁人
6	他们	他们	伊拉	佢地	佪	他们	渠们	佢丁人
7	我们俩	咱们俩	阿拉两家头/㑚两家头/佢两个		阮两个	我们两个		僆两侪/僆两个人
8	自己	各个儿③/自个儿/自己个儿 自己;个人	自家	自己	家己	自家	自己/自简	自家/各人
9	谁	谁	啥人	边个/乜人/乜谁	啥人/(是)谁④	何至个	哪个	□⑤人 ①谁。②谁的
10	这	这	辨/迭	呢	即/遮	咯	箇	这
11	那	那	哀/衣	嗰	迄	那	许	那
12	这个	这个	迭个/辨个	呢	即个	咯个	箇个	这个

① "喒们"不但指多数,也指单数,即"我",但语气娇憨,多出自女孩及少女之口。下文同此,不再说明。

② 加点的字表示该字尚未确定音,所以用该方言中的同音字代替。下文同此,不再说明。

③ 在文中所列的北京话词语中,含有"儿"字的,均为儿化词语。下文同此,不再说明。均按儿化音变规律发音。

④ 圆括号表示可以省略。既可以说"是谁",也可以说"谁"。下文同此,不再说明。

⑤ 方框□表示有音无字。在此处只起表示作用,不标该字的国际音标。下文同此,不再说明。

续　表

编号	普通话	北京	上海	广州	厦门	长沙	南昌	梅县
13	那个	那个	衾个	嗰	迄个/赫个	那个	许个	那个
14	哪个	哪个	何里个/何里一个	乜谁/边个	倒落/倒(落)一个	哪个	哪一个	哪个
15	什么	嗱儿	啥/啥个	乜/乜鬼 加强语气	甚物	麼子	什	脉个
16	何时	多会儿/多咱	啥辰光	几时	甚物时阵	麼子时候	几场中/几时间	几时/脉个时候
17	哪里	哪儿/呵儿	何里/何里搭/啥里头/啥地方	边处	倒落/倒位/倒带/啥所在	哪里/何至	哪里	哪儿
18	这里	这儿/这儿合儿	搿搭里/搿搭块/搿搭	呢处	即带/即迹/遮	咯里/咯块子	箇里	这儿/这片
19	那里	那儿/那哈儿	衾面搭/衾面搭/衾头	嗰处	迄带/迄位/退(还有"那些"的意思)	那里	许里	那儿/那片
20	怎么	怎么着/哪儿	哪能	点	安怎	何是/何里	怎样	样儿
21	这样	这么/这们	搿能/搿能个/搿个能	啾/啾样	安尼(生)	咯样	讲/讲样	这么
22	那样	那们	衾能/衾能个/衾能个能/衾能样子	啾/啾样	赫尼 有"那么"的意思	那样 有"那么"的意思	狠样 有"那么样"的意思	(那)口儿/那么
23	为什么	嚟①做什么②为什么	为啥	为乜＝为乜物①/乜/做乜	敢咧	为麼子	为什哩	

---

① "＝"表示词语的意思一样。下文同此，不再说明。

2. 亲属

有51个条目。

表6-5　亲属称谓用词对照表

编号	普通话	北京	上海	广州	厦门	长沙	南昌	梅县
1	公公	公公	公公/阿公这两个说法都是背称。面称时随丈夫的称呼	家公[背称]①/大人公[旧称]	大官	家爷（老子）[背称]	公公[背称]	家官[背称]
2	婆婆	婆婆	婆婆/阿婆	家婆[背称]/大人婆[旧称]	大家	家娘[背称]	婆[背称]	家娘[背称]
3	曾祖父	老祖儿②	太公/男大大/曾祖父	大公	阿祖[面称][背称]	老爹爹/曾祖父	大公曾祖父/大[阿]公曾祖父	公太
4	曾祖母	老祖儿	太婆/女大大/曾祖母	大嫲[面称;背称]/大婆	阿祖[面称][背称]	老娭毑/曾祖母	大婆祖母/大[阿]婆外祖母	阿太/婆太
5	爷爷	大爷爷[面称]称呼排行居长的祖父。一般为当面的称呼	祖父/老爹/爷爷	阿爷[面称;背称]	阿公[面称][背称]	爹爹	公公	阿公
6	奶奶	奶奶	祖母/阿奶/口奶/奶奶	阿嫲[面称;背称]	阿妈[面称][背称]	娭毑	奶子	阿婆
7	外祖父	老爷①你称外公。②民间尊称《三国时关羽》	外公老爹/外公爹/外公	外公[背称]/阿公[面称]	阿公[面称][背称]	外公	阿公[面称、背称]	外阿公
8	外祖母	姥姥③	外婆口奶/外婆	外婆[背称]/阿婆①可面称和背称。②泛称老年妇女/婆婆[面称]	阿妈[面称]/外妈[背称]	外婆	阿婆[面称、背称]	外[阿]婆
9	父亲	老爷子①/爸爸/大北京少年多单用此说/老头儿①指父亲。②指丈夫（少妇多用）	爹爹/阿伯/爸爸	阿爸/爸爸前两个称呼都可作面称和背称/老豆[背称]	阿爸[面称]/老爸[背称]	爹爹/爷/爷老倌=爷[面称]老子①/爷老子[背称]	爸爸/爷/爷老子[背称。②自称[用于争吵或开玩笑的场合]	阿爸[面称;背称]/爷儿[背称]

① 方括号内具体说明是"背称""面称""旧称""俗称"通称""尊称""讳称"。
② "老祖儿"称曾祖父、母，或是亲戚中与曾祖父、母同辈的人。
③ "姥姥"有三个义项：①称外婆、外祖母。②旧时称接生产婆。③争吵时表示不服，轻蔑，意同"休想""你不行"。
④ "老爷子"有两个义项：①对别人讲话时自称其父，或称别人之父。②惊叹之词，用同"老天爷"。

续表

编号	普通话	北京	上海	广州	厦门	长沙	南昌	梅县
10	母亲	妈	姆妈	[阿妈/妈妈 前两个都可作面称和背称/老母[背称]	老母[背称]/母[面称]/母仔[昵称]/阿姆=婆仔	妈妈[面称、背称]/姆妈 儿童、青少年在口头上称呼母亲时,多用/娘[背称]/娘老子[背称]	姆妈[面称、背称]/娘[背称]	[阿姆/阿嬭 前两个都是面称/娘儿[背称]
11	伯伯	大爷 伯父。也还称年长的男子,表示礼貌,尊重。大大儿,语,伯父	伯伯①父之兄。②夫之兄。	[阿伯[面称;背称]/伯父[背称]/老伯/伯	阿伯	伯伯	大伯子/伯爷	阿伯①父之兄。②阳女有小孩 后对夫之兄长的称呼
12	伯母	大娘①大伯母。②尊年龄长的妇人	大姆妈①伯母。②称年龄较大的女性	伯娘[面称;背称]	阿姆/姆仔[面称]	伯妈	母娘/伯娘	伯姆
13	叔叔	叔叔	爷叔/叔叔	[阿叔[面称;背称]/叔	阿叔	叔叔	叔	阿叔①父之弟。②阳女有小孩 后对夫之弟的称呼
14	婶母/婶子	大婶儿①指排行中最大叔,叔的妻子。②尊称比母亲年纪略小的已婚妇女	婶妈/婶娘	婶	阿婶	婶婶	婶(子)/婶娘	叔姆
15	姑母	姑姑,姑,在其婚前不能称姑妈/大姑儿①	姑妈/娘娘	姑妈[面称;背称]	阿姑	姑子/姑妈	姑/大姑娘/大娘	姑/阿姑
16	姑父/姑夫	姑父	姑丈/夫夫/姑父	姑丈[面称;背称]	姑丈	姑爹/姑爷子	大姑爷/大爷	姑丈
17	舅舅	舅舅/娘舅 不用于书面。使用面很窄,例如"他是我的亲娘舅"。	娘舅/舅舅	[阿舅/舅父[面称;背称]/舅舅[背称]	母舅/母仔 妻之兄之妻之舅/母舅[通称]/阿舅[面称]	舅舅/舅子	母舅	阿舅
18	舅母/舅妈	舅妈	舅妈	舅母/妗母[口语]/妗有[俗称]	母妗[通称]/阿妗[面称]	舅妈/舅娘(子) 多为农村说法	舅母	舅姆
19	姨妈	姨儿	姨妈	[阿姨[面称;背称]/姨妈	阿姨	姨子/姨妈 嬷、"嬷妈"为未婚女子。某些情况下 也不加区别	姨/姨娘 母亲的姐姐或妹妹(多指已婚的)	阿姨

① "大姑儿"有两个义项:①称排行第一时的姑母(未结婚的不能称"姑妈",只能称几姑或几姑儿。②泛称长一辈的未婚女子。如同普通的称谓"阿姨"。

续表

编号	普通话	北京	上海	广州	厦门	长沙	南昌	梅县
20	姨父	姨父	姨父	姨丈[面称;背称]	姨丈	姨爹/姨爹子	姨爹	姨丈
21	丈夫	汉子	老公	老公	丈夫(人)	老倌子[一般是上了年纪的夫妻这样呼称,年轻夫妻如此说,多带有诙谐意味]	男客/老公	老公
22	妻子	媳妇儿[①妻子。②泛指新婚的年轻妇人]	娘子/家主婆/屋里厢人个/老婆	老婆/堂客[①指一般女人。②妻子]	牵手[通称]/某[通称]/妇人[①中年妇女,②中年妇女对人谦称自己的妻子为"厝里人"/眉(里)人[旧称]	堂客[背称]/内当家[背称]①妻子。②老板娘	女客/老婆	老婆
23	兄弟	哥儿们	兄弟①哥哥和弟弟。②只指弟弟/兄弟海里弟弟/兄弟海里[后两个①兄弟之间关系。②弟兄之同]	兄弟[哥哥和弟弟]	兄弟	兄弟[哥哥和弟弟]	兄弟[哥哥和弟弟]	兄弟[哥哥和弟弟]
24	哥哥	哥哥	阿哥/哥哥	阿哥[面称;背称]/哥哥[面称]	阿兄	老兄/哥哥	兄[不用于面称]/哥哥[面称]	阿哥
25	嫂子	嫂子	阿嫂/嫂嫂	阿嫂/大母[背称]/阿母[背称]/大嫂[面称]	阿嫂[面称]/兄嫂[背称或尊称]	嫂子	嫂/嫂子[可用于面称]/嫂嫂[可用于面称]	阿嫂
26	弟弟	弟弟	阿弟/弟弟另外"旧时父母称自己的儿子"/小弟	弟弟[面称]/细佬[背称]	小弟[通称]/阿弟[面称]	老弟/弟弟	弟[①弟弟,不用于面称。②哥哥称弟]/老弟	老弟
27	弟媳妇	弟媳妇儿	弟新妇	弟妇	小婶	弟媳妇/老弟媳妇	弟媳妇[不用于面称]	老弟心舅
28	姐姐	姐姐	姊姊/阿姊/阿姐/姐姐	阿家[面称]/阿姊[面称;背称]/家姐[背称]	阿姊	姐姐	姐/姐姐	阿姊
29	妹妹	妹妹	阿妹/妹妹/小妹	阿妹[面称;背称]	小妹[通称]/阿妹[面称]	妹妹/老妹	妹/妹子	老妹

续　表

编号	普通话	北京	上海	广州	厦门	长沙	南昌	梅县
30	堂兄弟	堂兄弟	堂兄弟/堂房兄弟	堂兄弟/疏堂兄弟	亲堂兄弟/隔腹兄弟	房数兄弟/叔伯兄弟/堂/堂兄弟	叔伯兄弟	叔伯兄弟
31	堂哥	堂哥	堂(房)阿哥/叔伯阿哥		隔腹兄	堂兄	叔伯哥哥	叔伯阿哥
32	堂弟	堂弟	堂(阿)弟	堂细佬	隔腹小第	堂弟	叔伯兄弟①堂弟。②堂兄弟	叔伯老弟
33	堂姐妹	堂姐妹	堂姊妹	堂姊妹/疏堂姊妹	隔腹姊妹	堂姐妹/堂姊妹	叔伯姊妹	叔伯姊妹
34	堂姐	堂姐	堂阿姊/堂阿姐		隔腹阿姊	堂姐	叔伯姐姐	叔伯阿姊
35	堂妹	堂妹	堂妹子/堂妹		隔腹小妹	堂妹	叔伯妹子	叔伯老妹
36	表兄弟	表兄弟	表兄弟	姨表兄弟	表兄弟	表兄弟/老表	表兄弟	表兄弟
37	表兄	表兄	表阿哥/表哥	姨表兄	表兄/阿兄[面称]	表兄	表哥/表兄	表兄
38	表姐妹	表姐妹	表姊妹	姨表姐妹	表姊妹	表姊妹	表姊妹	表姊妹
39	表姐	表姐	表阿姊/表阿姐/表姊	姨表姐	表阿姊/阿姊[面称]		表姐	表姊
40	儿子	儿子	儿子	仔	后生	崽	崽	赖儿
41	媳妇/儿媳妇	媳妇儿	新妇/媳妇	家嫂儿媳妇[旧称]/新妇①儿媳妇。②新娘	新妇	媳妇	新妇[儿子的妻]/媳妇	心舅
42	女儿	姐儿①女儿的通称。②年经的姑娘,是轻佻的语气	囡儿/囡	女	查某囝	女儿还有其他意思思略	女/姑娘①姑母。②女儿	妹儿
43	女婿	女婿	姑爷	姑爷[面称]/女婿	囝婿	郎/郎崽子	女婿/姑爷	婿郎
44	婴儿	怀抱儿婴儿时期	小小囡/毛毛头	阿虾=臊虾仔/臊妹仔/嫩蚊仔	细囝幼儿/婴儿/幼囝儿有时也指出生不久的婴儿/因仔婴儿。有时也指小孩/苦囝指在南洋出生的华裔。外来词。印尼文:baba	毛毛/毛(毛)它多指男婴	毛仔子	孲孖儿

续 表

编号	普通话	北京	上海	广州	厦门	长沙	南昌	梅县
45	小孩儿	半不大儿[儿童约二三岁时]/半大儿[①指小儿二三岁之际。②调笑物不大不小]/小不点儿	小囝/小人	细路[小孩子,多为面称]/细路哥/细蚊仔[小人家,指小孩子]	小鬃/细汉囝[①还指小孩子。②特指最小的儿子]/细汉①	细伢子/细人子/伢细子	细人子	细人儿
46	男孩/小男孩	半桩子[指十四五岁的男孩]/小子[①指男孩。②对人不敬之称。③指儿子]/小子儿/儿子男孩	男囝头/男小囝/男小人	男仔	丈夫囝仔[男子汉;男儿]	伢崽子[男孩儿]	崽哩(子)/男崽子	细阿哥儿/赖儿人
47	女孩/小女孩	毛丫头[未成年的小姑娘]	女小囝	姑娘仔[小姑娘]	查某囝仔	细妹子[小女孩]	女崽子	细妹儿[①还指女孩儿。②小女儿不一定是最小的]
48	孙子	孙子	孙子	孙子	孙/孙仔	孙仔子/孙崽子	孙子	孙儿
49	孙女	孙女儿	孙囝/孙囝儿	孙女	查某孙	孙女子	孙女	孙女
50	外孙	外外	外甥	外孙	外孙	外孙子	外孙(子)	外孙
51	外孙女	外孙女儿	外甥囝	外孙女	查某孙	外孙女	外孙女	外孙女

3. 方位

有 14 个条目。

表 6-6 方位用词用语对照表

编号	普通话	北京	上海	广州	厦门	长沙	南昌	梅县
1	上面	上面儿	上头/上面/高头	上高	顶头/顶面/顶骹	上面/高头	上头	上肯

① "细汉"有三个义项:①年纪小,多指小孩子。②小时候。③(个子)小。

续表

编号	普通话	北京	上海	广州	厦门	长沙	南昌	梅县
2	下面	下面儿	下头/下面/下底/下底头/底下	下面	下骹/下底	下面	底下	下背/底下
3	前面	前面儿	前头/前面	前面	头前	头前/前头	头前/前头	前背
4	后面	后尾儿	后头/后面/后底/后底头	背后/后便/尾底头 后=裹里头	落尾	后头	后头	后背
5	左面	左面儿	左向/左边	左手便/左便	倒(手)爿	左手子	左首 左边,多指座位	左片/左手□
6	右面	右面儿	右面/右边	右手便/右便	正(手)爿	右边	右边	右片
7	里边	里边儿	里向/里头/里面/里面/里首 这四个词里还有"以内"的意思,比如"三十里向"	埋便/里底/里头/入便(和"出便"相对)	里面/里头	里头/里面	里头	里背
8	外边	外边儿	外底头/外首/外头/外面 最后两个词还有"以外"的意思,比如"三十岁外头"	外便/外低/外底/出便(和"入便"相对)	外口/口面	外头	外头	外背
9	正中间/正当中	夹间儿当中部位/两夹间儿位置在两旁人、物的中间/中间儿当中	正当中/贴当中	之中 中间,里面	对中正中;中心点/半中央	中间	当中/当中间	正中心
10	旁边	半不喇近旁/旁半拉	边(边)浪/路个浪/路浪浪	侧边	边仔/边头	边头/边上/旁边	旁边/侧边	旁边/侧角①旁边。②隔壁
11	路边	路边儿	路个边浪/路浪向		路墘	路边头	路边	
12	墙外	墙外	墙头外头			墙外头		墙背/壁背
13	街上	当街街道上	街浪/街浪向		街(路)顶	街上	街上/路上①道路上面。②在路途中	街上/路上①道路上面。②路途中
14	车上	车上	车(子)浪/车浪向				车上	

4. 身体部位

有 63 个条目。

表 6-7 身体部位用词语对照表

编号	普通话	北京	上海	广州	厦门	长沙	南昌	梅县
1	额头	脑门儿①/脑门子	额角 头 还包括"运气"的意思	额头	头额	额壳	啄脑壳[非儿]头	额角
2	太阳穴	太阳 太阳穴的前称	太阳穴	魂精	太阳边		太阳	梅儿罂
3	头皮	头皮	风屑	头皮	头麩			
4	脸	脸	面孔	面	面	脸	脸	面
5	脸庞/脸盘儿/脸盘子/脸形	脸盘儿	面架子	面珠[脸蛋儿]	面仔[脸蛋儿]/面模=面形=面盘=脸盘儿	麦子=脸麦子 都指脸面,相貌	脸豚子[脸蛋儿]	嘴角卵[脸蛋]
6	脖子	脖梗子 或写"脖颈子"	头颈/头颈骨	颈	颔颈	颈头子/颈根	颈	颈筋
7	嘴	嘴巴	嘴巴/嘴	嘴	喙斗①比喻胃口。②指胃口/喙口①喙。②指胃口	嘴巴	嘴(巴)	嘴
8	嘴唇	嘴把子	嘴唇/嘴唇皮	口唇	喙唇(皮)	嘴唇子/嘴唇皮子	嘴唇皮子	嘴唇
9	喉咙	喉咙	胡咙/喉咙 两个都有"嗓"音的意思	颈喉	咙喉(腔)	喉咙	喉咙	喉咙
10	眼睛	眼睛	眼睛	眼	目/目珠	眼睛	眼睛	眼
11	眼珠	眼珠子 比喻喜珍惜的人或物	眼乌珠①眼珠。②眼睛	眼核	目(珠)仁	黑眼珠子/眼珠子	眼睛珠子/眼珠子	眼珠仁
12	眼皮/眼睑	眼皮儿	眼皮	眼皮	目珠皮[眼睑]	眼(睛)皮子	眼睛皮子	
13	上眼皮	眼泡儿	眼泡(皮)	眼盖 整块的眼皮				目泡皮

① "脑门儿"有两个义项:①前额。也说"脑门子"。②旧时用以比喻有权势的人,或即指权力、地位。

续表

编号	普通话	北京	上海	广州	厦门	长沙	南昌	梅县
14	下眼皮	下眼皮儿		眼界①目力,准头。②见识	目识			泪堂
15	眼力	眼力	眼火					眼力
16	眼屎	眼模糊/眵目糊	眼眵/眼阿	眼屎	目屎	眼屎	眼屎	
17	单眼皮	单眼皮儿	单眼皮	单檐眼/单眼皮	无重巡	单眼皮	单眼睛皮	单鹯目
18	双眼皮	双眼皮儿	双眼皮	双眼皮	重巡	双眼皮	双眼睛皮	双鹯目
19	外眦/小眼角	眼犄角儿眼角	眼梢/眼角	眼尾眼梢,眼角/眼头大眼角	目尾眼角,即上下眼角的结合处/目角大眼角,靠近鼻子的部位	眼睛角	眼角	眼珠角
20	睫毛	眼遮毛	眼睫毛	眼睇毛	目(睫)毛	眼眨毛	眼毛	目汁毛/目渍毛
21	眉毛	眼遮眉	眉毛	眉毛/眼眉	目眉毛	眉毛	眉毛	目眉毛
22	鼻子	鼻儿	鼻头	鼻/鼻哥(俗称)	鼻/鼻仔	鼻子①五官之一。②鼻涕	鼻子/鼻公	鼻/鼻公
23	鼻梁	鼻梁儿	鼻梁	鼻梁	鼻腰/鼻鞍	鼻梁	鼻梁	鼻梁骨
24	鼻孔	鼻子眼儿	鼻头洞	鼻哥窿	鼻腔	鼻子眼	鼻眼	鼻公窿
25	鼻涕	鼻涕/鼻涕疙渣儿 指干的鼻涕。也指指瘦小或年幼的儿童	鼻涕	鼻涕/鼻水①	鼻水	鼻婆浓	鼻涕	鼻鼻涕
26	耳朵	耳头耳朵;也比喻暗暗地安置的探听情况的人	耳朵	耳/耳仔(俗称)	耳	耳朵	耳朵	耳公
27	耳垂	耳垂儿	耳朵堆	耳珠	耳珠/耳坠			耳珠儿
28	肩膀/肩膊	肩膀儿	肩胛	膊头	饭匙骨	肩胛	肩膀	肩头
29	手臂/胳膊	胳膊儿	臂巴/手臂巴	手臂	手股/手管	手橹子/鮎鱼手膀子	胳膀子	手臂/手梗

① "鼻水"指清鼻涕、稀鼻涕。

续　表

编号	普通话	北京	上海	广州	厦门	长沙	南昌	梅县
30	肘	胳膊肘儿	臂撑子	手睜	手后臼/手后釘	倒肘/手拐子	倒正	手踭
31	腋窝	夹肢窝/胳肢窝	胳落竹	胳肋底	胳下空	胁肋窝/夹肢窝	胛下	胁下
32	手掌/巴掌	手巴掌		手板	手耙	巴掌/手板	巴掌	手盘/手掌/巴掌
33	右手	正手	右手/顺手	右手	正手	右手子	右手	右手
34	左手	左手	左手	左手	倒手/䆏手	左手子	左手	左手
35	指纹	指纹	手纹/纹胴/指纹	手指胴（圆形的指纹）	手腩		胴（圆形的指纹）、箺（簸箕形的）指纹	手指纹/胴（圆形的指纹）/揹（簸箕形的指纹）
36	手指（头）	手指头	节头官/节头骨/手节头	手指	掌头仔（指头）/手爪	手指脑/手指姆/指脑子	指头（子）、指拇头	手指
37	拇指/大拇指	大拇哥①/大拇指头①/大拇指	大（手）节头/大米节头/大拇指	手指公	大部拇	大指脑/大指姆	大拇指头	（大）手指公
38	食指	二拇哥/二拇指头/二拇指	鸡节头	二指	指指	二指脑/二指拇	二拇指头	二手指
39	中指	中拇指	当中节头	中指	中蕾	中指脑/中指拇	中指	中手指
40	无名指	无名指	黄狼节头		䆏指	四指脑/四指拇		
41	小指/小拇指	小拇哥儿/小拇指头/小拇手指头	小（手）节头/小米节头/小拇指	手指尾/手指蘯	尾仔指/尾指仔	细指拇/细指脑/小拇指	小拇指头	手指尾
42	脚	脚巴丫子/脚丫子/脚步丫子/脚丫儿/脚丫儿	脚①脚胸至足尖部分。②指腿和脚构成的整体	脚①人足。②人和动物的腿	脚仔/脚腿	脚	脚①脚胸至足尖部分，也指整体	脚整个下肢
43	脚尖	脚尖儿	脚头	脚尖	餃尖/餃尾	脚尖子	脚尖	脚头

① "大拇哥"：拇指。也指第一个足趾。第一个足趾，也叫"大拇脚指头"。

续表

编号	普通话	北京	上海	广州	厦门	长沙	南昌	梅县
44	脚趾/脚指头	脚指头	脚节头/脚指头	脚趾	骹掌头仔/骹指	脚趾脑/脚趾拇	脚指头（子）/脚拇指头	脚趾（头）
45	脚踝	脚核桃	脚块子	脚眼		螺拐	螺蛳髀子	脚眼
46	脚心	脚心	脚(底)心	脚板堂	骹心	脚板心	脚板心	脚坳
47	脚掌	脚掌	脚底板/脚底/脚掌	脚板底	骹迹底	脚板	脚板	脚底下
48	脚背	跗面	脚板头/脚背			脚背	脚背	脚背
49	脚后跟	脚后跟	脚后跟	脚踭	脚后靪	脚后跟	脚胖	脚胖
50	膝盖	哥棱瓣儿/拨棱盖儿=烧饼盖儿(膝盖骨)	脚馒头	膝头/膝头哥/波罗盖/膝头盖(后两个指膝盖骨)	骹头趺/骹头趺碗骨/灯火碗	髂膝骨/膝头骨(膝盖骨)	克膝	膝头
51	大腿	大腿	大髈/大脚髈/大腿	大髀		大腿櫑子	大腿	大脚臂
52	脚力	脚力	脚花(还有"脚步"行事的步调"的意思)		骹力			脚力
53	小腿	小腿	小髈/小脚髈/小腿	脚瓜		腿櫑子	小腿	脚梗
54	腿肚子	腿肚子(小腿肌肉)	黄鱼肚皮	脚瓜囊	骹(后)肚	鮎鱼肚子	鱼鱼肚子	
55	胫骨	迎面骨			小腿骨/骹鼻梁(小腿胫骨的中断)	横当骨		
56	肋骨	肋巴骨	肋棚骨	骱骨	胸坎骨/骱枝骨	肋巴骨/排肋骨	肋巴骨	掩口骨/胸前骨
57	肚脐/肚脐眼儿	肚脐眼儿/肚子眼儿	肚脐/肚脐眼/肚皮眼	肚脐	肚脐(空)/腹脐	肚脐眼	肚脐窟	肚脐窟
58	汗毛/寒毛儿	寒毛	寒毛	汗毛	苦毛	寒毛子	寒毛	寒毛

续　表

编号	普通话	北京	上海	广州	厦门	长沙	南昌	梅县
59	汗孔/毛孔	寒毛眼儿	寒毛孔/寒毛	毛管	毛管空	寒毛子眼	寒毛孔	毛管
60	背脊	脊梁骨 脊梁骨	背脊骨=背脊 背脊骨	背脊=背胸 背胸后脊 脊梁	胛脊=巴脊	背脊	背脊	背囊
61	身材	身块儿 体形/身亭儿 身挑儿 身材:身高度	块头/码子 还有"对手"（指人,意义）的意思 还有"体格"的意思	身架 脊架	股/枝骨/骨块	身材子	身架子	身材
62	高个子	大个儿①	长子	高脚七	大股 身材高/大 块②/大汉③/大粒 大个子	长子=高子	个子高	高个
63	矮子	矮矬子 身材矮小的人/矬 矮子 身量矮小的人/矮个儿	矮子	矮仔/细 小个子/细粒 ①个子小。②地位低	矮人/矮仔（人长）	地蛇婆 指矮小的人（不限男女）	矮子	矮儿

5. 饮食

有 28 个条目。

表 6-8　饮食用语对照表

编号	普通话	北京	上海	广州	厦门	长沙	南昌	梅县
1	食物	食物	吃个物事	食物	食物/物食/食食/日食		零碎	食物
2	零食	零嘴儿	闲食/零食	闲口/口脂腥	口食/四秀	零碎	零碎	零食/小口
3	中饭/午饭/午餐	晌饭/晌和饭	中饭	中餐	下昼顿/日昼顿/中昼顿	中饭	中饭/昼饭	中餐

---

① "大个儿"：除了指身量高大的人之外，搬运工人称大袋货物为"大个儿"。搬运大袋货物叫"扛大个儿"。
② "大块"有三个义项：①大块的东西。②大个子。③比喻自高自大。派头十足。
③ "大汉"有三个义项：①（子女中）排行最大的。②（个子）高。③长大。

续 表

编号	普通话	北京	上海	广州	厦门	长沙	南昌	梅县
4	锅巴	锅巴	饭糍/饭焦/焦饭糍	饭焦	饭疙/鼎疙	锅巴	锅巴	
5	面条	面条儿	面/面条	面	面	面	面	面(条)/面干[挂面]
6	粥	粥	粥	粥	饮糜[稀粥]	稀饭/粥	粥/稀饭	麦粥
7	包子	包子	馒头[馒头和包子的统称,包括有馅的和无馅的]	包/餐包	包(仔)	包子	包子	包儿
8	馒头	馒头	馒头[馒头和包子的统称,包括有馅的和无馅的]			馒头	馒馍	
9	菜/菜肴	菜	菜/小菜	菜 ①蔬菜。②菜肴统称菜	配/菜配/物配[下饭的]菜	菜	菜/配饭	菜
10	冷盘	冷碟儿	冷盆					
11	味精	味精	味精/味之素	味粉/味精	味素粉	味子素	味之素	
12	砂糖	砂糖	砂糖/冰雪糖	沙糖	白糖	白糖	砂糖	砂糖
13	红糖	红糖	红糖	红糖	乌糖/赤沙	红糖	红糖	黄糖
14	气味	味儿	气味	气味,例如:香气、臭气	味素	气色[气味]	气息	气味/气息
15	吸烟/抽烟	吃烟	吃香烟	食烟仔	食薰/嘴薰[前两个的意思是抽烟[吸烟]]/食烟	吃烟	吃烟	食烟
16	白酒/烧酒/白干儿	烧刀子/牛皮散[烧酒]	烧酒/白酒	烧酒/烧哥[俗称]/白酒	烧酒	白酒	高粱酒/烧酒	麦酒[麦子酿的白酒]
17	米酒/江米酒	米酒	酒酿/甜酒酿	糯米酒/米酒①	酒酿/酒饭	甜酒/谷酒	酒娘子	米酒/谜酒[白酒白米酒酿造的酒。也说"米酒"]

① "米酒"指米酿制的度数较低的白酒,多以红米为原料。

续　表

编号	普通话	北京	上海	广州	厦门	长沙	南昌	梅县
18	吃早饭	吃早饭	吃早饭		食（起）顿	吃早饭	吃早饭	食朝
19	吃午饭	吃午饭	吃中饭	食晏/食晏仔	食下昼顿/食中昼顿	吃中饭	吃昼饭/吃中饭	食昼
20	吃晚饭	吃晚饭	吃夜饭	食晏昼	食下昏（顿）/食暗暝	吃夜饭	吃夜饭	食夜
21	盛饭	盛饭	盛饭/添饭再次盛饭	添饭	贮饭/添饭	装饭	添饭	载饭/舀饭
22	喝茶/饮茶	喝茶	吃茶	饮茶	食茶/啉茶	吃茶	吃茶	啉茶/食茶
23	喝酒/饮酒	喝酒	吃酒	饮酒	食酒/啉酒	吃酒	吃酒	啉酒/食酒
24	斟酒	满酒	筛酒	斟酒	□酒	筛酒	筛酒	筛酒/斟酒
25	用筷子	下筷子	用筷/用筷子	起筷	揭箸/出箸	夹菜	用筷子	使筷儿
26	吃零食	吃零嘴儿	吃零食/吃零碎	口脸杂好吃零食/食闲口	食□食四秀	吃零碎	吃零碎	食点心
27	温开水	鸟涂①	温墩水	温吞水		温温子水/温热子水	温水	温吞水不冷不热的水
28	开水；滚水沸水	白开/白水	滚水；滚汤	滚水/白滚水白开水	滚水	开水	开水	沸水/滚水

6. 衣饰打扮

有 23 个条目。

① "鸟涂"是"温嘟"的变读。"鸟涂"有两个义项：①水不热而微温，并非开水放冷。②指事情搁置不解决，情况不明朗。

表6-9　衣饰打扮用词用语对照表

编号	普通话	北京	上海	广州	厦门	长沙	南昌	梅县
1	衣服/衣裳	穿儿衣裳/穿章儿穿(看的衣服·衣裳)	衣裳(上装)	衫/衫裤(衣服的总称)	衫裤	衣服	衣裳	衫裤
2	婴儿服	毛衫儿(婴儿所穿的小上衣)/抱裙(一种婴儿长衣)	小衣裳/毛衫裳(儿穿的衣服)					
3	衣领	脖领子/领子	领头	衫领	(衫)领		领	衫领儿
4	袖子/袖筒	袄袖子	袖子/袖子管	袖/衫袖	手碗	衣袖子	衫袖	衫袖
5	扣子/纽扣/纽子	扣子	纽子/纽钮	纽	纽仔	扣子	扣子	扣儿(两式纽扣)
6	扣眼	扣眼	纽洞	纽门/凤眼	纽仔眼	扣眼	扣子洞	扣眼
7	拖鞋	拖鞋	拖鞋	拖鞋/趿鞋	鞋拖/浅拖	拖鞋	拖鞋	拖鞋儿
8	袜子	袜子	袜/袜子	袜	袜(仔)	线袜(子)(棉线织成的袜子)	袜子	袜儿
9	围裙	围裙	饭单/围身(头)两个都指做饭时穿的围裙	围裙		围裙(子)/腰围裙一种较长的围裙	围裙	围身裙
10	手帕/手绢	手绢儿	绢头	手巾仔	手巾(仔)	手帕	手揩子	手帕/细手帕=细手巾儿后两个指手绢儿
11	手镯	镯子	手镯/镯头	鈪	手钩	手圈/手钏	镯头	手鈪
12	戒指	镏子[俗称]	戒指	戒指	手指	戒指/箍子	戒箍子	戒指
13	项链	项链	项链/链条"链"旧指"项链"	颈链	颔链现在也有人叫"金链仔"	项链	链子	颔链
14	簪子	簪子	簪/头发簪/插发簪	头簪		簪子	簪子	毛插儿
15	耳环	钳子(除称夹剪形的工具外,又用称耳环,耳坠)	耳朵环	耳环	耳钩	耳环/环子	环子	耳圈儿
16	口红/唇膏	口红	嘴唇膏	唇膏	唇膏/唇红		口红	

续 表

编号	普通话	北京	上海	广州	厦门	长沙	南昌	梅县
17	刘海	刘海儿	刘海/前刘海	髻	毛髻	刘环须	刘海	鬇翼儿
18	漱口	漱口	嚸嘴	喰口	洗喙（刷牙）	涮口	漱口	溋嘴
19	洗脸	洗脸	揩面	洗面	洗面	洗脸	洗脸	洗面
20	扎辫子	梳辫子	擘辫子/梳辫子	梳辫	编头鬃尾(仔)/梳头鬃尾/缚头鬃尾	打辫子	梳辫子	梳毛辫儿
21	剪指甲	剪指甲	剪节招	剪手甲	铰掌甲		剪指甲	剪手指甲
22	洗澡	洗澡	汏浴/净浴/澄浴	冲凉/洗身	洗浴/洗身(躯)	洗澡	洗澡	冲凉/洗身儿①洗澡 ②游泳
23	穿衣服	穿衣服	着衣裳/穿衣裳	着衫/着裤	穿衫裤	穿衣	穿衣裳	着衫

7. 植物

有 64 个条目。

表 6-10 植物用词用语对照表

编号	普通话	北京	上海	广州	厦门	长沙	南昌	梅县
1	玉米	棒子/老玉米①/玉米	珍珠米/玉米	包粟/粟米	番麦[旧称]/麦穗	包谷	玉米	包粟
2	玉米粉	棒子面儿/窝头面儿/杂合面儿②	六谷粉	粟米				

---

① "老玉米"："玉蜀黍"。可单称"玉米",加用"老"字,未必指完全黄熟。如:"这个小老玉米真嫩,煮着吃最好。"
② "杂合面儿"即玉米面。"杂合"之意是以玉米为主,加入黄豆等,研磨成粉。

续表

编号	普通话	北京	上海	广州	厦门	长沙	南昌	梅县
3	芝麻	芝麻	脂麻/芝麻	脂麻	乌麻	芝麻	芝麻	芝麻子
4	甘薯	白薯①甘薯。②比喻无能	山芋	番薯白薯	番薯白薯	红薯	萝卜薯甘薯/红萝卜薯甘薯的一种	番薯白薯
5	向日葵	转儿莲日莲/转日莲	向日葵	葵花		葵花	葵花	葵花
6	葵花子	望日莲子儿	香瓜子	葵瓜子		葵花子	葵花子	葵花子
7	藕/莲藕	藕	塘藕/斜塘藕 藕	藕/莲藕	莲藕	塘藕,菜藕/湖藕①	藕	莲藕
8	莲子	莲蓬子儿	莲心干的莲子	莲子/莲米[别称]		莲子	莲子	莲子
9	土豆/马铃薯	山药蛋[旧称]②	洋山芋/土豆	薯仔	番仔番薯	洋芋头/土豆		
10	黄豆	黄豆	黄豆	白豆		黄豆子	黄豆	黄豆
11	毛豆	毛豆	毛豆	毛豆/豆揦嫩黄豆·毛豆		六月暴③		
12	毛豆粒	毛豆粒儿	毛豆子					
13	黑豆	黑豆	黑豆	乌豆/黑豆	乌豆	黑豆(子)	乌豆	乌豆
14	豌豆	豌豆	小寒豆			麦豌子/川豆子	豌豆	麦豆
15	蚕豆	蚕豆	寒豆/蚕豆	蚕豆	马齿豆	蚕豆/豌豆	蚕豆	胡豆
16	豆瓣	豆瓣儿	豆瓣					
17	黄瓜	黄瓜	黄瓜	黄瓜	刺瓜	黄瓜	黄瓜	青瓜①各种某瓜的统称。②专指黄瓜
18	丝瓜	丝瓜	丝瓜	丝瓜/胜瓜	菜瓜	丝瓜	丝瓜	丝瓜/浦瓜丝瓜的一种,瓜皮上不起棱

① "湖藕"是藕的一种,长子湖中(跟"塘藕"不同),食用时最适宜炖汤。
② "山药蛋"即马铃薯。北京人于几十年前习称"山药蛋",今称"土豆儿"。
③ "六月暴"是大豆的一种,青色,颗粒比一般黄豆大,因六月间成熟而得名。

续表

编号	普通话	北京	上海	广州	厦门	长沙	南昌	梅县
19	丝瓜络	丝瓜络	丝瓜筋/丝瓜络 作药时的名称	丝瓜络		丝瓜瓢子	丝瓜瓢	
20	南瓜	老倭瓜①/倭瓜	饭瓜/南瓜	番瓜	金瓜	南瓜/北瓜 多见于郊区	北瓜	金瓜 南瓜的一种,个小
21	瓠瓜/瓠子	瓠子	夜开花		瓠仔	瓠瓜 也写作"富瓜"/白瓜	瓠子	蒲儿
22	西红柿	西红柿/火柿子 [旧称]	番茄	番茄	臭柿仔	番茄	番茄	番茄
23	茄子	茄包子 小而长得不好的茄子	落苏/茄子	茄瓜 茄子的一种/荷包茄 茄子的一种,形,如猪胆/矮瓜 指长条形茄子/秋茄 熟的茄子,圆形 秋茄秋天成熟的茄子,圆形	茄子/紫红茄子 茄子的一种,长圆形,紫色	荷包茄子 茄子的一种,球形,浅绿色	茄子	吊菜儿/茄儿 口语中多数人说前者,也有少数人说后者
24	辣椒	秦椒	辣椒	牛角椒 尖辣椒的一种/灯笼椒 辣椒子椒	番姜	辣椒	辣椒	辣椒/鸡嘴椒 辣椒的一种,大小及形状似鸡嘴
25	韭菜	韭菜	韭菜		韭菜	韭菜	快菜/韭菜	快菜/韭菜
26	菠菜	菠菜	菠菜	波菜	菠薐菜/赤根菜	波菜	波菜	角菜
27	芹菜	芹菜	芹菜/洋芹 原产于国外的一种芹菜,比普通芹菜大得多	西芹/洋芹菜		富菜 多见于老年人说/药芹菜=旱芹菜	芹菜	芹菜
28	苦瓜	苦瓜	苦瓜	苦瓜/凉瓜 别名,多叫"苦瓜"/雷公凿/雷公锤 一种长而尖的苦瓜		苦瓜	苦瓜	苦瓜
29	萝卜	扁萝卜③/心儿里美 一种萝卜,绿皮,紫红色的瓤	萝卜	萝卜	菜头	萝卜	萝卜/白萝卜	萝卜
30	萝卜缨	萝卜缨儿④	萝卜英	萝卜润		萝卜缨子	萝卜缨子	萝卜苗

① "老倭瓜"即"倭瓜",南瓜的一种,黄褐色,扁圆分棱瓣,南方称北瓜。另一种长圆而无棱瓣,不论黄色、白色,过去北京都叫南瓜。
② "药芹菜"和"旱芹菜"指旱土栽的芹菜,跟"水芹菜"相对。
③ "扁萝卜"指一种圆形而扁的萝卜。皮红,一般不生吃。菜店或写作"卞萝卜"。
④ "萝卜缨儿"指萝卜上的叶子。北京人有凉拌做为菜肴的。

续表

编号	普通话	北京	上海	广州	厦门	长沙	南昌	梅县
31	萝卜干	萝卜干	萝卜干	萝卜润		萝卜干	萝卜干	萝卜干
32	油菜苔	油菜苔	菜剑/菜结			油菜苔子	油菜柳子	
33	茭白	茭白	茭白	茭笋	茭白笋	茭瓜/茭笋	茭笋	
34	胡萝卜	胡萝卜	胡萝卜	金笋/红萝卜	萝卜（菜）/红萝卜/红菜头	红萝卜/胡萝卜	红萝卜	红萝卜
35	卷心菜/包心菜	卷心菜	卷心菜		高丽菜	包菜 洋白菜		包菜/卷心菜
36	蔬菜	蔬菜	菜蔬	菜①蔬菜。②菜肴	菜蔬	菜蔬/小菜 蔬菜的统称	菜蔬	菜/青菜 包括煮熟与未煮熟的
37	水果	水果	水果	生果	果子	水果	水果	生果
38	桃子	毛桃 未经嫁接的桃树所结的桃子	桃子	桃	桃仔	桃子	桃子	桃儿
39	樱桃	樱桃	樱珠/樱桃				樱桃	
40	杏子	杏儿/老爷脸儿 杏儿。上部有一片发紫红色的一种	杏子			杏子	杏子	杏儿
41	李子	李子	李子	李	李仔	李子	李子	李儿/耐李 李子的一种
42	枣子	枣儿	枣子	枣	枣	枣子	枣子	枣儿
43	梨	京白梨/鸭儿广梨=鸭儿广梨 这些都是梨的名称	生梨	梨	梨仔	梨子	梨	梨儿
44	蒂	把蒂	蒂陀=蒂头	棁/屡	蒂	蒂子=蒂公=蒂子	蒂/蒂巴	蒂屡
45	龙眼/桂圆	龙眼/桂圆	桂圆	龙眼=圆眼/圆肉=龙眼肉=桂圆肉	龙眼/桂圆/龙眼干肉	桂圆/桂圆肉	桂圆	牛眼/牛眼干 晒干的龙眼肉去了壳和核的龙眼干/牛眼干

续表

编号	普通话	北京	上海	广州	厦门	长沙	南昌	梅县
46	柚子	柚子	文旦	柚(不单用)柚子,有绿地,蜜柚等	柚仔	柚子	柚子	柚儿
47	金橘	金橘	金柑/金橘	金橘		金橘子	金蛋子/金橘(子)	宁化橘
48	橘络	橘络	橘络					
49	板栗	板栗	板栗/栗子			板栗子/栗子/它栗 栗子的一种,颗粒较板栗小	板栗/毛栗子 一种小的栗子,像橡橘子那么大	
50	核桃/胡桃	核桃	浦桃/胡桃	合桃		核桃	核桃	核桃
51	荸荠	地梨儿 一种小的荸荠	地栗	马蹄	尾荸	荸荠(子)/慈菇子	荸荠	马荸
52	甘蔗	甘蔗	甘蔗	果蔗①/白蔗、青皮蔗、脆皮蔗②/竹蔗③		甘蔗	甘蔗	蔗/乌皮蔗 甘蔗的一种
53	花生	花生	长生果/花生	珠豆=珠豆花生 都指一种小粒的花生/猪䐥豆 一种大颗粒的花生	涂豆仁/落花生	花生	花生	番豆
54	花生米/花生仁/花生豆儿	花生米/花生豆儿	花生米		涂豆仁/落花生仁	花生米	花生仁子	番豆仁
55	花生皮	花生皮儿	花生衣	花生衣		花生皮		衣皮
56	花蕊	花蕊	花心		花蕊 花朵	花心子	花心	花心
57	花蕾	骨朵儿 ①指花蕾。②指蕾料	花蕾	花苼 花蕾,花骨朵	花莓	花苞子	花苞	花蕾
58	荷花/莲花	荷花	荷花	莲花	莲花	荷花	荷花/莲花	荷花/莲花

① "果蔗"指作为水果吃的甘蔗(与榨糖用的甘蔗不同)。
② "白蔗""青皮蔗""脆皮蔗""肉蔗"指皮色青绿的甘蔗,甜脆质佳。
③ "竹蔗"指一种小甘蔗,杆细,汁不很甜,用来煮水,是一种清凉饮料。

续　表

编号	普通话	北京	上海	广州	厦门	长沙	南昌	梅县
59	牵牛花	勤娘子—种浅蓝色牵牛花	喇叭花	阿咪花	鼓吹花	牵牛花/喇叭花	喇叭花	牵牛花
60	青苔	青苔	青泥苔		青苔	青苔	青苔	溜苔
61	树苗	树苗	树秧/树苗	树苗	树栽	树苗/树秧子		树苗/树秧
62	树梢	树梢	树梢(头)	树尾	树尾(溜)/树尾顶	树尖子	树杪子	树尾
63	树干	树桩儿	树干		树身	树干/树身子		树身
64	松针	松针	松针	松毛		从毛须	松毛	生松毛/松毛从树上掉下来的松针/松毛茸散落在地下的松针(不带枝的)

8. 动物

有 84 个条目。

表 6-11　动物用词用语对照表

编号	普通话	北京	上海	广州	厦门	长沙	南昌	梅县
1	公马	公马	雄马/公马			马公(子)		马牯
2	母马	骒马 成年母马	雌马/母马			马婆(子)		马嫲
3	阉公牛		騬牛	阉牛		割牛	騸牯子	阉牯
4	公牛	犍子 经过阉割的公牛/牤牛 多指用来配种的公牛	雄牛/公牛	牛公	牛牨	牛牯子/牯牛/骚牯子	样牯子 没阉过的公牛	牛牯
5	母牛	乳牛	雌牛/母牛	牛嬒	牛母	牛婆(子) 生过小牛的母牛	牛婆	牛嫲
6	公水牛	公水牛	水牯牛			水牯		水牛牯

续表

编号	普通话	北京	上海	广州	厦门	长沙	南昌	梅县
7	母水牛	母水牛				水牛婆		水牛嫲
8	公黄牛	公黄牛				黄牯(子)		黄牛牯
9	母黄牛	母黄牛				黄牛婆		黄牛嫲
10	驴	驴	驴子	驴		驴子/叫驴子	驴狗子	驴儿
11	骡子	驴骡子	骡子			骡子	骡子	骡儿
12	公猪	公猪	猪郎 专用于配种的公猪	猪郎/猪种 前两个都指配种用的公猪/猪公/生 猪未阉过的公猪	猪哥 配种用的公猪	养猪 制过的猪	猪公	猪哥 配种的公猪/猪牯 配种的公猪。口语中少用，多说"猪哥"
13	老母猪	老母猪	老母猪 专用于繁殖的母猪	老猪嫲		猪婆子	猪婆	猪嫲
14	母猪	母猪/豚儿 雌性幼猪	母猪	猪嫲	猪母	草猪(子) 没有下过小猪的猪	猪婆	猪嫲
15	小猪	小猪儿	小猪猡	猪仔	猪仔囝	小猪	猪崽子	猪活儿 断奶后的小猪/幼猪儿 一个月左右的小猪
16	兔子	兔儿	兔子	兔	兔仔		兔/兔子	兔儿
17	公鸡	公鸡	雄鸡/公鸡	鸡公/生 都指未阉的公鸡/鸡头 未阉过的公鸡	鸡角	鸡公(子)/叫鸡/叫鸡公	鸡公/样鸡 没阉过的成年公鸡	鸡公/(大)鸡公 成年的，打鸣儿的公鸡/熟鸡 阉了的公鸡
18	母鸡	母鸡	母鸡	鸡嫲/鸡婆/鸡母 老母鸡	草鸡/鸡母	鸡婆 生过蛋的母鸡	鸡婆	鸡嫲
19	雏鸡	童子鸡 成的小鸡作为菜肴时称长，也称"笋鸡"/笋鸡/一把抓①	小鸡	鸡花 初生出来的小鸡	鸡仔囝	鸡崽子	鸡崽子	细鸡儿/子鸡 尚不会打鸣儿的小公鸡/细生鸡 还不打鸣儿的小公鸡
20	下蛋	下蛋	生蛋	生蛋/生春	生卵	生蛋	下蛋	生卵

① "一把抓"即笋鸡、童子鸡。雏鸡长到用手抓起来，满一把，叫"一把抓"的鸡。

续表

编号	普通话	北京	上海	广州	厦门	长沙	南昌	梅县
21	鸡爪子	凤爪作为食品的鸡爪子	鸡脚爪	鸡爪/凤爪[作为食品的]鸡爪子	鸡(餃)爪	鸡(脚)爪子		鸡爪
22	鸡嗉子	鸡嗉子	鸡膆	鸡嗉	鸡胿		鸡宫	鸡合四.
23	鸡蛋	白果儿①/鸡子儿	鸡蛋	鸡蛋/鸡春[旧称]"春"是蛋卵的俗称	鸡卵	鸡蛋	鸡蛋	鸡卵/鸡春
24	蛋黄	黄子蛋黄的汁液/黄儿①指蛋黄。②指蟹黄	蛋黄	蛋黄/鸡蛋黄	卵仁		蛋黄	卵黄
25	蛋清	蛋清儿/鸡蛋清②/清儿	蛋清		卵清			
26	蛋白	蛋清儿③/蛋白儿	蛋白	蛋白/鸡蛋白			蛋白	卵白
27	荷包蛋	卧果儿/卧鸡蛋	水潽蛋	荷包蛋		荷包蛋	荷包蛋	
28	蛋汤	光儿汤	蛋汤		鸡卵汤	蛋汤/雪花蛋汤	鸡蛋汤	鸡卵汤不勾芡的鸡蛋汤
29	公鸭	公鸭	雄鸭		鸭角/鸭哥配种的公鸭	鸭公(子)	鸭公	鸭公
30	母鸭	母鸭	母鸭		鸭母	鸭婆(子)	鸭婆	鸭嫲
31	鸭蛋	鸭子儿/青果	鸭蛋	鸭春"春"是蛋,卵的俗称	鸭(母)卵	鸭蛋	鸭蛋	鸭卵
32	鹅	鹅	百乌龟	鹅	鹅(仔)	鹅	鹅	鹅
33	老虎	老虎	老虎	虎	虎	老虫/大虫/大猫/爬山子[详称]/大爬山子大老虎/小爬山子小老虎	虎/老虎	虎/老虎

① "白果儿"有两个义项:①银杏的果实。②鸡蛋,诗言"蛋",以讳语代替。
② "鸡蛋清":生鸡蛋中除去蛋黄外的粘液。做熟后,凝固呈白色,即称"蛋白儿"。
③ "蛋清儿"即"蛋白",包在蛋黄之外的透明体,熟食时呈白色。

续 表

编号	普通话	北京	上海	广州	厦门	长沙	南昌	梅县
34	猴子	猴①指猴子。②指人顽皮,淘气	猢狲①还包含"要言,比喻爱动的人"的意思。"猴子"还有:"旧时对人称自己的儿子"	马留/阿三/马留三	猴	猴子/疤屁股	猴子	猴儿/猴哥
35	老猴子	老猴儿	老猢狲"比喻油滑的人"					
36	豹子	豹子	豹		豹	豹	豹老虎(子)	豹儿/豹虎
37	老鼠	耗子	老虫/老鼠	老鼠	老鼠	老鼠子/高客(子)[旧称]	老鼠	老鼠
38	布谷鸟	可鹄	布谷鸟	咕咕雀	豆仔鸟	布谷鸟/阳雀子		伏鸠子
39	翅膀	翅膀子/翅膀儿	帮	翼	翼(股)/翼仔	翼胛	叶胛	翼胛
40	大雁	大雁	雁鹅/大雁			雁鹅/雁子	雁鹅	雁鹅
41	喜鹊	喜鹊	喜鹊	喜鹊	客鸟	喜鹊子	喜鹊	阿鹊儿
42	乌鸦	老鸹	老鸦	老鸦		老哇子/夜哇子—种常在夜间鸣叫的乌鸦	老鸦	老鸦
43	老鹰	鸦虎子 鹰、鹞之类	老鹰	崖鹰/麻鹰	鸢鹞	老鹰/鹰婆(子)	鹞鹰/磨鹰	麻鹰/崖鹰
44	蚯蚓	蛐蟮	蛐蟮/蚯蚓	黄蟮	涂蚓/猴蚓	曲蟮子	寒蟮子	蟮公
45	蜥蜴	蜥蜴	四脚蛇	四脚蛇 蜥蜴类的小爬行动物	(四骹)杜定/四骹蛇	四脚蛇	四脚蛇	四脚蛇
46	蜘蛛	蛛蛛	结蛛/蜘蛛	蟥蚸	蜘蛛/蟟螃 蜘蛛的一种	蜘蛛子	蟟蛛(子)	逻□
47	蜘蛛网	蛛蛛网	结蛛(罗)网/蜘蛛网	蟥蚸丝网		蜘蛛蒙子		
48	蚂蚁	蚂蚁	蚂蚁	蚁	狗蚁	蚂蚁子	蚂蚁/蚂蚦子	蚁公/蛇蚁儿/蛇蚁公 后两个是蚂蚁的一种,尾下有针

续　表

编号	普通话	北京	上海	广州	厦门	长沙	南昌	梅县
49	白蚁	白蚁	飞蚂蚁	白蚁	白蚁		白蚁	
50	苍蝇	绿豆蝇—种绿色苍蝇/麻豆蝇大麻蝇	苍蝇	乌蝇	胡蝇	麻蚊子麻蝇,苍蝇的一种	苍蝇	乌蝇
51	蚊子	蚊子	蚊虫/蚊子	蚊	蠓仔/蚊仔	夜蚊子/蚊子苍蝇和蚊子的统称	蚊虫	蚊儿
52	蜈蚣	蜈蚣	百脚/蜈蚣	鸡虫/百足		蜈蚣	蜈蚣	蜈蚣虫
53	壁虎	蝎虎子/蝎拉虎子	壁虎	檐蛇	蟮虫	巴壁虎		檐蛇儿
54	毛虫/毛毛虫	杨剌子	毛毛虫/剌毛虫	狗毛虫	狗仔虫毛虫		毛虫	蠹毛虫
55	蛆	蛆儿	蛆	蛆		蛆婆子	蛆	
56	螳螂	刀螂	螳螂	蚂螂□	草猴/草冲	禾老虫	螳螂	螳螂
57	蟑螂	蟑螂	蟑螂	(油)由甲	家□/寒□	偷油婆	煤拨子/赤膊子	蟑螂
58	萤火虫	火虫儿	游火虫/萤火虫		火金蛄/火焰蛄	洋火虫/亮火虫	夜火虫	火炎虫
59	蝴蝶	蝴蝶儿	蝴蝶	蝴蝶	美蝶/蝶 仔①蝴蝶。②泛指一切像蝴蝶一样的飞虫	蝴蝶子	蝴蝶	蝴蝶
60	蜻蜓	琉璃借用指蜻蜓/老琉璃/膏药①/老籽儿膏药②/蚂螂	蜻蜓	塘尾	田铃/塍铃	洋咪/暘咪咪	丁丁	囊蚁儿/小猫趋蜻蜓的蛆的幼虫
61	瓢虫	艾瓢儿翅红褐色,上有花点儿的瓢虫			乌龟仔			花萝虫
62	蜜蜂	蜜蜂	蜜蜂	蜜蜂		蜜蜂子	蜜蜂	蜂儿蜜蜂的统称/糖蜂儿/黄蜂儿蜜蜂中之一种

① "膏药":北京儿童戏称一种大型蜻蜓为"膏药"。这种蜻蜓翅全身黑黄相间,尾部尤为鲜明。
② "老籽儿":北京儿童称蜻蜓中之黄灰色者。

续　表

编号	普通话	北京	上海	广州	厦门	长沙	南昌	梅县
63	蝙蝠	燕模虎	蝙蝠	飞鼠/蝠鼠	密婆/夜婆	檐老鼠	檐老鼠/蝙蝠	口婆子
64	蝉	唧鸟儿/秋凉儿①/伏鸡儿夏天的一种蝉/秋季鸟儿一种小蝉/热热儿立秋后，趴在树上鸣叫的一种小蝉	知了/柴蝉柴蝉，蝉中最大的一种	秋蝉/沙蝉蝉的一种	螠蜅蛴	蝉良子	借落子	蝉儿
65	鱿鱼	鱿鱼	鱿鱼	鱿鱼	柔鱼	鱿鱼		鱿鱼
66	带鱼	带鱼	带鱼		白鱼	带鱼		带鱼儿
67	鲤鱼	鲤鱼	鲤鱼	鲤鱼		鲤鱼/鲤滑子多见于郊区	鲤鱼	鲤儿
68	泥鳅	泥鳅	泥鳅	泥鳅	涂溜	鳅鱼	泥鳅	湖鳅
69	草鱼	草鱼	草栖	鲩鱼		草鱼		鲩儿/鲩公个儿大的草鱼
70	鳙鱼	胖头鱼	胖头鱼/花鲢	大鱼/大头鱼/大头	大头鲢			鳙儿
71	银鱼	银鱼	面杖鱼/银鱼	白饭鱼鲜的银鱼			银鱼(子)	
72	虾	虾米	虾	虾	虾	虾(公)子/金钩	虾子	虾公
73	虾米	虾糠	开洋/虾米			虾米	虾米	熺虾仁
74	鳖	甲鱼/爪儿鱼	甲鱼/圆菜	水鱼		脚鱼/水鱼/团鱼/甲鱼	脚鱼	脚鱼/团鱼
75	乌龟	乌龟	乌龟	龟/乌龟	龟/乌龟	王八=乌龟	乌龟	乌龟
76	青蛙/田鸡	田鸡	田鸡/青蛙	田鸡	田蛤仔	蛤蟆(子)/麻拐/水鸡	田鸡/虾蟆/老蛤的一种青蛙/口蟆	田鸡/蚜儿/蛤蟆青蛙的一种

① "秋凉儿"指一种小而灰绿色的蝉，生长在秋季，鸣声仿佛"秋——凉——儿"三个音节。即"寒蝉""寒蜩"。

（续表）

续 表

编号	普通话	北京	上海	广州	厦门	长沙	南昌	梅县
77	蟾蜍/癞蛤蟆[通称]	疥蛤子/疥癞蛤子	癞蛤巴/癞团/癞虾蟆	蟾蚧[俗称]/蟾蟆	蟾徐	癞(头)蛤蟆	癞蛤蟆	蟾蜍螺
78	螃蟹	螃蟹	蟹	水蟹—一种螃蟹肉少不好吃	蟳	螃蟹	螃蟹	老蟹
79	河蟹	河蟹	河蟹/大闸蟹—一种淡水蟹/毛蟹—一种淡水蟹,个体比"大闸蟹"小	毛蟹—有毛的螃蟹	毛蟹			
80	公蟹	公蟹	尖脐/长脐				尖脐	
81	母蟹	母蟹	团脐/团团蟹				团脐	
82	蟹黄	黄儿	蟹黄	蟹膏	蟳膏		蟹黄	蟹黄/蟹膏
83	海蟹	海蟹	青蟹—一种海蟹/梭子蟹=白蟹都指一种海蟹		蟳海蟹的一类			
84	河蚌	河蚌	水菜=水菜肉都指蚌/蚌/河蚌			蚌壳	蚌壳(子)	

9. 身份名称

有7个条目。

表6-12 身份名称用语对照表

编号	普通话	北京	上海	广州	厦门	长沙	南昌	梅县
1	教师	教师	教书先生/老师	老师/先生①	教师	老师	老师/先生	教员/教师

①"先生"有四个义项:①对老师的尊称。②对一般男人的尊称。③中医医生。④女人背称自己或别人的丈夫。

续　表

编号	普通话	北京	上海	广州	厦门	长沙	南昌	梅县
2	学生	学生	学生子/学生	学堂仔/学生	学生(仔)	学生伢子	学生	学生
3	客人	客(儿)	人客/客人	人客	人客	人客	客	人客
4	顾客	顾客	买客/顾客	雇主/客仔	主顾	顾客		顾客/买客
5	裁缝	裁缝	裁缝(师父)	裁缝		裁缝师傅	裁缝	做衫师傅
6	木匠/木工①	木匠	木工/木匠	斗木佬/木匠师傅	做木的	木匠师傅	博师	木匠
7	铜匠	铜匠	铜匠		钉铜师	铜匠	铜匠	

10. 学习、游戏

有 28 个条目。

表 6 - 13　学习、游戏用词用语对照表

编号	普通话	北京	上海	广州	厦门	长沙	南昌	梅县
1	学校	学校	学堂	学校/学堂[旧称]	学堂	学校/学堂[旧称]	学堂	学堂/学校
2	下课	下课	下课		落课		下课	
3	上学	上学	上学	上学		上学	上学	上堂
4	放学	放学	放学	放学	放眼	散学		散学
5	黑板擦	黑板擦	黑板揩	粉擦	乌牌擦	黑板刷子		揢儿
6	卷笔刀	卷笔刀	卷笔套/卷刨		铅笔搌	铅笔饺子		铅笔卷

① "木工"指做木工活儿的技术工人。

续　表

编号	普通话	北京	上海	广州	厦门	长沙	南昌	梅县
7	砚台	砚台	砚台	墨砚	(墨)砚/墨盘	砚池	砚台	(墨)砚盘
8	拣笔	拣笔	鏖墨/拣笔	拣笔		拣墨		搋墨
9	文盲	大字不识	勿识字个/文盲/有眼睛瞎子			不认得字的/光眼睛(子)		唔识字个
10	第一名	第一名	头(一)名/第一名	头一名	头名	头名	头名	头名
11	偏旁	偏旁	边旁		字爿	偏旁	偏旁	偏旁
12	单人旁	单人旁	单隑人/单人旁	徛人边	徛人爿	单人旁/单徛人/徛人旁		单徛人
13	双人旁	双人旁	双隑人/双人旁	双徛人	双人爿/双徛人	双徛人	双徛人旁	双徛人
14	立刀旁	立刀旁	侧刀	刀字边				
15	秃宝盖	秃宝盖	帽子头/秃宝盖			盖头		罅盖
16	竹字头	竹字头	竹笠头	竹花头/竹字头	竹字头	竹(字)头	竹字头	竹字头
17	病字头	病字头	疾壳子		病字壳	病字头		病字头
18	走之底	走之底	牵走之/曲脚之			走之边		坐船
19	衣字旁	衣字旁	立衣边旁/衣字旁					
20	四点底	四点底	四点		四点底	四点	四点	四点水
21	风筝	黑锅底①/沙燕儿② 前南两	鹞子/风筝	纸鹞	风吹	风筝	风灯	风筝/纸鹞儿 用于口语
22	猜谜语	猜闷儿/破闷儿 南两/猜谜儿/破谜儿 一般写"猜谜"	猜枚子/猜谜语	估灯谜 猜灯谜	约猜	估谜子/猜谜子	打谜子/猜谜子	搏口儿

① "黑锅底":北京风筝的一种形式,笼统地说,可叫"沙燕儿"。"黑锅底"在"沙燕儿"上画黑色花纹及燕的头面羽爪。
② "沙燕儿":一种风筝,形如燕,有头、翼,尾分岐,嘴、爪等。

续 表

编号	普通话	北京	上海	广州	厦门	长沙	南昌	梅县
23	捉迷藏	藏闷儿①/藏蒙哥儿=藏猫猫儿②/藏猫猫儿	捉野猫/捉猛猛	摸盲盲/抄盲盲/捉盲盲/捉匿匿	揾呼鸡	寻躲子		捉人儿/偋人儿
24	游泳	游泳	游水	游水	泅水	玩水	泅水	洗身儿①洗澡。②游泳
25	倒立	大顶/拿大顶	竖蜻蜓/竖烟囱/丁倒立	倒竖葱	倚飞鱼	倒立子		
26	不倒翁	扳不倒儿	勃勿倒/不倒翁/跌勿倒		阿不倒	不倒翁		不倒翁
27	拔河	拔河	拔河		拔索	拔河	拔河	拔河
28	踢毽子	踢毽子	踢毽子	打燕/踢燕	踢毽仔	踢燕子/打毽子	踢燕子	踢燕儿

11. 房舍、器具

有 57 个条目。

表 6-14 房舍器具用词语对照表

编号	普通话	北京	上海	广州	厦门	长沙	南昌	梅县
1	房子	房子	房子	屋	厝	屋	房子/屋	屋/屋舍/房屋
2	屋顶	屋顶	房顶/屋头顶/屋面/屋顶		厝(尾)顶	屋顶	屋顶	屋顶

① "藏闷儿"称捉迷藏之类的游戏。大家藏起来,让一人找,这个找的人并不蒙眼。也有写作"藏猫儿"的。
② "藏蒙哥儿"即捉迷藏。几人围成圆圈,一人用手帕蒙眼,在圈中行动,以捉住人为胜。

续表

编号	普通话	北京	上海	广州	厦门	长沙	南昌	梅县
3	墙壁	墙壁	墙头/墙壁	墙	壁堵	墙(子)	壁	墙壁
4	墙角	墙角	墙角落头/壁角落(头)	角落头 角落	角头 角落	角弯	角落	壁角/昼夭角落
5	山墙/房山	山墙	山墙/承重墙					
6	屋脊	屋脊	屋脊头	屋脊/瓦脊		屋脊	屋脊	屋栋
7	梁	梁	梁		樋梁	梁	梁/屋梁	栋梁房屋的正梁
8	椽子	椽子	椽子	桁桷	桷仔/桷枝	椽皮	椽子	桷儿
9	房檐/屋檐	房檐	屋檐	屋檐/瓦檐	廉檐/眉檐口	屋檐	屋檐	屋檐 檐头
10	门框	门框	门框/门框框		门楣			
11	楼梯	楼梯	楼梯	梯	梯 可移动的梯子	楼梯	楼梯①上下楼用的固定的扶梯。②可移动的梯子	楼梯/梯 可随意移动的梯子
12	楼上	楼上	楼浪/楼浪向	楼上	楼顶	楼上头/楼高头	楼上	楼上 口语更俗的说法是"楣上"
13	楼下	楼下	楼下(头)/楼底下	楼下/地下①楼下,一楼。②地上。③地板	楼骹楼房的最下一层	楼脚下/楼底下	楼下/楼底下	楼下/楼底下 脚下都指楼房的底层
14	卧室	卧室	房间	瞓房/睡房	眠房			
15	窗户	窗户	窗门/窗/窗子	窗/窗门	窗仔	亮窗	窗子/格子	窗儿
16	窗框	窗框	窗框	窗框	窗仔框			窗枕
17	窗台	窗台儿	窗槛/窗(台)盘/窗台		窗仔唇	窗台		窗盘
18	钥匙	钥匙	钥匙	锁匙	锁匙/撰匙	钥匙	锁匙	锁匙
19	茅草房	茅草房	草屋	泥屋	草厝	茅屋子	茅蓬子	茅寮屋

续 表

编号	普通话	北京	上海	广州	厦门	长沙	南昌	梅县
20	狗窝	狗窝	狗窠	狗窦	狗岫			狗口 狗洞
21	羊圈	羊圈	羊棚		羊牢			
22	猪圈	猪圈	猪箩棚/猪圈	猪槛/猪寮 猪寮	猪牢	猪楼/猪楼屋		猪栏
23	牛圈	牛圈	牛棚		牛牢	牛栏屋		牛栏
24	家具	家具	家具	家私	家俬(头)	家具	家具	家俬
25	沙发	沙发	沙发	梳化椅	胖椅			
26	碗橱	碗橱	碗橱/汤橱		菜橱			
27	桌子	桌儿	台/台子/桌子	台	桌(仔) 桌子/桌①桌子。②量词。③量词。	桌子	桌子	桌
28	桌上	桌上	台(子)浪(向)	台面	桌仔顶		桌上	桌上
29	桌布	桌布	台布	台布①桌布。②抹布[旧称]/抹布[旧称]	桌巾 台布/桌劼 桌罩/桌布①	桌布	桌布	桌布
30	抽屉	抽屉	抽斗/抽屉	柜桶	屉抽/(桌)屉	抽子/屉子	抽屉	拖格
31	椅子	椅子	椅子	椅	椅仔	椅子	交椅	教椅
32	凳子	板凳(儿)②/机凳儿③	凳/凳子/矮凳	凳仔	椅头 板凳	板凳	板凳/凳子	凳儿
33	躺椅	躺椅	躺椅	睡椅[旧称]/马闸/懒佬椅[俗称]	骹椅	睡椅	躺椅	凭椅
34	床	床	床	床	床	床铺	床	眠床

① "桌布"有两个义项：①抹布。②比喻什么大小事都要做，但什么都不擅长的人。
② "板凳(儿)"指一种长条形木凳。称说小的板凳时附儿尾，即板凳，说"板凳儿"。
③ "机凳儿"指正方形木凳，多放在屋内。

续表

编号	普通话	北京	上海	广州	厦门	长沙	南昌	梅县
35	被子	被卧①/被窝儿②	被头	被	被	被窝	被火	被
36	衣架	衣架	衣架	衫架		挂衣架 立式衣架		衣架
37	火柴	洋取灯儿[旧称]/洋起灯儿[旧称]	洋火/自来火	火柴	番仔火/火擦/火拭	洋火	洋火	自来火[旧称]
38	筷子	筷子/箸子	筷/筷子	筷子	箸=箸奇=奇箸 二箸双	筷子	筷子	箸/筷只 俗筷子
39	筷子筒	筷子笼儿	筷笼/筷竹筒/筷筒	箸筒/筷子筒	箸笼	筷篮子	筷子筒	筷筒
40	锅	锅儿	锅子	镬	锅仔/鼎①②指铁锅。②特指 烹任时的火候	锅	锅	镬 大锅
41	盖子	盖儿	盖头	盖	盖	锅盖(子)	盖(子)	盖
42	东西	东西/东西子③	物事/东西	物件	物件	东西	东西	东西
43	缝衣针	针	引线	针	针	针婆	针	针
44	针尖儿	针尖儿	引线头	针尖	针尾/针头	针尖头	针抄	针嘴
45	针鼻儿/针眼	针鼻儿	引线屁股	针眼/针鼻	针空	针鼻子/针屁股	针鼻	针眼
46	抹布	抹布	揩布	抹布	桌布	抹布	抹布	抹桌布/抹桌帕
47	钳子	钳子	钳子	钳	钳仔/钳婆 老虎钳④/钉仔钳④	钳子	钳子/老虎钳子	虎头钳
48	钉子	钉子	钉/钉子	钉 铁钉/竹钉等	铁钉(仔)	钉子	洋钉子	

① 白天不用被子，叠成方形，几条被子整齐地堆起，叫"被卧桨"。一般堆在炕内一角。
② "被窝儿"指叠成筒状供睡觉的被子。
③ "东西子"："东西"指物或人，加"子"尾，意含轻蔑、憎恶。
④ "钉仔钳"指老虎钳一类的工具。

续　表

编号	普通话	北京	上海	广州	厦门	长沙	南昌	梅县
49	剪刀/剪子	剪子	剪刀	洋剪/衣剪[都指裁缝师傅专用的大剪子]/铰剪	铰刀/铰剪	剪刀	剪刀	剪刀
50	痒挠	痒痒挠儿/老头儿乐	搔手/勿求人			痒抓子		
51	耳挖子	耳挖儿/耳挖勺儿	挖耳	耳挖	钩盌/钩耳仔/消息	挖耳子	挖耳子	耳耙儿
52	梳子	拢梳	梳子	梳	梳/捋仔		梳子/拢子	梳儿
53	木梳	木梳	木梳	木梳	柴梳			
54	肥皂	胰子肥皂,香皂,北京人都称胰子"肥皂/洗衣裳胰子/香胰子=香胰子皂,洗脸胰子=香胰子	肥皂	枧[番枧、香枧]	雪文[外来词。印尼文saboen]	肥皂/胰子油[旧称]	肥皂/洋碱[旧称]	番枧
55	雨伞	伞	伞	雨遮	雨伞[夏专门于遮阳的叫"凉伞"]	开发子	伞	遮儿
56	酒精	酒精	火酒	火酒			酒精/火酒	火酒
57	煤油	煤油	火油/洋油/煤油	火水	电油/番仔油[旧称]	煤油/洋油[旧称]	煤油/洋油[旧称]	火水

12. 时令、时间

有 73 个条目。

编号	普通话	北京	上海	广州	厦门	长沙	南昌	梅县
1	春季/春天	春季天儿/春天儿/春景儿/春季儿	春场里春浪向/春浪/春天	春天	春里	春天	春天	春天/交春

表 6 - 15　时令时间用词用语对照表

续　表

编号	普通话	北京	上海	广州	厦门	长沙	南昌	梅县
2	夏季/夏天	热季儿/热季天儿/夏季儿/夏季天儿/热天儿/夏景天儿	热天家/热天热/热天	热天/夏天	热冬/热天	热天(子)/夏天	夏天/热天	热天
3	秋季/秋天	秋季儿/秋季天儿/秋景天儿	秋场里/秋天	秋天		秋天	秋天	秋天
4	冬季/冬天	冬季天儿/冬季儿/冬景天儿	寒场里/冬场里/冬天	冷天	冬/寒冬	冷天/冬天	冷天/冬天	寒天 冷天,泛指"冬天"
5	晴天	晴天儿	好天/晴天	好天	好天(时)/晴天	晴天子	好天	天门开/天晴
6	阴	阴天儿	阴(阴)天/阴(势)天子	唔好天/阴天 天有乌云,欲下雨	乌阴天/否天	阴天子	天阴	乌阴天
7	除夕/大年夜	除夕	年夜头/大年三十	年卅晚/年晚		除夕/三十晚间子/三十晚上	三十夜晚	年三十晡
8	大年初一	大年初一	大年初一	初一流 大年初一的,指节日的隆重气氛	正月初一	大年初一	大年初一	大年初一
9	端午	五端午儿	端午/端阳/端午节/端阳节		五月节	端午节	端午(节)	五月节/端午节
10	七夕	七夕	七月七/乞巧日/乞巧节		七娘妈生	七巧节		巧日
11	中元节	中元节	七月半/中元节		七月半	中元		亡人节
12	中秋节	中秋节	八月半/中秋节	八月十五	八月节	中秋节	中秋(节)	八月半/中秋节/山歌节
13	重阳	重阳节	重阳(节)			重阳	重阳	重阳节
14	大前年	大前年	大前年(子)/着前年子		落前年/递前年	先前年		大前年

续　表

编号	普通话	北京	上海	广州	厦门	长沙	南昌	梅县
15	前年	前年	前年(子)		前年	前去年	前年	前年
16	去年	去年	旧年(子)/去年(子)	旧年	旧年	去年子	旧年	上春/旧年
17	今年	今年	今年(子)	今年/今年时	今年	今年子	今年	今年
18	明年	明年	明年(子)	出年/明年		明年子	明年	来年/明年
19	后年	后年	后年(子)		后年	后年	后年	后年
20	大后年	大后年	着大后年/大后年		落后年	再后年		大后年
21	往年	往年	前两年/前几年/往年			常年子/平常年子/往年子		往年
22	每年	每年	年常/年年/每年	年头	逐年	每年/年年子	年年	每年
23	年初	年初	年头浪/年初	年头	年头	年初	年初/年头	年头/年初
24	年底	年根儿底下农历岁末/年底下	年底	埋年接近年底,农历十二月十六以后/挨年近晚接近年底,年根儿底下/年尾	年尾	年底/年尾	年尾年末/年底一年的最后几天	年底/年尾/年下头/年□下都指一年的最后几天
25	将近一年	将近一年			成年	年是年	将近一年	
26	一年到头	成年价	全年/一年到头		规(图)年	一年到头	一年到头	全年/一年到暗全年
27	月初	月初	月头/月初	月头	月头	初头子	初头子	月头/月初
28	月终/月底	月底	月初	月尾	月尾	月底	月底	月尾/月底
29	月	月	号头	月	月头	月份	月	
30	一个月	一个月	一个号头农历一个月	一个月农历一个月	一月日		一个月	三旬/一个月/全月

续 表

编号	普通话	北京	上海	广州	厦门	长沙	南昌	梅县
31	月中①	月中	月半头②	月中		月半 一个月的第十五天		
32	这个月	这个月	掰个月	今个月	即月日	咯个月	□个月	这个月/这只月/今月
33	上个月	上个月	上个月/上个号头		顶月日	上个月	上个月	前只月/前个月/上只月/上个月
34	下个月	下个月	下个月		下月日	下个月	下个月	下(一)个月/下只月
35	每月	每月	每个月/每月		逐月日	每月	月月	每只月
36	上旬	上旬	初里/上旬					上旬/头十日
37	中旬	中旬	中旬			中旬		月半边
38	下旬	下旬	下旬					下旬/(月半)二十外
39	日子	日子儿	日脚			日子	日子	
40	大前天	大前儿个/前呴和/头呴和	大前日/大前天/着前日/改前日		逆昨日/落昨日	先前天	先前日	
41	前天	前儿个	前日(子)/前天		昨日/顶日	前去日		前日
42	昨天	昨儿/昨儿个	昨日	寻日/琴日	昨方/昨日/顶日	昨日(子)	昨日	秋晡日
43	今天	今儿/今儿个	今朝	今日	今仔日/今仔载	今朝(子)/今日(子)	今日	今晡日

① "月中"指一个月的中间几天。
② "月半头"指阴历每月十五的前后几天。"月半"指农历每月十五。

续表

编号	普通话	北京	上海	广州	厦门	长沙	南昌	梅县
44	明天	赶明儿①(明天。②将来)/明儿/明儿个	明朝(子)	听日	明仔日/明仔载	明日(子)/明朝(子)	明日	天光日/辰朝日
45	后天	后儿/后儿个	后日(子)/后天子	后日	后日	后天	后日	后日
46	大后天	大后儿	大后日/大后天		落后日	外后天/大后天	万后日	大后日
47	前几天	前几儿	前两日/前几日/前两天/前几天		顶几日			前几日
48	星期/礼拜	星期	礼拜	礼拜	拜		礼拜	礼拜
49	成天/一天到晚	成天价/没早到晚/一天价	全日/整日/整天/一日到夜	成日	规(图)日成天,整日/透日①	整天子/一天到晚	一日到夜	整日
50	每天	见天见/见天价/见天儿/整天价	日逐/日逐日/日/天天		逐日	每天	日日	每日/日日
51	半天	半晌儿	半日/半(日)天	半昼	半晡/半日	半天	半日	半日
52	黎明	大早儿/东发闪儿/黑早儿	天亮快	曚光/天曚曚/天曚光/望光曚亮亮,天刚亮	天要光天将晓/(天)醆/醆光天未曚亮	一黑早天刚亮的时候		清晨 八早天未亮的时/似/天曚曚儿
53	清早/早晨	大清早晨/大早儿/一早儿/清早/早下/早起清晨。名词清早儿/早晨	早浪/早浪向/清早晨/早晨头	早晨流流大清早的,大早农的/朝=朝头=朝晨指早上/朝早/晨早清早,早晨/望光咁早大清早,天刚/五更八早天光后两个指大清早	早起=顶晡=顶醆早起,常说"早起"透早天未亮以后至七点左右这段时间	早晨从天将亮到八点钟的一段时间/清晨八早清早	清早清晨/清司蛮早	七早八早大清早
54	天色大亮	大天大亮/大天亮	大天白亮	天光天亮	天光	天光	天光	天光/日头出天亮

① "透日"有两个义项:①整日。②当着太阳光最盛的时刻做某事。

续表

编号	普通话	北京	上海	广州	厦门	长沙	南昌	梅县
55	上午	前半晌儿/前晌儿/头晌儿/早晌午前晌儿/早晌儿/早上午上午前晌儿/早……上午，直至中午，都叫"早上"	上半日/上半天	上昼/上午	顶半日/顶半晡	上昼	上昼	上昼
56	中饭前	傍晌儿接近中午	中饭前头		日要昼/倚昼午的时候			临昼临近正午
57	中午	大晌午/晌午/晌午天儿/晌午头儿/日午/晌和	中浪/中浪向/日中心/吃饭同	晏昼正午十二点	正(中)昼/当昼/透昼	中午/中间子	当昼	日头顶正午
58	下午	后晌儿/晚半天儿	下半日/下半天/后半日	下昼/下晏昼中午、下午现多说下午	日(中)昼/下晡	下昼	下昼	下昼
59	晚上/夜晚	大晚上的/黑/晚半里头儿/夜里头①夜里头	夜头/夜里（头）/夜里向/夜到（夜）	夜晚(黑)/晚(头)/黑晚(头)/夜	下昏/暗暝/暗时	夜间子	夜晚	夜晡/暗晡
60	随时	随手	尴尬头	分分钟	随(随)(然)都是立刻，马上的意思	随时	随时	随时
61	有时候/偶尔	有时候/偶尔	有常时=有辰光=常时=有时	耐时/耐耐			撞到	下把儿
62	一会儿	一会儿	勿多一歇不一会儿	一阵	(一)目囁仔久=一瓢仔久极短时间，一会儿	一下下子	一阵家子	两下二
63	经常/时常	常会儿/常行儿/没短地/时不常儿/时不时地/行常	三不时/三日两头=三朝四日经常	长时/时时	四常	时不时/打常二扯常(子)	干常/老经常，总是	时常/时不时
64	白天	大天白日	日里/日里向/白天	日头/白日流流	日时	日头多见于郊区	日上/白天	日时头/日辰头

① "晚半晌儿"指天黑之后午夜以前。深夜才叫"夜里"。

续表

编号	普通话	北京	上海	广州	厦门	长沙	南昌	梅县
65	黄昏	傍黑儿/擦黑儿	夜快（头）/齐夜快/黄昏头	挨晚	日衔乌	煞黑〔傍晚〕	断夜边子	临暗边＝黄蚊晡/临夜/断夜
66	整夜/通宵	通宵儿/成宿	全夜/整夜/通宵	通宵/通夜	规（图）暝/透暝	通夜	通宵	一晡夜
67	时候	时候儿/时会儿〔比"时候儿"更土一些〕	辰光	时候		时候	辰光	时透〔时间〕
68	平时	平常	平时（辰光）/平常/辰光/平常日脚/平素/闲常里		平（常）时/素常（时）	闲常	闲常	平时
69	刚才	才刚/将才	刚刚	至话/啱啱/头先〔才,方才〕	拄（仔）/拄（仔）则头拄仔/拄拄	刚才/才刚	刚/肯将	
70	从前	从先	先头/先起头〔都还有"原来,开始时"的意思〕	旧日〔以前,从前〕	往摆＝往过 前/往（常）时	先前/原先	从前	往年/家先＝往摆 这两个都指以前
71	现在	脚下	现在（辰光）	呢阵/而家/家下 呢阵三个都指现在.这会儿;家阵后三个指说话的当时	现（现）（主）时/即 辄这会儿;现在.指说话的当时	现在/咯气子	现在	今儿下
72	很长时间	长久	日长世久	长敖敖〔时间〕很长	万代久/万代年 比喻很久	一料世 一段较长的时间	长久	
73	一生/一辈子	永辈子	一生一世/永生永世	一世人/一世 呢世人 这一辈子	万代久/万代年 代年形容时间极久远	一世	今生今世	一生世人

13. 天文

有38个条目。

表 6－16　天文用语对照表

编号	普通话	北京	上海	广州	厦门	长沙	南昌	梅县
1	天空	天空	天	天	天顶	天上	天上	天上

续　表

编号	普通话	北京	上海	广州	厦门	长沙	南昌	梅县
2	太阳	老爷儿(见于北京郊区)/日头①	日头/太阳	热头	日头	太阳	太阳/日头	日头
3	日晕	日晕	日枷/太阳带枷		日戴笠			
4	日食	天狗吃老爷儿	野日头吃家日头		日熄/熄日		日蚀/天狗吃日头	日食/天狗食日
5	月亮	月亮/婆婆(儿语)	月亮	月/月光	月娘	月亮	月光	月光
6	月牙儿	月牙儿	月牙牙	蛾眉月	月痕仔=月眉仔			
7	月晕	月晕	月枷		月戴笠	月亮长毛/月亮生毛	风圈	月光戴栏
8	月食	天狗吃月亮	野月吃家月/天狗吃月亮	蟾蜍食月/月蚀	月熄	西狗吃月/天狗吃月	月蚀/天狗吃月	月食/天狗食月
9	阴凉	阴凉儿(背太阳的地方)	阴头里/阴凉头里		荫影	阴漫		阴荷儿(太阳照不到的凉爽的地方)/阴凉
10	银河	银河	天河/银河		河溪	天河	天河	天河
11	流星	贼星	搬场星		掣屎星	贼星/射火(子)星	星子过位	星儿泻屎
12	彗星/扫帚星	扫帚星	扫帚星	扫把星	扫帚星	扫把星	扫把星	撵把星
13	阵风	阵风	阵头风					
14	刮风	刮风	发风=起风	打风=翻风 刮大风	冲风/起风	起风	起风	起风/搞风/发风
15	台风/飓风	台风	台风/飓风/风潮	风旧 大风,台风	风台/青狂风		飓风/风台	打风台 飓风
16	逆风/顶风	戗风儿	顶(头)风		推风	斗风	斗风	逆风/拦面风/拦头风

① "日头":太阳。北京人平时不常说,但用在熟语、谚语里。如:"白天大日头的,你想干什么?""有天没日头的,胆子不小!"

续表

编号	普通话	北京	上海	广州	厦门	长沙	南昌	梅县
17	雷神	雷神	雷神公公	雷公	雷(公)	雷	雷公/雷公菩萨	雷公
18	打雷	打雷	雷响/打雷	行雷	陈雷=雷陈=雷公陈	打雷	打雷/狼雷/响雷	响雷公/雷公响了
19	雷击	雷击	天打			雷打呿 被雷打		
20	霹雳/落雷	干雷/焦雷	着地雷/滚头雷		起雷 雷响,响雷/脆雷 即暴响的雷,声音响亮的雷	炸雷 声音响亮的雷		欻雷满天霹雳
21	闪电	打闪①	霍险	摄电/摄爧/闪电	闪□	扯闪	打霍闪	火蛇瞙
22	下雨	掉点儿①指刚刚下着雨或将下雨/闹天儿 小雨点儿而下雨或下雪	落雨	落雨	落雨	落雨	落雨	落雨
23	大雨	可腥儿倒 形容大雨倾盆而下/瓢泼大雨	大雨	大雨	大阵雨	大雨	大雨	大雨
24	小雨	掉点儿	小雨	雨溦	细阵雨	细雨(子)	小雨	细雨
25	阵雨	阵雨	阵头雨/阵头	过云雨/白撞雨②	云雨 阵雨			过云雨/阵雨
26	烟雨	雨星星 雾状的演也似乎并非下的样子	雨迷迷=雨濛濛 细雨濛濛		雨白			微雨 指比毛毛雨还小的雨,类松雾
27	雷阵雨		雷阵雨		西北雨=方时雨 夏秋间热天气酿成的猛烈而强大的阵雨,有时伴着雷鸣电闪	雷阵雨		
28	毛毛雨	蒙松雨儿③/牛毛细雨④	麻花雨/雨麻花/塔灰雨/毛毛雨	雨溦溦/雨毛毛	雨雾仔/雨毛仔	麻喷子(雨)/毛子/凌毛子(雨)⑤	毛毛雨	雨毛儿/毛毛雨

① "打闪":本义为闪雨时雷电发光,借用指梳洗时的一种动作,即用两面镜子,大镜子对面照,小镜子(多为有柄小镜)手中拿,举向脑后,使两面镜子相照,可看见自己脑后发型。

② "白撞雨"指超时晴雨的骤雨,晴天时忽然下的阵雨,雨点大而疏。

③ "蒙松雨儿":极细的雨,仅有小雨珠飞落,不成为水滴的。或写作"蒙凇"。

④ "牛毛细雨"指小雨,雨星轻微飘落,似有若无。北京话在普通所说"牛毛雨"之间习惯加个"细"字。

⑤ "凌毛子(雨)"特指冬季的毛毛雨,这种雨落下来就会冻结。

续表

编号	普通话	北京	上海	广州	厦门	长沙	南昌	梅县
29	虹	虹	霎/虹	天虹/龙拱	虹	虹	虹	天弓
30	冰雹	冰雹	冰片 指颗粒较小的冰雹/冰块[旧称]/冰雹	雪珠=雹 都指雹子		冰雹	雹子	雹
31	霰	雪糁儿	雪珠	鱼眼雪		雪子(子)雪珠	雪子哩	
32	结冰	结冰	冰胶/冰冻/结冰		结霜/结冰	下凌/构凌	上凌/上冻/冻冰凌	□冻/结冻①
33	下雪	下雪	落雪	落雪	落雪	落雪	落雪	落雪
34	冰锥	冰锥儿/冰凌锥/冰锥锤/冰锥	凌岩			凌构子	流流·	珍珠篮串
35	雪化了	雪消了	雪烊哉		雪烊略	融雪哒	雪烊了	雪融了
36	雾	雾	迷雾/雾露/雾	雾	雾	雾/罩(子)	雾	蒙纱/蒙雾②
37	起雾	起雾	起雾露/起雾露	落露	罩雾/蒙雾	下罩子	起雾	起蒙纱/起蒙雾/落雾
38	黄梅雨/梅雨	梅雨	黄梅雨	梅雨无/长命雨长期/雨水天 下雨,梅雨天气/梅雨季节	黄酸仔雨			

14. 地理

有11个条目。

---

① "结冻"指(液体或含水分的东西)遇冷凝结。
② "蒙纱"指雾,湿度较大。"蒙雾"指雾,湿度较小。

表 6-17 地理用词用语对照表

编号	普通话	北京	上海	广州	厦门	长沙	南昌	梅县
1	土堆	土堆	土墩/土墩儿/土堆/泥墩/烂泥堆	土堆	涂堆	土堆	土堆	土堆
2	田埂	田埂	田枪岸/田岸	圩堋/基堋 都指堤岸	田岸/塍岸	田塍(间子)	田塍	田唇
3	水坑		水(凼)凼	水凼	水窟仔	凼	水凼	涡采湖 小水坑,较浅/池 指蓄水的坑,不大大。②量词。③姓／池塘
4	小河	小河	浜	涌	溪仔	港子		溪儿 小溪,小河沟
5	水蒸气/蒸气/水汽	水蒸气	气水		水气			
6	砖	砖头	硬砖/砖头		砖仔	砖	砖头	砖/砖块 块的砖
7	碎瓦	瓦岔儿/瓦块儿	碎瓦爿		瓦角/瓦筅	瓦片子＝瓦楂子 都指碎瓦片		瓦砖/碎瓦
8	尘土/尘埃/灰尘	土尘儿/暴土	蓬尘/灰尘	烟尘	涂粉	灰	灰	尘灰
9	水泥	水泥	洋灰/水泥/水门汀 正包括"水泥地面"的意思	红毛灰/英泥	乌灰/霸灰/番仔灰/红毛灰	洋灰/洋泥巴	洋泥	水泥/土敏泥[旧称]
10	处所/地点	地点	场化/户荡/地方	处/埞	所在/带	地方	地方	地方
11	胡同	胡同儿	弄堂	巷	巷(仔)	巷子	巷子	巷儿

15. 动作

有 25 个条目。

表6-18　动作用词用语对照表

编号	普通话	北京	上海	广州	厦门	长沙	南昌	梅县
1	闲谈/聊天	摆闲盘儿/扯闲篇儿/拉闲嘎/拉/扯闲话咕/聊/聊/聊/扯巴/聊大天儿	讲闲话 指说闲话的/三胡/闲讲张/闲扯	闲偈/打牙骹/倾/世界/倾偈	练(痎)牙闲谈/练仙有谈闲聊/练拍拉天/话嘴聊天;凉闲聊;聊天	打讲①闲谈。②商量/讲古都是:①讲故传=讲古事。②闲谈	谈天	讲牙蛇。
2	答应	答应	许	答应/应承	应	答应/接应	答应/应	对回答/答应
3	说着玩	闹戏儿开玩笑,逗着玩儿/打哈哈儿	话字相/讲字相	开玩笑 逗人家玩/笑开玩笑	滚笑开玩笑	腿逗 勒 勒 都是开玩笑	开玩笑	讲笑开玩笑
4	顶嘴	犟嘴	犟白嘴/还嘴/回嘴回舌	顶颈/应嘴=驳嘴/顶嘴/顶喉/顶颈 回嘴,漏嘴/顶颈	挂喙/应喙应舌	顶嘴/翻嘴	应嘴	撑嘴
5	吵架	拌嘴①/吵②吵/吵架子/吵翻/吵子/吵包子	(吵)相骂/盘嘴舌	争交/闹交/咬交/嗌交	冤(家)吵架,争吵/相嗌嚷/相触	吵架	口仗/相骂	打交/吵仗/相骂
6	打架	滚打架,互殴/揪起来②/掐架两个/打架打架/勺,勺平/支巴,打/支巴动手都是打架,打/打架/干架	(打)相打	打交/博手	相拍	打架	打架	相打
7	疯闹	抽疯/吵子③	胡吆	玩到翻天/百厌(小孩淘气,顽皮	哗		玩化了 玩得出了轨,玩得没有边儿	绽皮 小孩淘气,不听话/绽头 绽头指少年儿童要玩耍闹,不听劝导
8	不作声	不龟鱼,不鲇鱼	勿响	唔声唔气	辖湿湿④/强喙⑤	不做声①/不吐气	不做吉	

① "拌嘴"的意思是:吵架,但吵得不凶,仅仅是各执一词,互相指驳,指责。相当于书面语"口角"。
② "刳架"即"打架","打架"或只是口角,"刳架"必是动手。
③ "吵子"有三个义项:①指吵闹的行为。②争议,支涉有争议的事,叫"打吵子"。③称一种民间班子。
④ "辖湿湿"的意思是对事不表态,不吭声。
⑤ "强喙"有三个义项:①忌嘴。②节俭指不乱吃东西。③闭口不说话。

续表

编号	普通话	北京	上海	广州	厦门	长沙	南昌	梅县
9	害怕	鸡心小胆儿 胆小怕;事/毛咕 指害怕的心理状态	怕 正音"恐怕,表示担心"事,可"怕"的意思	细胆 胆子小	胆 事害怕;胆怯/胆胆 两个都是/小胆 = 无胆 胆子小/㤉 胆子小;胆怯	畏怯	怕	畏
10	估计	大估模儿/估摸/料估 约摸科摸	估计	打预 预料,估计	估/约 估量;揣	估/估堆	估/母量 估量	大谱 约/估/估计/估量
11	担心	揪心	上心事	挂望 挂念;惦念/肉㦬 = 肉痛挂心,心疼。②担心	数念 惦念/纠心 ①心焦。②牵挂,放心不下	挂碍 牵挂	革 担忧/担心	劳心/担心
12	急躁	急赤白脸	猴极	娲神/躁暴 躁性急	躁粕/躁性(地)/躁直 性子急但又肚直公性 急躁而又直通脾气	火暴 暴躁,急躁/躁 = 躁性子 急性子/脾 两个都指	躁性急/急性子	紧性/口射
13	发怒	动火儿 = 上火儿/响 怒	火冒/上火/提火/升火	闹包 多用于有地位的人/火起 急,火,火儿了/火爆/火滚/爆火	口神 恼怒;懊恼;厌恶/心火/风(火)头	提火	有气 ①积蓄怒气或怨气。②产生怒气。/生怒气 = 气 头上 火头上 都指发怒的时候	发火/恼 生气和怨恨
14	没有	没/没有	呒	冇/唔	无/未	冇	冒	无
15	下车	下车	落车/下车		落车			
16	打瞌睡/打盹儿	冲盹儿/打盹儿/响觉 午睡	打瞌睏	瞌眼瞓	促瞌睡/打瞌睡	睏中觉 = 睏午觉都 指睡午觉	舂瞌睏/打瞌睏/栽瞌睏/睏中觉 睡午觉	啄目睡/睡当昼 午觉
17	收藏	收藏	囥	收囆	收囥/㧾园/㧾勘		藏	
18	溶化	溶化	烊		烊		烊	
19	扔	㨄 投掷;打;用力抛出 之物打击/撤①/搜②/飞 投掷,用手抛出"跌"跌②	摸③	抛/㨃	投/㨃	撂 摔,㧬/甩①摆动。②/㧬/钉 投掷	丢㧬	丢/抛

① "撤"有四个义项:①扔;抛掷。②撮嘴;闭合双唇,口部向下向前的表情动作。③用"撒嘴"表示不服气,轻蔑的意思,以此态度对人,即如同嘲讽。④向外倾斜之状。
② "搜"有五个义项:①投掷,抛。②一种手臂不能伸直的病。③粘贴;粘住。④指事情办坏。⑤称不指明姓名的漫骂。
③ "摸"还有"握住东西的一端而摔另一端""跌","使跌"的意思。

续表

编号	普通话	北京	上海	广州	厦门	长沙	南昌	梅县
20	伸懒腰	伸懒腰	伸懒腰		伸轮①	抻腰伸腰	伸懒腰	抻腰伸腰
21	搬家	搬家	搬场也指"移动东西,人离开原来的处所"/搬家/搬人家	搬屋	搬厝		搬家	徙屋
22	站	站	立	徛	徛	徛	徛/站	徛
23	靠	靠	隑		徛			
24	回家	家走	转来/回来/回转来这三个词也指"返回"	返屋企/返扯/返归	倒(来)去	到屋回到家里	去归	转屋下
25	完毕	了手/完	停当/完结①完了。②完毕	了/成	了/了离/了咯	圆完结/圆功=圆场完完结	了了结/完工	了

16. 性质

有11个条目。

表6-19　性质用词用语对照表

编号	普通话	北京	上海	广州	厦门	长沙	南昌	梅县
1	漂亮	刷丽	趣	姝/姝 水/靓/靓 溜/青靓 女/靓 仔用于男性	水	好看/靓靓多指女子	漂亮/客气	借/靓
2	差	差	推扳/推为	苴/苴 斗/渣斗 前三 学/化化学 化学都指质量 量差,不结实,不耐用个词语都指次、差、劣	差气差动	统𪨊的(质量或水平)很差很低/纠麻的娘差	□差、次、不好	下等次或品级低的

① "伸轮"有两个义项:①伸腰。②(指经手)宽裕。

续表

编号	普通话	北京	上海	广州	厦门	长沙	南昌	梅县
3	干净	干净	清爽 还有"比喻一点不剩""清楚"的意思	干净	清气	熨贴 干净整洁	干净	伶利
4	肮脏	腌拉巴臜	齷齪	污糟/刺刿	流汤/虎猫	邋遢	腌臜	峎纽
5	安心	塌心 安心:放松牵挂	定心/定定心	安心	过心	放心	安心	安心
6	倔强	犯牛脖子/牛脖子/拧性	犟头倔脑/犟头搁脑/犟头搁脑	迂滞 固执,不会变通固/执拗 固执,顽固/颈 固执,顽固主观	蛮柴头 比喻非常顽固/扰柴 固执顽固的性子,脾气	嘎犟	板扒物/犟	死气 固执,顽固;想不开
7	从容	从容	笃定 也作有把握,一定		宕在 沉稳/宽①		从容	四平八稳
8	很瘦	忒瘦	筋出骨出	瘦蜢蜢①人瘦得像蚱蜢,形容很瘦。②形容动物的肉瘦/乌留干 瘦,比喻瘦人	猴㾪仔 瘦小干瘦	刮瘦的	更瘦/更精/鬼瘦/肌骨人②人特别瘦 形容②	精瘦弱
9	勤快	勤勤	勤谨	勤力	骨力 勤奋努力	发狠 努力,用功		麻利③
10	凹进去	凹心	顗	凹	凹 凹;凹陷/塌落去 下陷,凹陷			
11	纠缠不清	缠磨/搓磨 纠缠纠缠;折磨	牵丝扳藤	缠 纠缠/缠身缠势 纠缠不休/黄旋 比喻纠缠不休	膏膏缠、交缠 纠缠不休;纠缠不/咖喱啰 吵闹,印尼文 gaduh/经绊 纠缠;打扰		缠①缠绕。②纠缠	

① "宽"指从容地;缓慢地,常重叠使用或与"仔"结合。
② "肌骨人"指瘦小但并不体弱的人。
③ "麻利"有两个义项:①利索,敏快。②比喻为人处事特别精细,一点也不吃亏。

二、普通话词语与外来词、新词新语

在文化交流频繁、社会发展迅速的时代,外来词大量进入,新词新语不断涌现。为了提高语言交际的准确性,应具有规范使用外来词、新词新语的意识。

(一)普通话中的外来词

外来词是语言接触的产物。语言之间的接触从古至今都是常见现象。"在汉语中,一般来说,外来词是指在词义源自外族语中某词的前提下,语音形式上全部或部分借自相对应的该外族语词、并在不同程度上汉语化了的汉语词;严格地说,还应具备在汉语中使用较长时期的条件,才能作为真正意义上的外来词",其构词方式包括借音(即音译)、音形兼借、半借音半借义、单纯借形等四类:[①]

第一,借音。这又分以下四类情况:

一是单纯音译。例如"巧克力"来自英语"chocolate","阿罗汉"来自梵语"arhat"。

二是谐音音译。例如"绷带"来自英语"bandage","乌托邦"来自英语"Utopia"。

三是音译兼字形意化。例如"骆驼"的原词可能是匈奴语"data","琵琶"的原词可能是伊兰语"barbat",或与古希腊语"barbiton"有关。

四是音译加义标。例如"酒吧""鲨鱼"来源于"bar""shark",其中的"吧""鱼"是义标。

第二,音形兼借。这是既借入读音又借入书写形式的外来词。[②] 例如:

GDP:国内生产总值。这是英语"gross domestic product"的缩写。

VR:虚拟现实。这是英语"virtual reality"的缩写。

像这样的外来词,又叫字母词。其读音跟汉语的语音系统不同,书写形式跟汉字不同,之所以能够得到比较广泛的使用,含义明确、形式简洁是其突出的优点。

第三,半借音半借义。例如"霓虹灯"来自英语"neon lamp",其中"灯"是"lamp"的意译;"新西兰"的原词是"New Zealand","新"是"New"的意译。

第四,单纯借形。例如来自日语的"手续""马铃薯"。

上述第一种和第三种构词方式是外来词"汉语化"的方式。由表6-20[③]可见,汉唐时期的外来名物从最初的写法,到最终定型的写法,有一个表意化的过程,例如"骆驼"两字有马字旁,"苜蓿"两字有草字头,"箜篌"两字有竹字头。有的名物用字在当时就已有表意功能了,例如"橄榄""石榴"(初作"安石榴/若榴")。一两千年来,这些名物及其名称已融入我们的日常生活,一般难以觉察其"外来"身份。

---

① 史有为. 汉语外来词[M]. 北京:商务印书馆,2000:4、34、35、127—132.
② 《现代汉语词典》(第7版)单独列出了"西文字母开头的词语",收入了235个字母词。其中,有些不是外来词,而是汉语拼音的缩写形式,例如"RMB"指人民币,这是汉语拼音 rénmínbì 的缩写。
③ 史有为. 汉语外来词[M]. 北京:商务印书馆,2000:34、35、39、40、41、43、44.

表 6-20   汉唐时期外来词的汉译名称

汉字书写 名物类别	定型	初作	定型	初作
动物	骆驼	橐它/橐他/橐佗	狮子	师/师子
植物蔬果	苜蓿	目宿/牧蓿/木粟	葡萄	蒲陶/蒲桃①
	苹果	频婆罗/频婆/频螺/频果	菠菜	波棱菜
乐器	琵琶	批把/枇杷/鼙婆	箜篌	空侯/坎侯

再由表 6-21 可见,义标起到标注名物类别的作用。这些在上海开埠之后的例子,来自《上海方言词汇集》。② 现译保留了原译的翻译方式,不同的是现译用字尽量使用具有表意功能的用字,例如"鲨鱼"的"鲨"字。

表 6-21   上海方言中的外来词

翻译方式 原词	现译	音译	义标	原译
beer	啤酒	啤	酒	嗶③酒
shark	鲨鱼	沙	鱼	沙鱼
Eden	伊甸园	伊甸	园	埃田乐园

改革开放以来,急速增长的外来词在促进中外文化交流、吸收先进科学技术的过程中发挥了重要的作用,不过,外来词的译写不统一、使用不规范等现象也造成了语言交际的困难。《国家通用语言文字法》第二十五条规定:"外国人名、地名等专有名词和科学技术术语译成国家通用语言文字,由国务院语言文字工作部门或者其他有关部门组织审定。"2012 年"外语中文译写规范部际联席会议制度"建立,并成立专家委员会,定期审议和发布推荐规范的外语词中文译名。截至目前,教育部已通过审议并发布了十二批 199 组向社会推荐使用的外语词中文译名。

(二)普通话中的新词新语

21 世纪以来,网络成为孕育新词新语的"温床",其中一些已进入到了普通话词库。以《现代汉语词典》第 5 版到第 7 版的收词情况为例,"版主"见第 5、第 6、第 7 版,"菜鸟"见第 6、第 7 版,"悲催""拍砖"见第 7 版。此外,还有些词语有了新的义项,例如"草根"指"平民百姓;

---

① 徐文堪. 丝路历史语言与吐火罗学论稿[M]. 杭州:浙江大学出版社,2017:299.
② 这是一部英汉上海方言词典,由清朝末期英国传教士艾约瑟(J. Edkins)编著,于 1869 年出版。引自:[英]艾约瑟编著. 上海方言词汇集[M]. 杨文波,姚喜明,胡炜栋,校注. 上海:上海大学出版社,2016.
③ "嗶"是"哔"的繁体字。

普通群众",见第 6、第 7 版;"潮"用作形容词,意思是"新潮;时髦",见第 6、第 7 版。

这些词语大多是通过互联网传播而流行起来的,也称网络流行语,"网络"二字表明了其交际场合。对于青少年群体而言,他们正处于语言学习阶段,容易被新奇的言语表达形式所吸引,但往往因没有语体意识而误用,因此,需要对其加以引导,说明网络流行语适用的交际语体。当然,对于那些借助"网络语言"的外衣而"乔装打扮"的不文明用语,无疑是必须摒弃的。

新词新语产生于某个领域或某个群体中,词语的使用有其适用的范围,当要在某个领域或某个群体之外使用时,还须考虑其他人是否能正确理解,以免影响沟通交际的效果。

练一练

1. 选择普通话的表达

(1)(　　　)的事,有什么可争的。

A. 小小不言　　　　　　　　　　B. 无关紧要

(2)他们一直在(　　　)。

A. 辩论　　　　　　　　　　　　B. 驳话

(3)为了做成这件事,她真是(　　　)啊!

A. 想方设法　　　　　　　　　　B. 生方设法

(4)他吃了很多,肚子(　　　)的。

A. 圆鼓鼓　　　　　　　　　　　B. 鼓鼓溜秋

(5)这批货质量不行,太(　　　)了。

A. 推扳　　　　　　　　　　　　B. 差劲/差劲儿

(6)他哥哥五大三粗的,他却(　　　)的。

A. 五短三粗　　　　　　　　　　B. 不高但很粗壮

(7)时间还早呢,(　　　)再去吧。

A. 晏歇　　　　　　　　　　　　B. 过一会儿

(8)他今天办事,(　　　)了。

A. 碰钉子　　　　　　　　　　　B. 窝脖儿

(9)每次遇到困难,他总是(　　　)。

A. 跌办　　　　　　　　　　　　B. 奋力去做

(10)对于升学这样的大事,他父亲肯定会(　　　)的。

A. 照板　　　　　　　　　　　　B. 过问

2. 连线题

下面第一行是贵阳方言中的词语,第二行是其相应的普通话词语,把方言词语与其相应的普通话词语用线连起来。

毛辣角　　　毛包　　　　默倒

粗心　　　　西红柿　　　以为

3. 词形词义比较

说明：比较普通话词语与方言词语之间的异同，正确使用普通话词语。

（1）普通话词语与北方方言词语的比较

表 6 - 22　普通话词语与北方方言词语比较表

普通话	济南方言		徐州方言		家乡方言	
	词形	词义	词形	词义	词形	词义
胫骨	迎门骨/迎面骨	胫骨	迎面骨	胫骨		
膝盖	波勒盖/波拉盖/胳拉瓣儿	膝盖	胳娄拜子/膝盖	膝盖		
齿龈	牙花子	① 齿龈。② 吃东西后留在牙上的脏物。	牙花子	齿龈		

（2）普通话词语与吴方言词语的比较

表 6 - 23　普通话词语与吴方言词语比较表

普通话	上海方言		金华方言		家乡方言	
	词形	词义	词形	词义	词形	词义
汆①	汆②	汆¹：①把食物放到沸水稍微一煮。②温酒。汆²：用很多的油炸，使食物浮在油中。	汆	① 流淌。② 漂流。		
射③	萝卜	一种蔬菜。	萝卜	① 一种蔬菜。② 手脚上冻疮的俗称。		
罪过④	罪过	①造孽。②可怜。③谦辞，表示不敢当。	罪过	可怜，值得怜悯。		

（3）普通话词语与粤方言词语的比较

---

① 汆：动 ①烹调方法，把食物放到沸水稍微一煮。例如"汆丸子"。②＜方＞用汆子把水烧开。（汆子：名 烧水用的薄铁筒，细圆柱形，可以插入炉子火口里，使水开得快。）

② "汆"在上海方言中有 2 个条目，读音不同，分别用汆¹、汆² 表示。

③ 射：①动 用推力或弹力送出（箭、子弹、足球等）。②动 液体受到压力通过小孔迅速挤出。例如"喷射"。③动 放出（光、热、电波等）。例如"反射"。④有所指。例如"影射"。

④ 罪过：名 ①过失。例如"他有什么罪过，你这样骂他"。②谦辞，表示不敢当。例如"您为了我，特地大老远地跑来一趟，真是罪过啊"。

表 6-24 普通话词语与粤方言词语比较表

普通话	广州方言		东莞方言		家乡方言	
	词形	词义	词形	词义	词形	词义
心机①	心机	① 心思,心绪。 ② 耐心,耐性。	心机	① 精神,心血。 ② 心情。		
丢丑/丢脸/出丑	丢架	出丑;丢人,丢脸。	甩须	丢脸,出丑。		
扽②	扽	① 颠簸。 ② 振动,抖动。 ③ 磕打,使器物中的灰尘及其他东西掉出来。 ④ 失足坐下。	扽	① 震;蹾。 ② 颠簸。		

4. 在你的家乡方言中有什么特别的词语吗？用普通话怎么说呢？

表 6-25 家乡方言特别词语举例

举例	含义	备注

第二节　普通话语法

课前提问

1. 选择题

(1) 数字 111 的普通话读法是（　　）。

A. 一百一十一　　　　　　　B. 一百十一

(2) 一（　　）钥匙。

A. 只　　　　B. 把　　　　C. 蔸　　　　D. 块

---

① 心机：名 心思；计谋。例如"费尽心机"。

② 扽 dèn＜方＞动 ①两头同时用力,或一头固定而另一头用力,把线、绳子、布匹、衣服等猛一拉。例如"扽一扽袖口"。②拉。例如"你扽住了,不要松手。"

（3）（　　　）是普通话词语。

A. 苦苦恼恼　　　　B. 吹吹冷　　　　C. 马马虎虎　　　　D. 便便当当

2. 判断题

（1）在普通话中可以说"雪白""雪雪白""雪白雪白"。（　　　）

（2）在一些方言中"搭"的用法跟普通话的"和"一样，"日头"和"月光"分别指"太阳"
和"月亮"，所以"日头搭月光"的普通话说法是"太阳和月亮"。（　　　）

（3）"冇钱"是没有钱的意思。"冇"是方言字，不是规范汉字。（　　　）

　　语法是一套组织语言的规则。这套规则包括词法和句法两个方面。本节分别比较普通话和方言在词法、句法上的主要差异，对比的目的是为了更好地掌握普通话的表达。

一、普通话语法中的词法规则

　　不同的词在句子中的功能是不同的，具有相同功能的词被归为同一类词。关于词类的划分，标准不同，词的归类会有一些差异。词类可以分为实词和虚词两大类。实词包括名词、动词、形容词、数词、量词、代词、副词等七类词；虚词包括介词、连词、助词、语气词、叹词、象声词等六类词。[①] 下面比较普通话与方言在词法方面的主要差异。[②]

（一）名词

　　派生词是名词构词的方式之一。派生词由词根和词缀组成。普通话的派生词有三类：第一类是"前缀＋词根"，例如"老师、阿姨"中的"老、阿"是前缀，普通话的前缀比较少；第二类是"词根＋后缀"，例如"鼻子、味儿、甜头、我们"中的"子、儿、头、们"是后缀；第三类是"词根＋中缀＋词根"，例如"来得及、来不及、花里胡哨"中的"得、不、里"是中缀，其中由"里"构成的词含有贬义，普通话的中缀也比较少。

　　方言中的派生词缀跟普通话的有差异。

1. 前缀

前缀以"阿""圪"为例。

（1）前缀"阿"

前缀"阿"在方言中比较常见。

1）"阿"可以用在单音节亲属称谓之前，例如：

---

① 胡裕树主编. 现代汉语[M]. 上海：上海教育出版社，1997：284.

② 本节方言举例主要来自《汉语方言语法类编》（黄伯荣主编），还有少数来自《上海市区方言志》《绍兴方言研究》《海口方言词典》《贵阳方言词典》。文献详细信息，见书后所列"参考文献"。

甘肃临夏方言：阿爷(爷爷)、阿奶(奶奶)、阿达(爸爸)、阿妈(妈妈)、阿舅(舅舅)、阿哥(哥哥)、阿妹(妹妹)

2）"阿"可以用在排行之前，例如：

上海方言：阿大(老大)、阿二(老二)、阿三(老三)、阿大先生(旧时称商店经理)

3）"阿"可以用在人名之前，例如：

在上海方言中，某人姓 A，名 BC，"阿 B、阿 C、阿 BC"是比较亲昵的称呼，其中称呼"阿 C"比较普遍。称呼"阿 A"比较少见。

在湖南酃县客家方言中，"阿"可用在姓氏的前面，或者用在人名中的一个字的前面，后面可加后缀"子"，表示爱称，前者如"阿张子"，后者如"阿三子"。

4）"阿"可以用在某几种动物名称之前，例如在上海方言中，连用"阿猫阿狗"，泛指不称意的人，带轻蔑意味。"阿鱼"之类是儿童用语，大人对儿童说话时也用。

（2）前缀"圪"

在一些北方方言中，前缀"圪"比较常见，可以构成名词，例如：

山西汾西方言：圪坨(大坑)、圪窝(小土坑)、圪桃(核桃)、圪棱(物体边沿)、圪疤(小伤疤)、圪蚤(跳蚤)、圪肘骨(肘)、圪肘窝(腋窝)

山西陵川方言：圪脑(头)、圪肘儿(肘)、圪咙(喉咙)、圪膝(膝盖)、圪枝(树枝)、圪狑(指松鼠或状似松鼠的一种动物)

2. 后缀

后缀以"儿""仔"为例。

（1）后缀"儿"

后缀"儿"在方言中比较常见。在普通话中，由后缀"儿"构成的词往往具有表示喜爱或细小的含义，而在方言中则往往没有这些含义，只是一种口语习惯。

在湖北英山方言中，一般名词都可以带后缀"儿"。例如：盘儿(盘子)、扣儿(扣子)、匙儿(钥匙)、媳妇儿(媳妇)。

在山西文水方言中，下面不带"儿"尾的词，一般不能单说。例如：牛儿(牛)、羊儿(羊)、兔儿(兔子)、树儿(树)、锅儿(锅)、碗儿(碗)、裤儿(裤子)、毛驴儿(毛驴)、毛孤儿(老鼠)、曲蛇儿(蚯蚓)。普通话中的儿化词"花儿、盆儿、空儿"等在文水方言中是不带后缀"儿"的。

在浙江温州方言中，带后缀"儿"的词举例如下：篮儿(篮子)、盒儿(盒子)、瓶儿(瓶子)、绷儿(镜框)、虾儿(虾)、羊儿(羊)、茄儿(茄子)、菜头条儿(萝卜干)、糊儿(面糊)。

（2）后缀"仔"

在一些方言中，后缀"仔"比较常见。

在江西黎川方言中，后缀"仔"可以构成名词，例如：房仔(房间)、簟仔(竹席)、椅仔(椅子)、鞋仔(鞋子)、茄仔(茄子)、梨仔(梨)、气仔(气味)、蚊仔(蚊子)、港仔(河)。

在福建永春方言中，后缀"仔"可以和一些不能单独运用的词素结合，构成新词，例如：桷仔(房梁)、燕仔(燕子)、舌仔(小舌)、饺仔(饺子)。

此外，在福建永春方言中，有些名词可以单独使用，带了后缀"仔"之后，意思就变了。

例如：

桌_{桌子}、桌仔_{小桌子}　刀_刀、刀仔_{小刀}　　狗_狗、狗仔_{小狗}　鱼_鱼、鱼仔_{小鱼}

虾_虾、虾仔_{小虾米}　粿_{一种米制品}、粿仔_{汤圆}　车_{车辆}、车仔_{缝纫机}

3. 中缀

在一些北方方言中，"圪"可以作中缀，构成名词，例如：

山西汾西方言：水圪窝_{水坑}、死圪挞_{死结}、脸圪腮_{腮帮}

山西陵川方言：红圪丝_{蒸后晾干的萝卜丝}、刀圪离_{一种抻面条}

（二）动词

在普通话和方言中，动词的形式都十分丰富，两者之间既有共性，也有差异。下面举例说明普通话和方言在动词结构方面的主要差异。

1. 同素逆序构词现象

普通话和方言中的一些词语，构词语素相同，但构词顺序相反，这属于同素逆序构词现象。表 6-26 举了山东两个方言点——平度方言和牟平方言的例子，普通话词语和对应方言词语的意思是一样的。

表 6-26　同素逆序构词现象比较表

普通话	平度	普通话	牟平
颠倒	倒颠	获得	得获_{占了便宜}
摆布	布摆	意料	料意
承认	认承	计划	划计
练习	习练	练习	习练
积攒	攒积	喜爱	爱喜
盼望	望盼	戏耍	耍戏

2. 动词的重叠

在普通话中，动词重叠的"AAB"式是动宾结构，例如：打打球、写写字。在呼和浩特的汉语方言中，结构形式是"ABB"式，例如：浮水水_{游泳}、插行行_{夹塞儿}、逗哈哈_{开玩笑}、歇凉凉_{乘凉}、取暖暖_{烤火、取暖}。

在温州方言中，"AAB"式是动补结构，其中 B 是形容词，B 所表示的意义往往是 A 所表示的动作的目的。例如：吹吹冷_{吹凉}、缚缚紧_{绑紧}、压压扁_{压扁}、玩玩耍_{玩耍}、讲讲耍_{说着玩儿}。

在广州方言中，两个单音节动词重叠构成"AABB"式四字格固定词组，例如：蒸蒸煮煮又蒸又煮、挨挨凭凭挨着靠着、倾倾讲讲说着讲着、打打闹闹打打骂骂。普通话也有这一形式，有其中"打打闹闹"这一词语；此外，还有"蹦蹦跳跳、说说笑笑"等。

3. 动词的词缀

在有些方言中，动词可以加前缀或后缀。

（1）前缀

在河南获嘉方言的下列词语中，"圪""黑""骨"是前缀。例如：圪蹭一只脚来回跳、圪缯胡乱地捆、圪呃嘴不停地嚼动、圪只摸别人的脖子和腋窝，使发笑、黑泥踩、黑煞来回抖动、黑咄斥责、骨挛弯曲、骨虑用刀滚动着切[1]、骨略滚、骨蹲蹲下。

在山西汾阳方言中，有不少动词必须带"圪"才能成词，例如：圪喃咀嚼、低声叨叨、圪㧾跷起腿、圪弯弯、圪瞅瞅、圪拥挤、圪搓搓。

（2）后缀

在山东潍坊方言中，下列动词中的"鼓""登"都是后缀，例如：憋鼓久生闷气、蹎鼓在泥中踩、要鼓捉弄、瓦鼓物不平；冤屈、捏鼓捏了又捏、捣鼓整理、修理、搬登移动器物、反登打闹戏耍、踢登用脚乱踢；糟踢（财产）、倒登偷拿、吃零食、作登做坏事、折登虐待；变卖。

在上列词语中，"捣鼓"和"踢登"收入在《现代汉语词典》（第7版）中。其中，"捣鼓"仍具有方言色彩，释义如下：

捣鼓：＜方＞ 动 ①反复摆弄。②倒（dǎo）腾，经营。

"踢登"在该词典中写为"踢蹬"，释义如下：

踢蹬：＜口＞ 动 ①脚乱蹬乱踢。②胡乱用钱；挥霍。③清理；处理。

在山西洪洞方言中，动词的后缀有"拉""瓜"，例如：叨拉叨唠、搭瓜组装。

（三）形容词

形容词往往通过重叠、带词缀等方式表示程度、感情色彩、状态，而且表现方式多种多样，这些方式在普通话和方言中既有共性，也有差异，要注意掌握普通话的相应表达方式。

1. 形容词表示程度的方式

下面从单音节形容词和双音节形容词两个方面加以介绍。

（1）单音节形容词重叠式

单音节形容词重叠式有 AA 式、AAA 式、AAAA 式。其中，普通话和方言都一样的是 AA 式，例如"高高""红红"等。

---

① 例如：把西瓜骨虑开。

在闽南方言中的 AAA 式有以下三种情况：

第一，A 是形容词，例如：红红红非常红、甜甜甜非常甜、幼幼幼非常细，非常嫩。

第二，A 是动词，例如：开开开敞开，开得大大的、痒痒痒发痒，痒得厉害、浮浮浮浮在水面上，花哨、轻浮。

第三，A 是名词，例如：金金金晶亮，亮晶晶、汁汁汁水分多，爱管闲事，爱占便宜、锤锤锤很沉。

在福建长汀客家方言中，AAAA 式表示程度很深。例如：

地下酱酱酱酱地上烂泥非常多，道路泥泞

头发鬅鬅鬅鬅头发乱蓬蓬

（2）双音节形容词重叠式

双音节形容词重叠式有 AABB 式、ABAB 式、ABCABC 式、AAB 式、ABB 式、BAA 式、BBA 式等。

第一，AABB 式。

普通话中有 AABB 式，例如"热热闹闹、整整齐齐"等，表示程度加深。这一表达方式在方言中更多，有的表示程度加深，而有的则表示程度减轻。

在湖北英山方言中，AABB 式形容词分两种情况：

一是表示程度减轻，包含"有一点、稍微"的意思，词尾儿化加上"的"。例如：

白白净净（儿的）：有点白

胖胖墩墩（儿的）：有点胖

长长修修（儿的）：人长得有点长、苗条

二是表示程度加深，含有"很、非常"的意思，词尾儿化加上"的"。例如：

干干净净（儿的）：很干净

慢慢吞吞（儿的）：做事很慢

嘻嘻哈哈（儿的）：不认真，不严肃

理理落落（儿的）：很有条理，很整洁

普通话也有"干干净净、慢慢吞吞、嘻嘻哈哈"的说法，而且意思一样。

在广东阳江方言中，下列词语都是普通话中没有的：

狂狂忙忙急急忙忙　狼狼忙忙慌慌忙忙　生生猛猛奇奇怪怪或生动

快快脆脆快快儿的　事事熟熟很熟悉，相识　六六局局消化不良，胃里不舒服

第二，ABAB 式。

在广东海丰方言中，下列词语都是普通话中没有的：力相力相勤奋、乌金乌金黑亮、后生后生年轻、钱面钱面贪婪。

第三，ABCABC 式。

在广东海丰方言中，有一大批这类结构的词，这个结构是普通话中没有的。例如：甲意思甲意思合适、半精戆半精戆憨、郎仔撞郎仔撞孩子气。

第四，AAB 式。

在福建福州方言中,有不少这类结构的词,以下例子都是普通话中没有的:漂漂亮_{很漂亮}、简简单_{很简单}、闹闹热_{很热闹}。

第五,ABB 式。

在河南洛阳方言中,用这类结构表示程度加深,例如:干净净儿_{很干净}、结实实_{很结实}。普通话中没有这些词语,不过有"干巴巴、绿油油、黑黝黝"等。

第六,BAA 式。

在山东沂水方言中,BAA 式的具体表现是"大 AA"和"精 AA"两种,前者把积极形容词的程度往大里加深,后者把消极形容词的程度往小里加深。例如:

大厚厚_{很厚}、大高高_{很高}、大宽宽_{很宽}、大粗粗_{很粗}

精细细_{很细}、精浅浅_{很浅}、精近近_{很近}、精薄儿薄儿_{很薄}

第七,BBA 式。

这一类型在方言中比较多见。

在安徽歙县方言中,用形容词的 BBA 式表示达到最高级程度,例如:碧碧绿_{非常绿}、雪雪亮_{非常亮}、漆漆黑_{非常黑}、太太晏_{非常晚、非常迟}、滚滚壮_{非常胖而且健壮}。

在山西万荣方言中,用"真真 A"式表示肯定、强调的程度更深,例如:真真厚_{强调厚过了头,太厚了}、真真慢_{强调太慢,带有指责意味}。

2. 形容词表示感情色彩的方式

形容词表达感情色彩时,可以用重叠的形式,也可以用加词缀的形式。

(1)重叠式

单音节形容词重叠表示感情色彩的方式,在普通话和方言中都有不少。普通话中的例子有"圆圆的、小小的、软软的、甜甜的"等。

双音节形容词重叠式表示感情的情况,方言中有不少跟普通话不同的形式。

在山西闻喜方言中,单音节形容词 A 通过 BAA 式表示程度加深,而且还带有一种轻蔑的感情色彩。例如:精短短_{很短}、稀软软_{很软}、乌黑黑_{很黑}、透虚虚_{很虚}。

在安徽歙县方言中,BBA 式表达感情色彩时,分以下两种情况:

第一,凡是表示喜爱感情的重叠成分 BB,选用给人以好感的语素充当。例如:

碧碧清_{水非常清澈,犹如碧玉一般纯净}　　翠翠绿_{非常鲜美嫩绿,犹如碧透闪光的翡翠一般}

金金黄_{非常黄,并且像金子那样闪闪放光}　　猫猫软_{非常柔软,好像抚摸着猫的毛皮一样}

第二,凡是表示轻蔑和厌恶感情的重叠成分 BB,选用给人不好印象的语素充当。例如:

赖赖矮_{非常矮小难看}　　屁屁轻_{非常轻而质差}　　稀稀破_{非常破烂}　　死死重_{重得使人讨厌}

(2)加词缀的形式

在湖北天门方言中,形容词加后缀"气",表示贬义,例如:憨气、蠢气。

在福建厦门方言中,形容词加后缀"气",表示性质、程度或状态。例如:水气_{漂亮的状态}、紧气_{快速的状态}、软气_{轻微的状态}、巧气_{美的状态}、好气_{好的景况}。

在山西临汾方言中，单音节形容词的后面加后缀"子""佬"，表示贬义，或表示客观上本来就不好的事物，或表示主观上厌恶的东西。在下面例子中，括号内的名词是"AA 子"式、"AA 佬"式形容词所修饰的中心词。

AA 子式：酸酸子（葡萄）、坏坏子（桌子）、漏漏子（盆儿）、薄薄子（纸）

AA 佬式：瘪瘪佬（芽儿）、锈锈佬（钉子）、糠糠佬（萝卜）、烂烂佬（鞋）

在湖南邵阳方言中，AXX 式的词语，多含有爱义。例如：嫩毛毛_{非常嫩的样子}、白生生_{非常白的样子}、轻摸摸_{非常轻的样子}、娄毛毛_{非常软的样子}。

3. 形容词表示状态的方式

在普通话中，可以用 AA 式形容词表示状态，例如"直直的""宽宽的"。方言中也有这种情况，例如在陕西西安方言中有：端端儿_{直直}、亭亭儿_{正正}、滞滞儿_{呆板}。

在苏州方言中，一些 AABB 式的形容词，在普通话中是没有的，例如：勿勿少少_{许许多多}、定定心心_{定心、安心}、脱脱空空_{无根无据}、眼眼热热_{眼热、眼红}、贼贼腔腔_{难看}、密密猛猛_{挨得很密很密}。

（四）数词

数词包括基数词和序数词。基数表示数量，例如"一、半、十、万"；序数表示次序，例如"第一、第一百零一"。方言的基数词和序数词有一些不同于普通话的地方，这是在说普通话时需要注意的地方。

在海口方言中，"百一"是"一百一十"的省略说法，"百二"到"百九"同此。"千一"是"一千一百"的省略说法，"千二"到"千九"同此，其中"千二"不能说"千两"。"万一"是"一万一千"的省略说法，"万二"到"万九"同此，其中"万二"不能说"万两"。其中，"万一"还有跟普通话一样的用法：一是指可能性极小的变化；二是作连词，表示可能性极小的假设（用于不如意的事）。再如，"空"可以表示"零"，"一百空三"指"一百零三"。"外"这个词常用在数词后，表示不确定的零数。一般不用在量词后，只有按照习惯可用在个别单用的量词后，例如"十外天""千外职工"分别表示"十多天""一千多职工"。

在贵阳方言中，"第二个"在口语中常说"二一个"。"一百零点""一千零点""一万零点"是约数，依次表示一百略多一点、一千略多一点、一万略多一点。"来往"用在数词或数量词之后，表示概数，例如"一百来往""五十岁来往"分别表示"一百左右""五十岁左右"。在贵阳方言中，也有"上下""左右"的说法，"来往"跟这两个词的用法一样。

（五）量词

在量词的使用上，特别需要关注的是名量搭配问题。名量搭配之间的关系比较复杂，表6-27 对比了普通话与上海方言、广州方言、厦门方言之间在名量搭配上的异同。

表6-27　普通话与上海方言、广州方言、厦门方言的名量搭配举例

普通话	上海	广州	厦门	名词
部/辆	部	部/枝	顶/辆	车子
扇	扇	度	扇	门
顶	顶	幢	领	蚊帐
朵	朵(还可用于"云")	朵(用于"花")	蕊	花
棵	棵	苑	丛	树
条/尾	条(还可用于"蛇")	苑/条	尾(用于某些动物,还可用于"蜈蚣、蛇")	鱼
块	块(用于块状或某些片状的东西)	砖(用于厚的、有四角的东西)	模(多用于块状物)	豆腐
杯	盅	樽(用于瓶状物)	杯	酒
桌	桌	围	桌	酒席
个	只(10只相同的碗为一捅)	只	块(多用于块状物)/副(用于碗,10个碗为一副)	碗
家	只/家/爿	间	间	饭店
瓣	囊	楷(用于果品)	—	柑、橘
绺	绺/股	子	结(指成束的线状物)	线
把	—	筒(用于长筒形物等)/涿(多用于排泄物)	—	鼻涕

注:(1)斜杠"/"表示都可以与同样的名词搭配。(2)"—"表示未见于所参考的文献中。

　　由表可见,普通话与方言在名量搭配上的异同表现在以下三个方面:
　　其一,有些普通话中使用的量词,方言中不用,例如"一把鼻涕"中的"把"。
　　其二,有些方言中使用的量词,普通话中不用,例如"一楷橘子"中的"楷"。
　　其三,有些量词是方言与普通话共同的,但是量词使用的范围,即搭配的名词有差异,例如"条"和"尾"。在普通话和厦门方言中,都可以说"一尾鱼";此外,在厦门方言中,还可以说"一尾蜈蚣""一尾蛇"。再如,在广州方言中,"枝"除了用于"一枝汽车"以外,还可以用于"竹竿、旗杆、笛子、火柴、药膏、啤酒"等。
　　名量搭配是普通话水平测试的考点之一,要注意掌握普通话的用法。
　　此外,量词在方言中还有一些不同于普通话的用法,这些也是在使用普通话时需要注意的语言现象。例如量词的定指用法。在一些方言中,量词可以单独用于名词之前,这时量词兼有指示作用。

苏州方言：只脚痛得来。〔(我的)脚痛极了。〕①

广州方言：桶油足够一百人食一个月。〔那/这桶油足够一百人吃一个月。〕

（六）代词

代词在语句中起替代作用，分为三类：第一，人称代词，例如"我、咱、我们、咱们、大家"；第二，指示代词，例如"这、那里、这会儿"；第三，疑问代词，例如"什么、谁、哪儿"。代词是封闭类词，数量不多，但使用频率极高。这类词在方言中往往都有自己的一套表达方式，所以在说普通话时要注意使用普通话中的代词。表6-28列举了六个方言点的例子。

表6-28　普通话和方言的代词比较表

普通话	太原	西安	南京	金华	东莞	海口
我	我/俺②/咱	我/俺③	我	我/我侬	我	我
你	你/尔④	你⑤	你	侬	你	汝
他	他	他	他	渠	佢	伊
我们	我们/俺们	俺(的)	我们	我浪/昂	我哋	我侬
你们	你们/尔们⑥	你(的)	你们	囊/侬浪/尔浪	你哋	汝侬
他们	他们	他的	他们	□/渠浪	佢哋	伊侬
我们俩	我俩(个)/俺俩个⑦	俺俩	我们两个	我浪两人/匠两人⑧	我哋两个	我两侬
自己	自家	自己⑨	—	自	—	家己
大家	大家/众人	大家	大家	大家	大家	庭家
谁	谁(单数)、谁们(复数)⑩	谁	哪个、哪些人	哪个、哪个浪⑪	乜谁/鼠个	谁
什么	甚	啥	什么	淡/待	乜嘢	乜
这个	这	这	这个	格个	呢个	即/者
那个	咊	咊	那个	末个	啯个	许/那

---

① 括号内的内容，大部分是例句对应的普通话表达方式，小部分是解释。下文同此，不再说明。
② "俺"只作定语，不做主语或宾语，例如"俺妈、俺家、俺舅舅家、俺院里"的意思依次是"我妈、我家、我舅舅家、我家院里"。
③ "俺"作定语，后面不加"的"，例如"俺妈"指"我妈"。
④ "尔"只作定语，不做主语或宾语，例如"尔妈、尔家"的意思依次是"你妈、你家"。
⑤ "你"作定语，后面不加"的"，例如"你哥"。
⑥ "尔们"有两个义项：①你家的。②你们。
⑦ "俺俩个"限于女性使用。
⑧ "匠两人"指咱们俩。
⑨ "自己"复指前面的名词或代词。
⑩ "谁们"有三个义项：①问人，复数。②虚指，表示不知道的什么人或无须说出姓名或说不出姓名的人。③任指。
⑪ "哪个浪"指哪些人。

续　表

普通话	太原	西安	南京	金华	东莞	海口
这里	这里/这儿家①	这儿	这块	格里/格汰	呢处	即带/者带
那里	兀里/兀儿家/那儿家②	咻儿	那块	末里/末汰	嗰处	许带/那带

（七）副词

副词的基本作用是修饰动词和形容词。副词有六类，下面结合方言中的副词，加以讲解。

1. 程度副词

普通话中的常见程度副词有"很、太、十分"等。

在济南方言中，程度副词"楞、岗、乔"使用频率很高，相当于普通话中的程度副词"极、非常"等。

"楞"用在形容词的前面，表示性质等的程度深，比普通话的"很"语气强。例如：楞快、楞黄、楞安静、楞仔细。

"岗"的语气比"楞"更强一些，表示的程度更深一些。例如：岗短、岗热、岗安静、岗大胆。

"乔"是一个新兴的程度副词，大约产生于 20 世纪六十年代。它多用在形容词或动词的前面，表示不喜欢，不乐意。

它用于表示事物性质的词的前面，形容性质的程度深，例如：乔脏、乔冷。

它用于表示心理活动的词的前面，形容这种心理活动的程度强烈。例如：乔害怕、乔讨厌。

"楞、岗、乔"可跟后面的形容词或动词构成"ABB 式"或"ABAB 式"，以增强原结构的语气。例如：

楞短短、楞短楞短的

岗乱乱、岗乱岗乱的

当"楞、岗、乔"修饰后面的双音节动词时，动词的后一个音节可以重叠，构成 ABCC 结构。例如：乔难受受、乔害怕怕、乔讨厌厌、楞难受受、楞害怕怕、楞讨厌厌、岗难受受、岗害怕怕、岗讨厌厌。

2. 情态副词

普通话中的常见情态副词有"特意、互相、依然"等。

湖南汝城方言有"特公、公登、蓦空、搭倒"等情态副词。

---

① 年轻人说"这儿家"。
② 年轻人多说"兀儿家"或"那儿家"。

"特公"相当于普通话的"特、特地、特为、特意"或"故、故意"。例如：

特公来相你。（特地来看你。）

特公给你。（故意骗你。）

"公登"相当于普通话的"故、故意"。例如：

公登作起有相倒。（故意装得没看到。）

"蓦空"相当于普通话的"蓦地、蓦然、突然、猛地、猛然、忽地、忽然、骤然"。例如：

灯蓦空黑哒。（灯蓦地黑了。）

"搭倒"相当于普通话的"顺便、捎带、附带"。例如：

搭倒喊佢大大。（顺便喊他姐姐。）

3. 时间、频率副词

普通话中的常见时间、频率副词有"刚刚、正在、将要"等。

江苏淮阴方言有不少表示时间、频率的副词，具体如下：

"上来"表示"起初，含有现在已非如此之意"，例如：

上来卖把你不要，现在卖把旁人了，你想买也没得了。

"头里"表示"次序在前，相当于'先'"，例如：

你头里走，我马上就到。

"回来"表示"过一会儿"，例如：

你头里走，我回来追你。

"脚赶脚"表示时间极短，例如：

你头里走，我脚赶脚就到。

"尽老是"表示"总是、迟迟，强调时间久"，一般须重叠使用，例如：

我等他半天了，他尽老是尽老是不来。

"碰正"表示"正在"，例如：

碰正想找你，你倒来了。

"一弄"的意思是"动不动"，表示经常性，多用于贬义，结构上须和"就"配合。例如：

这伢子娇咧，一弄就哭了。

"马快"的意思是"马上"，例如：

电影马快就放了，你快点来。

"随赶"的意思是"随即"，例如：

我才说两句，他随赶就发脾气了。

4. 范围副词

普通话中常见的范围副词有"全部、只、共"等。

宁夏固原方言的范围副词有"劳暮、带共"等,这两个词作状语时,表示数量的总计。

"劳暮"的基本意义相当于"总共",不过,跟"总共"还是有区别的。"总共"表示对数量的客观统计,而"劳暮"却还有主观上嫌少的意思。例如:"劳暮五千元"相当于"总共才五千元",这跟"总共五千元"还是有差异的。

"带共"的含义与用法跟"总共"完全一样。例如"带共五个人,带共去了五个人"的意思是"总共五个人,总共去了五个人"。

5. 否定副词

普通话中的常见否定副词有"不、非、没有"等。

在江苏沭阳方言中,否定副词"莫"相当于"不要",例如:

莫说他,随哪来也不行。(不要说是他,随便哪一个来也不行。)

我家酒,他莫喝。(我家的酒,他不要喝。——这句话含有他不配之意)

"莫要"连用,语气和缓一些,有商量、请求的意味,例如:

你身体差,明天开会你莫要来。

6. 语气副词

普通话中的常见语气副词有"果然、究竟、反正"等。

山西交城方言中的语气副词"兀的"可表示反问语气,含义相当于普通话的"难道,要是"。例如:

兀的你不应该检查勒?(难道你不应该检查吗?)

"兀的"还可以表示肯定语气,其含义相当于形容词"对、是",而且能单用。不过,这种单用是有条件的,只在问答句中出现。例如对话:

问:兀的你真不管勒?(难道你真的不管了?)

答:兀的!(是的!)

(八) 介词

介词一般用在名词、代词或名词性短语前面,与其组成介词结构。介词有七类,下面结合方言中的介词,加以讲解。

1. 表对象的介词

普通话常用的有"对、对于、关于、被、把、同、向、跟"等。

云南方言中的这类常用介词有"挨、着、帮、搭、问"等。

"挨"相当于普通话的介词"替、跟、把"的用法。例如:

挨我的衣裳拿来。(把我的衣服拿来。)

"着"相当于普通话的介词"被"。例如：

茶杯着他打烂了。（茶杯被他打破了。）

"帮"主要在永胜、鹤庆县等滇西一带地区使用，相当于普通话的介词"把、替"。例如：

帮门关上。（把门关上。）

"搭"相当于普通话的介词"同"。例如：

我搭他是一个学校毕业的。（我同他是一个学校毕业的。）

"问"相当于普通话的介词"向"。例如：

你去问学校借张桌子。（你去向学校借张桌子。）

2. 表处所、方向的介词

普通话常用的有"在、向、由、沿着"等。

在山东潍坊方言中，用"上、漫、把、起、办、捋着（靠着）"表示处所和方向。

"上"是"向、朝"的意思。例如：

上东走不远就是学校。（向东走不远就是学校。）

"漫、把、起、办"的意思跟普通话介词"从"相近。例如：

你漫哪里来了？（你从哪里来的？）

俺把昌乐到潍坊走了五个钟点。（我从昌乐到潍坊走了五个小时。）

你走大路远，我起小路走近些。（你走大路远，我从小路走近点。）

他骑车子办公路上走了。（他骑自行车从公路上走了。）

"捋着"，有时也说"靠着"，意思是"沿着"。例如：

捋着树上上爬，就够着了。（沿着树向上爬，就拿到了。）

3. 表方式、方法、依据的介词

普通话常用的有"根据、按照、通过、拿、用"等。

湖南衡阳方言中的"得"相当于普通话的"用"。例如：

球不动哒，你得脚钩动下。（球不动了，你用脚钩一下。）

4. 表时间的介词

普通话常用的有"当、从、自从、于"等。

在福建福州方言中，"着"和时间词结合，表示时间。例如：

参观改着拜四。（参观改在星期四。）

5. 表原因、目的的介词

普通话常用的有"为了、为着、为"等。

在广州方言中,表示原因的常用介词有"为、因、做、因为"等。例如:

做乜庠到挞地周围湿晒?(做什么泼得地上到处都湿了?)

表示目的的常用介词有"为咗、为、同、帮"等。例如:

往阵四姑姐为咗班仔女,争落人哋几多债。(从前四姑姑为了那些儿女,欠下了人家很多债。)

6. 表比较的介词

普通话常用的有"比、和、与、同"等。

在湖北随县方言中,"跟"相当于普通话的"比",例如:

拖拉机跟牛强多了。(拖拉机比牛强多了。)

7. 表排除的介词

普通话常用的有"除、除了、除去、除非"等。

在海口方言中,"除起"的意思是"除去,不计算在内"。例如:

除起即个无算,有三十个。(除去这一个不算,有三十个。)

(九) 连词

连词能够连接词、短语、分句或句子,并确定所连接成分之间的逻辑关系。连词可按逻辑关系分为八类,下面结合方言中的连词,加以讲解。

1. 表示并列关系的连词

普通话常用的有"和""同""也""还""既……又……"等。

在浙江宁波方言中,"搭"相当于普通话的"和、跟、同、与、及",例如:

张三搭李四和总是教师。(张三和李四都是教师。)

2. 表示选择关系的连词

普通话常用的有"或""或者""不是……就是……""与其……不如……""宁可……也不……""要么……要么……"等。

在山东潍坊方言中,选择复句常用的关联词语是"不就……不就……"和"要不……要不……",分别近似于普通话的"或者……或者……""要么……要么……"。例如:

不就你去,不就他去。(或者你去,或者他去。)

我们要不回家,要不在这里干。(我们要么回家,要么在这里干。)

3. 表示承接关系的连词

普通话常用的有"就""便""才""然后""于是"等。

"于是乎"原是文言虚词,在粤方言口语中使用普遍,相当于普通话的"于是"。如:

于是乎我就去揾佢。(于是我就去找他。)

4. 表示递进关系的连词

普通话常用的有"不但(不仅、不光)……而且(还、也)""尚且……何况……"等。

在山东潍坊方言中,递进复句常用的关联词语是"不光……都……"和"不光……还得……",分别近似于普通话的"不只……也……""不仅……还……"。例如:

不光我们需要,大家都需要。(不光我们需要,而且大家都需要。)

不光叫他参加,还得叫他唱主角。(不光叫他参加,还叫他唱主角。)

5. 表示因果关系的连词

普通话常用的有"因此""故此""故而""因为……所以……""之所以……是因为……""由于……因而……"等。

在粤方言中,"事关"大致相当于普通话的"因为、由于"。在普通话中,"因为"常与"所以"前后呼应使用。在粤方言中,"事关"常常单独使用。例如:

事关我冇钱呢!(因为我没有钱呀!)

事关听日就到期喇。(因为明天就到期了。)

6. 表示转折关系的连词

普通话常用的有"但是""但""然而""只是""竟然""倒""虽然(虽、尽管)……但是(但、可是、而、却)……"等。

吴方言的转折连词"必过"相当于普通话的"不过、可是",表示转折语气。例如:

拨佢骂仔一泡,必过我心里向倒有点勿服气。(挨他骂了一顿,可是我心里头倒有点儿不服气。)

7. 表示假设关系的连词

普通话常用的有"如果(假如、若、要是、要)……就(那么、便、那就)""即使(即便、就算、哪怕)……也(还、还是)……"等。

在浙江宁波方言中,"是话"相当于普通话的"如果",例如:

是话公共汽车通了,小王老早来了。(如果公共汽车通了,小王早就来了。)

8. 表示条件关系的连词

普通话常用的有"只要……就……""只有……才……""除非……才……""无论(不管、不论)……都……"等。

在江苏沭阳方言中,"管"跟"都"或"也"配合,相当于普通话里的"不管"。例如:

这事管哪都不懂。(这件事不管谁都不知道。)

(十)助词

助词附着于词或词组之后,表示一定的附加意义。[①] 下面结合方言中的助词,加以讲解。

1. 结构助词

普通话中的结构助词有三个,即"的""地""得"。

在湖北蒲圻方言中,助词"个"相当于普通话的助词"的",例如:

这是伯伯个袜嘚。(这是爸爸的袜子。)

在陕北方言中,"价"相当于普通话的结构助词"地"。陕北方言中也用"地",不过用得较少,主要是在一些书面语词作状语时用,例如"机械地理解"等等。口语中多用"价",而不用"地"。例如:

好好价学。(好好地学。)

在江苏海门方言中,助词"来"字放在动词与补语之间,相当于普通话里的"得"。例如:

我肚里饿来咕咕直叫。(我肚子饿得咕咕直叫。)

2. 其他助词

方言中的助词还有一些其他用法。

在安徽霍邱方言中,"(主语)+动词1+子细+动词2+子细"句式表示两个动作同时进行,这一表达方式相当于普通话中的复句"一边……一边……"。其中"子细"是助词。例如:

这孩子走子细吃子细。(这孩子一边走,一边吃。)

在湖南衡阳方言中,"是"不仅作动词,还作意外助词。例如:

到十二点三刻,我肚子都饿扁哒,回来一看是,饭都冒得吃!(到十二点四十五分,我肚子都饿坏了,回来一看呀,还没有饭吃!)

在这个例子中,"是"字是个纯粹的语助词,用于句中停顿,并表示下文所述是出乎意料之事,或不愿它出现而偏又出现了的情况。

(十一)语气词、叹词、象声词

这三类虚词均与声音有关,因此放在一起介绍。由于普通话的语音系统不同于各地方言的语音系统,所以各地方言在选择模拟声音的用字时常常会跟普通话的有所不同,请注意普通话的表达方式。

---

① 胡裕树主编.现代汉语[M].上海:上海教育出版社,1997:296.

1. 语气词

语气词用于句末,表示陈述、疑问、祈使、感叹等语气。普通话中的常见语气助词有"啊、啦、呢、吧、哇、呀、吗"等。

在晋中方言中,语气词有很多独有的用法,下面以"咧、哇、啊、的咧、的啊"为例。

"咧"主要用来表示疑问和反诘的语气,相当于普通话中表示疑问和反诘的"呢、吗、呀"。例如:

你要什咧?(你要什么呀?)

"哇"主要是表示祈使和商量的语气词,大致相当于普通话中的"吧"。例如:

咱们进的哇。(咱们进的吧。)

"啊"主要用在表示陈述语气的句中,和普通话中表示肯定语气的"了"相对应,也就是说,凡是普通话肯定语气句中的"了",晋中方言都可以用"啊"。例如:

他连续干了好几天啊。(他连续干了好几天了。)

"的咧、的啊"是复音节语气词,它们分工不同。"的咧"表示未完成体句式的语气,只要动词行为尚未完成,就用"的咧"来表示。例如:

去街上的咧。(上街去。)

"的啊"表示完成体句式的语气,只要动词的行为已经完成,句末就可用"的啊"来表示。例如:

去街上的啊。(上街去了。)

2. 叹词

叹词用于感叹与应答,比如普通话的叹词有"嗯、哦、唉呀"等。

在广东阳江方言中,"哧、嗷、吭、咳"等叹词是普通话中没有的。

"哧"表示失望、意外地或突然地发生不如意的事情。例如:

哧!打烂都!(糟了,打破了!)

"嗷"表示愤恨不满。例如:

嗷,碰烂都你至爱赔!(哼,碰破了你就要赔!)

"吭、咳"表示应答,作肯定答复。对长辈多用"咳",少用"吭",因为用"吭"不礼貌。例如:

咳,我跟手去啰。(欸,我就去。)

吭,我委送去其啰。(嗯,我会去送他。)

3. 象声词

象声词是模拟事物声音的词。在普通话中,用"汪汪"形容狗叫的声音,用"叮当"形容金属、瓷器、玉饰等撞击的声音(也说"叮叮当当"),用"劈里啪啦"形容鞭炮声等。由于各地方言音系和普通话音系不同,因此在模拟事物的声音时,用字、构词结构等都有一些自己独特的用法。

在河南获嘉方言中,有不少象声词是普通话中没有的,例如:圪登_{例如下楼梯的脚步声}、圪低_{例如清脆的笑声}、坷啪_{例如炒豆子的响声}、忽笼_{例如打雷时的响声}、忽速_{例如心脏跳动的响声}、忽唰_{例如抖动纸时的响声}。

在山西祁县方言中,象声词的重叠式有二叠式、三叠式、四叠式、六叠式。其中,四叠式和六叠式最常见。

下面是四叠式的例子。

你听,庄稼地里沙沙沙沙地响。

疼得我忽忽忽忽地。

下面是六叠式的例子。这类词大部分表示一种厌恶的情感。

喃喃喃,喃喃喃(形容人唠叨)

郭郭郭,郭郭郭(人笑不已)

喳喳喳,喳喳喳(人吵声,鸟叫声)

嗡嗡嗡,嗡嗡嗡(蚊子飞声)

六叠式象声词可以作句子的补语和独立成分。例如:

我的心跳得突突突,突突突。

嗡嗡嗡,嗡嗡嗡,蚊子可多嘞。(表示对蚊子的厌恶)

二、普通话语法中的句法规则

语言单位由句法规则组织成能够表达的句子。不同的语言,包括方言,都有一些自身的句法规则特点。一般使用者不大了解哪些是方言的表达,以至于在用普通话交流时也会使用方言句法。下面首先从陈述句、疑问句、祈使句和感叹句这四个方面,对普通话和方言在句子的语气功能上的差异进行比较。其次从句型(包括处置句、被动句、比较句、双宾语句、"有无"句)和语序(状语后置)这两个方面,对比普通话和方言在句法方面的差异。

(一) 句子的四类语气功能

句子能够帮助我们表达说话的语气,这是句子非常重要的功能。根据我们表达的语气,句子包括陈述句、疑问句、祈使句和感叹句等四类。普通话和方言都有这四类形式,不过,在具体语言表现手段方面存在一些差异。

1. 陈述句

陈述句是进行平铺直叙地表达。表达的形式分为肯定形式和否定形式,由此,陈述句分为肯定句和否定句。下面是方言中的肯定句和否定句。

在方言中,肯定句的一些用词可能跟普通话不同。例如:

上海方言:门口立勒交关人。(门口站了很多人。)

"勒"是助词,相当于普通话的"了"或"着"。

在陈述句中方言与普通话之间的差异主要表现在否定方式上。以广东信宜方言为例。

"冇……来"表示"还没有"的意思。例如:

水冇晴来。(雨还没停。)

"冇……字"表示"还不"的意思。例如:

个本书我冇睇字。(这本书我现在还不看。)

"未……在"表示"还不"的意思。例如:

你已去都未迟在。(你现在去还不迟。)

"未……来"表示"还未"的意思。例如:

未够钟来,我去荡荡先。(还未到时间,我先去玩一玩。)

"未……字"表示"还未、还不"的意思。例如:

正七点钟,未得去字。(才七点,还不能去。)

"吂……字"表示"先别"的意思。例如:

你吂恁写野字,读好书就真。(你先别想着写东西,应当把书念好。)

"冇……冇成"表示"连……也不"的意思。例如:

佢自己冇做冇成,翻转头讲人冇得。(他自己连干也不干,反过来说别人不行。)

2. 疑问句

当我们感到疑惑或需要询问时,就会用到疑问句。根据句子的结构特点,疑问句可以分为是非问句、特指问句、选择问句、正反问句等四类。下面是方言中的四类疑问句。

(1) 是非问句

在广东潮州方言中,没有像普通话中的"吗"那类表示疑问的语气词,所以表示疑问的方式跟普通话的不同。下面两种句式是常用的形式:

第一,在动词的前面加一个"岂"。例如:

伊岂知你来北京?(他知道你来北京吗?)

第二,在句末加上"唔"等表示否定的词语。例如:

你爱去广州阿唔?(你上广州去吗?)

(2) 特指问句

在广东汕头方言中,特指问的疑问词跟普通话的不同,下面例子中的疑问词都是常用的。例如:

你做呢唔来?(你为什么不来?)

你去底块?(你上哪儿?)

伊底天时来?（他什么时候来?）

伊生来乜生样?（他长得怎样?）

你叫乜个?（你说什么?）

（3）选择问句

在兰州方言中,常用下面的方式表示选择问。

首先是"哩么……哩""哩呀……哩""哩……哩",其中"哩么""哩呀""哩"都读轻声。例如:

你吃米饭哩么还是吃面哩?（你吃米饭还是吃面?）

其次是"着哩……着哩",其中"着哩"读轻声。例如:

是我说着哩,还是你说着哩?（是我说呢,还是你说呢?）

第三是"么……",其中"么"读轻声。例如:

是鸡儿么,还是鸭儿?（是鸡还是鸭?）

（4）正反问句

在安徽霍邱方言中,用"可+动词"表示正反问。例如:

这样做可可以?（这样做可以不可以?）

你可是学生?（你是不是学生?）

还用"可+形容词"表示正反问。例如:

这孩子可聪明?（这孩子聪明不聪明?）

你起床的时候,天可黑咕隆咚的?（你起床的时候,天是不是黑咕隆咚的?）

3. 祈使句

祈使句是向对方(即听话人一方)提出要求,希望其做什么或不做什么。祈使句包括肯定和否定两种形式。下面是方言中的祈使句。

在绍兴方言中,语气助词在祈使句中具有不同的作用。例如:

去勿得个啊。（"啊"起提醒作用）

去勿得个噢。（"噢"起请求、劝告作用）

去勿得个嗬。（"嗬"起劝令作用）

4. 感叹句

当抒发强烈的感情时,就会用到感叹句。下面是方言中的感叹句。

在山东威海方言中,表示感叹的方式很多,下面以叹词"哎呀"构成的感叹句为例。

叹词"哎呀""哎"能直接与其他成分组合,中间没有停顿,整体构成一个感叹句式。这时,"哎呀"作为表示惊讶的叹词,用来表示达到了令人吃惊的程度。当"哎呀"缩减为"哎"时,所表示的程度有所减弱。"哎呀""哎"均为句子重音。例如:

哎呀这个味,太厉害了!(这味道简直是太厉害了!)

哎她那个人,太好了!(她那个人真是太好了!)

"哎呀""哎"的后面,也可以出现谓词性成分,表示这个谓词性成分所表示的性质情态的程度。例如:

哎呀能哭!(太能哭了!)

哎好!(真好!)

如果谓词性成分带有补语,这个补语可以是"得",这时所表示的程度如何,任人想象。有时,为明确起见,也可以对补语的内容加以补充。

哎呀累得!(累得真是太厉害了!)

哎这个包子包得,真好!(这包子包得真是太好了!)

(二)句子的结构特点

句子的结构特点可以从句型、语序等方面进行分析,下面结合方言情况,比较普通话和方言在句型、语序等方面的主要差异。

1. 句型

在此,比较普通话和方言在处置句、被动句、比较句、双宾语句、"有无"句方面的差异。

(1)处置句

在普通话中,处置句的格式是:介词+名词或名词性短语(动词的支配对象)+动词。"把字句"是典型的处置句。用介词"把"把动词支配的对象提到动词之前,强调动作的结果。而在一些方言中,处置句有所不同。

在河南洛阳方言中,处置句的格式跟普通话中的一样,只是所用的介词不同,介词是"给"。例如:

给那东西给我。(把那东西给我。)

洛阳话儿给太阳叫日头。(洛阳话儿把太阳叫日头。)

在临夏方言中,处置句的格式是:宾语+哈/啊+动词。其中,"哈"或"啊"表示处置,实际上起着"把(将)"字的作用。例如:

雪白的羊毛哈擀成毡。(把雪白的羊毛擀成毡。)

你门啊关上窗子啊打开。(你把门关上把窗子打开。)

另外,处置句也可不用"哈"或"啊"。例如:

你我的事高低办的下。(你无论如何要把我的事办一下。)

我你的事放在心上。(我把你的事放在心上。)

(2)被动句

在普通话中,典型的被动句格式是:受事+被(+施事)+动词。有时会省略"施事",或者原本也说不出施事。其中,介词除了用"被",还可以用介词"叫""给""让"。

在湖北随县方言中,被动句中的"着",相当于普通话中的"被",例如:

去寻柴,着人家打了一顿;挖草药,又着蛇咬到了。(去找柴火,被人家打了一顿;挖草药,又被蛇咬到了。)

被动句中的"把到""尽",相当于普通话中的"叫""让"。例如:

麦种在仓库里,把到老鼠子吃了。(麦种在仓库里,被老鼠吃了。)

麦种尽老鼠子吃了。(麦种被老鼠吃了。)

(3)比较句

比较句可分为肯定句和否定句。在普通话中,常见的表示肯定的比较句格式是:A+比+B+比较语。常见的表示否定的比较句格式是:A+没/没有+B+比较语。在方言中,比较句有跟普通话一样的,也有不一样的。

在山东牟平方言中,有跟普通话一样的说法,但是更常见的是不用"比"字,而用"起"字,同时把比较语提前。

表示肯定的比较句的格式是:A+比较语+起+B。例如:

她姊妹家一个俊起一个。(她姊妹一个比一个漂亮。)

火车跑得快起汽车。(火车比汽车跑得快。)

表示否定的比较句的格式是:A+不/没/没有+比较语+起+B。例如:

他不高起我。(他没有我高。)

这本书没有意思起那一本。(这本书没有那一本有意思。)

(4)双宾语句

在普通话中,动词带双宾语的结构是:动词+间接宾语+直接宾语。间接宾语指人,直接宾语指物。例如在"给我书"中,"我"是间接宾语,"书"是直接宾语。双宾语句在方言中有一些不同的表现形式。

在湖南汝城方言中,动词带双宾语的结构是:动词+直接宾语+间接宾语。例如:

奖支水笔你。(奖你一支钢笔。)

发件衫之。(发他一件衣服。)

拿块钱我。(给我一块钱。)

在甘肃临夏方言的双宾语结构中,大都把双宾前置,后面仍保留一个直接宾语的情况少见。前置的两个受事的先后位置也是自由的。具体有以下三种结构:

第一种结构是:间接宾语+直接宾语+动词。例如:

我你钱(哈)给了。(我给了你钱了。)

第二种结构是:直接宾语+间接宾语+动词。例如:

你东西我还给!(你把东西还给我!)

第三种结构是:间接宾语+动词+直接宾语。例如:

你我借的一本书。（你借给我一本书。）（"借的"的意思是"借给"）

我哈给本书。（给我一本书。）

（5）"有/无"句

闽南话中的以下"有/无"句，是普通话中没有的。

第一，主语＋有/无。

即冬雨水有。（这一年雨水多。）

今年海货无。（今年海货少。）

从形式上看，这两个例子似乎跟普通话没什么区别，但却有实质性的不同。这类句子里的"有""无"前面可以受副词之类的词语修饰。例如：

即冬雨水较有。（这一年雨水比较多。）

今年海货成无。（今年海货很少。）

第二，主语＋有/无＋谓语。

在这个结构中，谓语可以是动词，也可以是形容词。例如：

我有看见。（我看见了。）

阿伯有去。（伯父去了。）

花有芳。（花喷香。）

面有红。（脸红。）

以上例句，即便不说"有"，句子依然可以成立。说"有"时，有的可以表示证实某种动作行为的存在，例如"有看见"；有的可以表示存在某种性状，例如"有红"。

第三，主语＋动词＋有/无＋宾语。

在这个结构中，"有""无"充当动词的补语。例如：

小妹仔读有册。（小妹妹读书有进步。）

许间店趋无钱。（那间店铺赚不了多少钱。）

第四，主语＋动词＋有/无＋补语。

在这个结构中，"有""无"用在动词的后面、补语的前面，以说明补语。例如：

只仔掠有着。（麻雀捉到了。）

过细字看无见。（字太小看不见。）

第五，主语＋有＋动词＋无＋补语。

这个结构是为了表示强调某一动作、行为的存在但又没有了结。例如：

砖有铺无平。（砖头没有铺平。）

谜语有猜无出。（谜语没有猜出。）

第六，主语＋有＋动词＋勿会＋补语。

这个结构是为了表示某一动作、行为的存在但又不可能了结这一动作、行为。

普通话有说勿会准。（普通话说不准。）

厝有起勿会成。（房子盖不成。）

第七，有/无＋宾语＋通＋动词。

在闽南话里，要表示许可或可能干什么，常说"通＋动词＋宾语"，例如：

通亻奇新厝。（可以住新房子。）

有时用"有/无＋通＋动词＋宾语"，这时把"宾语"提到"通"之前，构成"有/无＋宾语＋通＋动词"句式。例如：

有新厝通亻奇。（有新房子可住。）

无朋友通赞助。（没有朋友可赞助。）

第八，有……无（句末"无"读轻声）。

闽南方言经常在一句话的首尾分别用"有、无"，构成"有……无"句式，表示疑问。这种疑问式，说得非常普遍。上述第一到第七个句式，如果要表示疑问，几乎大都可以使用"有……无"疑问式，例如：

我有看见无？（我看见了吗？）

煮有熟无？（煮熟了吗？）

小妹仔读有册无？（小妹妹读书有进步吗？）

考题有答无奂了无？（考题没有全答完吗？）

普通话有说会准勿会？（普通话能说准吗？）

2. 语序

句子有主语、谓语、宾语、定语、状语和补语等六个成分。这六个成分在句子中是按句法规则组织起来的。语序是一个十分重要的语法手段。方言中有一些不同于普通话的地方。以状语后置为例。

在普通话中，状语和谓语的语序是：状语＋谓语。在方言中，状语后置的情况比较复杂，不限于下面所列的五种情况：

第一，副词"快"后置，表示动作即将发生、情况即将出现。

河北满城方言：

车来快了。（车快来了。）

病好快了。（病快好了。）

第二，表示数量的状语后置。

湖南酃县客家方言：着多一件衫衣（多穿了一件衣服）

第三，表示频率的状语后置。

梅县客家方言：

食几碗添。（再吃几碗。）

坐一下添。（再坐一下。）

第四,表示程度的状语后置。

浙江温州方言:渠个人好险。(他这个人很好。)

第五,表示顺序的状语后置。

浙江温州方言:你走先,我就来。(你先去,我就来。)

练一练

1. 选择普通话使用的量词

(1) 那里有一( )电影院。

A. 家　　　　　B. 所　　　　　C. 间　　　　　D. 只

(2) 这是一( )很好的学校。

A. 所　　　　　B. 份　　　　　C. 间　　　　　D. 只

(3) 她需要一( )绣花针。

A. 根　　　　　B. 棵　　　　　C. 条　　　　　D. 只

(4) 他们刚刚下了一( )棋。

A. 盘　　　　　B. 铺　　　　　C. 路　　　　　D. 只

(5) 这两家公司昨天谈了一( )生意。

A. 笔　　　　　B. 帮　　　　　C. 条　　　　　D. 手

(6) 桌子上有一( )树叶。

A. 片　　　　　B. 块　　　　　C. 棵　　　　　D. 只

(7) 我买了一( )香蕉。

A. 把　　　　　B. 蕾　　　　　C. 枇　　　　　D. 朵

(8) 一( )香味飘来。

A. 股　　　　　B. 簇　　　　　C. 头　　　　　D. 根

(9) 餐桌上有几( )油。

A. 滴　　　　　B. 粒　　　　　C. 片　　　　　D. 只

(10) 在照片的远景中有几( )骏马。

A. 匹　　　　　B. 头　　　　　C. 条　　　　　D. 只

2. 列举普通话中表示颜色的"ABB式"状态形容词

红色:

白色:

黄色:

绿色:

蓝色:

黑色:

灰色：

金色：

3. 列举普通话中表示颜色的"A 不 BC 式"状态形容词

红色：

白色：

黄色：

黑色：

灰色：

4. 写出下列词语的普通话

兰州方言的名词表小时,有两种方式:第一,在名词的前面用表小的形容词"尕"修饰,例如"尕书"的意思是"小书";第二,重叠名词,例如"树树子"的意思是"小树"。

根据这一规律,把下列兰州方言中的表小名词改成普通话的相应形式。

尕桌子——　　锅锅子——　　碗碗子——　　手手子——

5. 写出下列词语的普通话

在山西交城方言的名词中有 ABB 式重叠形式,除了"化学学(指塑料绳)""黑廊廊(指胡同)""枢巴巴(指锅巴)"等跟普通话的词语之间缺乏直接的转换规律之外,其他的都可以按规律转换成普通话词语,例如"豆角角"指"豆角"。按此规律,把下列方言词语转换为普通话词语:

牙刷刷——　　树苗苗——　　书本本——　　酒瓶瓶——

大门门——　　信封封——　　布袋袋——

6. 根据逆序构词规律,写出下列语的普通话

(1) 在湖北英山方言中,有些表示动物的词,把表性别的语素放在中心词之后,起限制作用。例如:"鸡公"指"公鸡","鸡婆"指"母鸡"。据此写出下列词语的普通话:

鸭公——　　鸭婆——　　狗公——　　猫婆——

猜一猜下面两个词的普通话:

羊牯——　　羊羍——

(2) 在山东招远方言中,"性体"实际是普通话的"体性"。据此写出下列词语的普通话:

攒积——　　引逗——　　共总——　　拉牵——

闪忽——　　鼓捣——　　认承——　　习练——

7. 在普通话句子后面打钩

(1) 丰收的种子哈撒下。(　　)　　　　把丰收的种子撒下。(　　)

(2) 猫给老鼠吃啊。　　(　　)　　　　猫把老鼠吃了。　　(　　)

(3) 把这盆水泼了它。　(　　)　　　　把这盆水泼掉。　　(　　)

(4) 把你没见。　　　　(　　)　　　　没见你。　　　　　(　　)

(5) 尔扇门关去。　　　(　　)　　　　你把门关上。　　　(　　)

(6) 阿教室扫一下。　　（　　）　　　把教室扫一下。　　　（　　）

(7) 阿衣裤洗净。　　　（　　）　　　把衣裤洗干净。　　　（　　）

(8) 被拿雨淋湿嘅。　　（　　）　　　被子让雨淋湿了。　　（　　）

(9) 你比佢过高。　　　（　　）　　　你比他高。　　　　　（　　）

(10) 你去过洛阳没有？（　　）　　　你去过洛阳吗？　　　（　　）

(11) 我打他不赢。　　（　　）　　　我打不赢他。　　　　（　　）

(12)我打(得)他赢。　（　　）　　　我能打赢他。　　　　（　　）

(13)过年快啦。　　　（　　）　　　快过年了。　　　　　（　　）

(14)你讲遍添。　　　（　　）　　　你再讲一次。　　　　（　　）

(15)想无到。　　　　（　　）　　　想不到。　　　　　　（　　）

(16)砖有铺有平。　　（　　）　　　砖铺得平。　　　　　（　　）

8. 写出下列句子的普通话表达方式

在普通话的双宾语句中,间接宾语在直接宾语的前面,而在一些方言中则相反,即直接宾语在间接宾语的前面。写出下列句子的普通话表达方式:

(1) 留张电影票我。　　（　　　　　　）

(2) 把本书我。　　　　（　　　　　　）

(3) 送支笔她。　　　　（　　　　　　）

(4) 每月交五十块钱他。（　　　　　　）

参考答案

·第一章·

第一节

课前提问答案

1. （1）B；（2）A、B、C；（3）D
2. （1）正确；（2）错误；（3）错误

练一练答案

关于"练一练答案"的说明：

有些练习需要根据个人情况完成；有些练习需要自己进行朗读。这些练习都没有答案，也略去"答案从略"说明。

此外，其他练习均提供答案、答题要点、答题建议或答题提示。同时，"参考答案"中的图表、音频按章编号，且都以阿拉伯数字 0 开头，以区别于本书正文中的图、表、音频编号。

下文同此，不再说明。

2. **答题要点：**

有了汉语拼音，我们就可以给汉字注音了，例如"开"的汉语拼音是 kāi。kāi 就是汉字"开"的表音符号。

在 1892 年之前，汉字缺乏一套表音符号。1892 年厦门卢戆（zhuàng）章发表了自己设计的拼音方案，叫作《一目了然初阶》（中国切音新字厦腔）。这是第一个切音字方案。这个方案的字母采用拉丁字母及其变体，拼读厦门的字音，增加声母和韵母之后，可以拼读泉州音和漳州音。中国人自觉的拼音化运动由此开始，以前只有外国传教士给中文设计的罗马字母。根据"切音新字"之名，清末的拼音化运动被称为"切音字运动"。

自卢戆章之后，每隔一二年就有新的方案出现，甚至同一年中出现几个方案。从第一个切音字方案发表（1892 年）到中华民国成立（1912 年）的 20 年间，人们提出了近 30 种拼音方案，其中，汉字式字母的占 2/4，速记符号式和拉丁字母式各占

1/4。

1913年北洋政府教育部召开"读音统一会",制定了第一套法定的注音字母(后来改称注音符号),1918年正式公布。从此,小学生先学注音字母,后学汉字。[①]

这一情况一直持续到1958年《汉语拼音方案》颁布。从1958年秋季开始,汉语拼音成为中国大陆的小学必修课,小学生首先学习汉语拼音,再利用汉语拼音学习汉字。

3. 答题要点:

北京话不等于普通话,两者之间在语音和词汇方面存在一些差异。[②]

(1)语音差异举例

普通话的语音是以北京语音为标准音的。不过,需要注意的是北京话和普通话之间存在一些读音上的差异。这些差异可以分为三类,请看表01-1。

表01-1　北京话和普通话的读音比较表

第一类			第二类			第三类	
汉字	北京话	普通话	汉字	北京话	普通话	北京话	普通话
逮	dēi	dǎi	剥	bāo	bāo、bō	花儿	花
朽	qiǔ	xiǔ	薄	báo	báo、bó	馅儿	馅
熟	shóu	shú	角	jiǎo	jiǎo、jué	手腕儿	手腕
学	xiáo	xué	色	shǎi	shǎi、sè	院儿里	院里

第一类:同一字,北京话和普通话的读音不同。

第二类:北京话同一个意思只有一种读音;而普通话则有两种读音,表中第一个读音是北京音,第二个读音是"官话"音。

第三类:北京话有很多词是儿化的,而普通话则不儿化,表中所列的是一些北京话非儿化不可而普通话一般不儿化的例子。

(2)词汇差异举例

普通话的词汇是以北方话为基础方言的。北京话是北方方言中的一个地点方言,有些用词用语在北京话中很常用,而在普通话中则不常见,或不用。这些差异可以分为三类,请看表01-2。

第一类:表中所列的北京话词语,普通话不用。

第二类:表中所列的北京话词语,普通话也有。不过,根据《现代汉语词典》(第7版)的注释,这些词语都标有"〈方〉"字,表示这些词语还具有方言色彩。

第三类:表中所列的北京话词语,普通话也有。这些词在北京话口语中更常用。

---

① 以上三段引自:中国大百科全书总编辑委员会《语言文字》编辑委员会,中国大百科全书出版社编辑部编.中国大百科全书·语言文字[M].北京:中国大百科全书出版社,1994:315、403—404.
② 胡明扬.普通话和北京话(下)[J].语文建设,1986(04).

表 01－2 北京话和普通话的词汇比较表

第一类		第二类		第三类	
北京话	普通话	北京话	普通话	北京话	普通话
胰子	肥皂	剋(kēi)	打或骂	瞧	看
鸡子儿	鸡蛋	消停	安静、安稳	抠	吝啬
伍的	什么的	擦黑儿	傍晚	没辙	没办法
言语	说(话)	耗子	老鼠		
起子	酵母	瞅	看		
寻	要或借				
提搂	提				
洋灰	水泥				
撂蹦儿	发脾气				
赶明儿	以后				
说话(就到)	立刻、马上				
头里	前面				

注：表中空白处表示所引文献中未列更多例子。

第二节

◾ **课前提问答案**

1. （1）B；（2）A、C；（3）B
2. （1）错误；（2）错误；（3）错误

◾ **练一练答案**

1. **答题要点**：我国历史悠久，语言发展演变情况十分复杂。

建议：可从下面选一项完成。通过实例说明同一个字或词在各地有不同的读音，有的甚至还有不同的含义。

（1）查阅文献，找到论证的材料。

（2）在你的同学中做一个小调查，统计同学们家乡的语言使用情况，以统计数据作为论证的材料。

（3）在某地实地调查一下当地使用语言的情况。

2. **答题要点**：我国幅员辽阔，语言分布不均衡，语言现象十分复杂。

说明：做题建议，同第1题。通过实例说明方言或语言的差异。

3. **答题要点**：我国人口众多，语言具有活力。

说明：做题建议，同第1题。通过实例说明人口数量对语言活力的影响。

4. **答题要点**：我国民族众多，语言资源十分丰富。

说明：做题建议，同第1题。通过实例说明民族的多样性对语言使用的影响。

5. **答题要点**：填写下表后，分析自己的父母或父母一代的人的语言使用情况。

表01-3　父母或父母一代的人的语言使用情况表

交谈对象、场景 ＼ 语言类型		只说普通话	只说家乡话	普通话+家乡话	普通话+英语	普通话+家乡话+英语	备注
不同的人	跟子女						
	跟父母						
	跟亲戚						
	跟快递员						
不同场合	菜市场						
	医院						
	超市						
	商场						

注：(1)有的情况，填写"＋"；(2)没有的情况，填写"—"；(3)当没有可选内容时，在"备注"中说明。

6. **答题要点**：填写下表后，比较你的家乡和你就读学校所在城市的语言使用情况。

说明：如果你在家乡就读，那么就比较你的家乡和你所在学校的语言使用情况。

表01-4　家乡与就读学校所在城市的语言使用环境情况表

地点 ＼ 语言功能	顶层语言	高层语言	低层语言	备注
家乡				
学校所在城市				

7. **问题1答题要点**：填写下表后，说明你使用语言的情况。

表 01－5　我的语言使用情况表

语言类型／交谈对象、场景		只说普通话	只说家乡话	普通话＋家乡话	普通话＋英语	普通话＋家乡话＋英语	备注
不同的人	跟老师						
	跟父母						
	跟亲戚						
	跟快递员						
不同场合	菜市场						
	医院						
	超市						
	商场						

注：(1)有的情况，填写"＋"。(2)没有的情况，填写"—"。(3)当没有可选内容时，在"备注"中说明。

问题2答题要点：根据"优势语言使用者"定义，并结合自己使用语言的情况，进行回答。

第三节

课前提问答案

1.（1）A、B；（2）A、B、C；（3）A、B、C
2.（1）正确；（2）错误；（3）错误

练一练答案

1. **答题要点：**教育领域是开展普通话教学与推广的重要阵地，有关工作质量，不仅关乎普通话的推广普及与提高，而且关乎社会语言文字应用水平。

根据就读过学校的情况，举例回答。

2. **答题建议：**查阅文献，进行回答。

3. **答题提示：**(1)会不会留意身边人说的普通话是否标准；(2)当不确定某个字音时，会不会查字典。

4. **答题建议：**(1)学完本节之后，完成本题的计划；(2)在学完本书后，结合自身的问题，列一个包括声母、韵母、声调、音变、朗读、说话的针对性训练计划；(3)把两份计划进行对比，可了解自己对普通话的理解在哪些方面更深入了。由此也可判断自己的普通话素养是否提高了。

·第二章·

第一节

课前提问答案

1. (1) A;(2) B;(3) D

2. (1) 错误;(2) 错误;(3) 正确

练一练答案

1. 要点:

下表列出了普通话中所使用的汉语拼音字母。汉语拼音字母表采用了国际上通行的拉丁字母排序方式,所以未将 6 个增补字母列入其中,以方便跟国际接轨。

表 02-1   普通话中使用的汉语拼音字母

分类	来源、数量	字 母 来 源			
		拉丁字母		补充形式	
字母	元音字母	a e i o u	5	ê ü	2
	辅音字母	b c d f g h j k l m n p q r s t w x y z	20	zh ch sh ng	4
	隔音符号	w y	2	—	—

注:(1)字母 v 不在普通话中使用,所以未列。(2)表中"—"表示没有。

2. 注意:普通话没有 v 声母,所以不要把 u 开头的韵母读成 v 开头的韵母了。

娃娃 wáwa	袜子 wàzi	歪曲 wāiqū	外出 wàichū
完美 wánměi	晚安 wǎn'ān	万一 wànyī	网店 wǎngdiàn
微笑 wēixiào	伟大 wěidà	温暖 wēnnuǎn	文化 wénhuà
问题 wèntí	卧室 wòshì	无效 wúxiào	舞蹈 wǔdǎo

3. 汉语拼音字母的读音及其书写形式一致的例子如下:

目(mù):[mu⁵⁵]

"目"的声母是 m,国际音标是[m];韵母是 u,国际音标是[u]。

汉语拼音字母的读音及其书写形式不一致的例子如下:

蹲(dūn):[tuən⁵⁵]

"蹲"的声母是 d,国际音标是[t]。其中,韵母 un 是 uen 的省写形式,韵头 u 的国际音标是[u],韵腹 e 的国际音标是[ə],韵尾 n 的国际音标是[n]。

比较汉语拼音 dun 和国际音标[tuən],除了 u 与[u]、n 与[n]一样,其他都不一样。d 与 [t]不一致;汉语拼音中省略了韵腹 e,用国际音标记音时,需要写出其读音[ə]。

第二节

课前提问答案

1. （1）B；（2）A、B、D；（3）A
2. （1）正确；（2）错误；（3）错误

练一练答案

1. （2）A、B、C、D；（2）B、C、D；（3）C；（4）B；（5）B、C、D

2. （1）正确；（2）错误；（3）错误；（4）错误；（5）错误

3. 根据图2-33描写下列元音的发音特点：

[i]舌位前，舌位高，不圆唇

[e]舌位前，舌位半高，不圆唇

[ɛ]舌位前，舌位半低，不圆唇

[ɤ]舌位后，舌位半高，不圆唇

[ɑ]舌位后，舌位低，不圆唇

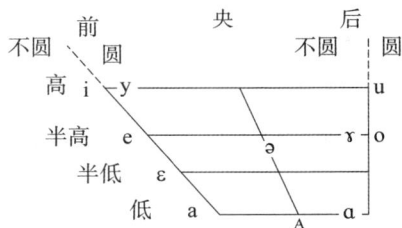

图02-1　舌面元音图

4. 根据对下列元音的描写，写出该元音，并把它们填写到图2-33中，于是得到图02-1。

舌位前，舌位高，圆唇：[y]　　舌位后，舌位高，圆唇：[u]

舌位后，舌位半高，圆唇：[o]　舌位前，舌位低，不圆唇：[a]

舌位央，舌位低，不圆唇：[A]

5.

家 jiā　有3个音素，分别是 j、i、ɑ　　　在 zài　有3个音素，分别是 z、ɑ、i

山 shān 有3个音素，分别是 sh、ɑ、n　　上 shàng 有3个音素，分别是 sh、ɑ、ng

6.

表02-2　汉语音节分析表

结构成分\例字	声母	韵母				声调
		韵头	韵腹	韵尾		
				元音	辅音	
大 dà	d		ɑ			第四声
熊 xióng	x	i	o		ng	第二声
猫 māo	m		ɑ	o		第一声
非 fēi	f		e	i		第一声

续　表

结构成分 例字	声母	韵　母				声调
		韵头	韵腹	韵尾		
				元音	辅音	
常 cháng	ch		a		ng	第二声
可 kě	k		e			第三声
爱 ài	零		a	i		第四声

注：表中空白处表示没有。

7.

说明：

（1）表中例字仅是举例，只要你写的例字属于相应的情况，即可。

（2）韵母 -i[ʅ]、-i[ɿ]、ei、eng、ong 没有零声母音节，所以没有相应的例字。

表 02-3　普通话零声母音节拼写表

按结构分＼按口型分	开口呼	齐齿呼	合口呼	撮口呼
单韵母	-i[ʅ][ɿ]	i 衣 yī	u 乌 wū	ü 淤 yū
	a 阿 ā	ia 鸭 yā	ua 蛙 wā	
	o 哦 ò		uo 窝 wō	
	e 鹅 é			
	ê 欸 ē̌	ie 椰 yē		üe 约 yuē
	er 儿 ér			
复韵母	ai 挨 āi		uai 歪 wāi	
	ei		uei 微 wēi	
	ao 凹 āo	iao 腰 yāo		
	ou 鸥 ōu	iou 优 yōu		
鼻韵母	an 安 ān	ian 烟 yān	uan 弯 wān	üan 渊 yuān
	en 恩 ēn	in 音 yīn	uen 温 wēn	ün 晕 yūn
	ang 肮 āng	iang 央 yāng	uang 汪 wāng	
	eng	ing 英 yīng	ueng 翁 wēng	
			ong	iong 拥 yōng

注：表中空白处表示没有。

第三节

课前提问答案

1. （1）D；（2）C、D；（3）D
2. （1）错误；（2）错误；（3）正确

练一练答案

1. 汉语音节的三种拼读方法举例如下：

第一，两拼法。例如"衫"拼读为：　　　　sh-an →shān

第二，三拼法。例如"胸"拼读为：　　　　x-i-ong→xiōng

第三，整体认读音节拼读法。例如"翅"拼读为：chi　　→chì

2. 以分词连写方式，用拼音书写下文。

Nánjīng

Zhū Zìqīng

Nánjīng shì zhíde① liúlián de dìfang, suīrán wǒ zhǐshì láiláiqùqù, érqiě yòu dōu zài xiàtiān, yě xiǎng kuāshuō kuāshuō, kěxī zhīdao de tài shǎo; xiànzài suǒ xiě de, zhǐshì yí gè lǚxíngrén de yìnxiàng bàle.

Guàng Nánjīng xiàng guàng gǔdǒng pùzi, dàochù dōu yǒuxiē shídài qīnshí de hénjì. Nǐ kěyǐ mósuō, kěyǐ píngdiào, kěyǐ yōurán xiáxiǎng: xiǎngdào Liùcháo de xīngfèi, Wáng-Xiè de fēngliú, Qínhuái de yàn jì. Zhèxiē yěxǔ zhǐshì lǎodiàozi, búguò jīngguò zìjiā yì fān tǐtiē, biàn bù tóng le. Suǒyǐ wǒ quàn nǐ shàng Jīmíng Sì qù, zuìhǎo xuǎn yí gè wēi yǔ tiān huò yuèyè. Zài ménglóng li, cái yùnniàngzhe nà yì lǚlǚ de gǔ wèi. Nǐ zuò zài yì pái míng chuāng de Huòméng Lóu shang, chī yì wǎn chá, kàn miànqián cāng rán wǎnyánzhe de táichéng. Táichéng wài míngjìng huāng hán de Xuánwǔ Hú jiù xiàng Dàdízǐ de huà. Huòméng Lóu yì pái chuāngzi ānpái de zuì yǒu xīnsi, ràng nǐ kàn de yìdiān bù duō, yìdiān bù shǎo. Sì hòu yǒu yì kǒu Guànyuán de jǐng, kě bú shì nà Chén Hòuzhǔ hé Zhāng Lìhuá duǒ zài yì duīr de "Yānzhi Jǐng". Nà kǒu Yānzhi Jǐng bú zài lù biān, děi pòfèi diǎn gōngfu xúnmì. Jǐng lán yě bú zài jǐng shang; yào kàn, děi lǎo yuǎn de shàng Míng Gùgōng yízhǐ de gǔwù bǎocúnsuǒ qù.

······

Míng Gùgōng zhǐshì yípiàn wǎlì chǎng, zài xiéyáng li kàn, zhǐ gǎndào Lǐ Tàibái 《Yìqín'é》de "Xīfēng cánzhào, Hànjiā líng què" èr yǔ de miào. Wǔmén hái cáncúnzhe,

---

① "值得""知道""没有"有轻声和非轻声两种读音，为了加强轻声训练，文中一律标注轻声。趋向动词、方位词，也一律标注轻声。此外，"一"字和"不"字发生变调时标注变调。

yáoyáo zhí duì Hóngwǔ Mén de chénglóu, yǒu wànqiān qìxiàng. Gǔwù bǎocúnsuǒ biàn zài zhèli, kěxī guīmó tài xiǎo, chénliè de yě wú shèn cìxù. Míng Xiàolíng dào shang de shí rén shí mǎ, suīrán cánquē língluàn, hái kějiàn yāngyāng dàfēng; Xiǎng Diàn bìng bù wēi'é, zhǐ líng xià de suìdào, yīnsēn xí rén, xiàtiān zài lǐmiàn dāizhe, liáng fēng qìn rén jī gǔ. Zhè líng dàgài shì kāiguó shí cǎochuàng de guīmó, suǒyǐ jiǎnpǔ de hěn; bǐ qǐ Cháng Líng, chà de zhēn tài yuǎn le. Rán'ér jiǎnpǔ de hǎo.

......

Nánjīng cháguǎn li gānsī hěn wéi rén suǒ chēngdào. Dàn zhèxiē rén bì méiyou dàoguo Zhènjiāng、Yángzhōu, Nàr de gānsī bǐ Nánjīng xì de duō, yòu cónglái bú nàme tián. Wǒ dàoshì juéde zhīma shāobing hǎo, yì zhǒng cháng yuán de, gāng chūlú, jì xiāng, qiě sū, yòu bái, dàgài gè cháguǎn dōu yǒu. Xiánbǎnyā cái shì Nánjīng de míngchǎn, yào rè chī, yě shì xiāng de hǎo; ròu yào féi yào hòu, cái yǒu yǎo jiáo. Dàn Nánjīngrén dōu shuō yánshuǐyā gèng hǎo, dàyuē qǔ qí nèn、qí xiān; nà shì lěng chī de, wǒ kě bù zhī zěnyàng, lǎo jué de bú dà déjìnr.

1934 nián 8 yuè 12 rì zuò

3. 在选定调查点之后,建议:(1)完成下表;(2)进行统计;(3)如果有问题,指出问题,并提供正确拼写方式。请根据需要,添加表格。

表 02－4　汉语拼音规范使用情况统计表

汉字	汉语拼音	规范	不规范	备注

第四节

课前提问答案

1. (1) A、B、C,D ;(2) A、B;(3) A、B、D

2. (1) 错误;(2) 错误;(3) 错误

练一练答案

1. 答题要点:

(1) 如何利用汉语拼音学习汉字。

（2）如何利用汉语拼音进行普通话正音。

2. **答题要点：**

（1）儿童读物中有汉语拼音吗？

（2）商品广告中有汉语拼音吗？

（3）电商平台中有汉语拼音吗？

（4）除了以上情况之外，其他方面运用汉语拼音吗？

· 第三章 ·

第一节

课前提问答案

1. （1）B；（2）C；（3）B、D

2. （1）错误，应该是 fǒu；（2）错误，应该是 má；（3）错误，应该是 bō。

练一练答案

3. 说明：采用按字注音的方式。

我爱大西北

刘白羽

我有一种感情深深牵记在辽阔无边荒漠 大野的 大西北。
　　　　　　　　　　　　　　　　mò　　　de

一想到大西北，就为一种雄伟而浩瀚的 气魄 所震慑，我的 爱心就一阵阵颤动，好像随
　　　　　　　　　　　　de pò shè　　de

着 无限高，无限远，无限美的 只有大西北才有的 那样静，那样亮，天特别湛蓝，太阳特别耀
zhe　　　　　　　　de　　　　　de

眼，蓝天上白云悠悠然而飘然回荡。

你，黄色的 大漠，像海之波 澜的 起伏无边无际。
　　sè de mò　　　bō de

你，绿色的 祁连山像绿洲的 屏障，连绵无边。
　　sè de　　　　de

我从高空处向下俯看，你逶曲宛转的 黄河，细得 像琴弦，向天空发出动听的 音韵。
　　　　　　　　　de hé de　　　　　　　de

是的，谁说你荒凉？
de

谁说你寂寞？
　mò

你不是分散的 而是完整的 整体，是一个浑然的 大西北，这 里的 每一点生命激昂呼啸孕
　　　　de　　de　　　　de zhè de

育喷发出古老而又年轻的 中华民族魂魄 ^{pò}。但不论怎样说,金子埋藏在深深的 地下 ^{de},银子埋藏在深深的 山中,大西北呀!我乘长风,御飞云,那时,我说,我亲爱的 大西北呀,我愿这 里 ^{zhè} 的 太阳永远不落,希望这 里 ^{zhè} 的 月亮永远不要上升,大西北的 光芒照射 全世界 ^{shè},她吸引全世界,全世界人的 美慕的 眼光如同无数电炬投向这 富饶而闪光的 地方 ^{de}。

第二节

课前提问答案

1. (1) C;(2) D;(3) D

2. (1) 正确;(2) 错误;(3) 错误

练一练答案

1.

(1)

"菊、鞠、掬"含有共同的部件"匊(jū)"。

"屡、缕、褛"含有共同的部件"娄(lóu)"。

"绢、鹃、涓"含有共同的部件"肙"。

"拘、驹、煦"含有共同的部件"句(jù)"。

"愚、隅、寓、遇"含有共同的部件"禺(yú)"。

"躯、驱、岖、妪"含有共同的部件"区(qū)"。

"愉、愈、榆、喻"含有共同的部件"俞(yú)"。

(2)

"萎、镂"含有声旁"娄",声母是 l。

"辆、魉"含有声旁"两",和"两"的声母一样,都是 l。

"纶、囵、轮"含有声旁"仑",声母是 l。

"婻、蝻"含有声旁"南",声母是 n,但是"罱"的声母是 l,是例外。

"哩、俚、娌"含有声旁"里",声母是 l。

"蓝、篮、褴"含有声旁"监",声母是 l,但是"监"的声母是 j。

"凉、掠、谅、晾"含有声旁"京",声母是 l,但是"京"的声母是 j。

"挠、铙、蛲"含有声旁"尧",声母是 n,但是"尧"是零声母。

"妞、扭、纽、钮"含有声旁"丑",声母是 l,但是"丑"的声母是 ch。

"落、络、赂、烙、酪、骆、略、路"含有声旁"各",声母是 l,但是"各"的声母是 g。

"姥"含有声旁"老",声母是 l。

说明:(1)和(2)中,根据规律,补充新的例字,略。

6.

说明:(1)采用按字注音的方式;(2)有变调的,标变调,例如"差不多"中的"不"读轻声,不标调号,"不"在第四声的字之前(文中有"不见"和"不愿")读第二声。

对于秋天,我不知应爱哪里的:济南的秋是在山上,青岛的是海边。济南是抱在小山里的;到了秋天,小山上的草色在黄绿之间,松是绿的,别的树 叶差不多都是红与黄的。就是那没树木 的山上,也增多了颜色——日影、草色、石层,三者能配合出 种种的条纹,种种的影色。配上那光暖的蓝空,我觉到一种舒 适安全,只想在山坡上似睡非睡地躺着,躺到永远。青岛的山——虽然怪秀美——不 能与海相抗,秋海的波还是春样的绿,可是被清凉的蓝空给开拓出 老远,平日看不见的小岛清楚 的点在帆外。这远到天边的绿水使我不 愿思想而不得不 思想;一种无目 的思虑,要思虑而心中反倒空虚了些。济南的秋给我安全之感,青岛的秋引起我甜美的悲哀。我不知应当爱哪个。

第三节

课前提问答案

1. (1) B;(2) A、B;(3) B
2. (1) 正确;(2) 正确;(3) 错误

练一练答案

1.

韵母是前响复韵母的字:改、海、杯、蕾、找、饶、抠、艘

韵母是中响复韵母的字:胶、标、修、流、拐、端、追、灰

韵母是后响复韵母的字:芽、霞、借、怯、耍、刮、骡、妥、雪、雀

3.

说明:(1)采用按字注音的方式;(2)按实际读音标注,文中"来"读轻声。

wǒ zài kāi huā　　　　zài xiào
"我在开花!"它们在笑。

wǒ zài kāi huā
"我在开花!"它们嚷嚷。

měi　suì huā dōu　　　　　kāi xià　dài　　　　　xià　hǎo　　　　　xià lai
每一穗花都是上面的盛开、下面的待放。颜色便上浅下深,好像那紫色沉淀下来

zài zuì　zuì xiǎo　huā bāo　měi　duǒ　kāi　huā　　　　　xiǎo xiǎo
了,沉淀在最嫩最小的花苞里。每一朵盛开的花像是一个张满了的小小的帆,帆

xià dài　　　　　　　　yòu　　　　　　xiǎo　jiù yào　kāi
下带着尖底的舱。船舱鼓鼓的,又像一个忍俊不禁的笑容,就要绽开似的。那里装的是

wǒ còu　　　　zhāi　duǒ
什么仙露琼浆?我凑上去,想摘一朵。

wǒ méi yǒu zhāi　wǒ méi yǒu zhāi huā　　　　wǒ　　　　　　jué　tiáo　luó
但是我没有摘。我没有摘花的习惯。我只是伫立凝望,觉得这一条紫藤萝

zài wǒ　　yě zài wǒ　　　liú guò　liú liú　dài zǒu　xiē　　　　yā zài wǒ
瀑布不只在我眼前,也在我心上缓缓流过。流着流着,它带走了这些时一直压在我

jiāo　bēi　　　　　　shǒu　wǒ zài　　　　huā duǒ　huī bié
心上的焦虑和悲痛,那是关于生死谜、手足情的。我浸在这繁密的花朵的光辉中,别

qiè　dōu　zài yǒu　　　　　　yuè
的一切暂时都不存在,有的只是精神的宁静和生的喜悦。

第四节

课前提问答案

1. (1) A;(2) D;(3) B
2. (1) 正确;(2) 正确;(3) 错误

练一练答案

1.

声母是 j 的字:焦、急、金、讲、家、尖

声母是 q 的字:奇、巧、腔、青、去、泉

声母是 x 的字:细、笑、雄、先、下、序

声母是 z 的字:仔、宗、足、赞、责、增

声母是 c 的字:词、菜、餐、苍、从、存

声母是 s 的字:四、伞、松、俗、塞、嫂

4.

说明:(1)采用按字注音的方式;(2)"新鲜"的"鲜"可以读轻声(这时不标声调调号),也可以不读轻声;(3)朗读时不能把 j、q、x 依次读成 z、c、s。

(1) 早上空气新(qì) 鲜(xīn)(xiān)，小 薛(xiǎo xuē) 醒(xǐng) 了以后，心里 想(xīn xiǎng)，今天 先(jīn xiān) 到 肖(xiāo) 师傅家取一些(qǔ xiē)丝线(xiàn)，把最后的那节(jié) 竹子绣(xiù)完。

(2) 她吃了 煎(jiān) 鸡(jī)蛋后，又接(jiē)着吃尖 椒(jiān jiāo)炒肉丝，吃得津津(jīn jīn)有味。

(3) 一大 清(qīng)早，她就去买了 青(qīng)菜，还有荤菜，七点 前(qī qián)，还锻炼了身体。

(4) 她只要精(jīng) 神好，就经(jīng) 常去公园跑跑步。

(5) 那块 青(qīng) 颜色的石头很 轻(qīng)。

(6) 她今天特别高 兴(jīn)(xìng)，在院子里数 星 星(xīng xīng)。

第五节

课前提问答案

1. (1) B；(2) B；(3) C

2. (1) 错误；(2) 正确；(3) 错误

练一练答案

1.

属于前鼻音韵母的字有:杆、站、检、浅、串、算、捐、选、跟、森、侵、心、笋、捆、裙、寻

属于后鼻音韵母的字有:盲、尚、厢、讲、霜、逛、诚、仍、并、醒、翁、瓮、宏、供、炯、穹

8.

说明:(1)采用按字注音的方式;(2)后鼻音的字下面画波浪线;(3)方位词"上"标注轻声。

过了灵岩村(líng yán cūn)，我们(men)对着泛滥(fàn làn)在观音峰巅(guān yīn fēng diān)的云(yún)海出神(shén)了。

幼时我 常(cháng)纳闷天(tiān)下云(yún)彩是不是万(wàn)家炊烟(yān)凝(níng)集而 成(chéng)的呢? 如今,立在和云彩一般高的山 峰(jīn) 上(yún)(bān)(shān fēng shang)，我的疑窦竟(jìng)越发深(shēn)了。我渐渐(jiàn jiàn)觉得烟(yān)是冒,云(yún)彩却是升 腾(shēng téng)。这区别可不是字眼 上(yǎn shang)的,冒的烟(yān)是一滚一滚(gǔn gǔn)的,来势很 凶(hěn xiōng)，然(rán)而一合上 盖子(shang)，关 上(guān shang)气阀，剩(shèng) 下的 便(biàn)是一些残(cán) 余浊质了。升 腾(shēng téng)的却清 激(qīng míng)透明,

　　　　　cóng　　　　　　　huǎn　　　　kàng qǐng　jiān chèn　　tiān kōng
不知 从 哪里飘来,那么纤缓 ,又那么不可 抗 拒。 顷 刻之间, 衬 着灰色天 空,它把

　shān fēng　　méng lóng bān　驳　　　　yīn　　　　　xiàng　　　　shān
山 峰 遮得 朦 胧斑 驳,有如一幅洇湿了的墨迹;又 像 是在移挪这座山 ,越挪越

　yuǎn zhōng　　rán　zōng　　　　　　tiān kōng xún　　　shén　　　　shān
远 , 终 于悄然失了 踪。你还在灰色天 空里寻 觅呢,不知 什 么时候,它又把 山

　huán　　xiān　　yǐn　　yuǎn yǐng jiàn jiàn　　biàn　cāng　　wén
还 给了你;先 是一个隐约的远 影,渐 渐 地,又可以 辨 出那 苍 褐色的石纹 了。

rán　　piān lìng　　zōng
然 而一偏 首,另一座又失了 踪——

　　yǐn　　yīn　　　　miàn　　　yín liàng jiàn　yán　　shān
隐在这幅洇湿了的水墨画里 面 ,还有一道道银 亮 的涧流,沿 着褐黑山 石,倒挂
而下。

　　　　sǔn biàn　　shān　hán　fēng　　wàng
走下竹笋 遍 地的山 坡,含珠峰遥遥在 望 了。

第六节

■ 课前提问答案

　　1.(1)A;(2)B、C;(3)B、C、D
　　2.(1)正确;(2)错误;(3)错误

■ 练一练答案

　　1.(1)A;(2)D;(3)A
　　2.
　　(1)
　　wàijiāoguān(外交官)　　　lǐngtóu　　　(领头)
　　lóufáng　　(楼房)　　　xiàoyǒuhuì(校友会)
　　(2) Yǒu yuán qiānlǐ lái xiānghuì, wú yuán duìmiàn bù xiāngshí.
　　6. 说明:(1)采用按字注音的方式;(2)翘舌音的字下面画波浪线;(3)文中"子"读轻声。

　　　　　zhi　　zhe　cóng cóng　　zhèng zhī zhe zhǒng　　shǐ rén
雨,悒郁而又固执地倾泻着。那淙 淙 的细语 正 编织着一 种 幻境,使人想起辽

　　cūn　　　　shēng zhèng　cóng chuāng　　　　　　　rú zhāng zhe shā
阔的江村 ,小楼一角,雨 声 正 酣,从 窗 外望去,朦朦胧胧,有如 张 着纱幕,远

shān shuǐ　　shì zhú róng zhōng　　róng zuò chù　　　　　chuán
山 巅水墨画似的逐渐融 化, 终 于跟雨云融合作一处。我又记起故乡的乌篷 船 ,

　　　zhe zhú　chuán shuǐ shēng　　　　shì zhēng　　　sè
夜雨淅淅地敲着竹篷,船 头水 声 汩汩。——可是一 睁 眼我却看见了灰色的壁,灰

色的窗(chuāng),狭窄(zhǎi)的斗室(shì)。

谁(shéi)家的无线电,正在(zhèng zài)起劲地唱着(chàng zhe)。——像是揶揄。

气压低得叫人(rén)窒(zhì)息,黄梅季特有的感觉,仿佛一个触着(chù zhe)蛛(zhū)网的飞虫(chóng shēn),身(shēn)心都紧贴在那(zài)粘性的丝缕(sī)上(shang)。推开半闭的窗(chuāng),雨丝就悄悄地飞进来,扑到脸上(shang),送来(sòng)一点并不愉快的凉意。

第七节

课前提问答案

1. (1) A、B、C、D;(2) B;(3) B
2. (1) 正确;(2) 错误;(3) 正确

练一练答案

1.

(1) 错误;(2) 错误;(3) 正确;(4) 正确;(5) 正确;(6) 错误;(7) 错误;(8) 错误;(9) 错误;(10) 错误;(11) 正确;(12) 正确

2. 说明:采取按字注音的方式。

春来忆广州

老　舍

我爱花。因气候、水土等等关系(xi),在北京养花,颇为不易(bú)。冬天冷,院里(li)无法摆花,只好都搬到屋里来(li lai)。每到冬季,我的屋里总是花比人多。形势逼人!屋中养花,有如笼中养鸟,即使用心调护,也养不出个样子来(zi lai)。除非特建花室,实在无法解决问题。我的(de)小院里(li),又无隙地可建花室!

一看到屋中那些半病的(yí)花草,我就立刻想起美丽的(de)广州来(qi de lai)。去年春节后,我不(bú)是到广州住了一个月吗(le yí ma)?哎呀,真是了不得的(bu de)好地方(fang)!人极热情,花似乎也热情!大街小巷,院里(li)墙头,百花齐放,欢迎客人(ren),真是"交友看花在广州"啊①!

---
① "啊"在此读[uA],可写为"哇"。

　　在广州，对着我的屋门便是一株象牙红，高与楼齐，盛开着一丛丛红艳夺目的花儿，而且经常有些很小的小鸟，钻进那朱红的小"象牙"里，如蜂采蜜。真美！只要一有空儿，我便坐在阶前，看那些花与小鸟。在家里，我也有一棵象牙红，可是高不及三尺，而且是种在盆子里。它入秋即放假休息，入冬便睡大觉，且久久不醒，直到端阳左右，它才开几朵先天不足的小花，绝对没有那种秀气的小鸟作伴！现在，它正在屋角打盹，也许跟我一样，正想念它的故乡广东吧？

　　春天到来，我的花草还是不易安排：早些移出去吧，怕风霜侵犯；不搬出去吧，又都发出细条嫩叶，很不健康。这种细条子不会长出花来。看着真令人焦心！

　　好容易盼到夏天，花盆都运至院中，可还不完全顺利。院小，不透风，许多花儿便生了病。特别由南方来的那些，如白玉兰、栀子、茉莉、小金桔、茶花……也不怎么就叶落枝枯，悄悄死去。因此，我打定主意，在买来这些比较娇贵的花儿之时，就认为它们不能长寿，尽到我的心，而又不作幻想，以免枯死的时候落泪伤神。同时，也多种些叫它死也不肯死的花草，如夹竹桃之类，以期老有些花儿看。

　　夏天，北京的阳光过暴，而且不下雨则已，一下就是倾盆倒海而来，势不可当，也不利于花草的生长。

　　秋天较好。可是忽然一阵冷风，无法预防，娇嫩些的花儿就受了重伤。于是，全家动员，七手八脚，往屋里搬呀！各屋里都挤满了花盆，人们出来进去都须留神，以免绊倒！

　　真羡慕广州的朋友们，院里院外，四季有花，而且是多么出色的花啊①！白玉兰高达数丈，干子比我的腰还粗！英雄气概的木棉，昂首天外，开满大红花，何等气势！就连普通的花儿，四季海棠与绣球什么的，也特别壮实，叶茂花繁，花小而气魄不小！看，在冬天，窗

---

① "啊"在此处读[iA]，可写为"呀"。

外还有结实累累的 木瓜 ^{de}啊①! 真没法儿比! 一 想起花木,也就更想念朋友 们^{fǎr} ! ^{yì}朋 友 ^{you men} ^{you}

们^{men} ,快作几首诗来吧^{ba} ,你们^{men de} 的环境是充满了^{le} 诗意的^{de}啊②!

春节到了^{le} ,朋友 们^{you men} ,祝你们^{men} 花好月圆人长寿,新春愉快,工作顺利!

标注说明:

(1)倒数第二段有三个"啊",原文是"呀"。为了增加"啊"变练习的内容,把原文的"呀"改为了"啊"。

(2)"关系""客人""没有""茉莉""娇贵"既可以读轻声,也可以不读轻声,为了加强轻声训练,建议一律读轻声。

(3)文中"里"建议读轻声,因为不习惯读轻声的人,容易把第三声"里(lǐ)"读得过于突出,影响了句子的韵律。

· 第四章 ·

第一节

课前提问答案

1. (1) A;(2) D;(3) A、B、C、D
2. (1)错误;(2)错误;(3)错误

练一练答案

1. 答题要点:

普通话有 21 个辅音声母。在车江乡侗话的声母中,下面画双底线的 18 个声母是普通话中没有的。

p	p'	m	f	<u>w</u>
<u>pj</u>	<u>p'j</u>	<u>mj</u>		<u>wj</u>
ts	ts'		s	
t	t'	n		l
<u>tj</u>	<u>t'j</u>			<u>lj</u>
<u>ṭ</u>	<u>ṭ'</u>	<u>ṇ</u>	<u>ç</u>	<u>j</u>

---

① "啊"在此处读[iA],可写为"呀"。
② "啊"在此处读[iA],可写为"呀"。

k　　　k'　　　ŋ

<u>kw</u>　　<u>k'w</u>　　<u>ŋw</u>

<u>ʔ</u>　　　　　　　　<u>h</u>

为了对 18 个画双底线的声母构成的音节有初步了解，下面各举一个例词。这不属于答案的必答内容。下面的国际音标是侗话的读音，其中的数字是声调的调值。

[wa⁵³] 脏　　　　[pja⁵⁵] 岩石　　　[p'ja³⁵] 喂　　　[mja¹¹] 手

[wje¹¹] 月（刊）　[tjen⁵⁵] 电（话）　[t'je¹¹] 铁（路）　[lja¹³] 媳妇

[ta⁵³] 那　　　　[t'a⁴⁵³] 上（山）　[na⁵⁵] 河　　　[ja⁵³] 田

[ŋa³³] 田　　　　[kwa³²³] 硬　　　　[k'wa³⁵] 摸（鱼）　[ŋwa³⁵] 狗

[ʔa⁵⁵] 歌　　　　[ha³⁵] 恐吓

表 04 - 1 中画双底线的 7 个声母是车江乡侗话中没有的。

表 04 - 1　普通话的辅音声母表

发音部位 发音方法			唇音		舌尖前音	舌尖中音	舌尖后音	舌面音	舌根音
			双唇音	唇齿音					
			上唇 下唇	上齿 下唇	舌尖 上齿背	舌尖 上齿龈	舌尖 硬腭前	舌面前 硬腭	舌根 软腭
塞音	清音	不送气	b[p]			d[t]			g[k]
		送气	p[p']			t[t']			k[k']
塞擦音	清音	不送气			z[ts]		<u>zh[tʂ]</u>	<u>j[tɕ]</u>	
		送气			c[ts']		<u>ch[tʂ']</u>	<u>q[tɕ']</u>	
擦音	清音			f[f]	s[s]		<u>sh[ʂ]</u>	x[ɕ]	<u>h[x]</u>
	浊音						<u>r[ʐ]</u>		
鼻音	浊音		m[m]			n[n]			
边音	浊音					l[l]			

普通话和车江乡侗话在声母上的异同，是说这些话的全体社会成员约定俗成的结果。这是语音具有社会性的具体实例。

2. 侗话母语者学习普通话声母的重点有哪些?

在表 04 - 1 中，画双底线的 7 个声母是车江乡侗话母语者学习普通话声母的重点所在。同时，还要避免受车江乡侗话的影响，把普通话中没有的 18 个声母的发音特点带入普通话的发音中。

第二节

课前提问答案

1.（1）D;（2）C;（3）A、B
2.（1）错误;（2）错误;（3）错误

练一练答案

1.（1）B;（2）C;（3）A、B

2.

说明:在时长上,单音节音步有两种方式(即停顿一拍或延长一拍),可以满足双音节音步的时长要求。答案中不做统一要求,故未标出"0"(表示停顿一拍)或"～"(表示延长一拍)。

我/喜欢/活着,生命/是/如此/充满/愉悦。

我/喜欢/冬天的/阳光,在/迷茫的/晨雾中/展开。我/喜欢/那份/宁静/淡远,我/喜欢/那/没有/喧哗的/光/和热,而当/中午,满/操场/散坐着/晒太阳的/人,那种/原始/而/纯朴的/意象/总/深深地/感动着/我的/心。

我/喜欢/在/春风中/踏过/窄窄的/山径,草莓/像/精致的/红灯笼,一路/殷勤地/张结着。我/喜欢/抬头/看/树梢/尖尖的/小芽儿,极嫩的/黄绿色中/透着/一派/天真的/粉红——它/好像/准备着/要/奉献/什么,要/展示/什么。那/柔弱/而又/生意/盎然的/风度,常在/无言中/教导/我/一些/最/美丽的/真理。

我/喜欢/看/一块/平平/整整、油油/亮亮的/秧田。那/细小的/禾苗/密密地/排在/一起,好像/一张/多绒的/毯子,是集/许多/翠禽的/羽毛/织成的,它/总是/激发/我/想在/上面/躺─躺的/欲望。

3.

/:表示生理停顿

//:表示强调停顿

说明:在对文章的感情基调达成共识的基础上,每个人表达情感的方式会有所不同,所以处理强调停连的方式也可能有所不同。下面的答案仅供参考。

我写诗四十年,迄今虽已出版过/十四本诗集,却认为,诗//,仍然是最神秘/也是最难追求的/缪斯,她不会因为你曾经/有幸一亲芳泽,便每次/有把握到手。要在有限的篇幅里/开辟无限的天地,要用文字的符号/捕捉经验的实感,要记下最私己的日记//却同时能敲响民族的共鸣,要把自己的风格/像签名一样//签在时代的额头上,一位诗人/必须把他全部的生命/投入诗艺。天才不足恃,因为多少青年的才子/都过不了中年这一关,才气的锋刃/在现实上砍缺了口。灵感//,往往成了懒人的借口。高傲的缪斯//,苦追/都不见得能到手,何况/还等她翩然来访,粲然垂顾呢？今日,多少诗人/都自称是在写//自由诗,最是误己误人。积极的自由,得先克服、超越许多限制;消极的自由/只是混乱而已。"从心所欲,不逾矩"/才是积极的自由。所谓"矩",正是分寸与法度。至于消极的自由,根本就没有"矩";不识"矩",也就无所谓//是否"逾矩"。

第三节

课前提问答案

　　1. (1) A、B、C(说明:"耽误"是轻声词,其他都是"中重格式");(2) B、C;(3) B

　　2. (1) 正确;(2) 正确;(3) 错误

练一练答案

　　1. (1) A、B、D(说明:"能耐"是轻声词,其他都是"中重格式");(2) B、C、D(说明:"马上"是"中重格式"轻声词,其他都是轻声词);(3) B;(4) B

　　2.

　　说明:下列句中加点的字重读。

　　(1) 明天星期一。

　　说明:短句子里的谓语部分常常重读。

　　(2) 那里有一片富饶的土地。

　　说明:名词前面的定语常常重读。

　　(3) 孩子们蹦蹦跳跳地跑了过来。

　　说明:动词或形容词前面的状语常常重读。

　　(4) 她把衣服叠得整整齐齐。

　　说明:动词后面由形容词、动词及部分词组充当的补语常常重读。

　　(5) 哪些是准备过年的礼品?

　　说明:有些代词常常重读。

　　3.

　　说明:在对文章的感情基调达成共识的基础上,每个人表达情感的方式会有所不同,所以处理强调重音的方式也可能有所不同。下面加点的字读强调重音,答案仅供参考。

　　一连几天,成了我的习惯,每天散步的时候都要观察与欣赏一下广玉兰。

　　花朵还未成苞,最早萌芽在枝头的时候,只是一根淡绿色的嫩芽,然后逐渐结成花苞,又从淡绿色成为碧玉色的花苞脱颖而出,竖实挺立的身上还披着一叶已经萎黄的外壳,证明一个新的生命开始了。这个花苞约莫有三四寸高,到这时候,它开放了。刚开的花朵里往往钻进去六七只蜜蜂,围绕着花蕊飞来飞去;这个椭圆形的花蕊有一寸左右长,像是一颗夹杂着淡黄青绿色的白嫩白嫩的小玉米。

当玉兰花大开之后,有手掌心那么大的花瓣,便洁白鲜嫩像婴儿的笑脸、少女的掌心,显得那么温柔、纯洁,几乎使人不禁要伸手去抚摸一下。然而,它们悄悄地逐渐萎黄了,终于变为一片片褐色卷起枯黄的叶儿飘落在泥土野草之中,流散在树脚下。尽管在一棵广玉兰树上,新的、大大小小的花苞不断耸立,有的玉兰苞刚刚开放,有的正处在盛开的时节,然而在碧绿的密集的树叶中,即使只有少数枯黄的玉兰花的残片,也觉得特别显眼,不免使人感到十分惋惜和遗憾。

可是我终于发现了一个秘密:当玉兰花枯萎凋落之后,它的花蕊却变成了近两寸长的鲜丽的近乎紫红色的颗粒如细珠的圆茎,还毅然独自挺立在枝头!而且还在它的根部又冒出一枝新的嫩芽来,似乎证明洁白的玉兰花虽然花开花落,从生到死,然而它还有一棵红心依然耸立,还在孕蕴着新芽。可惜我要走了,我来不及看到这棵嫩芽生长起来之后,到底是一棵新的树叶还是一个新的花苞!

第四节

课前提问答案

1.（1）B;（2）A;（3）A

说明:此处答案是就一般情况而言做出的选择,仅供参考。

2.（1）错误;（2）错误;（3）错误

练一练答案

1. 这首诗一般被当作爱情诗传诵。全诗以"木棉"对"橡树"的内心独白方式,抒发了对平等的、高尚的爱情观的追求。诗人想象力丰富,比喻独特,在温婉坦诚的表达中,富有理性的思考,令人动容。

在35行诗句中,诗人在前12行写了攀援的凌霄花、痴情的鸟儿、泉源、险峰、日光、春雨等六个形象。后23行塑造了"木棉"的形象。通过对比,表达了对爱情的真挚与坚贞。朗诵时,前12行多用降调,后23行多用升调,不标注平调(→),没有曲调(♮)。

致橡树

舒 婷

我如果爱你——↗

绝不像攀援的凌霄花

借你的高枝炫耀自己;↘

我如果爱你——↗

绝不学痴情的鸟儿

为绿荫重复单调的歌曲；↘

也不止像泉源

长年送来清凉的慰藉；↘

也不止像险峰

增加你的高度，衬托你的威仪。↘

甚至日光。↘

甚至春雨。↘

不，↘这些都还不够！↗↗

我必须是你近旁的一株木棉，

作为树的形象和你站在一起。↘

根，紧握在地下，↗

叶，相触在云里。↗

每一阵风过

我们都互相致意，↗

但没有人

听懂我们的言语。

你有你的铜枝铁干

像刀，↗像剑，↗

也像戟；↘↘

我有我红硕的花朵↗

像沉重的叹息，

又像英勇的火炬。↘

我们分担寒潮、风雷、霹雳；↗

我们共享雾霭、流岚、虹霓。

仿佛永远分离，却又终身相依。

这才是伟大的爱情，

坚贞就在这里：↘

爱——

不仅爱你伟岸的身躯，↗

也爱你坚持的位置，↗↗足下的土地。↗↗↗

2. 作者对比家乡灞河边随手插柳柳成荫的自然环境，衬托出青海高原上的那株柳树在艰难的生存环境下英雄般的存在。作者发出"同是一种柳树,生活的道路和生命的命运相差何远?"之问时,也借由"那株柳树"给出了回答:不抱怨、不屈服、不畏惧,以顽强的毅力在逆境中成长,哪怕只有一线希望,也要"成就一片绿荫"!

总体而言,这篇文章展现了意志的力量,升调和降调比较多。文中五处问号都用升调,有的是对生命力量的疑惑,有的是对生命力量的叩问。

下面标注升调(↗)、降调(↘),不标注平调(→)。

一株柳

陈忠实

这是一株柳,↗一株在平原在水边极其普通极其平常的柳树。↘

这是一株神奇的柳树,神奇到令我望而生畏的柳树,↗它伫立在青海高原上。↘

在青海高原,每走一处,面对广袤无垠、青草覆盖的原野,↗寸木不生、青石嶙峋的山峰,↗深邃的蓝天和凝滞的云团,↗心头便弥漫着古典边塞诗词的悲壮和苍凉。↘走到李家峡水电站总部的大门口,我一眼就瞅见了这株大柳树,不由得"哦"了一声。↗

这是我在高原见到的唯一的一株柳树。我站在这里,目力所及,背后是连绵的铁铸一样的青山,↗近处是呈现着赭红色的起伏的原野,根本看不到任何一种树。没有树林的原野显得尤其简洁而开阔,也显得异常的苍茫和苍凉。↘这株柳树怎么会生长起来壮大起来,怎么就造成高原如此壮观的一方独立的风景?↗

这株柳树大约有两合抱粗,浓密的树叶覆盖出大约百十余平方米的树阴;树干和枝叶呈现出生铁铁锭的色泽,粗实而坚硬;叶子如此之绿,绿得苍郁,绿得深沉,自然使人感到高寒和缺水对生命颜色的独特锻铸。↘它巍巍然撑立在高原之上,给人以生命伟力的强大的感召。↗

我便抑制不住猜测和想象:风从遥远的河川把一粒柳絮卷上高原,随意抛散到这里,那一年恰遇好雨水,↗它有幸萌发了;↘风把一团团柳絮抛散到这里,生长出一片幼柳,↗随之而来的持续的干旱把这一茬柳树苗子全毁了,只有这一株柳树奇迹般地保存了生命;↘自古以来,人们也许年复一年看到过一茬一茬的柳树苗子在春天冒出又在夏天旱死,也许熬过了持久的干旱却躲不过更为严酷的寒冷,↗干旱和寒冷绝不宽容任何一条绿色的生命活到一岁。↘这株柳树就造成了一个不可思议的奇迹,千年奇迹万年奇迹,↗无法猜度它是否属于一粒超级种子?↗

我依然沉浸在想象的情感世界:长到这样粗的一株柳树,经历过多少虐杀生灵的高原风雪,↗冻死过多少次又复苏过来;↘经历过多少场铺天盖地的雷轰电击,被劈断了枝干而又重新抽出了新条;↘它无疑经受过一次摧毁又一次摧毁,却能够一回又一回起死回生,这是一种顽强一种侥幸还是有神助佛佑?↗

我家乡的灞河以柳树名贯古今,历代诗家词人对那里的柳枝柳絮倾洒过多少墨汁和泪水。然而面对青海高原的这一株柳树,↗我却崇拜到敬畏的情境了。↘是的,↗家乡灞河边的柳树确有引我自豪的历史，每每吟诵那些折柳送别的诗篇，都会抹浓一层怀念家园的乡情。然而，家乡水边的柳枝却极易生长，随手折一条柳枝插下去，就发芽生长，三两年便成为一株婀娜多姿、风情万种的柳树了；漫天飞扬的柳絮飘落到沙滩上，便急骤冒出一片又一片芦苇一样的柳丛。青海高原上的这一株柳树，为保存生命却要付出怎样难以想象的艰苦卓绝的努力？同是一种柳树，生活的道路和生命的命运相差何远？

这株柳树没有抱怨命运，也没有畏怯生存之危险和艰难，更没有攀比没有忌妒河边同族同类的鸡肠小肚，而是聚合全部身心之力与生存环境抗争，以超乎想象的毅力和韧劲生存下来发展起来壮大起来，终于造成了高原上的一方壮丽的风景。命运给予它的几乎是九十九条死亡之路，它却在一线希望之中成就了一片绿荫。

我崇拜这株高原柳树。

第五节

课前提问答案

1.（1）A、B、C；（2）A、B、D；（3）A、B、C、D
2.（1）错误；（2）错误；（3）错误

练一练答案

1. 写出节奏类型
（1）押韵型、平仄型、齐言型
（2）押韵型、平仄型、齐言型、长短型

2. 答题要点：

这篇散文的节奏，有押韵型、重轻型、齐言型、快慢型、扬抑型、长短型、平仄型、反复型。

说明：

第一，为了方便标注，按每句一行排版。

第二，可跨句判断节奏类型。

第三，整篇文章的节奏类型，见文后。

春
朱自清

盼望着，盼望着，东风来了，春天的脚步近了。

齐言型［两个"盼望着"字数一样］

重轻型［前面小句轻，后面小句重。］

快慢型［"春天的脚步"快些，"近了"慢些］

扬抑型［"盼望着，盼望着，东风来了"的语势逐渐上扬，"春天的脚步近了" 的语势下降］

长短型［前两个小句都是 3 个字，最后一个小句 7 个字］

一切都像刚睡醒的样子，欣欣然张开了眼。

重轻型［"睡醒"和"张开"重读］

山朗润起来了，水涨起来了，太阳的脸红起来了。

扬抑型［"山朗润起来了，水涨起来了"的语势逐渐上扬，"太阳的脸红起来了"的语势下降］

重轻型［"红"重读］

反复型［"山/朗润起来了""水/涨起来了"和"太阳的脸/红起来了"的停连方式一样］

小草偷偷地从土里钻出来，嫩嫩的，绿绿的。

扬抑型［"嫩嫩的"的语势逐渐上扬，"绿绿的"的语势下降］

齐言型［"嫩嫩的"和"绿绿的"都是 3 个字］

长短型［第一个小句 11 个字，后两个小句分别是 3 个字］

园子里，田野里，瞧去，一大片一大片满是的。

齐言型［"园子里"和"田野里"都是 3 个字］

扬抑型［"瞧去"的语势逐渐上扬，最后一个小句的语势下降］

长短型［前三个小句短小，分别是 3 个字、2 个字，最后一个小句 9 个字］

重轻型［"满"重读］

坐着，躺着，打两个滚，踢几脚球，赛几趟跑，捉几回迷藏。

扬抑型［前五个小句的语势逐渐上扬，最后一个小句下降］

齐言型［"坐着"和"躺着"都是 2 个字，"打两个滚""踢几脚球"和"赛几趟跑"都是 4 个字］

反复型［"打/两个滚""踢/几脚球""赛/几趟跑"和"捉/几回迷藏"的停连方式一样］

风轻悄悄的，草软绵绵的。

齐言型［两个小句都是 5 个字］

反复型［"风/轻悄悄的"和"草/软绵绵的"的停连方式一样］

桃树、杏树、梨树，你不让我，我不让你，都开满了花赶趟儿。

齐言型［"你不让我"和"我不让你"都是 4 个字］

扬抑型［"你不让我"的语势逐渐上扬，"我不让你"的语势下降］

反复型［"你/不让我"和"我/不让你"的停连方式一样］

红的像火，粉的像霞，白的像雪。

齐言型［三个小句都是 4 个字］

反复型［"红的/像火""粉的/像霞"和"白的/像雪"的停连方式一样］

花里带着甜味儿，闭了眼，树上仿佛已经满是桃儿、杏儿、梨儿。

扬抑型［"花里带着甜味儿"的语势逐渐上扬，后面两个小句的语势下降］

重轻型［"满"重读］

花下成千成百的蜜蜂嗡嗡地闹着，大小的蝴蝶飞来飞去。

快慢型［"嗡嗡地闹着"和"飞来飞去"比该句的其他地方读得快些］

野花遍地是：杂样儿，有名字的，没名字的，散在草丛里，像眼睛，像星星，还眨呀眨的。

快慢型［"像眼睛，像星星"比该句的其他地方读得快些］

齐言型［"像眼睛"和"像星星"都是 3 个字］

押韵型［"像眼睛"的"睛"和"像星星"的"星"押韵］

重轻型［"遍地"重读］

反复型［"有/名字的"和"没/名字的"的停连方式一样，"像/眼睛"和"像/星星"的停连方式一样］

"吹面不寒杨柳风"，不错的，像母亲的手抚摸着你。

重轻型［"母亲"和"抚摸"重读］

风里带来些新翻的泥土的气息，混着青草味儿，还有各种花的香，都在微微润湿的空气里酝酿。

扬抑型［"混着青草味儿，还有各种花的香"的语势逐渐上扬，最后一个小句的语势下降］

押韵型［"香"和"酿"押韵］

鸟儿将巢安在繁花嫩叶当中，高兴起来了，呼朋引伴地卖弄清脆的喉咙，唱出婉转的曲子，与轻风流水应和着。

扬抑型［"高兴起来了，呼朋引伴地卖弄清脆的喉咙"的语势逐渐上扬，最后一个小句的语势下降］

牛背上牧童的短笛，这时候也成天在嘹亮地响。

扬抑型［前一个分句的语势逐渐上扬，后一个分句的语势下降］

重轻型［"嘹亮"重读］

雨是最寻常的，一下就是三两天。

重轻型［"最寻常"重读］

可别恼。

重轻型［"别恼"重读］

长短型［这一句 3 个字，上句"雨是最寻常的，一下就是三两天。"有 13 个字］

看，像牛毛，像花针，像细丝，密密地斜织着，人家屋顶上全笼着一层薄烟。

扬抑型［"看"的语势逐渐上扬，最后一个小句的语势下降］

齐言型［"像牛毛""像花针"和"像细丝"都是 3 个字］

长短型［在 6 个分句中，最短的 1 个字，还有 3 个字的、6 个字的，最长的 12 个字］

反复型［"像/牛毛""像/花针"和"像/细丝"的停连方式一样］

树叶儿却绿得发亮，小草儿也青得逼你的眼。

扬抑型［前面分句的语势逐渐上扬，后面分句的语势下降］

重轻型［"绿"和"青"重读］

傍晚时候,上灯了,一点点黄晕的光,烘托出一片安静而和平的夜。

重轻型["安静而和平"重读]

在乡下,小路上,石桥边,有撑起伞慢慢走着的人,地里还有工作的农民,披着蓑戴着笠。

齐言型["小路上""石桥边"都是 3 个字]

反复型["小路上""石桥边"的停连方式一样,"披着蓑""戴着笠"的停连方式一样]

他们的房屋,稀稀疏疏的,在雨里静默着。

重轻型["静默"重读]

天上风筝渐渐多了,地上孩子也多了。

重轻型["风筝"和"孩子"重读]

反复型["天上/风筝/渐渐多了"和"地上/孩子/也多了"的停连方式一样]

城里乡下,家家户户,老老小小,也赶趟儿似的,一个个都出来了。

齐言型["家家户户""老老小小"都是 4 个字]

重轻型["都"重读]

反复型["城里/乡下""家家/户户"和"老老/小小"的停连方式一样]

舒活舒活筋骨,抖擞抖擞精神,各做各的一份儿事去。

齐言型["舒活舒活筋骨"和"抖擞抖擞精神"都是 6 个字]

平仄型["舒活舒活筋骨"的格律是平平平平平仄,"抖擞抖擞精神"的格律是仄仄仄仄平平]

反复型["舒活舒活/筋骨"和"抖擞抖擞/精神"的停连方式一样]

"一年之计在于春",刚起头儿,有的是工夫,有的是希望。[A]

扬抑型[前面分句的语势逐渐上扬,最后一句的语势下降]

重轻型["希望"重读]

反复型["有的是/工夫"和"有的是/希望"的停连方式一样]

春天像刚落地的娃娃,从头到脚都是新的,它生长着。[B]

扬抑型[前面分句的语势逐渐上扬,最后一句的语势下降]

重轻型["娃娃"、"新"和"生长"重读]

春天像小姑娘,花枝招展的,笑着,走着。[C]

扬抑型[前面分句的语势逐渐上扬,最后一句的语势下降]

重轻型["小姑娘"、"笑"和"走"重读]

春天像健壮的青年,有铁一般的胳膊和腰脚,领着我们上前去。[D]

扬抑型[三个分句的语势逐渐上扬]

重轻型["青年""铁一般"和"上前去"重读]

上述最后四句整体上也构成了扬抑型[A 句整体上扬;B、C 略低于 A 句的音高;D 整体上扬,比 A 句高]

上述最后四句整体上也构成了重轻型[A 句整体较重上扬;B、C 的强度略低于 A 句;D 整体上

最重]

整篇文章的节奏类型：

整篇文章有 10 个段落，相对而言，第三段、第四段属于快慢型，语速较快。

第六节

课前提问答案

1. (1) A；(2) A、B、D；(3) B

2. (1) 正确；(2) 正确；(3) 错误

练一练答案

1. (1) 麻、家、瓜；(2) 麻

2.

过故人庄

[唐]孟浩然

｜ － ｜ － ｜ － ｜ ｜ － －

故人具鸡黍，邀我至田家。

｜ ｜ － － ｜ － － ｜ ｜ －

绿树村边合，青山郭外斜。

－ － ｜ － ｜ ｜ ｜ ｜ ｜ －

开轩面场圃，把酒话桑麻。

｜ ｜ － － ｜ － － ｜ ｜ －

待到重阳日，还来就菊花。

"绿、合、郭、日、菊"是入声字，属于仄声。

这首平起（第一句第二字是平声）五言律诗，首句不用韵，其格律如下：

仄平仄平仄

平仄仄平平

仄仄平平仄

平平仄仄平

平平仄平仄

仄仄仄平平

仄仄平平仄

平平仄仄平

平起五言律诗格律如下，《过故人庄》中的第一句、第五句用的是变格。

平平平仄仄

仄仄仄平平

仄仄平平仄

平平仄仄平

平平平仄仄

仄仄仄平平

仄仄平平仄

平平仄仄平

·第五章·

第一节

▌课前提问答案

（1）错误；（2）正确；（3）错误

▌练一练答案

1.

炊烟／是村庄的根

刘亮程

当时～在刮东风，我们家榆树上的一片叶子，″和李家杨树上的一片叶子，″在空中／遇到一起，脸贴脸，背碰背，像一对恋人或兄弟，在风中欢舞着／朝远处飞走了。￬它们不知道／我父亲和李家有仇。它们快乐地飘过／我的头顶时，离我只有一膀子高，″我手中有根树条／就能打落它们。￬可我没有。它们离开树／离开村子／满世界转去了。我站在房顶，看着满天空的东西／向东飘移，又一个秋天了，我的头愣愣的，没有另一颗头／在空中与它遇到一起。￬

如果大清早刮东风，那时空气潮湿，″炊烟贴着房顶／朝西飘。清早柴火也是潮潮的，冒出的烟＾又黑又稠。￬在沙沟沿新户人家那边，张天家的一溜黑烟／最先飘出村子，接着王志和家的一股黄烟／飘出村子。烧碱蒿子／冒黄烟，烧麦草和包谷秆／冒黑烟，烧红柳／冒紫烟、梭梭柴／冒青烟、榆树枝／冒蓝烟……村庄上头通常冒／七种颜色的烟。

老户人家这边，先是韩三家、韩老二家、张桩家、邱老二家的炊烟／一挨排／出了村子。路东边，我们家的炊烟／在后面，慢慢追上／韩三家的炊烟，韩元国家的炊烟／慢慢追上邱老二家的炊烟，冯七家的炊烟／慢慢追上张桩家的炊烟。

　　我们家烟囱和韩三家烟囱错开了几米，两股烟很少相汇在一起，总是并排儿各走各的，飘再近也互不理睬。韩元国和邱老二两家的烟囱对个正直，刮正风时不是邱老二家的烟飘过马路追上韩元国家的，就是韩元国家的烟越过马路追上邱老二家的，两股烟死死缠在一起，扭成一股朝远处飘。

　　早先两家好的时候，我听见有人说，你看这两家好得连炊烟都缠抱在一起。后来两家有了矛盾，炊烟仍旧缠抱在一起。韩元国是个火爆脾气，他不允许自家的孩子和邱老二家的孩子一起玩，"更不愿意自家的炊烟与仇家的纠缠在一起，"他看着不舒服，就把后墙上的烟囱搞了，挪到了边墙上。再后来，在我们家搬走的前两年，那两家又好得不得了了，这家做了好饭隔着路喊那家过来吃，那家有好吃的也给这家端过去，连两家的孩子间都按大小叫哥叫弟。只是那两股子炊烟，再也走不到一起了。

　　如果刮一阵乱风，全村的炊烟会像一头乱发绞缠在一起。麦草的烟软、梭梭柴的烟硬，碱蒿子的烟最呛人。谁家的烟在风中能站直，谁家的烟一有风就趴倒，这跟所烧的柴火有关系。

　　炊烟是村庄的头发。我小时候这样比喻。大一些时，我知道它是村庄的根。我在滚滚飘远的一缕缕炊烟中，看到有一种东西被它从高远处吸纳了回来，丝丝缕缕地进入到每一户人家的每一口锅底、锅里的饭、碗、每一张嘴。

　　早晨，我从草棚顶上站起来，我站在缕缕炊烟之上，看见这个镰刀状的村子冒出的烟，在空中形成一把巨大无比的镰刀，这把镰刀刃朝西，缓慢而有力地收割过去，几百个秋天的庄稼齐刷刷倒了。

2.

雨巷

戴望舒

撑着油纸伞，"独自~

彷徨在悠长，"悠长~

又寂寥的雨巷，

我希望逢着

一个丁香一样地

结着愁怨的姑娘~。

她是有

丁香一样的颜色，

丁香一样的芬芳，

丁香一样的忧愁，

在雨中哀怨，

哀怨又彷徨。

她彷徨在这寂寥的雨巷，

撑着油纸伞

像我一样，

像我一样地

默默彳亍着，

冷漠，凄清，又惆怅。

她静默地走近

走近，又投出

太息一般的眼光，

她飘过

像梦一般的，

像梦一般的凄婉迷茫。

像梦中飘过

一枝丁香地，

我身旁飘过这女郎；

她静默地远了，远了，

到了颓圮的篱墙，

走尽这雨巷。

在雨的哀曲里，

消了她的颜色，

散了她的芬芳，

消散了，甚至她的

太息般的眼光，

丁香般的惆怅。

撑着油纸伞，独自

彷徨在╱悠长，″悠长～

又寂寥的╱雨巷～，

我希望飘过

一个丁香一样地

结着愁怨的姑娘～。↘↘

第二节

课前提问答案

（1）错误；（2）错误；（3）正确

练一练答案

1. 散文《奋飞的海鸥》采取先抑后扬的笔法，通过对比凤凰、苍鹰、秃鹫、鱼鹰，烘托出飞翔之于海鸥"是永恒的本能，欢乐的源泉，奋斗的目的，生命的归宿！"，鼓励人们要像海鸥那样勇于飞翔。该文的基调豪放刚健。

2. 散文《炊烟是村庄的根》是对农村原生态生活的真实写照。该文从炊烟的"关系"写到邻里关系，充满了烟火气。该文的基调诙谐风趣。

3. 散文《生命的化妆》通过作者与化妆师对话的形式，以化妆的境界比喻人的生命的境界。该文以问题引发思考，娓娓道来，寓意深刻。该文的基调平淡含蓄。

第三节

课前提问答案

（1）正确；（2）正确；（3）错误

练一练答案

1. 散文《奋飞的海鸥》的三个分析文本：

（1）句调分析文本

该文的基调豪放刚健，特点是节奏铿锵，起伏很大，坚决果断。

奋飞的海鸥

张梦阳

海鸥闭翅落地的时候，并不算是美丽的鸟，长而尖的嘴，╱光秃秃的头，╱短而粗的脖，╱

稍显臃肿的身子，白色之中掺杂些灰褐色的羽毛，简直其貌不扬。不仅无法与鸟中之王凤凰相比，不能与美丽的孔雀相伴，而且绝对没有苍鹰、兀鹫那种挺立于高山之巅睥睨一切、超凡绝伦的气度。它显得那样平庸无奇，碌碌无为，呆头呆脑，可以说是鸟类中的凡夫，生物界的俗子。

然而当海鸥展开翅膀、凌空飞翔的时候，却恍然间化作了鸟类中的精英，生物界的奇雄。它在蔚蓝色的海天之间上下翻飞，亲吻着海涛，追逐着海轮，忽而轻悠如白云，忽而疾驰如闪电。它像海天之间的雪白的莲花，是那广阔无垠的蔚蓝色的绝妙点缀；它如海涛之中的吉祥的信物，给那万里漂泊的海员们以无限的慰藉。

海鸥飞翔着，飞翔着，奋力飞翔着，拼死飞翔着！凌空而飞，掠海而飞，迎风而飞，冒险而飞！它不像凤凰那样，飞翔是为显示自己华彩的羽翼，也不像鱼鹰那样，飞翔是为捕捉浪中肥美的小鱼。对于它来说，飞翔是永恒的本能，欢乐的源泉，奋斗的目的，生命的归宿！既不是为了炫耀，也不是为了觅食。

只要能够飞翔，就有超越平庸的可能，就能从凡夫化为精英，从俗子变作奇雄。

只要能够飞翔，就有跳出窠臼的机遇，就会从沟窝冲进海天，从石底升入云端。

呵，只要能够飞翔，宇宙间的一切就会充满生机，莽莽荒原变为繁华闹市，原始部落进入现代社会，无生命的月球化作嫦娥、吴刚的乐园，遥远的天马星座也会跨入超科技的时代。

呵，奋飞吧，海鸥！青天秀水，苍天雄关，艳阳新月，碧海奇岛，闪着银辉的飞碟，发出奇光的珊瑚，无边的蔚蓝色和玫瑰色，都将会属于你——献身飞翔的海鸥！

（2）音步分析文本

说明：在时长上，单音节音步有两种方式（即停顿一拍或延长一拍），可以满足双音节音步的时长要求。对此，答案中不做统一要求，故未标出"0"（表示停顿一拍）或"～"（表示延长一拍）。

奋飞_的/海鸥
张梦阳

海鸥/闭翅/落地_的/时_候，并/不算/是/美丽_的/鸟，长/而尖_的/嘴，光秃秃_的/头，短/而粗_的/脖，稍显/臃肿_的/身子，白色/之中/掺杂/些/灰褐色_的/羽毛，简直/其貌/不扬。不仅/无法/与/鸟中之王/凤凰/相比，不能/与/美丽_的/孔雀/相伴，而且/绝对/没有/苍鹰、兀鹫/那种/挺立/于/高山/之巅/睥睨/一切、超凡/绝伦_的/气度。它/显_得/那样/平庸/无奇，碌碌/无为，呆头/呆脑，可以/说是/鸟类中_的/凡夫，生物界_的/俗子。

然而/当/海鸥/展开/翅膀、凌空/飞翔_的/时_候，却/恍然间/化作_了/鸟类中_的/精英，生物界_的/奇雄。它在/蔚蓝色_的/海天/之间/上下/翻飞，亲吻_着/海涛，追逐_着/海轮，忽而/轻悠/如/白云，忽而/疾驰/如/闪电。它像/海天/之间_的/雪白_的/莲花，是那/广阔/无垠_的/蔚蓝色_的/绝妙/点缀；它如/海涛/之中_的/吉祥_的/信物，给那/万里/漂泊_的/海员_们/以/无限_的/慰藉。

海鸥/飞翔_着，飞翔_着，奋力/飞翔_着，拼死/飞翔_着！凌空/而飞，掠海/而飞，迎风/而飞，冒险/而飞！它/不像/凤凰/那样，飞翔/是为/显示/自己/华彩的/羽翼，也/不像/鱼鹰/那样，飞翔/是为/捕捉/浪中/肥美的/小鱼。对于/它/来说，飞翔/是/永恒的/本能，欢乐的/源泉，奋斗的/目的，生命的/归宿！既/不是/为了/炫耀，也/不是/为了/觅食。

只要/能够/飞翔，就有/超越/平庸的/可能，就能/从/凡夫/化为/精英，从/俗子/变作/奇雄。

只要/能够/飞翔，就有/跳出/窠臼的/机遇，就会/从/沟窝/冲进/海天，从/石底/升入/云端。

呵，只要/能够/飞翔，宇宙间的/一切/就会/充满/生机，莽莽/荒原/变为/繁华/闹市，原始/部落/进入/现代/社会，无生命的/月球/化作/嫦娥、吴刚的/乐园，遥远的/天马/星座/也会/跨入/超科技的/时代。

呵，奋飞吧，海鸥！青天/秀水，苍天/雄关，艳阳/新月，碧海/奇岛，闪着/银辉的/飞碟，发出/奇光的/珊瑚，无边的/蔚蓝色/和/玫瑰色，都/将会/属于/你——献身/飞翔的/海鸥！

（3）方言语音偏误分析文本

具体有以下四个方面的读音现象：

第一，要读准翘舌音。下文加点的字读翘舌音。具体如下：

张、翅、时、是、长、稍、肿、身、中、掺、直、之、山、超、说、生、展、翅、中、上、着、追、逐、如、闪、缀、示、捉、食、只、出、冲、石、宙、充、市、始、入、嫦、珊、属、身

第二，要读准后鼻音。下文加波浪线的字读后鼻音；加双线的字既读翘舌音，又读后鼻音，例如"张""嫦"。具体如下：

张、梦、并、光、朦、肿、中、王、凤、凰、相、能、孔、苍、鹰、挺、平、庸、膀、凌、空、翔、恍、精、英、生、雄、轻、像、祥、迎、风、像、鹰、浪、命、雄、升、生、莽、荒、嫦、刚、星、青、苍、将、样、永、恒、阳

第三，要读准复韵母。其中有的字还读翘舌音，例如"稍""说"。具体如下：

飞、海、鸥、落、候、美、鸟、乌、头、稍、白、些、灰、毛、貌、雀、且、绝、对、没、有、鹜、高、切、为、脑、说、类、界、开、却、化、作、蔚、下、涛、追、悠、雪、花、广、阔、妙、给、漂、慰、藉、掠、冒、华、彩、肥、小、来、斗、归、耀、要、够、就、有、越、作、臼、会、沟、窝、闹、落、代、会、月、球、遥、远、座、跨、超、秀、水、岛、辉、碟、玫、瑰、都

第四，不能读入声。普通话中没有入声，要注意下面各字的普通话读音。具体如下：

落、不、秃、色、杂、褐、法、绝、没、兀、一、碌、忽、雪、白、藉、掠、入、石、作、月、碧、碟、发、出

此外，请把你容易读错的字，在下文中标注出来。

奋飞的海鸥

张梦阳

海鸥闭翅落地的时候，并不算是美丽的鸟，长而尖的嘴，光秃秃的头，短而粗的脖，稍显朦肿的身子，白色之中掺杂些灰褐色的羽毛，简直其貌不扬。不仅无法与鸟中之王凤凰相

比,不能与美丽的孔雀相伴,而且绝对没有苍鹰、兀鹫那种挺立于高山之巅睥睨一切、超凡绝伦的气度。它显得那样平庸无奇,碌碌无为,呆头呆脑,可以说是鸟类中的凡夫,生物界的俗子。

然而当海鸥展开翅膀、凌空飞翔的时候,却恍然间化作了鸟类中的精英,生物界的奇雄。它在蔚蓝色的海天之间上下翻飞,亲吻着海涛,追逐着海轮,忽而轻悠如白云,忽而疾驰如闪电。它像海天之间的雪白的莲花,是那广阔无垠的蔚蓝色的绝妙点缀;它如海涛之中的吉祥的信物,给那万里漂泊的海员们以无限的慰藉。

海鸥飞翔着,飞翔着,奋力飞翔着,拼死飞翔着! 凌空而飞,掠海而飞,迎风而飞,冒险而飞! 它不像凤凰那样,飞翔是为显示自己华彩的羽翼,也不像鱼鹰那样,飞翔是为捕捉浪中肥美的小鱼。对于它来说,飞翔是永恒的本能,欢乐的源泉,奋斗的目的,生命的归宿! 既不是为了炫耀,也不是为了觅食。

只要能够飞翔,就有超越平庸的可能,就能从凡夫化为精英,从俗子变作奇雄。

只要能够飞翔,就有跳出窠臼的机遇,就会从沟窝冲进海天,从石底升入云端。

呵,只要能够飞翔,宇宙间的一切就会充满生机,莽莽荒原变为繁华闹市,原始部落进入现代社会,无生命的月球化作嫦娥、吴刚的乐园,遥远的天马星座也会跨入超科技的时代。

呵,奋飞吧,海鸥! 青天秀水,苍天雄关,艳阳新月,碧海奇岛,闪着银辉的飞碟,发出奇光的珊瑚,无边的蔚蓝色和玫瑰色,都将会属于你——献身飞翔的海鸥!

2. 散文《生命的化妆》的三个分析文本:

(1) 句调分析文本

该文的基调平淡含蓄,特点是节奏舒缓,起伏较小,平淡无奇。

生命的化妆

林清玄

我认识一位化妆师。她是真正懂得化妆,而又以化妆闻名的。

对于这生活在与我完全不同领域的人,使我增添了几分好奇,因为在我的印象里,化妆再有学问,也只是在表相上用功,实在不是有智慧的人所应追求的。

因此,我忍不住问她:"你研究化妆这么多年,到底什么样的人才算会化妆?化妆的最高境界到底是什么?"

对于这样的问题,这位年华已逐渐老去的化妆师露出一个深深的微笑。她说:"化妆的最高境界可以用两个字形容,就是'自然'。最高明的化妆术,是经过非常考究的化妆,让人家看起来好像没有化过妆一样,并且这化出来的妆与主人的身份匹配,能自然表现那个人的个性与气质。次级的化妆是把人凸现出来,让她醒目,引起众人的注意。拙劣的化妆是一站出来别人就发现她化了很浓的妆,而这层妆是为了掩盖自己的缺点和年龄的。最坏的一种化妆,是化过妆以后扭曲了自己的个性,又失去了五官的协调,例如小眼睛的人竟化了浓眉,大脸蛋的人竟化了白脸,阔嘴的人竟化了红唇……"

没想到，化妆的最高境界竟是无妆，↗竟是自然，↗这可使我刮目相看了。↘

化妆师看我听得出神，继续说："这不就像你们写文章一样？↗拙劣的文章常常是词句的堆砌，扭曲了作者的个性。↗好一点的文章是光芒四射，吸引了人的视线，但别人知道你是在写文章。最好的文章，是作家自然的流露，他不堆砌，读的时候不觉得是在读文章，而是在读一个生命。↘"

多么有智慧的人呀！↗可是，"到底做化妆的人只是在表皮上做功夫！↗"我感叹地说。

"不对的，"化妆师说，"化妆只是最末的一个枝节，它能改变的事实很少。↘深一层的化妆是改变体质，让一个人改变生活方式、睡眠充足、注意运动与营养，这样她的皮肤改善、精神充足，比化妆有效得多。再深一层的化妆是改变气质，多读书、多欣赏艺术、多思考、对生活乐观、对生命有信心、心地善良、关怀别人、自爱而有尊严，这样的人就是不化妆也丑不到哪里去，脸上的化妆只是化妆最后的一件小事。我用三句简单的话来说明，三流的化妆是脸上的化妆，↗二流的化妆是精神的化妆，↗一流的化妆是生命的化妆。↘"

化妆师接着做了这样的结论："你们写文章的人不也是化妆师吗？↗三流的文章是文字的化妆，↗二流的文章是精神的化妆，↗一流的文章是生命的化妆。↘这样，你懂化妆了吗？↗"

我为这位女化妆师的智慧而起立向她致敬，↗深为我最初对化妆的观点感到惭愧。↘

告别了化妆师，回家的路上我走在夜黑的地方，有了这样深刻的体悟：这个世界一切的表相都不是独立自存的，一定有它深刻的内在意义，那么，改变表相最好的方法，不是在表相上下功夫，一定要从内在里改革。↘

可惜，在表相上用功的人往往不明白这个道理。↘

（2）音步分析文本

说明：在时长上，单音节音步有两种方式（即停顿一拍或延长一拍），可以满足双音节音步的时长要求。对此，答案中不做统一要求，故未标出"0"（表示停顿一拍）或"～"（表示延长一拍）。

生命_的/化妆
林清玄

我/认识/一位/化妆师。她是/真正/懂得/化妆，而又/以/化妆/闻名_的。

对于/这/生活/在/与我/完全/不同/领域_的/人，使我/增添_了/几分/好奇，因为/在/我_的/印象_里，化妆/再有/学问，也/只是/在/表相_上/用功，实在/不是/有/智慧_的/人/所应/追求_的。

因此，我/忍_不住/问她："你/研究/化妆/这么/多年，到底/什么样_的/人/才算/会/化妆？化妆_的/最高/境界/到底/是什么？"

对于/这样_的/问题，这位/年华/已/逐渐/老去_的/化妆师/露出/一个/深深_的/微笑。她说："化妆_的/最高/境界/可以/用/两个/字/形容，就是/'自然'。最/高明_的/化妆术，是/经过/非常/考究_的/化妆，让/人家/看_{起来}/好像/没有/化过/妆/一样，并且/这/化_{出来的}/妆/与/主人_的/身份/匹配，能/自然/表现/那个/人_的/个性/与/气质。次级_的/化妆/是/把人/凸现_{出来}，让她/醒目,引起/众人的/注意。拙劣的/化妆/是/一站出来/别人/就/发现/她化了/很浓的/妆,而/这层/妆/是/为了/掩盖/自己的/缺点/和/年龄的。最坏的/一种/化妆,是/化过妆/以后/扭曲了/自己的/个性,又/失去了/五官的/协调,例如/小/眼睛的/人/竟化了/浓眉,大/脸蛋的/人/竟化了/白脸,阔嘴的/人/竟化了/红唇……"

没/想到,化妆的/最高/境界/竟是/无妆,竟是/自然,这可/使我/刮目/相看了。

化妆师/看我/听得/出神,继续/说:"这不/就像/你们/写/文章/一样? 拙劣的/文章/常常/是/词句的/堆砌,扭曲了/作者的/个性。好/一点的/文章/是/光芒/四射,吸引了/人的/视线,但/别人/知道/你是/在写/文章。最好的/文章,是/作家/自然的/流露,他/不/堆砌,读的/时候/不/觉得/是/在读/文章,而是/在读/一个/生命。"

多么/有/智慧的/人呀! 可是,"到底/做/化妆的/人/只是/在/表皮上/做/功夫!"我/感叹地/说。

"不对的,"化妆师/说,"化妆/只是/最末的/一个/枝节,它能/改变的/事实/很少。深/一层的/化妆/是/改变/体质,让/一个人/改变/生活/方式、睡眠/充足、注意/运动/与/营养,这样/她的/皮肤/改善、精神/充足,比/化妆/有效/得多。再深/一层的/化妆/是/改变/气质,多/读书、多/欣赏/艺术、多/思考、对/生活/乐观、对/生命/有/信心、心地/善良、关怀/别人、自爱/而有/尊严,这样的/人/就是/不/化妆/也/丑/不到/哪里/去,脸上的/化妆/只是/化妆/最后的/一件/小事。我用/三句/简单的/话/来/说明,三流的/化妆/是/脸上的/化妆,二流的/化妆/是/精神的/化妆,一流的/化妆/是/生命的/化妆。"

化妆师/接着/做了/这样的/结论:"你们/写文章的/人/不/也是/化妆师吗? 三流的/文章/是/文字的/化妆,二流的/文章/是/精神的/化妆,一流的/文章/是/生命的/化妆。这样,你/懂/化妆了吗?"

我为/这位/女/化妆师的/智慧/而/起立/向她/致敬,深为/我/最初/对/化妆的/观点/感到/惭愧。

告别了/化妆师,回家的/路上/我/走在/夜黑的/地方,有了/这样/深刻的/体悟:这个/世界/一切的/表相/都/不是/独立/自存的,一定/有它/深刻的/内在/意义,那么,改变/表相/最好的/方法,不是/在/表相上/下功夫,一定/要从/内在里/改革。

可惜,在/表相上/用功的/人/往往/不/明白/这个/道理。

(3)方言语音偏误分析文本

具体有以下四个方面的读音现象:

第一,要读准翘舌音。下文加点的字读翘舌音。具体如下:

生、妆、认、识、师、是、真、正、这、人、使、只、实、智、追、忍、住、什、逐、出、深、说、容、术、常、让、主、身、然、质、众、注、拙、站、种、失、唇、神、章、常、者、视、知、时、生、智、只、枝、事、实、少、式、睡、充、注、善、书、赏、丑、神、着、致、初、上、世

第二,要读准后鼻音。下文加波浪线的字读后鼻音;加双线的字既读翘舌音,又读后鼻

音,例如"妆""让"。具体如下:

命、妆、清、懂、名、同、领、增、相、上、用、功、应、境、形、明、经、让、像、样、并、能、性、醒、浓、龄、睛、竟、红、想、章、常、光、芒、命、层、生、方、动、营、养、样、精、良、敬、方、定、从、往、明、容、听、功、向

第三,要读准复韵母。其中有的字还读翘舌音,比如"追""常"。具体如下:

化、我、位、又、对、活、在、好、为、再、有、学、也、表、实、慧、所、追、求、多、到、才、会、最、高、界、对、华、老、微、笑、就、过、常、考、究、家、来、没、且、配、表、拙、劣、别、盖、缺、坏、后、扭、协、调、小、眉、白、阔、嘴、刮、写、拙、劣、堆、扭、作、流、候、觉、做、节、改、效、考、活、怀、爱、丑、后、话、说、接、结、也、愧、告、回、走、夜、黑、切、表、都、内、要、道

第四,不能读入声。普通话中没有入声,要注意下面各字的普通话读音。具体如下:

一、得、不、没、出、目、拙、劣、别、发、缺、曲、失、协、白、刮、作、读、做、末、节、质、足、接、结、立、黑、刻、独、法、惜

此外,请把你容易读错的字,在下文中标注出来。

生命的化妆

林清玄

我认识一位化妆师。她是真正懂得化妆,而又以化妆闻名的。

对于这生活在与我完全不同领域的人,使我增添了几分好奇,因为在我的印象里,化妆再有学问,也只是在表相上用功,实在不是有智慧的人所应追求的。

因此,我忍不住问她:"你研究化妆这么多年,到底什么样的人才算会化妆? 化妆的最高境界到底是什么?"

对于这样的问题,这位年华已逐渐老去的化妆师露出一个深深的微笑。她说:"化妆的最高境界可以用两个字形容,就是'自然'。最高明的化妆术,是经过非常考究的化妆,让人家看起来好像没有化过妆一样,并且这化出来的妆与主人的身份匹配,能自然表现那个人的个性与气质。次级的化妆是把人凸现出来,让她醒目,引起众人的注意。拙劣的化妆是一站出来别人就发现她化了很浓的妆,而这层妆是为了掩盖自己的缺点和年龄的。最坏的一种化妆,是化过妆以后扭曲了自己的个性,又失去了五官的协调,例如小眼睛的人竟化了浓眉,大脸蛋的人竟化了白脸,阔嘴的人竟化了红唇……"

没想到,化妆的最高境界竟是无妆,竟是自然,这可使我刮目相看了。

化妆师看我听得出神,继续说:"这不就像你们写文章一样? 拙劣的文章常常是词句的堆砌,扭曲了作者的个性。好一点的文章是光芒四射,吸引了人的视线,但别人知道你是在写文章。最好的文章,是作家自然的流露,他不堆砌,读的时候不觉得是在读文章,而是在读一个生命。"

多么有智慧的人呀! 可是,"到底做化妆的人只是在表皮上做功夫!"我感叹地说。

"不对的,"化妆师说,"化妆只是最末的一个枝节,它能改变的事实很少。深一层的化妆

是改变体质,让一个人改变生活方式、睡眠充足、注意运动与营养,这样她的皮肤改善、精神充足,比化妆有效得多。再深一层的化妆是改变气质,多读书、多欣赏艺术、多思考、对生活乐观、对生命有信心、心地善良、关怀别人、自爱而有尊严,这样的人就是不化妆也丑不到哪里去,脸上的化妆只是化妆最后的一件小事。我用三句简单的话来说明,三流的化妆是脸上的化妆,二流的化妆是精神的化妆,一流的化妆是生命的化妆。"

化妆师接着做了这样的结论:"你们写文章的人不也是化妆师吗? 三流的文章是文字的化妆,二流的文章是精神的化妆,一流的文章是生命的化妆。这样,你懂化妆了吗?"

我为这位女化妆师的智慧而起立向她致敬,深为我最初对化妆的观点感到惭愧。

告别了化妆师,回家的路上我走在夜黑的地方,有了这样深刻的体悟:这个世界一切的表相都不是独立自存的,一定有它深刻的内在意义,那么,改变表相最好的方法,不是在表相上下功夫,一定要从内在里改革。

可惜,在表相上用功的人往往不明白这个道理。

第四节

课前提问答案

(1)错误;(2)错误;(3)错误

练一练答案

1. 唐诗《枫桥夜泊》

枫桥夜泊

[唐]张 继

‖‖ - ∼ - │∽
月落乌啼霜满天,

- ∼ - ‖│∼∽
江枫渔火对愁眠。

- ∼ - ││ - ∼│
姑苏城外寒山寺,

││ - ∼│‖│∽
夜半钟声到客船。

2. 元散曲《天净沙·秋》

天净沙·秋

[元]白朴

- ∼‖‖ - ∽ - ∼││ - ∽ ‖│ - ∼│∽ - ∼│ │ ‖│ - ‖ - ∽
孤村落日残霞,轻烟老树寒鸦,一点飞鸿影下。青山绿水,白草红叶黄花。

· 第六章 ·

第一节

课前提问答案

1. (1) A;(2) B;(3) A

2. (1) 正确;(2) 正确;(3) 错误

练一练答案

1. (1) B;(2) A;(3) A;(4) A;(5) B;(6) B;(7) B;(8) A;(9) B;(10) B

2. 连线题

"毛辣角""毛包""默倒"相应的普通话词语依次是"西红柿""粗心""以为"。

第二节

课前提问答案

1. (1) A;(2) B;(3) C

2. (1) 错误;(2) 正确;(3) 正确

练一练答案

1. 答案都是 A。

7. 答案:都在第二个句子的后面打钩。

8.

(1) 给我留张电影票。

(2) 给我(一)本书。(括号中的"一"可以省略)

(3) 给她(一)支笔。(括号中的"一"可以省略)

(4) 每月交给他五十块钱。

参考文献

一、学术文献

1. [美]帕泰尔(Aniruddh D. Patel).音乐、语言与脑[M].杨玉芳,蔡丹超,等译.上海:华东师范大学出版社,2012.

2. [美]艾伦·科普兰.如何听懂音乐[M].曹利群,译.天津:百花文艺出版社,2017.

3. [美]冯胜利、王丽娟.汉语韵律语法教程[M].北京:北京大学出版社,2018.

4. [美]罗伯特·L.索尔所,M.金伯利·麦克林,奥托·H.麦克林.认知心理学(第7版)[M].邵志芳,李林,徐媛,高旭辰,何敏萱,等译.上海:上海人民出版社,2008.

5. [英]艾约瑟编著.上海方言词汇集[M].杨文波,姚喜明,胡炜栋,校注.上海:上海大学出版社,2016.

6. 白宛如.广州方言词典[M].南京:江苏教育出版社,1998.

7. 白岩松编著.哈尼语教程[M].昆明:云南大学出版社,2015.

8. 鲍厚星,崔振华,沈若云,伍云姬.长沙方言词典[M].南京:江苏教育出版社,1993.

9. 鲍士杰编纂.杭州方言词典[M].南京:江苏教育出版社,1998.

10. 蔡国璐编纂.丹阳方言词典[M].南京:江苏教育出版社,1995.

11. 蔡寿福主编.云南教育史[M].昆明:云南教育出版社,2001.

12. 曹逢甫.从语言学看文学——唐宋近体诗三论[M].北京:北京大学出版社,2016.

13. 曹志耘编纂.金华方言词典[M].南京:江苏教育出版社,1996.

14. 陈鸿迈编纂.海口方言词典[M].南京:江苏教育出版社,1996.

15. 陈少松.古诗词文吟诵导论[M].北京:中华书局,2017.

16. 陈铁健编.中国近代思想家文库·瞿秋白卷[M].北京:中国人民大学出版社,2014.

17. 陈原. 语言和人[M]. 北京：商务印书馆，2003.

18. 董树人. 新编北京方言词典[M]. 北京：商务印书馆，2010.

19. 范可育.《汉语拼音方案》功能的新概括[C]//中国语文现代化学会. 中国语文现代化学会2003年年度会议论文集. 北京：语文出版社，2003.

20. 冯胜利. 汉语的韵律、词法与句法[M]. 北京：北京大学出版社，1997.

21. 符淮青. 现代汉语词汇[M]. 北京：北京大学出版社 1985.

22. 付林，胡音声. 流行歌曲写作十八讲[M]. 北京：人民音乐出版社，2012.

23. 高名凯，石安石. 语言学概论[M]. 北京：中华书局，1963.

24. 郭锦桴. 汉语声调语调阐要与探索[M]. 北京：北京语言学院出版社，1993.

25. 国家语委普通话与文字应用培训测试中心编制. 普通话水平测试实施纲要（2021年版）[M]. 北京：语文出版社，2022.

26. 贺巍编纂. 洛阳方言词典[M]. 南京：江苏教育出版社，1996.

27. 胡明扬. 普通话和北京话（下）[J]. 语文建设，1986(04).

28. 胡裕树主编. 现代汉语[M]. 上海：上海教育出版社，1997.

29. 黄伯荣主编. 汉语方言语法类编[M]. 青岛：青岛出版社，1996.

30. 黄雪贞编纂. 梅县方言词典[M]. 南京：江苏教育出版社，1999.

31. 蒋冰冰. 汉语正音教程[M]. 上海：华东师范大学出版社，2018.

32. 蒋冰冰. 移民与城市语言发展研究——以上海为例[M]. 上海：华东师范大学出版社，2014.

33. 蒋绍愚. 唐诗语言研究[M]. 北京：北京：语文出版社，2019.

34. 教育部语言文字信息管理司组编.《汉语拼音正词法基本规则》解读[M]. 北京：语文出版社，2013.

35. 教育部语言文字应用管理司编. 新时期语言文字法规政策文件汇编[M]. 北京：语文出版社，2005.

36. 李树俨，张安生编纂. 银川方言词典[M]. 南京：江苏教育出版社，1996.

37. 李宇明. 中华文化迈出国际新步伐——写在中文罗马字母拼写法国际标准（ISO 7098：2015）修订出版之时[N]. 光明日报，2016-05-01(7).

38. 李宇明主编. 全球华语大词典[M]北京：商务印书馆，2016.

39. 李重光编. 音乐理论基础[M]. 北京：人民音乐出版社，1996.

40. 梁德曼，黄尚军编纂. 成都方言词典[M]. 南京：江苏教育出版社，1998.

41. 林茂灿，颜景助，孙国华. 北京话两字组正常重音的初步实验[J]. 方言，1984(01).

42. 林焘，王理嘉著，王韫佳，王理嘉增订. 语音学教程（增订版）[M]. 北京：北京大学出版社，2013.

43. 林焘. 从官话、国语到普通话[J]. 语文建设，1998(10).

44. 刘丹青编纂. 南京方言词典[M]. 南京：江苏教育出版社，1998.

45. 刘梦溪主编.中国现代学术经典·赵元任卷[M].石家庄:河北教育出版社,1996.

46. 刘淑学.冀鲁官话的分区(稿)[J].方言,2006(04).

47. 罗常培,王均.普通语音学纲要(修订本)[M].北京:商务印书馆,2010.

48. 罗福腾编纂.牟平方言词典[M].南京:江苏教育出版社,1997.

49. 倪海曙著作编辑小组.倪海曙语文论集[M].上海:上海教育出版社,1991.

50. 普通话·北方话·蓝青官话[J].教学参考,1979(01).

51. 钱曾怡编纂.济南方言词典[M].南京:江苏教育出版社,1997.

52. 秦德祥,钟敏,柳飞,金丽藻记录整理.赵元任　程曦吟诵遗音录[M].北京:商务印书馆,2018.

53. 邵敬敏主编.现代汉语通论[M].上海:上海教育出版社,2001.

54. 沈明编纂.太原方言词典[M].南京:江苏教育出版社,1994.

55. 施良方.学习论[M].北京:人民教育出版社,2001.

56. 史有为.汉语外来词[M].北京:商务印书馆2000.

57. 苏晓青,吕用卫编纂.徐州方言词典[M].南京:江苏教育出版社,1996.

58. 孙宏开,胡增益,黄行主编.中国的语言[M].北京:商务印书馆,2007.

59. 覃远雄,韦树关,卞成林编纂.南宁平话词典[M].南京:江苏教育出版社,1997.

60. 汤珍珠,陈忠敏,吴新贤编纂.宁波方言词典[M].南京:江苏教育出版社,1997.

61. 汪平编纂.贵阳方言词典[M].南京:江苏教育出版社,1994.

62. 王福堂.绍兴方言研究[M].北京:语文出版社,2015.

63. 王洪君.汉语非线性音系学:汉语的音系格局与单字音(增订版)[M].北京:北京大学出版社,2008.

64. 王军虎编纂.西安方言词典[M].南京:江苏教育出版社,1996.

65. 王世华,黄继林编纂.扬州方言词典[M].南京:江苏教育出版社,1996.

66. 吴宝璋.近代云南文化史[M].桂林:广西师范大学出版社,2020.

67. 吴为善.汉语"重轻型"韵律模式的辨义功能及其系统价值[M].上海:学林出版社,2015.

68. 吴玉章.汉语拼音方案在各方面的应用[J].文字改革,1964(03).

69. 熊正辉编纂.南昌方言词典[M].南京:江苏教育出版社,1995.

70. 徐健顺.普通话吟诵教程[M].桂林:广西师范大学出版社,2018.

71. 徐世荣编.北京土语辞典[M].北京:北京出版社,1990.

72. 徐文堪.丝路历史语言与吐火罗学论稿[M].杭州:浙江大学出版社,2017.

73. 许宝华,汤珍珠.上海市区方言志[M].上海:上海教育出版社,1988.

74. 许宝华,陶寰编纂.上海方言词典[M].南京:江苏教育出版社,1997.

75. 杨升初.现代汉语研究方法的几个理论原则[J].求索,1987(02).

76. 叶蜚声,徐通锵.语言学纲要[M].北京:北京大学出版社,1997.

77. 叶祥苓编纂. 苏州方言词典[M]. 南京:江苏教育出版社,1993.

78. 尹世超编纂. 哈尔滨方言词典[M]. 南京:江苏教育出版社,1997.

79. 游汝杰,邹嘉彦. 社会语言学教程(第三版)[M]. 上海:复旦大学出版社,2016.

80. 游汝杰. 汉语方言学教程(第二版)[M]. 上海:上海教育出版社,2016.

81. 詹伯慧,陈晓锦编纂. 东莞方言词典[M]. 南京:江苏教育出版社,1997.

82. 张本义. 吟诵拾阶[M]. 桂林:广西师范大学出版社,2013.

83. 张颂. 朗读学(第四版)[M]. 北京:中国传媒大学出版社,2022.

84. 张志公. 张志公语文教育论集[M]. 北京:人民教育出版社,2022.

85. 赵如兰编. 赵元任音乐作品全集[M]. 上海:上海音乐出版社,1987.

86. 中国大百科全书总编辑委员会《语言文字》编辑委员会,中国大百科全书出版社编辑部编. 中国大百科全书·语言文字[M]. 北京:中国大百科全书出版社,1988.

87. 中国社会科学院语言研究所词典编辑室编. 现代汉语词典(第7版)[M]. 北京:商务印书馆,2016.

88. 周殿福,吴宗济. 普通话发音图谱[M]. 北京:商务印书馆,1963.

89. 周有光. 普通话和现代化[J]. 语文建设,1998(10).

90. 周有光.《汉语拼音词汇》的性质、作用和问题[J]. 辞书研究,1983(01).

91. 周有光. 我的人生故事[M]. 北京:当代中国出版社,2013.

92. 周有光. 序[M]//秦德祥,钟敏,柳飞,金丽藻记录整理. 赵元任　程曦吟诵遗音录. 北京:商务印书馆,2018.

93. 周有光. 周有光语文论集(第一卷、第二卷、第四卷)[M]. 上海:上海文化出版社,2002.

94. 周有光. 从世界看中国(上)[M]. 北京:生活·读书·新知三联书店,2015.

95. 周长楫. 厦门方言词典[M]. 南京:江苏教育出版社,1993.

96. 周振甫. 文章例话[M]. 北京:中国青年出版社,1983.

97. 朱德熙. 现代汉语语法研究的对象是什么[J]. 中国语文,1987(05).

98. 朱德熙. 语法讲义[M]. 北京:商务印书馆,1982.

99. 朱光潜. 诗论[M]. 上海:华东师范大学出版社,2018.

100. 朱光潜. 诗论[M]//朱光潜美学文集(第二卷). 上海:上海文艺出版社,1982.

101. 朱光潜. 谈文学[M]. 上海:华东师范大学出版社,2018.

102. 朱建颂. 武汉方言词典[M]. 南京:江苏教育出版社,1995.

二、文学作品

1. 巴金. 巴金散文[M]. 北京:人民文学出版社,2007.

2. 冰心. 冰心作品精选[M]. 武汉:长江文艺出版社,2012.

3. 陈忠实. 陈忠实散文[M]. 北京:人民文学出版社,2022.

4. 陈子善,蔡翔主编. 秋[M]. 北京:人民文学出版社,2007.

5. 陈子善,蔡翔主编. 夏[M]. 北京:人民文学出版社,2007.

6. 陈子善,蔡翔主编. 雪[M]. 北京:人民文学出版社,2007.

7. 迟子建. 迟子建散文[M]. 杭州:浙江文艺出版社,2009.

8. 戴望舒. 戴望舒诗全集:我不敢说出你的名字[M]. 成都:四川人民出版社,2018.

9. 格非编选. 中国现当代散文选[M]. 北京:人民文学出版社,2022.

10. 吉狄马加主编. 经典散文诗选[M]. 北京:人民文学出版社,2020.

11. 季羡林. 季羡林散文[M]. 北京:人民文学出版社,2007.

12. 季羡林. 睁一只眼　闭一只眼[M]. 北京:人民文学出版社,2014.

13. 季羡林主编. 百年美文:青春阅读版·闲情雅趣卷[M]. 天津:百花文艺出版社:2011.

14. 柯灵. 柯灵散文[M]. 北京:人民文学出版社,2009.

15. 老舍. 老舍散文[M]. 北京:人民文学出版社,2022.

16. 雷抒雁. 雷抒雁散文精品集[M]. 海口:南海出版公司,2012.

17. 李朝全主编. 散文百年经典(1917—2015)[M]. 北京:中央编译出版社,2016.

18. 林清玄. 林清玄散文[M]. 杭州:浙江文艺出版社,2008.

19. 刘白羽. 刘白羽散文选[M]. 北京:人民文学出版社,2009.

20. 刘亮程. 刘亮程散文[M]. 北京:人民文学出版社,2016.

21. 牛汉. 牛汉散文[M]. 北京:人民文学出版社,2022.

22. 沈从文. 湘行散记[M]. 北京:北京十月文艺出版社,2008.

23. 石评梅. 你来过,愿记忆终究美好[M]. 天津:天津人民出版社,2016.

24. 舒婷. 舒婷诗精编[M]. 武汉:长江文艺出版社,2014.

25. 苏雪林. 苏雪林散文[M]. 杭州:浙江文艺出版社,2007.

26. 汪朝选编. 汪曾祺散文[M]. 杭州:浙江文艺出版社,2009.

27. 萧红. 呼兰河传[M]. 北京:人民文学出版社,2018.

28. 萧乾. 萧乾散文选[M]. 北京:人民文学出版社,2009.

29. 徐志摩. 徐志摩散文[M]. 北京:人民文学出版社,2007.

30. 余光中. 余光中散文[M]. 杭州:浙江文艺出版社,1999.

31. 张晓风. 不知有花[M]. 北京:北京联合出版公司,2018.

32. 张以英,完颜戎. 诗人与爱情——中国现代名家爱情诗赏析[M]. 北京:宝文堂书店,1990.

33. 周涛. 周涛散文选集[M]. 天津:百花文艺出版社,2012.

34. 朱自清. 时光不再,惊羡你温柔如初[M]. 天津:天津人民出版社,2016.

35. 宗璞. 素与简[M]. 苏州:古吴轩出版社,2020.